羅光全書

國家圖書館出版品預行編目資料

羅光全書
／羅　光著. --初版. --臺北市：
臺灣學生，民85
冊；　公分
ISBN 957-15-0769-5(一套：精裝)

089.86　　85008049

羅光全書（全四二冊）

著作者：羅光
出版者：臺灣學生書局
發行人：丁文治
發行所：臺灣學生書局
臺北市和平東路一段一九八號
郵政劃撥帳號〇〇〇二四六六八號
電話：三六三四一五六
傳眞：三六三六三三四
本書局登記證字號：行政院新聞局局版臺業字第一一〇〇號
印刷所：常新印刷有限公司
地址：板橋市翠華街八巷一三號
電話：九五二四二一九
定價新台幣五〇〇〇〇元
中華民國八十五年八月初版

08903

ISBN 957-15-0769-5（精裝）

羅光全書序

從民國三十七年十月十日，由南京保祿書局出版白話詩集《羅瑪晨鐘》到昨天十月十日，已經過了四十六年。在這四十六年裡，我所出版的各種中文書，共有五十八冊，再加上八冊外文書，總共六十六冊。

天恩浩蕩，我跪在聖堂裡，虔誠地感謝天父的恩賜。六十六冊書，各有內容，都是經過細心思考，慎重執筆寫的。學術的價值和文藝的價值，不敢說高；然可以供研究哲學和宗教的人士閱讀。六十六冊書由不同的書局出版，分散各處。今年，費了四個月的工夫，收集了全部著作。想到後年為我晉司鐸（神父）六十週年，乃決定把六十六冊著作一併重新付印，名為《羅光全書》，作我向天父為晉鐸六十週年的獻禮。

六十六冊書看來頗亂頗雜，實際上則祇屬於兩類：或屬於哲學，或屬於宗教。哲學方面的書很單純，都是關於中國哲學；介紹西洋哲學的書，祇有兩冊《士林哲學》，以及三冊比較哲學研究的書。宗教方面的書有三種：有傳記、有靈修、有教義。附在宗教一類的書則有文集和詩集。素性喜愛文藝，少年時，讀中西文的小說和詩詞頗多，自己便寫了一些生活記錄的文字，頗帶文藝性，所寫傳記也是寫傳記文學。作詩，沒有學過舊詩作法，又嫌新詩沒有韻，多空想，乃仿宋詞長短句作法，用國語音韻，寫了三冊白話詩，大部分承襲古詩的感物觸景的風格，也仿西洋詩或宋詞的敘情。來到台灣後，則再沒有寫了，也認爲這種詩，乃是小弄意不要保留。這次拿詩集細看，覺得寫景寫物蠻有意思，又有生命中的一些紀念，乃刪去那些仿宋詩和西洋詩的敘情篇什，保留了寫景寫物的篇章。近兩年學習作古詩，頗有可觀，因也抄留幾十首。

我一生寫作的目標衹有一個：使天主教進入中國文化。研究中國哲學，費了十年的工夫，寫完《中國哲學思想史》，從先秦到民國，一共九厚冊。又寫了《中國哲學的精神》、《儒家的形上學》、《儒家的生命哲學》。從長期的研究和寫作，我尋到儒家哲學的基本中心，在「生命」的觀念，朱熹以生命爲「仁」，「仁」乃儒家哲學的代表和象徵，這一點，並不是我的發明，民國以來研究中國哲學的學者，如熊十力、梁漱溟、方東美、唐君毅、牟宗三，都有同樣的見解，也都有說明。

我用儒家的「生命」作根基，融合士林哲學，建立了我的形上生命哲學。我寫了五冊，一冊一冊地修改補充：初本、修訂本、訂定本、續編、再續編。五冊書記錄了我研究的歷程，一步一步地加深，一步一步地加滿。學者很可以不同意我的主張，然不能不認定我的研究方法，乃是嚴密的哲學方法，絕不如同康有為寫《大同書》，也不如同吳敬恆寫《上下五千年》，隨便自己幻想。

我求天主教進入中國文化，沒有用天主教的信仰去寫中國哲學史，如同馮友蘭以唯物辯證論的思想寫中國哲學史，我所寫中國哲學的書，純粹客觀地講中國哲學，講論的方法，則用士林哲學方法。台灣商務印書館編者介紹我的《中國哲學大綱》說：『中國哲學思想研究的方法與詮釋，一直為學者所爭論，本書不僅清楚地表現出各家的本旨，更由各家的門徑中指出一條共通的方向——人生哲學。在現今各種思想雜陳之際，本書確能讓讀者有系統且清楚地了解中國哲學。』這段評語印在這冊書封底的裡面，不是我寫的，也不是我說的，乃是編者自動並自力所寫。我覺得編者說得對，中國哲學的共通方向，是人生哲學。人生哲學的基礎，則是形上的生命哲學。

屬於宗教方面的書，我盡力用中國文學的筆法，使教外人讀時不感到太生澀。

在靈修生活上，中國的人生哲學和天主教的人生哲學，有很多相通的地方。我常使兩者融會，彼此相通。

我本著使天主教進入中國文化的目標所寫的書，還是舖路的書，希望將來能有更多更能幹的天主教學者，繼續邁進，使天主教在中國生根。

爲編印這套全書，承輔仁大學多位教授弟子，同心協力相助，組織了編輯委員會負責編輯。後交由台灣學生書局承印，還有洪修女經管出版經費，對他們和她的辛勞，我衷心感謝。他們和她們的芳名，將會刊在本書的編輯委員名單內。

羅光　序於天母牧廬

一九九四年十月十一日

中華民國八十三年十月十一日

羅光全書編輯委員及工作人員名錄

總召集人：林立樹

編輯委員：（依姓氏筆劃順序）
李匡郎、汪惠娟、吳宏安、洪瑞霞、陳正堂、陳福濱、郭潔麟、張淑芳、黎建球、鮑邦瑞

工作人員：
執行秘書：袁信愛、張淑芳、蕭淑華
行政秘書：洪瑞霞、何婉玲
電腦設計排版：黃琦珍
電腦工作人員：楊煌龍、陳欣希、朱憶湘
校　對：（依姓氏筆劃順序）
◎教　授
田宜芳、李匡郎、李開濟、李志成、汪惠娟、吳宏安、吳克倫、袁信愛、

高淑芬、陳正堂、陳福濱、傅玲玲、黎建球、潘小慧。

◎職　員

王雅蕾、李妙雯、何婉貞、洪瑞霞、張吟宇、陳欣希、蘇金霞。

◎研究生

王志堅、林玫君、林絲紅、范文上、洪櫻芬、陳曉郁、陳昭吟、郭敏慧、葉玲玲、蔡宛芬、蔡米虹、鄭印君、蕭淑華、聶雅婷。

◎大學部學生

王貞月、朱秋杏、李昭緣、李貴娸、李韻儀、呂貞儀、呂毓玲、余澤昆、林玉卿、林蕙雅、林青蓉、邱淑媚、胡均仰、柏淑娟、袁小涓、高蕙玲、張齡之、莊皓昭、翁孝蕙、陳淑青、陳湘鈴、郭靜瑤、郭適瑩、曾郡秋、雷怡菁、楊煌龍、楊雅慧、劉非予、劉瑋瑛、廖竟岑、鄭郁慧、蕭育楠、賴汶忻、戴伶珊、顏麗華。

美　工：（依姓氏筆劃順序）

王怡敏、呂貞儀、吳信毅、何泰宇、李貴娸、林玉卿、林青蓉、林玫君、林哲安、翁孝蕙、陳易余、陳昭吟、陳慧如、陳綉娟、郭靜瑤、詹雅文、蘇慶祥。

·羅光全書編輯委員及工作人員名錄·

羅光全書總目

哲學類

宗教類

冊廿五

冊廿六

文藝類

外文類

冊卅九

DE JURE PEREGRINO MISSIONARIO IN SINIS

在中國外籍教士的民法法規

DE POTESTATE PATRIA IN JURE CANONICO ET IN JURE SINICO COMPARATIVE

父權在中國民法和教會法典的比較研究

冊四十

LA SAPIENZA DEI CINESI（IL CONFUCIANESIMO）

儒家思想概要

UNA CONCEZIONE FILOSOFICA CINESE（IL TAOISMO）

道家思想概要

LA STORIA DELLE RELIGIONI IN CINA

中國宗教簡史

冊四一

METAPHYSICAL PHILOSOPHY OF LIFE

生命哲學

冊四二

ESSAYS ON CHINESE PHILOSOPHY

羅光哲學論文集

羅光全書

冊一

生命哲學初版

生命哲學修訂版

臺灣學生書局印行

冊一總目錄

冊一之一　生命哲學初版

第二章　我生命的本體……八三

第三章　生命與宇宙……一四三

冊一之二　生命哲學修訂版

第三章　我的生命

羅光全書

冊一之一

生命哲學初版

臺灣學生書局印行

序

從事哲學的研究工作，已經五十年。在求學時代所研究的爲西洋哲學，在敎學時代所敎的是中國哲學，在寫作方面所寫的爲中國哲學思想史和士林哲學。五十年來雖不是全副精力都集中在哲學研究上，但每天都幾乎用了三分之一的時間去研究。花了這麼長的時間，費了這麼多的精力，對於哲學自己有什麼心得？只是介紹中西的哲學或是自己有點哲學思想呢？

目前中西都不是哲學興盛的時代，歐美雖然新起一些哲學派別，然都是「人存哲學存，人亡哲學亡」。中國國內在大陸馬克思思想暫時在稱霸，然將來必是「暴雨不終朝」；在臺灣大家焦慮著如何建立新的中國哲學，使傳統的哲學可以有薪傳，新的中國社會能夠有中心的思想。天主敎會去年紀念利瑪竇來華四百週年，激起天主敎接受中國文化的問題。我既研究中西哲學，在這兩方面都有應盡的責任。

唐君毅先生的最後一部著作，名稱是生命存在與心靈境界，代表他自己的哲學思想。這部著作有一千兩百頁，詞句深奧艱澀不易讀，讀的人不多。但是他由生命和心靈去講哲學，路途非常正確。

方東美先生所著的中國哲學之精神及其發展英文原本雖已出版，讀者頗少，中文譯本上冊今年已出版。這部著作雖是講中國以往的哲學，但是方先生以生命和生命超越解釋中國哲學的精神，也可以說是代表他本人的思想。

我的這部書，名爲「生命哲學」，不是以哲學講生命，而是以生命講哲學，這乃是儒家哲學的傳統。

易經以「生生之謂易」，宇宙變易以化生萬物，萬物繼續變易以求本體的成全，整個宇宙形成活動的生命，長流不息。西洋形上學以萬物爲「存有」，「存有」即存在之有，爲一切事物的根基。中國哲學以萬有之「存有」爲動之「存有」，爲「生命」，乃萬物的根基。「存有」和「生命」爲一體之兩面。在這兩面的根基上，建立我的哲學思想。

哲學爲學術工作，乃生命的高度活動；哲學的研究對象乃是生命，爲我的生命向各方面的表現。我的生命不限於生理的生命，而以心靈生命爲主。心靈生命向外的開展，認識宇宙萬物。宇宙萬物進入我的心靈，引起我對萬物發生關係的意識，我明瞭生命不是孤獨，而是相通。宇宙不是塊然無靈的客體，乃密密地和我的生命相連。我的心靈給予宇宙萬物一種眞美善的意義和價值，顯示造物主的愛心。

人的社會從心靈的眼去觀看，不是數字的統計，生產和消費，只有形相的文明。社會文明的眞諦在於生命的聯繫，在於聯繫的和諧。科技造成的機械，若缺少了心靈仁愛的動力，將要燒毁人類的文明，遺留一堆灰燼。

心靈的仁愛週遊在宇宙萬物以內，造成生命的旋律，激盪人類的生命向前創新，和造物主的神愛相融會。心靈生命進入無限的天淵，擴展到絕對的眞美善，達到生命的頂點，在愛的圓融中，安祥幸福。

沿著心靈生命發展的歷程，本書講論了認識論，以建立人文的世界。研究了本體論，以認識萬有的基本。探索了宇宙論，以體驗生命的聯繫。分析了心理現象，以觀察生命的創新。討論了倫理學，以建立生命旋律的規範。描述了心靈生命的發揚，以窺見生命的超越。

生命的哲學，貫通了全部哲學的思想，結成一生活的系統。不是「隔岸觀火」地研究哲學的對象，而是我在哲學的對象內生活。這就是中西哲學的結合，萬物爲「存有」，「存有」爲「生命」。

生命哲學可以代表中國傳統哲學的革新而成爲中國的新哲學嗎？生命哲學可以作爲天主

敎思想和儒家思想的結合成爲敎會本地化的基礎嗎？請好心的讀者自作答覆。我只述說了我自己的哲學思想。

民國七十三年八月一日　序於天母牧廬

生命哲學初版

目錄

第三章　生命與宇宙

緒論

一、中西形上本體論比較研究

1 西洋形上學

形上學追究宇宙萬物的根本理由，從一切萬物的基本上著想，我們分析宇宙萬物時，從一個人而到人，從人而到動物，由動物而到生物，由生物而到物，由物而到「有」。一切萬物都是有，有以上再不能分析。若不是有，便是無，無則沒有可談。所以「有」，乃是萬物的根本，爲萬物的基本觀念。亞立斯多德和聖多瑪斯便以「有」爲形上學本體論的研究對象。

「有」，這個觀念非常單純。在研究萬物時，分析再加分析，最後剩下這個觀念。在分析時，把特點舉出；把一切的特點都舉出，繼續予以排除，所存下的就只是「有」。有和無相對立。

然而「有」是一切萬物的根本；不僅是宇宙萬物，就連超越宇宙的精神體，也是以「有」爲根本。因此對於萬物的研究，都要以「有」爲基本。不建立在「有」上的理論和學說，都如同建立在沙灘上的房屋，沒有基礎，經不起批評或辯駁，常要倒下來。亞立斯多德和聖多瑪斯就在「有」的基礎上建立自己的學說。

「有」是什麼？什麼意義？「有」是「在」。一個物體是「有」，這個物體就在。不在當然不算有。

一個物體怎麼「在」呢？需要兩個因素：一個因素是自己的「性」，一個因素是自己的「在」，「性」是一個物體所以是這物體而不是另一物體的理，「在」是一個物體實際存在。

「理」是抽象的，「在」是實際的。抽象的理怎麼成爲實際的有呢？那或者是「自有」，或者「從他有」。「自有」常是在，「性」和「在」同一，爲一完全的有，爲一絕對之有，也爲唯一的有。「從他有」是從他一實際的有而得存在。追根卽是從「自有」者而得有。「從他有」，在未存在以前，爲一可能之有，乃一「潛能」。由「潛能」而到「現實」，需要一個動力因。宇宙間的動力因環環相結，最後的動力因必是絕對之有。因爲絕對之有爲「自有」，常爲「現實」，不需要另一動力因。

一個實體既然是「有」，便不能是無。有和無相對立，不能同時存在。這便是矛盾律。

一個實體是實際的「有」，這個實際的「有」，包括這個整體，這個整體便是這個整體，不能不是這個整體，這便是同一律。莊子所說的齊物論，認爲大家對於一個客體所講的雖不相同，卻都能是對；因爲人的知識有限，不能認識整體的客體，只認識一部份，一個客體的各部份可以不相同。莊子所說的是關於認識論，不關於本體論。在本體論上一個實際的「有」，只有一個自己，便不能不是牠自己。在認識論上，對於矛盾律便加上一句，「在同一觀點上」，對立者不能成立。

一個「有」既然在，爲一實際之有，便應有自己該當有的，否則本體不完全，便不能存在。本體和具體的個體意義不相同，本體是具體個體的基本。例如這個人，人的本體是這個人的基本，他必定要有人之所以是人該有的一切。這就是「眞」。

有了本體所該有的一切，便是一個完全的本體，沒有缺憾，在本體方面便是善的。善是完全 **Perfection**。

不僅有完全的本體，而且本體各份子都各在應在的值，彼此相調協，有次序。這就是美。

眞美善的基礎，建在本體上，不隨時隨處漂蕩。而且在倫理方面，倫理的美惡也以本體之「有」作根基，因爲倫理的規律，以性律爲根本。

「有」，在具體上爲「存有」，乃一切哲學問題的據點。形上學研究「有」，便是研究宇宙萬物的最後理由。

2 中國形上學

儒家爲中國哲學的代表，儒家的思想則稱爲人文思想，注重在倫理生活。然而儒家的人文倫理思想由形上的本體論而來，本體論作爲倫理學的基礎，彼此結成一貫。

易經研究宇宙的變易，由宇宙到萬物，從變易而認識萬有。宇宙爲一變易的宇宙，由變易而生萬物，萬物也常在變易，每一物體爲一種變易。

西洋形上學以萬物最後的觀念爲「有」，每一物體都是「有」，進而研究「有」的意義和特性，以作各種哲學的根基。中國形上再以萬物都是變易，研究變易的意義，以成立人文哲學的系統。

「有」，從靜態方面去研究萬物；「變易」從動態方面去研究萬物。「有」和「變易」

是一主體的兩方面，不是兩個不同的主體；「有」就是「變易」。

「變易」有什麼意義？易經說明宇宙的變易爲「生生」，「生生」的創生生命。「變易」的因素爲陰陽，陰陽爲兩種動力，陰陽兩動力繼續變動不停，宇宙乃有各種物體。陰陽在每種物體內，仍變動不止。整個宇宙常在變易，每物也常在變易。變易爲生生，每一物爲一生命，易經說：

『一陰一陽之爲道，繼之者善也，成之者性也。』（繫辭上　第五章）

『生生之謂易。』（繫辭上　第五章）

『天地之大德曰生。』（繫辭下　第一章）

宇宙的每一物體，爲一具有內在活動的「有」，這個「有」稱爲「生」，即生命。生命即是說是具有內在的動，內在的動，因陰陽兩動力的動而成。

每個「有」或「存有」爲生生。宇宙的變易固然爲創生萬物；每一物的變易爲發展自己的性體，以求自己的成全，便也可以稱爲生生。

生生的變易，由陰陽兩動力的動而成，陰陽兩動力的變易是以「互輔互成」爲原則，不是互相否定。陽不否定陰，陰不否定陽，陰陽互相輔助，互相調協。例如春夏秋冬，春是陽漸盛，陰漸衰；夏是陽盛陰衰；秋是陰漸盛，陽漸衰；冬是陰盛陽衰。每一季都具有陰陽，彼此互相調劑。

爲能互輔互成，生生的第二原則爲「中庸」。「中庸」的原則是每事恰得其當，陰陽各在所應有份上，爲有中庸，便有時和位的觀念，易經的卦講求時位，每一卦的爻代表位，也代表時，凡是變易都要適合時和地位的境遇，適合者則爲中庸。孟子以孔子爲「聖之時者」，常能「時中」孔子自己則非常看重中庸。

生生變易的另一原則，爲宇宙萬物「互相連繫，天然和諧。」每一物和另一物，互相連繫，生命不能孤獨存在，整個宇宙連繫在一起，互相溝通。彼此間的連繫，天然具有次序，造成宇宙全體的和諧。

這幾項原則，爲本體方面的原則，爲形而上之道，宇宙變易循著這幾項原則而繼續不停。因此，宇宙萬物繼續生化，形成一道生命洪流，長流不息。

在西洋近代哲學裏，有討論動的哲學。黑格爾以宇宙乃絕對精神的非我，絕對精神循著正反合原則而變易。馬克思以宇宙爲物質，物質常動不停，物質的動以正反合爲原則，建立了唯物辯證論。達爾文的進化論也假定宇宙在變，由變而有進化，進化的出現也由於正反合的規律，乃有物競天擇的原則。至於柏格森認爲宇宙只有動，動是生命創新力的流行，超越時間空間。

易經生生變易的原則，稱爲天地人之道，卽宇宙萬物的原則。在這原則中含有人生之道。

人生之道，總括一句稱爲「仁」。「仁」是「生」，在宇宙變易中爲生生，在人生活中爲「仁」，易經的天地有好生之德，朱熹以天地之心爲好生，人得天地之心爲心，故仁，仁卽好生。天地好生使萬物的生命能够存在，能够發揚，能够繼續。人好生，使自己的生命發揚，也使萬物的生命能够發揚。孔子說：『夫仁者，己欲立而立人，己欲達而達人。』（論語雍也）中庸以至誠之人，盡性而盡人性，而盡物性，然後贊天地之化育。儒家的聖人乃『肫肫其仁，淵淵其淵』。（中庸　第三十三章）

仁既化育萬物，便和萬物相連繫，張戴乃說『民吾同胞，物吾與也。』（西銘）王陽明講『一體之仁。』（大學問）孟子進一步說明聖人『仁民而愛物。』（盡心　上）所以仁爲好生，實則廣愛宇宙的萬物。

人生之仁道，既爲「贊天地之化育」，使萬物的生命能够發展，便是互助互成，而不自相鬪爭，達爾文所講進化由於「弱肉強食」不合理，馬克斯認爲社會進化由於階級鬪爭更不合理。

互助互成要適合時位，這便是孔子的中庸之道。不走極端，以求適宜。孝道在中國實行數千年，孝道的原則不變，孝道的實踐則適合人、地、時。所以孟子的後喪逾前喪，有適宜人、地、位之道。

有中庸，應有次序。儒家最重禮。禮由聖人按照天理而製成，使人的行動都有次序。所以禮爲分，分上下的等級。有了次序，乃能有和諧，和諧爲平安。儒家的家庭爲大家庭制，數十人或數百人同居，然而家中和睦，一片安寧。國家既由家族而結成，國家的幸福就在於國泰民安。

中國哲學的形上學原則，應用於人事，成爲倫理規律，而以形上本體論的生生爲根基。從中西形上學研究對象的趨勢，就造成中西哲學精神的不同。西洋哲學研究「有」，予以分析，建立原則。西洋哲學的精神便在於求知求眞，就事實的本體深加分析，事事淸楚。這種精神導致科學的發達。中國哲學研究「生生」，探討宇宙生生的意義和原則，乃造成儒家發展人性以達生活美滿的境界，而成聖人。這種精神爲人文精神，以求發展心靈生活，求美求善。因此，中國哲學偏重倫理道德。但兩者不相衝突，萬物都是「有」，萬物也都是「生生」。西洋形上學從靜的本體分析「有」，得有各種學術的基本原則，也可以用於中國的學術。中國形上學從動的本體研究「生生」，釐定形上的原則，應用於人生，也可以用於西洋的倫理。

從比較的研究中，我們可以肯定中西形上學的理論，不是互相否定，而是互相完成。

二、生命哲學

我在求學時代所研究的是西方哲學，在敎書時代所講授的是中國哲學，我所寫的著作以研究中國哲學思想史爲多；對於中西哲學我都感到濃厚的興趣，尤其對於儒家和士林哲學的兩種思想，認爲是我自己的思想，兩者既不衝突，而且可以融會。上面一節中西形上學的比較研究，是我在今年八月間中華民國哲學會舉辦的世界中國哲學會議所提出的論文，內容雖然很簡單，卻很扼要地提出了中西哲學的一個最基本問題——關於形上學本體論的「有」。『有』爲一切實有體的最後最高的觀念，一切哲學思想都要建立在這個基本上。

實際存在的實體，稱爲「存有」，西洋哲學就這個觀念予以研究，以認識「存有」的性質，建立哲學的基本原則。中國哲學直接觀察諸有之「有」的本性，爲一變易的「存有」，時刻變易不停，稱爲「生」，整個宇宙也常在變易，使萬有繼續化生，稱爲「生生」。

「存有」和「生」為同一實體，「存有」是他的本名，「生」是他的本性；一切「存有」都是「生」。

宇宙間沒有不變易的實體，整個宇宙在變易，每件實體都在變易。宇宙的變易是各種實體變易的總合，在時空內實現，變易的結果，使萬物化生，每個實體的變易，在於發展自己的本性本體，使自己能更成全。普通所稱生物，卽是具有內在活動以完成自己本體的物體，所稱無生物，則是沒有內在活動的物體，例如礦物。但是所有物體除絕對實體為不變者外，一切相對實體都變。相對實體的變不僅在外面受外面動因而有變，體內也由自體動因而變。內有自動因在中國哲學稱為陰陽兩氣。在物理學上物體的原子因兩種相反之力而常動。從本體論上看，相對實體既有變，變在體內，使本體或發展或銷毀，礦石也有成和壞。因此，宇宙內萬有都內在之動，內在之動和本體有關，便可以稱之為「生」。宇宙萬物之動有等級，卽是生命有等級，由礦石之生到人之生命，拾級而上，人的生命纔是完全的生命，朱熹常說人得理之全，物得理之偏。理為生命之理。物的生命之理常是一部分，人的生命之理乃是全部。所以，「存有」便是「生」，「生」是生命，卽內在關於本體成或壞之動。

哲學研究宇宙萬有，萬有既是生，哲學便可稱為生命哲學。

哲學對萬有的研究，由人的理智去推論，沒有人的理智就沒有研究。宇宙萬有只是研究的對象，宇宙萬有等著理智去認識，理智認識了以後，才顯露物體的意義。生命哲學的第一步便研究理智和萬有的認識關係，稱之爲『我生命的體認』，即哲學的認識。

理論的認識不是認識萬有的形色，而是萬有的本體。理智藉著感官的印象，進而和對象客體相結合，認識客體的本性，由本性進到本體，再下到個性的屬性。這一部份的研究爲哲學的形上學本體論，在本書第二章稱爲「我生命的本體」。

我生命的本體不是孤獨一個，而是存在於宇宙萬有之中。宇宙爲一極大的時空，和我的生命相連，哲學便研究宇宙萬物，爲本書第三章，「我的生命和宇宙」，即是哲學上的宇宙論。

人的生命爲宇宙萬有生命中最高最成全的，它的最高的點在於心靈，爲孟子所說的「心思之官」的大體。心靈的生命爲理智和意志的生命。人因有理智和意志乃能創新，發展人性生命。本書第四章，稱爲「生命與創造」，卽哲學的理論心理學。

人的生命的特有點爲精神生命，生命爲活動，爲發展。宇宙的活動常繼續不停，生化不息，遵循一定的規律原則，易經稱爲天道地道。人生命的活動一定也有規律，易經稱爲人道，孔子常說爲君子之道。本書第五章便研究精神生命的規律，稱爲「生命的旋律」，卽哲學的倫理學。

人的精神生命常變易，追求發展；精神發展力的本體雖有限，發展的對象則無限。人精神生命的發展傾向於無限，不能範圍在宇宙以內，中國儒釋道都講生命的超越。我信天主教，天主教講超本性的生命超越。本書第六章乃講「生命的超越」，即精神發展論。

本書六章，前後一貫，以形上學為基礎，貫通倫理學和精神發展論，都以『存有』——『生命』為基礎，形成一個系統的生命哲學。

三、哲學與生命

哲學思想領導人們的生活。哲學思想不是哲學家的高深學說，而是人們日常生活之道。孔子曾說：

『道不遠人。人之為道而遠人，不可以為道。』（中庸 第十三章）

一般的人把哲學或者看成了艱深苦澀的思想，或者看成了抽象迷糊的玄學。實際上哲學是談理，而且是談人生之道，不是哲學家所造的空中樓閣。假使一種哲學思想迷離彷彿，和人生不發生關係，這種思想便不配稱爲哲學思想了。哲學談人生之道，「道不遠人」，和人的日常生活相接近。但是哲學思想並不因此是庸俗的，沒有高深學理。孔子又曾說：

『君子之道費而隱，夫婦之愚可以與知焉。及其至也，雖聖人亦有所不知焉。夫婦之不肖，可以能行焉，及其至也，雖聖人亦有所不能焉。天地之大也，人猶有所憾。故君子語大，天下莫能載焉；語小，天下莫能破焉。詩云，鳶飛戾天，魚躍于淵，言其上下察也。君子之道，造端乎夫婦，及其至也，察乎天地。』（中庸　第十二章）

哲學思想領導人生，一方面應該是通俗，一般人都能夠明瞭；一方面，又該蘊藏著高深學理，以作基礎。

研究哲學，是人的一種生活。人的生活爲人生命的表現，生命的表現有許多層面：生理層面，感覺層面，理智層面，理智層面更有意志和感情。一個人便有生理生活，感覺生活，理智生活。哲學的研究工作爲人的理智生活；因此，哲學的思想爲人生命的一部份，也可以說哲學研究爲人的一種生命。

哲學的研究爲生命的表現，人的生命就是「存有」。凡是沒有和人的「存有」發生關係的事物，對於人便是不存有。對於我所有的「存有」，是和我的生命發生關係的事物。人的生命雖有生理、感覺、理智、情感各層面的生活，但能理會別的事物的存有，則祇有心靈。大學說：『心不在焉，視而不見，聽而不聞，食而不知其味。』（大學 第七章）我的心靈，兼有理智、意志、情感。若一件事物和我的心靈沒有發生關係，對我來說，這件事物就等於不存有。若是一件事物，和所有的人的心靈，都沒有發生關係，便對於一切的人視為不存有。天上有多少星辰，還沒有被人理智所發現，這些星辰就視為沒有。王陽明曾說：山中一株花樹，若是從來沒有被人看見，這株花就是沒有。㈠事物的存有，有本體的客觀存有，和人心沒有關係。但是人世所有的事物，都是和人心發生關係的事物。這不是唯心論的主張，不是主張事物由人心所造，而是主張人們所認為存在的事物，都是被人心所知的事物。人世的事物，便是人知識所到的事物。因此，對宇宙萬有的一切研究，要從人的認識開始，研究人的認識，要由哲學去權衡。

㈠ 王文成公全書 卷三 傳習錄下。
『先生遊南鎮，一友指巖中長樹問曰：天下無心外之物，如此花樹，在深山中，自開自落，於我心亦何關？先生云：爾未看此花時，此花與爾心同歸於寂。爾來看此花時，則此花顏色，一時明白起來，便知此花，不在爾的心外。』

目前一般人的信向，以爲人世的事物由科學去權衡。但是科學所研究的是事物的形相，和形相的性質。對於事物的存有，和存有的本體，科學則不能達到。而且科學的知識，對客體事物分爲多種不同的學科，目前科學的分類愈來愈複雜愈專門化，科學家乃體會應該有一種連貫的線索，使科學互相聯繫，且互相歸向人的生活。這種連貫的線索，便是生命哲學。科學的研究和哲學的研究不能分裂，不能分離。科學若失去了人生命的觀念和意義，科學便不成爲人的知識活動；哲學若和科學的成果相矛盾，哲學便不成爲學術，而是人們不合理的幻想。

人的生命千古如一，卻又時時變化。人的生命千古如一，因爲常是人的生活，人的生活在根本上有相同點。孟子曾說人的口耳目都有相同的喜好，人心的理也就要相同。(二)因此中

(二) 孟子 告子 上。

『故凡同類者，舉相似也，何獨至於人而疑之。……口之於味有同耆者也，易牙先得我口之所耆者也。如使口之於味也，其性與人殊，若犬馬之於我不同類也，則天下何耆皆從易牙之於味也。至於味，天下期於易牙，是天下之口相似也。惟耳亦然，至於聲，天下期於師曠，是天下之耳相似也。惟目亦然，至於子都，天下莫不知其姣也，不知子都之姣，無目者也，故曰：口之於味也，有同耆焉；耳之於聲也，有同聽焉；目之於色也，有同美焉；至於心，獨無所同然乎！心之所同然者，何也？謂理也，義也，聖人先得我心之所同然耳。故理義之悅我心，猶芻豢之悅我口。』

外古今的哲學在根本點，一定相同。

人生命的基本點，爲理智生命。理智爲人的特點，即是人有心靈，心靈爲人生命的基本。而人生命的變，就在於心靈的神妙。每一存有體必愛自己的「存有」，必定發揚自己的存有。沒有心靈的物體，祇能循著已定的規律而存在而發揚。人有心靈，人愛自己的生命，而且能够創造新的方式以發揚生命，人類乃有歷史。

宇宙有一種心靈的生命；太空的星球，地球的萬物，自己不能自有。宇宙間的一切都互相連繫，每一微小的運動都有自己的律則。亞立斯多德已經嘆賞宇宙的次序，聖多瑪斯則以宇宙次序可以證明造物主。宇宙的一切現象，顯示一種極高度的理智活動。一個神妙的理智貫通宇宙整體的各部份。西洋的泛神論說宇宙是神，然而神不能是物質，宇宙明明是物質。馬克思則又說宇宙萬物祇是物質，物質能自動；然而能自動的乃是精神，宇宙爲一神妙的整體，是物質所構成，然而在物質以內，又在物質以上，有種心靈的精神力在指揮。而且宇宙既是物質，則不能由自己而有「存有」；宇宙的整體又是有精神力的次序和規律。因此，宇宙應該是一最高心靈的生命表現，即是一最高心靈表現自己的理智生命，使宇宙而有「存有」，運行不已。易經曾以宇宙運行爲天地好生之德；天地好生之德應代表上天最高心靈之德，宇宙便是因著最高心靈生命而有而成。

再進一步，我們所認識和所講論的宇宙，也是我們人的心靈生命。宇宙因著最高心靈生命而有而成，若是沒有人去認識去講論，宇宙等之於無。現在有這個宇宙，那是因爲人的心靈認識了這個宇宙，而後予以講論。因此，現在所有的這個宇宙乃是人心靈的理智生命。不過，人心靈的理智生命不能創造宇宙，祇能認識宇宙，使宇宙進入我們心靈以內。天主教聖經的舊約創世記說天主按照自己的肖像造了人。㈢人便相似天主，天主的心靈是最高的精神生命，人便分有最高心靈的精神生命，人有心靈，心靈有能認識的理智。朱熹曾說人得天地之心爲心。㈣人心似天心，天心創造宇宙，人心認識宇宙時，人發現宇宙中最高心靈生命的痕跡，而感到宇宙的神妙。

發現宇宙的神妙，乃是哲學，乃是宗教，易經「繫辭」說：

『易，無思也，無為也，寂然不動，感而遂通天下之故，非天下之至神，其孰能與

㈢ 舊約創世記 第一章 第廿七節：

『天主於是照自己的肖像造了人，就是照自己的肖像造了人：，造了一男一女。』

㈣ 朱熹朱文公文集，卷六十七，仁說：

『天地以生物為心者也，而人物之生，又各得夫天地之心以為心者也。』

於此！夫易，聖人之所極深而研幾也；唯深也，故能通天下之志；唯幾也，故能成天下之務；唯神也，故不疾而速，不行而至。』(繫辭上 第十章)

『易與天地準，故能彌綸天下之道，仰以觀於天文，俯以察於地理，是故知幽明之故；原始反終，是故知死生之說；精氣為物，遊魂為變，是故知鬼神之情狀。與天地相似故不違，知周乎萬物而道濟天下故不過，旁行而不流，樂天知命故不憂，安土敦乎仁故能愛，範圍天地之化而不過，曲成萬物而不遺，通乎晝夜之道而知，故神無方而易無體。』(繫辭上 第四章)

易經哲學為中國生命哲學的基礎，易經哲學的特點，在於探討宇宙生命的深奧，以能『知周乎萬物而道濟天下。』

聖經舊約的聖詠篇，有許多歌頌宇宙美妙的詩篇，在宇宙偉大的運行中，欣賞造物主的靈妙。特別是第一百零四首，歌頌偉哉造物主。在詩篇最後一章說：

『巍巍我主，經綸無數，陶鈞萬物，澤被寰宇。
相彼滄海，浩浩無垠。鱗族繁滋，巨細畢陳，以泳以游，載浮載沉。以通舟楫，以慰鰱鯤。
凡屬受造，仰主資生，按時給食，自有權衡。」㈤

哲學和宗教信仰，爲人心靈生命的高峯，深入宇宙萬物的本體，上達宇宙萬物的根源，貫通人心靈的各種活動，滙集一切知識使互相連結，指點生活之道，使人的生活充滿精神生命的意義。

㈤　吳經熊　聖詠譯義　第一百零四首　臺灣商務印書館　民六四年。

第一章 我生命的體認

一、自我意識

1 直見之知

從母胎受孕的一刻，我卽存在，開始了我的「存有」；但是我一點也沒有意識到。就是從母胎出生了，家中人都認識了我的「存有」，我自己仍舊對自己的「存有」沒有意識，後來我漸漸長大，漸漸分辨外面的物體，也漸漸知道有我自己。對我自己的「存有」，由生命的各種需要，經過我的心靈，提醒我自己，漸漸地形成了自我意識。

生命的發展，先有生理的生活。生理生活的進行和發展，不經過心靈的意識，醒時和睡時一樣地進行，若要經過心靈的意識，心靈將不勝煩擾；然人也就成爲自己生理生活的主人，免除一切的病症，還可以免除死亡。假使這樣，人不是人而是神明了。

出生幾個月以後，開始感覺的生活，小孩會看，會聽，臉上有反應，感覺生活需要經過心靈的意識，最初的感覺意識，祇是理會到感覺客體的「存有」，還不是心靈生活的表現。動物有感覺，還能分辨感覺的客體，例如狗認識自己的主人，也能分辨主人的愛撫或責罵。出生幾個月的小孩，就有這種感覺，這種感覺還不是心靈的意識。

小孩開始講話，開始發問題，心靈的生活便開始了。心靈的生活由自己出發，自己便成爲生活的中心。小孩事事以自己爲主，祇是追求自己所想要的，需要大人時刻提醒教導，纔能克制自己的需要而能忍讓。然而這種以自我爲中心，不是自我意識，而是一種天生的傾向，每一種物體，都有天生保護和發展自己「存有」的傾向。尤其是動物，更強烈地表現這種傾向。

這種傾向，隨著心靈生活的發展，塑成自我的意識。自己認識自己，自己懂得自己生命的要求，自己的生理生命和感覺生命通過理智的認識，和心靈生命，結成一體，這個一體就是「自我」。

人對於自我的意識，是理會到自己的一切活動，都是自己的生活。這些各方面生活的活動，都由「自我」而發，而又都歸於自我。更又理會到生命的變化歷程，雖然千變萬化，生命則同是一個，是「自我」的生命。「自我」是生命的主體，生命流動不息，「自我」主體則常不變。自己對於不變的主體，常有理會的意識，這就是自我意識。

自我意識所體會的，是我的「存有」。我體會自己存在，而是一個主體。我的生命是屬於我的，生命的活動是我的活動。孔子曾說：

『子曰：譬如為山，未成一簣，止，吾止也。譬如平地，雖覆一簣，進，吾往也。』（論語　子罕）

或進，或止，是我自己作主，由我自己負責。孔子所說，是指修身，要靠自己，不能靠旁人。但對一般的事來說，我的行動，由我自己作主，我自己是主人。

自我意識又體會到，我的生命是一個，不能分割。身體的生命，是我的生命；感情的生命，是我的生命；理智的生命，是我的生命。雖然，我有身體，有心靈，身體和心靈不能分割。我的生命是身體和心靈相合而爲一體的生命，即是我一個主體的生命。

這個自我主體常不變，我常是我。小時候的我，就是今天老年的我，但是同時卻又理會到我常在變，我的身體，我的感情，我的學識，我的才能，常在繼續變換，不進就退，自我意識則分辨得清楚不變和變換的我，作爲主體的我是不變，作爲屬體的我則變。我自己是一個主體，凡是屬於我的乃是屬體。

自我意識對於自我「存有」的體會，是天生直接的意識，不經過理智的反省。笛卡爾說：「我思則我存」是一種不正確的命題，我的「存有」不必有證明，而且不能用證明。孟子曾說人有良知良能，對自己「存有」的知，乃是一種良知，卽是天生不學的知，這種良知爲「直見」之知，不是反省之知，更且不是感覺，而是理性之知。這種直見之知，爲理性生活的基礎，卽心靈生活的基礎。

2 反省之知

自我意識又是一種反省之知。人的知識，先對自己以外的客體，小孩向父母詢問：這是什麼？那是什麼？常是指著外面的事物；因爲人的知識由感覺而起，感覺的轉象乃是外面的客體。由感覺而成觀念，由具體觀念而有抽象觀念，有了抽象觀念，人總會反省。反省，乃理智生活的成熟階段。理智生活越成熟，越能做反省工作。小孩不知道反省，青少年少有反省，成年人則知道反省。由反省而認識自己，認識自己便是反省的自我意識。

反省的自我意識，第一認識自己是人，和禽獸有別。聽見別人罵自己不是人，是畜牲，馬上反抗這種極大的侮辱。普通人說不出人是什麼，不知道人之所以爲人之理，但是心目中有個人之所以爲人的形相。有時看到對於這種形相有缺的人，就說他是一個殘障不全的人。

讀過書而有思想的人，可以知道人之所以爲人之理，可以說出人的特性，反省的自我意識，第二認識自己的特性，卽認識「自我」，人的特性人人都有，自我則在人的特性外還有我的特性，我有我身體的相貌，有我的才能，有我的情感，有我的性根。自我是一個主體，一個中心；這些特性爲構成「自我」的成素。「自我」的成素或是天生，或人爲。我藉著天生的才能和情感，加以修養，塑成我的性格。天生的「自我」是一塊出土的天然寶石，需要經過人工的琢磨，寶石纔純淨有光彩。孟子曾說存心養性，中庸講論至誠的人能够盡性，都是敎人琢磨性格，自己認識自己，乃是修養的基礎。認識自己現在的自我，就是「知己」。孔子很看重「知己」的知識：

『子曰：已矣乎！吾未見能見其過，而內自訟者也。』（論語 公冶長）

自己有認識自我的意識，對於行事和人際關係，可以有正確的看法。行事和人際關係的看法，儒家稱爲知人知天。中庸說：

『故君子不可以不脩身。思脩身，不可以不事親。思事親，不可以不知人。思知

人，不可以不知天。』（中庸 第二十章）

『故君子之道，本諸身，徵諸庶民，考諸三王而不繆，建諸天下而不悖，質諸鬼神而無疑，百世以俟聖人而不惑。質諸鬼神而無疑，知天也；百世以俟聖人而不惑，知人也。』（中庸 第二十九章）

知己而後知人，知人而後知天，自我的意識，爲人際關係的起點。

在人際關係中，自我意識建立自己的人格，知道自己應有的位置。人的位置最內在和外在的因素，內在的因素，因爲我是一個獨立的人稱，因爲我有道德方面的品格，人稱不可侮，品格受尊敬。外在的因素，因爲我有社會的名分，名分帶有權利和職責。孟子說：

『天下有達尊三：爵一、齒一、德一；朝廷莫如爵，鄉黨莫如齒，輔世長民莫如德，惡得有其一，以慢其二哉。』（孟子 公孫丑 下）

孟子很看重自己的人格，要求各國君主予以尊敬，因爲他有「自知之明」，而又能養育自己的人格。

『公孫丑問曰：夫子加齊之卿相，得行道焉，雖由此而霸王不異矣，如此則動心否乎？孟子曰：否！我四十不動心。……敢問夫子惡乎長？曰：我知言，我善養吾浩然之氣。』（孟子　公孫丑　上）

人格的自尊，不是驕傲的自尊，而是自己精神的表現。立定自己生活的高尚目標，穩定生活的正確價值，不爲物欲所動，不爲人和物所屈。孟子說：

『居天下之廣居，立天下之正位，行天下之大道。得志，與民由之；不得志，獨行其道。富貴不能淫，貧賤不能移，威武不能屈，此之謂大丈夫。』（孟子　滕文公　下）

有自我人格的意識，必定有大丈夫的氣概。這種氣概由仁義而養成，即是以做人之道而養成。孔子說：『君子憂道不憂貧。』（論語　衛靈公）

3　永恒之知

大丈夫的意識，不是自我滿足的意識，而是時刻求進的意識。世界上沒有尼采所講的

「超人」，每個有自我意識的人，都認識自己的欠缺：生理方面的欠缺，心理方面的欠缺，道德方面的欠缺，知識方面的欠缺。歐洲「存在主義」的創始人齊克果（Sören Abbaye Kierkegaard）以自我是「站在上帝面前的人」：看看上帝的完美而見自已的缺陷，人乃有生命的焦慮，甚而對存在發生絕望。海德格（Martin Heidegger）以眞正的自我，乃是向一個理想的我的追求。「存在主義」宣講自我意識，不把自我封閉在現前的自我以內，而是向永恒開放，造成生命的憂慮。

在中世紀時，聖多瑪斯早已說出向永恒開放的形上哲理。人的「存有」，是一個有限的存有，有限的存在，是由「能」而到「行」(成)。「自我」這個存有成了實際的具體存有，所有的「能」，不是一時都成了「行」。我有許多「能」，自少到老，漸漸發展。例如我求學的「能」，不是一下把我所能知道的都知道了，而是要漸漸去學習，得了一種知識，就是一分的「求知能」成了行。在道德方面也是一樣。我的個性有人性帶著許多特性的能，一分能成了行，我的個性就多得一分的成就。因此，自我的意識既然認識自我特性的能，便常追求「特性的能」可以實現，而得完成自我。沒有自我意識的人，不會有這種追求；有了自我意識而不追求自我的完成，等於自暴自棄；唯獨有完成自我追求的人，總算是有正確的自我意識。再者，有沒有自我意識，都體會「自我存有」的限制，衝破這些限制，以求開放自由，是每個人夢寐所求的。但是正確的自我意識則啓示衝破「存有」的限制，乃是追求自我的完成，自我的完成在於發展人性和個性。

整部的儒家生命哲學，都在於發展人性和個性，中庸以誠爲人生之道，誠是發展人性和個性。

『唯天下至誠，為能盡其性。能盡其性，則能盡人之性；能盡人之性，則能盡物之性；能盡物之性，則能贊天地之化育。可以贊天地之化育，則可以與天地參矣。』

（中庸 第二十二章）

「自我的存有」，不是一個孤獨的「存有」，而是和萬有相聯繫的「存有」。我發展自我特性所有的能，以完成我的自我，不是自私地去傷害或剝削別的「存有」。乃是在自然規律和社會規律內以求發展，因而我的自我發展，也可以有益於別的「存有」。自我的意識使得到合理的開放。孟子說：

『萬物皆備於我矣。反身而誠，樂莫大焉。』(孟子 盡心 上)

我自已意識到「自我存有」是和萬有相連的生命。我的生命的活動，貫通到人的生命，也貫通到物的生命。「自我存有」的發展，和萬有的生命相連，我的生命的活動，不能夠是一椿衹關係到我的行動，而是和萬有相關的行動。儒家的聖人，就有這種自我意識，即是「萬物皆備於我」的意識。

而且這種意識還不能封閉在宇宙以內，直接升到生命的根源，由自我的有限存有升到造物主的絕對存有。自我意識雖認識「自我存有」的限制，但也體會「自我存有」懷著無限的能。人生的痛苦就在於帶著無限的能卻不能實現以得到滿足。人的身體有限，心靈的追求卻無限，有限和無限合成一個自我，自我的生命不能不發生衝突。

衝突的平衡，在於發展「永恒的自我意識」。「站在上帝面前的人」，當然體會到自已的渺小；然而人的渺小不是絕望的不能前進的渺小，人的心靈懷著無限的希望，表現心靈生命傾向於無限，於是便有一種「永恒的自我意識」，在永恒的生命裏，人的自我繼續完成。人的「自我存有」爲有限的存，不能夠在一時具有無限的有，但可以在無限的繼續裏，無限地繼續完成自我。宇宙既是有限，人又不能使自己的「能」，無限地成爲「行」，便要有超於宇宙的無限實體，無限實體繼續使人的自我繼續完成。自我的有限生命便貫通到上帝天主的無限生命裏。

二、我生命的世界

我所有的世界，是我生命所接觸的世界。凡我生命所沒有接觸的，對於我就是「無」。我生命和外界的接觸，是用我的理智生活；是用我的心靈。

我的世界，是我所造的世界。這不是說我所接觸的世界，是我心靈所創造的，在外面並不存在，外面有一個客觀存在的世界，這個世界是造物主天主所造的。但是客觀的世界要和我的心靈發生關係，而且進入我的心靈以內，纔成爲我的世界。

每個人的世界，都是自已心靈的世界。假使這個心靈世界，完全是主觀的世界，由我的心靈所創造；則世界變成爲無數的世界，各不相同，因爲每個人的心靈不同。主體的人不相同，主體的世界也不同，人和人還怎樣互相溝通，能有共同的知識，共同的世界呢？客觀的世界既是一個，人既然都是人，每個人心靈的認識官能一定相同，人心靈所造的世界便相同了。形色的世界相同，觀念的世界相同，語言的世界也相同。人心靈所造的世界，就是外面的客體世界，所不同的，在乎客觀的世界進入了我的心靈，有了我的生命，就成爲我的世界。

1 感官的世界

人和外面客體的接觸，在於感官。口耳鼻舌身，是我自已向外面開放的門戶。孟子說：

『耳目之官，不思而蔽於物，物交物，則引之而已矣。』（告子 上）

墨子曰：

『知，轉也。』（墨經 上）

『知，接也。』（墨經 上）

外面的世界，滿佈形色，形色爲物質物，我和外面形色的世界相接觸，一定要用物質性的官能，就是使用感官。感官和外面物體的接觸，是我生命的第一個接觸，這種接觸若要進入我的生命，便要進入我的心靈。眼睛看到顏色時，同時要反應到我心上，心要接受這種顏色，我纔看見這種顏色。否則，『心不在焉，視而不見，聽而不聞，食而不知其味。』（大學 第七章）

這種「心在」，是自我意識的表現。我是主人，感官動作由我而發，而我是身體和心靈結合而成的一個主體，我的動作由我的心作主宰。

形色進入了我心，我的生命便漸漸豐富，漸漸複雜。假使一個人又聾又瞎，他的生命被關在形色世界以外，味覺和觸覺雖然還可以使他和外面世界有所接觸，然而所接觸的世界乃是局部的世界，生命不能得到正常的發展。

感官和外面客體的接觸，把形色吸引到感官內，留下一個形色印象。這種印象是客體的直接形色印象，爲感官所直接感覺的對象。

從直接的形色印象，感官再有間接的形色印象。例如長短、高下、肥瘦、單純數目。這些不是一種感官所能感覺的，而是要經過心的動作。感官所感覺的，只有物體的形態，不能把兩個或多個物體互相比較。但是這種比較又不是推理，而是感官所感覺到的。例如大小，可以用眼看，可以用手摸，然而僅是感官去接觸，而不用理性，不能有間接的印象，小孩沒有受人教過長短、高下、肥瘦、寬狹、數目，他們就不知道。在這裏我所講的和洛克（Locke）所講的第一物性和第二物性有些不同，洛克是講，『外物所呈顯的特性也就有二種；首先對於感覺的物性，稱爲第一物性；那是眞實的在物體內存有的存在，如伸展性、形態、數目、運動等。那些通過感覺走進反省領域的特性，稱爲第二物性，就是色聲香味觸。』㈠

㈠ 鄔昆如　西洋哲學史　頁三九九　正中書局　民六三年。

洛克是就物性的客體性而講，在物體以內，祇有伸展、形態、數目、運動等特性，所以稱爲第一物性。物體接觸了感官，經過反省的領域，乃有色聲香味觸的特性，便稱爲第二物性。我是從主體方面講，從我和物體的接觸，第一種感覺印象是色聲香味觸，再經過我的反省，纔有長短、高下、肥瘦、寬狹、數目等印象。

感覺的印象，造成我的外面世界。這種世界在我的生命以外，確實存在，但在成爲我的感覺世界以後，便進了我的生命以內，成爲我生命的一部份。我所有的感覺印象，已經滲入了我的生命裏。例如一架錄影機，把外面的形色聲音錄在機內的紀錄帶上，紀錄帶然後把所錄的形色聲音放映出來。所紀錄的形色聲音便是錄影機的世界，這世界在放映時實現成立，實現成立的動作便是錄影機的生命。我的感官攝取外面物體的感覺印象，在想像裏放映出來，想像就是我的感覺世界，想像也是我的生命。

感覺的生命不能是孤獨的生命，而是和我的整個生命相連。感覺的印象一進入想像，馬上就進入我的感情生命，立時反應起來喜怒好惡，造成哀樂的心境。同時，感覺印象進入想像時，也就進入我的理智生活，構成相應的觀念，引起相關的反省，演成進一步的推論。

在這裏，我們要避免兩種偏激的主張：一種是感覺爲虛幻；一種是知識唯有感覺。

佛教主張感覺爲虛幻。

『五識豈無所依緣色，雖非無色，而是識變。謂識生時，內因緣力，變似眼等色等相境，卽以此相為所依緣。然眼等根，非現量得，以得發識，比知是有。此但功能，非外所造。外有對色，理既不成，故應但是內識變現，發眼等識，名眼等根，此為所依，生眼等識。』（成唯識論 卷一 玄奘譯）

眼、耳、舌、鼻、身五識，爲能够有識，須有根，有境，有緣。根爲生識之能，這種能爲第八識阿賴耶所藏的種子，緣爲一種現行，種子因著現行所薰，乃生識的境。……五識的對象爲『內識變現』。因此，五識所感覺的對象不是外面的物體，而是主體以內，由識所變的相。內識造相的來由，由於第八識中的種子和現行相合，乃造出感覺的對象。感覺的完成，不僅是五識和八識的工作，而是第八識、第七識、第六識和一種感官相合而成。㈡感覺沒有對象，乃是無明所造成的虛幻。假使是這樣，整個外在世界完全不是實有，爲

㈡ 羅光 中國哲學思想史 魏晉隋唐佛學篇 上冊 頁三七二—三七三 學生書局 民六九年

人的幻想，我的生命失去了根基。我自已的身體旣是虛幻，我自已的心靈生命便沒有落腳地。外在世界若是幻想，我的生命便沒有發展的地方，雖說佛教就是要排除形色的世界，祇剩下明見眞如的心，但是實際上明見眞如的心還是我的這顆心。心雖然可以對於絕對的眞如有直見，然而直見祇是暫時的超然現象，人的正常生活仍舊要用心的理智。要用理智便要用感覺，要用感覺便要實在的對象；否則人的正常生活不能進行，生命便要萎縮了。

西洋實徵主義，由英國洛克發起，造成了現代哲學上的一種趨勢，祇相信感覺的知識，不相信理智的知識。康德看到這種主義的危機，將掃除形上學，毀滅一切理論的哲學，乃創先天範疇說。然而康德也相信知識限於感覺，他的純理性也不過是用先天範疇將感覺印象的綜合。因此，他沒有能够保全西洋的形上學。

這種偏激的思想潮流，使人的理智生命，限制在感覺世界以內，不能超越物質以上，也不能透入物質以內。理智的生命和感覺的生命成爲一個，理智退爲感覺。儒家格物致知的傳統，可以被這種思潮所劊斷。朱熹在大學章句增加「格物致知」的傳：

『所謂致知在格物者，言欲致吾之知，在卽物而窮其理也。蓋人心之靈，莫不有知，而天下之物，莫不有理。惟於理有未窮，故其知有不盡也。是以大學始教，必使學者卽凡天下之物，莫不因其已知之理而益窮之，以求至乎其極。至於用力之久，而一旦豁然貫通焉。則衆物之表裏精粗無不到，而吾心之全體大用無不明矣，此謂物格，此謂知之至也。』

朱熹自己解釋說：

『知在我，理在物。』（朱子語類 卷十五）

『知者，吾心之知；理者，事物之理。以此知彼，自有主賓之辨，不當以此字訓彼字也。』（朱文公文集 卷四十四 答江德功）

儒家的傳統，以心能知理，理爲形而上之理，不能被感官所感覺。若是知識祇能是感覺的知覺，則人心不能知理，更不能『因其已知之理而益窮之』，我的理智生命還有什麽發展呢？

感覺是我知識的第一部份，也是我的知識的基礎；但是感覺知識不能限制我的理智生命。理智生命有無限的世界。

2 理智的世界

『道可道非常道，名可名非常名，無名天地之始，有名萬物之母。故常無欲以觀其妙，常有欲以觀其徼。此兩者同出而異名，同謂之元，元之又元，衆妙之門。』

（老子 道德經 第一章）

可以看見的宇宙，無限無量，不可看見的世界，更是奇妙，老子以道爲不可名，不可說，而是衆妙之門。

『易與天地準，故能彌綸天地之道。仰以觀於天文，俯以察於地理，是故知幽明之故。原始反終，故知死生之說。精氣為物，游魂為變，是故知鬼神之狀。與天地相似故不違，知周乎萬物而道濟天下，故不過。旁行而不流，樂天知命，故不憂。安土敦仁，故能愛。範圍天地之化而不過，曲成萬物而不遺，通乎晝夜之道而知，故神無方而易無體。』（易經 繫辭上 第四章）

易經講道宇宙變化之道，使人的智慧進入宇宙的秘密，『知周乎萬物而道濟天下，……安土敦仁故能愛，範圍天地之化而不過。』我的理智可以觀宇宙的『衆妙之門』，可以從宇宙的變化，『原始反終，故知死生之說。』理智生命的範圍可以說是沒有範圍，理智生命的世界沒有窮盡。

但是老子所說的『衆妙之門』，是不是實有的呢？易經所講的變化之道，是不是宇宙變化之道？學者們的意見就不相同了。

對於理智的知識，大家的意見竟不相同，可見這中間必定有問題。有的人便說理智的知識祇是一些幻想，不是實際的事理，道德經和易經是人們幻想中最美麗的幻想，可以稱爲玄想或玄學。

英國洛克的實徵主義，主張感官能夠認識外面客體，理智則不能認識超乎感覺的客體。德國的唯心論主張理智所認識的客體是理智自己所造的客體，在理智以外並不存在。康德所講的純理智，也不過是天生範疇的綜合。

近世紀的西洋哲學，都以理智知識作爲中心問題。問題的癥結，是把客體和主體，分而爲二，理智和客體不能相結合。認識的對象在主體以外，理智在主體以內，理智怎樣能達到客體的對象，客體的對象怎樣能進到主體以內，這是認識論的中心問題。

識。

甲、理智認識的對象

第一個問題，大家要問的，是理智究竟認識什麼。

感官所認識的對象，是外面的形相，形相是物質的特性，感官的認識便是物質性的認識。

外面的客體除了物質以外，還有什麼呢？例如木桌，除了木頭以外，還有什麼？有些哲學家便肯定物體除物質以外，沒有別的因素。理智認識的對象，也就是物質的意義，不是在物質以外，而就是物質本身。物質在感官的認識裏是形色，在理智的認識裏是意義。同是一個客體存有，感官所認識的，是他的形色，理智所認識的，是他的意義，即是他的理。

洛克的實徵主義承認物體有自己的本性，有自己的本體；可是人的理智不能認識本性和本體，所認識的祇是外面的形相。

西洋由希臘傳統的哲學，主張理智的認識對象，爲物體的本性。柏拉圖以物性爲先天獨立存在的觀念，亞立斯多德則以物性在物體以內，聖多瑪斯繼承亞氏的學說，主張理智以感覺認識爲基礎，認識物的本性和本體。

中國儒家哲學在宋明時，有格物致知的爭論。朱熹主張就外面的事物，研究事物的理。

他在大學章句補格物致知一章說：『所謂致知在格物者，言欲致吾之知，在卽物而窮其理也。蓋人心之靈，莫不有知，而天下之物，莫不有理。惟於理有未窮，故其知有不盡也。』朱熹很明白地主張人心有認識事理的「能」，事理卽是物性。陸象山以「理」在人心，人返觀自已的心，就認識事物之理。他曾說：『蓋心一心也，理一理也，至當歸一，精義無二。此心此理，實不容有二。』（陸象山與曾宅之書，象山先生全集 卷一）

心能知理，理爲道，或爲性，乃是超乎感覺的形而上者。這種思想爲儒家的傳統思想，沒有人致疑。孔子曾說：『思修身，不可以不事親；思事親，不可以不知人；思知人，不可以不知天。』（中庸 第二十章）知人知天，不是形相的感覺認識，而是知形上之道。孟子很清楚地分別感覺之官和心思之官，『心之官則思，思則得之。』（告子上）孔子也曾看重思，『子曰：學而不思則罔，思而不學則殆。』（論語 為政）荀子以心『虛壹而靜』，（解蔽）乃能「徵知」（正名）『心知道。……人何以知道？曰：心。心何以知？曰：虛壹而靜。』（解蔽）他稱感官爲『天官』，稱心爲『天君』。（天論）

心思之官——理智，爲我所有天生的認識官能。心靈和感官不同，感官爲物質，心靈則是「虛壹而靜」的精神。精神超乎物質，心思之官的認識對象便是超乎物質的形而上之道。

理智對於形而上的對象可以認識，乃是天生的功能。凡是天生的官能，對於官能的作用具有天生的良能；生理的官能，都具有生理的功能；感覺的官能，對於形相對象有天生的認識功能；心思之官——理智，對於形而上的對象也具有天生的認識功能。

理智對於形而上的對象所有天生的認識功能，不能用理由去證明，因爲所用的證明，就是理智的知識。用理智的知識去證明理智的認識，自己證明自己，等之於沒有證明。究其實，不需要用證明，因爲是天然明白的事，用不着證明。例如眼睛看見了東西，不需要證明眼睛能夠看，因爲眼睛就在看，既然在看，當然能夠看。你不要說眼睛病了不能看，醫生要檢驗眼睛能否可以看見，醫生檢驗眼睛，是因爲眼睛有病，而且檢驗眼睛，仍舊要用眼睛去檢驗。理智能夠認識自己的對象，乃是對一切知識一項預先假定的眞理，假使這項眞理被人懷疑了，一切知識都失去了價值。

理智的認識對象，爲超乎形而上之道；理智對於自己的對象，具有天生的認識良能。

乙、理的世界

理智的認識對象爲形而上之道，形而上之道在認識方面，第一對象是客體的「存有」。

我對於一個客體的認識，在感覺方面，是客體的外面形色；但是我的理智對於感覺所認識的形色客體，一開始思索，第一就知道這個客體存有；我知道有一個客體在我眼前，這個客體是個「存有」。這個「存有」的認識是直接的，是不必思索的；這個「存有」，不是形相的綜合感覺，而是理智的超乎物質的認識。動物沒有心思之官，但是有一種內在的感覺，也直接感覺到所見到的客體是一個物體，我的心思之官，則直接認識客體的「存有」。

我一直接認識客體的「存有」，立刻就會想認識這個「存有」是什麼？即是要知道這個「存有」所以爲這個存有之理，卽是物性，物性便是形而上之道在認識方面的第二對象。

理智直接認識「存有」時，「存有」是最簡純的對象，不包含任何的內容，就像在黑夜裏或是早晨在濃霧裏，只看到有一個東西，卻分不出東西是什麼。理智一認識有一個「存有」，就開始思索反省這「存有」的理。

「存有」爲理智認識的基本，一切知識都建立在「存有」之上。歷代許多哲學的認識論，或是把認識建立在形相上，形相是外在的，是常變的；他們的知識便也都是外在的，都是常變的。或是把認識建立在事物的關係上，關係祇是用，不是體；他們的知識便把體用合一，用變成了體。或是把認識建立在自心的想像上，想像是內在的，是沒有客觀客體的；他們的知識便成了自心的幻想。「存有」則是客觀的，是實有的。以「存有」作基本的知識，乃是客觀的知識，是實有的知識。孔子曾責罵子路說：『野哉由也！君子於其所不知，蓋闕如也。』（論語　子路）孔子所指的知識，一定不是人心所幻想的知識，而是實在的知識。

理智所造的世界是「理」的世界。人是講理的動物，對於事物都要追究所以然的理。日常生活有生活之理，宇宙萬物有萬物之理，追究到根底處，則有萬理的根源，而爲一獨立的絕對之理。

理的世界雖然爲形而上，超乎形相；然而要以形相爲根據。因爲理智的知識，是根據形相以抽象而構成。西洋哲學有句格言"**nihil in intellectu nisi prius non fuerit in sensu**"理智沒有任何知識，不是事先已經在感覺內的。理智由感覺印象予以抽象作用，構成觀念，觀念代表理。理便在外面的客體裏有自己的根據，而不是隨便幻想。中外許多哲學家所講的理，沒有實際的根據，各人所講的不同，使大家懷疑所有的形上哲學，就是這些哲學家所講的不以感覺爲根據，祇是自心憑空的構想。

但是，我所說的以感覺爲根據，是亞立斯多德和聖多瑪斯的主張，以理智世界建立在感覺以上，而不是說理智的世界，就是感覺的世界，人的知識祇是感覺的知識。

理智的知識以感覺爲根據，便常帶有感覺的限制。理智所有的觀念，常是有限的觀念，也是相對的觀念。佛敎禪宗主張不立文字，就是因爲文字不能表達絕對的經驗。我的自我是身體和心靈相合而成的一個主體，主體不能分割，我的生命便是身體和心靈結合的生命，生命的活動也是身體和心靈相結合的活動。感覺在認識時，不能離開心靈，心不在，便沒有感覺；理智在認識時，也不能離開感覺，沒有感覺的根據，便成空想。

理的世界不是空想的世界，空想不是理；理的世界也不是感覺的世界，感覺祇是形相。易經有卦象，象徵天地的變化；然而易經的世界，乃是變化的理世界：『易，無思也，無爲也，寂然不動，感而遂通天下之故，非天下之至神，其孰能與於此！夫易，聖人之所以極深而研幾也；唯深也，故能通天下之志；唯幾也，故能成天下之務；唯神也，故不疾而速，不行而至。子曰：易有聖人之道四焉者，此之謂也。』（繫辭上　第十章）

丙、主體客體相結合

儒家講致知格物，在於知理。儒家講知理，以理在人心，又在萬物。陸象山和王陽明主張心外無理，人的致知，是人知自心之理；然而心外之物，並不是沒有理，但所有之理卽是心內之理。人知心內之理，就是知外物之理；這樣，人在致知時，外物之理和人心之理，相合爲一；因爲內外之理，在本體上就是合而爲一。朱熹繼承二程的思想，主張「理一而殊」。天地間祇有一理，在人心又在萬物；然而各物又有各物之理。各物之理因所稟受之氣不同，乃各不相同；這種各物之理不在人心內。朱熹講致知格物，『在卽物而窮其理也。……必使學者卽凡天下之物，莫不因其已知之理而益窮之，以求至乎其極。至於用力之久，而一旦豁然貫通焉；則衆物之表裏精粗無不到，而吾心之全體大用無不明矣。此謂物格，此謂知之至也。』（大學 第五章 釋格物致知之義）人在致知時，人心要到物的「表裏精粗」，卽人心要進入物內，然後物的理要呈現在人心裏，使整個人心明明看到這個理，『而吾心之全體大用無不明矣。』朱熹說：

『格物二字最好。物謂事物也，須窮極事物之理到盡處，便有一個是，一箇非。是底便行，非底便不行。凡自家心上，皆須體驗得一箇是非。』（朱子語類 卷十五）

儒家的理乃是非之理，是非之理爲行爲的規律，理學家以理爲性，性卽是非之理，所以中庸說『率性之爲道。』對於這種理的認識，一定要內外合一，外物之理，一定要進入人心，與人心合而爲一。

但是就普通一般的認識來說，儒家則沒有明明討論。我則認爲凡是理智的認識，客體一定要進入主體，與主體相合爲一。聖多瑪斯很堅決地肯定這一點。

理智在認識時，理智是被動，又是自動，對象藉着想像呈現於理智，理智是被動的。理智被想像激動後，乃自動從想像抽取對象之理，使成爲理智的認識對象，認識對象卽是觀念，在觀念中客體主體相合爲一。

認識對象爲抽象的理，在主體的心中和在外物內同時存在，在主體的心中不祇是客體的代表，乃就是客體，祇是在主體心中和在客體物中的存在，性質不同，在客體物內爲本體的存在，在主體心中爲認識的精神性存在，因爲人心是精神。

『理智認識祇有在一個條件下，才能够成立，能够講論，就是被認識的對象，因着認識的活動，成爲認識的主體。這種同一，在實際上是存在於物質以內，在認識主體以內則是理想性和理智性的存在，如同理智的存在。』(三)

我贊成這種主張，客體對象要進入認識主體以內，和主體合而爲一。我所認識的對象是在我心以內，和我的心相合爲一；但是對象不是我心所造成的，而是客觀對象本來存在於我心以外，在認識時進入了我心。

聖多瑪斯曾說：

『在認識中，認識者就是被認識者，被認識者也就是認識者。』

(三) Luigi Boglioio Antropalogia. Filosofica p.71 Roma. Universita Latetanese. 1977.

『在認識的動作中，認識者和被認識者，是同一物。』或『是唯一的同一物。』㈣

聖多瑪斯表示得很淸楚：第一，不能把認識主體和被認識的客體，劃爲兩邊，中間有一道鴻溝，沒有辦法可以越過。第二，被認識者要進入認識者的心內。第三，認識者和被認識者合而爲一。

荀子和朱熹都以心爲『虛壹而靜』，心是虛，因此可以接受外面被認識者客體，被認識者客體也該當是『虛』的，卽是精神性的，不佔空間。心便能接收無數的被認識者客體。

陸象山主張事物之理，就是人心之理；朱熹以「理一而殊」的理，是人心和事物所共有。這種理，乃是事非之理，是道德規律；人在認識時，人心之理和事物之理同爲一理，沒有認識者和被認識者的分別。我認爲人心有天生的是非之理，爲道德倫理的普遍原則，良知

㈣ S. Thomus. De Anima. II. lect. 12. n. 377.
Summa theologica. I. 9. 55. a.I. cd.2.
I. 9. 14. a. 2.
Summa contragentiles. II. 59. n. 1365.
De veritate. VIII. a.6. et9.

在認識外面事物的是非之理時，是認識自心的天生之理。若是事物複雜時，須經過理智的研究，即所謂「格物」，人心天生的是非之理才能顯露，良心知道了這件複雜事物的是非之理，所知道的理，仍是人心天生的是非之理。

這種良心的知，人心和事物的是非之理合而爲一，乃是大家所明瞭和所承認的事。

在普通一般的認識上，人心知道事物的物理，或者知道獨立存在的精神體之理。這些理不可能天生在人心裏，而是在外面的事物理。我認識這些理時，理要進入我的心內，變成我的生命，我才眞眞認識這些理。這不是唯心論，因爲我所認識之理是外面事物之理，不僅僅是我心所造的觀念。義大利哲學家克洛車（Benedetto Croce）講歷史哲學時，認爲歷史不是過去的事跡，而是眼前的事，因爲人研究一樁歷史事跡時，這樁事要呈現在人心中，人所研究的是心中所呈現的事，不是已往的事。但是我認爲現在呈現在我心中的歷史事跡，就是已往所有的一樁實在事跡，已往的事跡和我的心相合而爲一時，我就認識這樁事跡，這是唯心論的講法。

客體事物之理有兩種「存有」：一種是本體的存有，本體是物質，便是物質性的存有；一種是認識的存有，存有於人的心內，心是精神，便是精神性的存有。在人心內的存有，我們稱爲觀念。

爲構成觀念，一方面有感官的印象，一方面有理智的認識力。外面對象給感官一種形色的印象，這種形色的印象就包括形色的意義，理智的認識力從感官的印象中，抽取物之理。理智的認識力，和人的本性相符。人的本性爲心靈和身體相合的本體，爲有限的相對「存有」，人的理智認識力便是心靈的精神體，和感官相連繫，而是相對的認識力。

我認識了對象之理，理和心靈相合爲一，成爲我生命的一部份。就像在生理方面，我所吸收的食物，消化了以後，和我身體結合爲一變成我生理生命的一部份。這所吸收的食物要和我所有的生理因素相符合，否則，不會被吸收，或者，會傷害我的生理生命。同樣，理智所認識的理，應和我理智的因素相符。我是人，人是萬物中最秀的，人的生命包含有天地萬物的因素，生理生命中包含有動物植物礦物的因素，理智生命包含有天地萬物之理的因素。並不是說人心包含有天地萬物之理，但是包含有天地萬物之理的因素。例如萬物有「存有」，我也有「存有」；萬物有本體，我也有本體；萬物有附加特性，我也有附加特性；這些都是每一存有之理的因素。這些因素在我以內和在物以內，是相類似的。我認識一理時，這「理」要尋得在我以內的類似之理，然後纔可和我心靈相合爲一，成爲我理智生命的一部份，否則便不能相結合，便不爲我所認識。普通常說對象若超過人的認識力，就不能爲人所認識，就是這種道理。

中國哲學家都贊成理在人心，人認識事物之理時，是人心之理和事物之理相合。佛教唯識論以阿賴耶識藏有前生的種子，種子因薰習而造感覺的對象。柏拉圖主張人靈魂生來具有世物的觀念，因著相關的事物而引起回憶。康德以人心生來具有範疇，理智以範疇而綜合感覺。各種主張的內容和理由都不相同，但有一點相同的，則在於以一個人心的內在因素，講解理智的認識力。

我認爲我的「存有」，具有萬物的存有理由，礦物之理，植物之理，動物之理。萬物存有之理不是整個地存在我心內，而只是萬物存有的基本理由，而且存在我心內的理只是類似萬物存有之理。這類似之理是我認識力的範圍，若是一種理完全不存在我心內，我的理智便不能認識。例如絕對存有的天主，因著啓示而知是三位一體。但是三位一體的理在我的心中完全沒有相類似之理，我們便不能認識。我相信身後在天堂可以認識，那是靠天主給我靈魂另一種超於本性的認識力。

我說天地萬物存有的基本原理，在我心內，但是我認識外物之理時，不是認識心內天生之理；也不是把心內天生之理貼合到萬物上，而只是說我心內天生之理是我認識力的範圍。我的理智對於心內天生之理，除良知的是非之理以外，並沒有直見，須要經過反省才可以知道。我所以講論這一點，是企圖解釋儒家所說「理在人心」。

3 信仰的世界

我心的天生之理，和天地萬物的存有之基本原理相類似，範圍我理智的認識力，只能達天地萬物之理，超越天地萬物之理我的理智便不能認識。我理智生命的世界，便是天地萬物之理的世界。但是在實際生活上，我卻尚有另一世界。這一世界既不屬於感覺，也不屬於理智，而是超越感覺和理智的世界。這個世界是我的信仰生活之世界。

我信創造天地萬物的天主，天主的本性是三位一體。我信救世的耶穌基督，祂是天主聖三的第二位，降生成人，被釘在十字架上，死後第三天復活。我信基督創立了教會，以洗禮赦人的罪，使人分享耶穌的天主性生命，我信天主聖三的第三位聖神，引導人愛天主又愛人，以天主爲父，以世人爲兄弟，結成一奧妙的團體，我信人死後，靈魂常生，或受永賞，或受永罰。這個信仰的世界，是一個無限無量的精神世界。

我的理智不能想到這個世界，我的理智也不能認識這個世界。對這個信仰世界所有知識的來源，是來自天主的啓示，啓示的表現，是一部聖經。

但是天主啓示超越理智世界之理，還是使用理智世界的觀念；因爲人除這些觀念以外，不能有知識。有些神秘學家以人和信仰世界的接觸，是用心靈的「直見」，不用理智，所以信仰的生活，常是神秘的生活。我雖不否認人心可以有對於超越理智世界的理之直見，例如直見絕對存有的天主，然而，直見乃是一種非常的心靈經驗，不是我們的日常宗教信仰生活。天主啓示超越人本性的理，是用理智生活的觀念；我們對所受啓示的理，也是以理智觀念去認識。因此，我知道講述啓示的理所有的觀念，但是觀念的對象我則不懂。例如天主三位一體，我知道天主、三位、一體，這幾個觀念，但是這幾個觀念所指的對象，卽天主三位一體，我則不懂。又例如耶穌是天主又是人，我知道耶穌、天主、人，這幾個觀念，但是這幾個觀念的對象，卽耶穌是天主又是人，我則不能明瞭。

對於信仰的對象，我不是用理智去認識，而是用意志去相信。我雖然不懂，我仍舊相信。這並不是不合理，科學上有許多理論我不懂，我也相信。

但是有些學者認爲，宗教信仰的對象，既然超越理智的認識力；而且天主根本就超越人性以上，理智的認識力雖懂得認識的觀念，這種觀念又能使對象和我的理智相合，認識主體和被認識客體，兩者互相隔離，理智的認識力便等之於沒有。人和宗教信仰對象的結合便不能使用理智，而是用直見，或是用感情。直見當然超乎理智，感情也外乎理智，宗教信仰的生活，便常是神秘性的生活。我以爲人的特點乃是理智，宗教信仰生活不用理智，不是失去人性嗎？我雖肯定宗教信仰來自天主的啓示，啓示的了解超乎理性，然而我講解信仰去傳道，還是要用理智。聖多瑪斯以哲學理論講解神學，使理智的智慧達到最高峯。

問題當然還在，啓示所用的觀念，不能使啓示的對象和人的理智相合，便是認識者和被認識者不能合而爲一，人對於啓示的對象便沒有認識。沒有認識，宗敎信仰的對象和信仰者能相結合，則是意志的信服。意志是人心的官能，使被信服者和信服者相連。宗敎信仰的對象能在我的心中，成爲我生命的一部份。信仰的結合和認識的結合，性質不同。在信仰生活中，感情也可以使信仰者和被信仰者相結合，我雖然不能明明認識天主，然我能全心愛天主，愛使愛者和被愛者相結合。認識的結合，是被認識的對象在我的理智中是明顯的，我的理智明白看見被認識的對象是什麼。信仰和感情的結合，理智只知道所結合的對象是存有，卽是在我心中有一個對象，但不認識這對象的內容。

我的信仰世界，實際存在，爲實在的「存有」，不是虛構。我的理智不能明白認識這種存有，因爲這種存有的理，在我心裏沒有相類似，超越我的理智認識力。但是「存有」，在我心中是有的，我是「存有」，「存有」涵蓋一切。我所信仰的對象，既不反對理智，在我的理智力便是一種「存有」。信仰的世界擴大了我精神生命的世界，在形色和理的世界以上，有永恆絕對的信仰對象，使我的精神生命，由時空中升到無限的絕對永恆中。

三、人文世界的建立

我生活在世界裏，我生活的世界爲人的世界。自然的世界只供人世界的使用，這是造物者的意旨。『天主說：讓我們照我們的肖像，按我們的模樣造人，叫他管理海中的魚，天空的飛鳥，牲畜，各種野獸，在地上爬行的各種爬蟲。天主於是照自己的肖像造了人，就是照自己的肖像造了人，造了一男一女。天主祝福他們說：你們要生育繁殖，充滿大地，治理大地，管理海中的魚，天空的飛鳥，各種在地上爬行的生物。』（創世紀　第一章　第廿六、第二八節）

我的生命，從母胎出生以後，時刻在發育。在生理方面的發育，需要滋養的資料，爲找資料，我得運用理智。在心靈方面的發育，需要各種知識，爲得知識，我更要運用理智。因此，我的生命的發育，最需要的因素，乃是理智的運用。所以，孟子說心思之官代表人的大體。

我一出生，我的生命不是一個孤獨的生命，而是和別的人的生命同在，互相連繫的生命。我一出生，我生命的發育，就要依賴別人，卽是依賴父母，使馬上發生關係。這種關係隨著生命的發育，逐漸加多，逐漸擴大。關係的建立，常由兩個據點而發，由兩個據點互通訊息。人既是以心思之官爲主，人彼此間互通的訊息必是心思的訊息，我將我心思所想的，傳達給別人；別人把心思所想的，傳達給我。心思訊息的傳達，便是人文世界建立的要素。在聖經舊約裏有一段事就證明這一點。

舊約述說最初人類發展到相當衆多的時候，他們便要分居到各地。在分居以前，他們想建造一座高聳天際的塔，以作紀念。『上主說：看，他們都是一個民族，都說一樣的語言。他們如今就開始做這事，以後，他們所想做的，就沒有不成功的了。來，我們下去，混亂他們的語言，使他們彼此語言不通。』（創世紀 第十一章 第六、第七節）他們突然彼此聽不懂大家的話，塔便不能造了，彼此就分散了。

1 傳達

聖多瑪斯曾說：『善是散播自己的，』(Bonum est diffusivum suiiprsius)㈤ 生命爲最高的善，生命常散播自己，使生命延續不絕。儒家的傳統思想，以宇宙爲生命的洪流，永久不

㈤ S. Thomas Summa theologica. I. 9. 5. 4ad 2.

息。易經說：『一陰一陽之謂道，繼之者善也，成之者性也。』（繫辭上 第五章）陰陽運行，結合成物，物生生不息，爲宇宙之善。生命中最高貴的爲心靈生命，心靈生命必常散播。我散播心靈生命，別一人接受這種散播；別人散播心靈生命，我予以接受。一散一接，乃成心靈的傳達。

西洋哲學家中，有人贊成印度哲學的神秘主義，以生命的傳統，不經過理智而由生命直接相連。柏格森就是主張生命的內在動力，有如強健的洪流，決不能由理智的溝渠而傳達，生命的傳達，要靠超乎理智的直見。有些講美術和詩歌的學人，也認爲人的生命，以感情爲最眞切，感情在詩歌和美術品的傳達，以直接體驗爲途徑。但是我們知道人是身體和心靈合一的主體，心靈的傳達是要經過身體的。身體的傳達途徑，則由符號、語言、文字，以傳達到心靈。人和人之間，生命不能直接接觸，生命的接觸必要藉著身體。只有絕對的存有實體——天主，爲一切生命的根源，能够和人的生命直接接觸，可以使人有超乎理智的直見。直見所以只能是絕對實體和人的傳達途徑，但也是非常而不常有的經驗。人和人的心思傳達，必要經過傳達的溝渠，而要使用理智。

人對自己生命的認識，只有對生命的存在是一種直見的體驗；對於生命的內容，則需經過反省，反省所得 又要形成爲觀念，才能够認識。

詩歌和美術品所傳達的爲作者的感情，感情的傳達是藉著文字和符號，讀者和欣賞者透過文字和符號以接受感情，則必須經過理智。

我們人都有許多次的經驗，經驗到心內所感受的或所想的，沒有辦法可以表現出來。禪宗乃主張不立文字，因爲得道的禪觀者所有對眞如的體驗，不能用文字去表達。聖保祿宗徒則親身直見絕對實有者天主，事後沒有言語可以傳述。『我知道有一個在基督內的人，十四年前，被提到三層天上去——或在身內，我不知道，或在身外，我也不知道，惟天主知道——我知道這個人——或在身內，我不知道，或在身外，我也不知道，天主知道——他被提到天堂去，聽到了不可言傳的話，是人不能說出的。』（致格林多後書 第十二章 第二、第四節）對於超乎理智的經驗，不能傳達，因爲傳達須經過理智。對於人生命的感受，也常不能傳達；因爲生命的感受是活的，是整體的，符號和言語文字則是靜止的，又是局部相對的。但是生命自性要求傳達，不能傳達時，我們心內感到非常痛苦。同時，當我們面對著一個不能表達自心經驗的人時，對著他的痛苦，我們也感到非常的同情。這已經是在不能傳達時，得到了一點傳達。

人的世界是人類的社會，社會的成立，靠各份子的互相溝通。彼此的互相溝通，就是心思的傳達。人類的生活若沒有理智的研究，便不能產生新方式的進步。新方式的形成，不僅靠理智的研究，還要靠理智的傳達。沒有傳達，便不能有人文世界。

學術的研究，以往是一個學者的工作，所有發明，也是一個學者的發明。現在卻進行到少數人共同的研究，共同的發明。將來，很可能會出現集體的研究和集體的發明。這種研究工作，乃是彼此傳達的成果。

現在的人類生活，已經進入傳達的生活裏。大衆傳播工具，將人類的生活混合成一個，一切的人類遭遇，成了全體人類的遭遇。連一個人的私生活和一個家庭的私生活，都因著傳播工具而失去了「私」性，變成了「公」性。

傳達是人類心靈生命的良能，心靈生命自然流傳到自體以外，又自然接受自體以外所來的生命流傳，因而能構成生命間的傳達。

心靈生命的傳達，和生命的本性相符合。人的生命本性是心物合一的生命，心靈生命的傳達便須經過感覺和理智，感覺和理智的傳達，都要藉著觀念，觀念常是靜態的和局部的，常不能傳達整體的活生命。但是人類的日常生活則都是局部的，由一種一種的動作結合的，靜態和局部的觀念結合起來，便能傳達日常的生活。因此，人文的世界，因著觀念的傳達而成立。觀念的傳達，最重要的是理智的傳達，感情的傳達卻也不能例外，因爲感情的傳達須要在適當的觀念裏，才能爲人所懂，才能成爲傳達；否則，自作自懂，別人不懂，不能成爲傳達以使人心溝通。

2 符號

嬰孩一生下來就會哭，哭是一種生理動作，也是一種傳達的符號。生理的符號，在禽獸身上也有，禽獸的鳴叫，就是他們的生理符號。生理的符號，是最簡單最基本的傳達，是生命的良能。生理的符號，表現生命在生理上的一種感受，不要經過學習，也不要經過反省，自然流露，爲生命的良能。

符號，普通說來是一種動作或一種圖象，傳達生命的一種感受。感受可以是簡單的感受而成一個觀念，例如痛苦、愛、恨；可以是複雜而成一種思想，例如國旗代表國家。因此，符號有簡單的符號，有複雜的符號。簡單的符號，可以是天然的，可以是人造的；複雜的符號，則常是人造的。

天然的符號，爲生理的良能。人的心靈生命有生理方面的感受，例如痛苦喜樂；人心靈生命的天性是向外傳達，一遇生理方面的感受，便有生理方面的傳達良能，例如哭、笑、怒。生理的傳達良能，就是天然的傳達符號。嬰兒哭叫，母規就懂得嬰兒的感受。

生理的感受，是生理方面的遭遇，嬰孩和小孩連禽獸都可以有，有了生理感受，生理上就有表現。待小孩長大，運用理智懂得事，心理方面的感受引起生理方面的感受，同時發動生理方面的傳達符號，例如，因受委屈而哭，因受讚美而笑。這些遭遇已經不是生理方面的簡單遭遇，而是心理方面的複雜遭遇。

心理方面的遭遇，爲心理生命的感受。詩人們心有所感，咏句爲詩；詩便是詩人們傳達心理生命所有感受的符號。但是詩的傳達，已經屬於語言的結構，不是純粹的符號。純粹的符號，只是一種動作或一種圖樣。動作或圖樣有的天然就代表心靈方面的感受，但是大多數的動作和圖樣，則是由人給牠一種代表對象，具有所指的意義。

符號和對象的關係，具有象徵的意義。符號都是有感覺性的，可以象徵一件感覺性的對象，可以象徵一種思想，而且可以象徵超乎理智的事體。在原始的民族裏，符號用得很廣，另外在宗教方面，圖騰的崇拜，巫術的執行，件件都用著符號。在文明進化的社會裏，國旗、會旗、會徽、暗號，也都是用著符號。

中華傳統文化的古老符號，是易經的卦象，卦象象徵一種事物，也象徵宇宙的一種變化。

『聖人有以見天下之賾，而擬諸其形容，象其物言，是故謂之象，聖人有以見天下

之動，而觀其會通以行其典禮，繫辭焉以斷其吉凶，是故謂之爻。』（繫辭上 第八章）

『聖人設卦，觀象繫辭焉而明吉凶。剛柔相推而生變化。是故吉凶者，失得之象也；悔吝者，憂虞之象也；變化者，進退之象也；剛柔者，晝夜之象也。六爻之動，三極之道也。』（繫辭上 第二章）

易經卦象的符號，由感覺的事物而到宇宙變化之理，又由人事的吉凶遭遇而進到鬼神之道，且有系統地實行推論，從已知到未知，有哲學的領域，又有宗教的領域，再擴充到日常人事的領域。在各民族的符號中，易經卦象可以算是最完滿的符號系統。王弼曾說：

『夫象者，出意者也；言者，明象者也。盡意莫若象，盡象莫若言。言生於象，故可尋言以觀象；象生於意，故可尋象以觀意。意以象盡，象以言盡。故言者所以名象，得象而忘言。象者，所以存意，得意而忘象。……是故存言者，非得象者也；存象者，非得意者也。象生於意而存象焉，則所存者，乃非其象也。言生於象而存言焉，則所存者，乃非其言也。然則忘象者，乃得意者也。忘言者，乃得象者也。得意在忘象，得象在忘言。故立象以盡意，而象可忘也。重畫以盡

情，而畫可忘也。』（王弼　周易略例　明象篇）

王弼以卦圖爲象，象是象徵一種意義，乾卦象徵『大哉乾元，萬物資始，乃統天。』（乾卦　象曰）坤卦象徵『至哉坤元，萬物資生，乃順承天。』（坤卦　象曰）卦象的意義，由象辭加以說明。每一卦，有意、有象、有言，象以象徵意，言以說明象。象生於意，言生於象。卦象爲符號，符號和象徵的對象，和說明的文言，三者所有的關係，說的很淸楚。但是他說：『得意而忘象，得象而忘言』，則是爲推翻漢朝象數之易。象數之易，專門在象和言去發揮，卻把卦象的意義忘了。普通來說，符號和所象徵的意義相連；沒有意義，符號不能成立；沒有符號，意義不能傳達，兩者同時存在。言和符號也互相連繫，沒有符號，便不要言去說明，沒有言去說明，符號不能爲人所明瞭。在研究易經方面，當然可以，而且應該研究易經的思想，不要拘泥於卦象和卦辭；但若完全捨棄卦象和卦辭而講易經思想，則將失去根據。

在宗敎方面，現代西洋學者，主張以符號象徵宗敎事理；因爲宗敎事理超越理智，語言和文字不能講述，只有使用符號，或是手勢，或是單獨聲音，或是圖案，一切籠罩在神秘的氣氛中。符號較比語言，更能造成神秘氣氛，乃是心理方面的現象，因爲符號直接引起感情以趨向神靈。但是以符號象徵超越理智的事理，並不能較語言爲更好，符號的象徵性豈不也是有限的嗎？而且還是籠統模糊，容易被人誤解。

人文世界的建立，靠心靈的傳達，傳達的途徑是經由符號。簡單的符號有些自身天然有意義，有些由人賦予意義，有人稱前者爲「徵候」，後者爲符號。複雜的符號，則是語言和文字。㈥

3 語言文字

心靈生命的通常傳達的途徑，是用語言，正式傳達的途徑，則是文字。

語言是人類超越禽獸的特徵，又是人類的特徵。人由身體和心靈而結成一主體，語言即是由身體和心靈結成的傳達工具。沒有聲帶和口腔，不能有語言，沒有心靈的思想，也不能有語言。語言是帶意義的聲音，聲音若沒有意義，則不能傳達心靈，就不成爲語言。

語言有聲音，聲音有所指，所指爲意義。意義爲語言對象，對象是說話者心裏的感受，

㈥ 何秀煌 記號學導論 頁三—四 文星書局 一九六八年。

感受可以是內心的體驗，可以是外面的事理。由體驗和事理達到語言以求表達，要經過理智，因爲語言是理智的產物。

聲音本身可以是符號，表達心靈的感受，沒有意義。只是生理方面的遭遇，例如悲嘆聲、歡笑聲。語言則由人的理智加給聲音一種意義，這種意義就是心靈的一種感受。說話的人用和自己心靈感受同意義的聲音說出，聽的人從聲音懂得所指的意義，兩者間乃有傳達的功用。荀子曾說：

『名無固宜，約之以命，約定俗成謂之宜，異於約則謂之不宜。名無固實，約之以命實，約定俗成謂之實名。』（荀子　正名篇）

一個聲音若不是生理感受的單純符號，本來沒有意義。例如牛，這個聲音本身並不指著任何一物。在開始造成一種語言時，人把這種聲音指著牛這種動物。大家習慣都用，這個聲音就成一個名字，就是一句話。既然成了話以後，就不能變更，一變更，便是錯說了話。

從哲學方面去看，造成語言是人的良能。原始的民族爲表達心靈的感受，天生地有使用自己聲音去表達的能力。每個原始的民族乃是一個家庭，在家庭內使用聲音傳達心裏的感受，在最初聲音很簡單，後來漸變複雜。家族的人增多，長成了一個部落，原先所使用傳達的聲音便成了部落的語言。

原始的語言，只有簡單的名，名和名的連繫也很簡單。說起來，加以手勢的幫助，聽的人可以懂。後來理智漸開，便有傑出的人，創造語言的文法。文法的製造，不能完全由人任意製造，因爲語言具有天然的基本文法。例如我打你，我是主動，你是被動，我打的動作要達到你，這是基本的文法。至於怎樣表示主動，怎樣表示被動，怎樣表示動作，每種語言都不相同。中國話最簡單地用這三個詞的位置來表達。

有了語言，然後有文字；文字是由傑出的人所造的。中國古代傳說蒼頡造字，造字的原則有六書。中國的文字以字形爲主，字聲爲輔。西洋的文字則只有字聲，沒有字形。文字所表達的爲語言，由語言而有意義。在實用上，文字可以脫離語言，例如中國的古文，和日用語言有相當距離。但是，從哲學的觀察去看，古文的每個字還是言，文字仍舊不能脫離語言。

4 語言邏輯

我心靈的感受，常是椿椿事實，事實的表達，用文字去陳述，陳述只要符合事實，大家都認爲對。但是在哲學上卻發生許多問題。若是我心靈的感受不是一椿事實，而是我的一種思想，而且思想離事實很遠，周遊在形而上的境界，則問題更多了。

語言的問題究竟在那裏呢？

第一個基本的問題，是每句話稱爲名，名是否有所指的實？卽是語言的意義是不是實在的，或者只是空名？

第二個進一步的問題，是人爲推理，所用的方式是否有效？我在推理時，是不是只是一套濫調，根本沒有新「理」？

第三個最後的問題，是形而上的語言，可不可以成立呢？

這三個問題，乃是語言問題中最重要的問題，每個問題中又包含許多次要的問題。

甲、名實

我說話，我寫書，我當然相信所說的和所寫的有意義。若是聽的人或讀的人批評爲沒有意義，那必定是我說錯了或寫錯了，錯在什麼地方呢？或者是事實不對，或者是文法不對，或者是所想的不對。在我一方面說，我認爲對，是我所說的話或我所寫的字，都具有實在的意義。批評說我不對的，是認爲我所說的話或所寫的字不表示本來有的意義。因此，在認爲對和不認爲對的人心目中，都承認語言文字具有自己的意義，必要用得其當。若是現在有人對我說；凡是所說的話和所寫的字，根本都不能具有意義，都是空的，我只好睜眼看著他，閉口不言；因爲我們倆人間已沒有傳達的途徑。

一個名實在製造時，一定是人心有一件感受願意表達出來，不會是爲著玩而空空造一語詞。初民的心情很簡單，他們說話，相信所說的話有意義。沒有哲學史上的詭辯派那樣複雜心情，以文字作遊戲。中國古代名家以名的意義爲人所授與，他們便戲作顚倒，鷄三腳、馬生角、白馬非馬。然而名家的詭辯並不否認名有意義，而是在名和實的連結上，故弄玄虛。白是白色，馬是馬。白是一名，馬是一名；白馬則是兩名，白馬不是馬，等於說兩不是一。這是把名和實分開講，白馬的實在實際上是一個；若說白馬非馬，乃是只講名而不顧實。所以名必有所指之實，否認名有所指之實，不是名實的問題，而是哲學家的認識論否認理智的認識能力，或是哲學家的形上學否認事物的本體。

在中國否認名有所指之實，則是佛敎。佛敎的大乘敎，無論是始敎、終敎、圓敎，在本體論上，都以萬法爲空不具性相，名沒有所指之實。大乘起信論可以作佛敎大乘的代表，這本書主張眞如門和生滅門，眞如門爲唯一的實相，生滅門則爲眞如的現象，好比海水的波浪。人是現象的一部分，有心、能可別，但是人心的能力看不到眞如實相，而只看到眞如的現象，以現象爲實相，這種看法是種愚昧的看法，佛教稱爲無明。人心的「心法」和「心所法」所起的感受都是空，而不是實。佛教的唯識論則說明人心的無明引起愚昧知識的經過，先說人心有第八識「阿賴耶識」所藏種子，種子爲前生行業所造，具有發起認識的能力。種子被一種現行所薰習時，便造感官的對象，稱爲「境」，感官對著境乃有感覺印象，人心了別感覺印象便成知識，知識的對象——境是空，知識便也是空。

熊十力曾說：『唐窺基大師，在他做的印度佛家唯識論底序裏面，他解釋唯識二字的意義云。唯字，是駁斥的詞。對執外境實有的見解而加以駁斥。因爲世間所執爲那樣有意義，是不合眞理的。識字，是簡別的字，對彼執心是空的見解而以簡別，即是表示與一般否認心是有的這種人底見解根本不同。……所以說唯識者，蓋謂世間所計心外之境，確實是空無。但心，則不可謂之空無。窺基在這篇序文裏如此說，我們看來，還要稍加修正。世間執爲有離心外在的實境，這誠然是種妄執，應當駁斥。……但基師以爲識，是不可說爲空無的，此則不甚妥當。因爲基師在此處所說的識字，是與境相對的。換句話說，此所謂識，是取境的識。……這個取境的識，他本身就是虛妄的，是對境起執的，他根本不是本來的心，如何可說不空。……至於妄執之心，雖亦依本來之心而始有，但他妄執的心是由官能假本心之力用，而自成爲形氣之靈，於是向外馳求而不已。故此心是從日常生活裏面，接觸與處理事物

的經驗累積而發展；所以說他是虛妄不實的，是對境起執的，他與本來的心，畢竟不相似的。』(七)

唯識宗以境爲空，以心爲有；境爲種子所造，心則爲識的根本。一切由識所造，識以心爲本，若心爲空，識不能有。熊十力的新唯識論以境和心都是空，因爲人心不是本來的眞心。這一點，大乘佛敎華嚴宗、天臺宗、禪宗也都有這種主張。

這是本體論的問題；至於境由種子所造，則是認識論的問題，兩種問題都是名實問題的根本。

我的看法和主張則不相同：心是實有的，對象也是實有的。在認識時，外面對象進入心內，心和對象相合，結成爲一而生知識。知識以名爲表達，再成語言文字而傳達。名有實，人文世界才能建立。

人的知識常發於感覺，所有觀念常和想像相連。對於絕對的實有，對於純粹精神體，人沒有適合的觀念，也沒有適合的名，這些實體所有的名，只是類似的名。

(七) 熊十力 新唯識論 頁二九—三一 廣文書局 民六三年。

乙、理　則（邏輯）

語言文字有文法，文法在各種語言裏不相同；但是基本的文法則相同。例如名詞，動詞、賓詞、狀態詞、位稱、時、數、每種語言文字都有。拉丁文在西洋文字裏，可以算是文法最複雜的；中國話則可以算是文法最簡單的。基本的文法，爲人說話的天然表達法，根據天然的基本文法，人們再製造語言的文法。

在人文的社會裏，每人傳達自己心靈的感受，都用語言文字，大家從來沒有注意到語言自身上有甚麼問題。但是在第二十世紀裏，哲學上興起了一門學術，稱爲語意學，專門研究語言和意義的關係。首先有德國的弗列格（Gottlob Frege 1848-1925），倡論語言的意思和稱指。在一九〇三年，英國韋爾貝夫人（Lady Viola Welby）發表一部書，書名意義是什麼？（What is meaning）一九一〇年，羅素和懷海德發表他們的數學原理（Principia mathematica），後來有維也納學派的卡納普（Rudolf Carnap），又有羅素的德國弟子維根什坦（Ludwig Witgenstein 1889-1951）都在語意邏輯學方面有深刻的研究。維根什坦批評傳統哲學，以爲毫無價值，『他認爲所有傳統哲學裏的高深命題，我們根本都沒有方法證實其爲眞爲假；所以它們實在說起來完全是毫無意義的。傳統哲學有許多命題，都是因爲我們

對於我們語言的邏輯沒有了解，才產生出來的。』(八)

羅素分別命題和命題方式，『所謂命題，就是一句有意義的語詞。所謂意義者，就是其內容所指的事實，我們能辨明其是否存在。就是說，必須我們能辨別其內容（含意）是否正確或錯誤的，才算一個命題。』(九)例如「三加五等於八」，這句話可以正確辨別是正確的，是一個命題；「甲數加乙數等於九」，這句話就不能正確辨別正確了，因爲甲數乙數是什麼，我們不知道。這句話便不是一個命題，只是一個命題方式。

羅素在數學原理一書中，提出他的「稱指論」（Theory of denoting），建立他的「描述詞論」（Theory of description）。他分描述詞爲兩類：一類是確定的，一類是不確定的。不確定的用（a so-and-so），確定的用（The so-and-so）。例如說一位部長、一個中國人，這是不確定的描述詞；若說現任英國女王、現任中華民國總統，這是確定的描述詞。不確定的描述詞，可以看作「命題函題」（propositional function）『命題函題是一個含有一個或多個未定成元的（開放）語句所表示的東西，當這些未定成元所標的空隙被塡滿時，（所得）語句就

(八) 徐道鄰　語意學概要　頁八　友聯出版社　一九五六年。
(九) 同上　頁五三。

表示一個命題。』㈩

我很看重語言哲學，因為在普通說話和作文上，我們常能犯許多錯誤，錯誤的原因，是在於名和句的錯誤。這些錯誤不是文法上的錯誤，而是用法的錯誤。例如孔子的「仁」字，有廣義，有狹義。在論語裏孔子答弟子問仁的答詞，每次都不相同。我們若不將孔子的答詞對著發問弟子的具體個性去解釋，孔子的答詞就錯了，就沒有意義。語意學或語言哲學研究語詞的性質，研究命題的方式，都能改正哲學上的錯誤。

命題的方式，西洋哲學傳統慣用亞立斯多德的邏輯方程式。現在數學邏輯學創製了新的邏輯方程式，替代亞氏的邏輯學，在推論方面，可以更正確。

我對於數學邏輯，不否定它的價值。人類推論的方式可以跟著學術的研究而前進。現在自然科學和數學的研究，較之亞立斯多德的時代，已經超過千萬倍了。學術上所用的推論方程式，當然不能關閉在亞氏的方程式以內，當然能有新的方式。

但是，我認為語意學和數學邏輯都是和傳統的理則學一樣，是一種研究哲學和科學的方法，而不是自成系統的哲學。譬如考據學是歷史的研究法，在現代很發達，乃是學術上的好

㈩ 劉福增 語言哲學 頁二六 東大圖書公司 一九八一年。

事。但是若以考據學就是歷史，研究歷史的人只研究考據，把歷史對於人生的意義完全不講，甚至於說捨考據就沒有歷史，那就大錯了。考據所得的，只是歷史的材料，而不是歷史。同樣，現在講語意哲學和數學邏輯的學人，以語意學和數學邏輯自成一哲學系統，形成一種形上哲學以否認別的形上學，則就超出了自己學術的範圍。這種問題乃是西洋近代幾百年哲學的認識論問題。

丙、邏輯經驗論

語意邏輯和數學邏輯已經轉變成爲一種形上哲學，反對傳統的形上學。這種學派的學人當然不承認自己的主張是形上學；然而他們將自己的主張形成一種普遍的眞理，作爲唯一正確的哲學，則他們的主張已成爲形上的原則，評論其他一切學說，這豈不是形上學嗎？他們的哲學，爲邏輯經驗論，或邏輯實證論。他們的思想並不是他們所造的，而是承繼英國的實徵論。

歐洲近代的哲學，從笛克爾開始，注重認識論。唯理論、實徵論（經驗論）、唯心論、康德先天範疇論、黑格爾辯證論、馬克思唯物辯證論、美國實用主義、邏輯經驗論，都是在研究人的理智認識力，即人是否認識超越感覺的理？在認識時，外面的對象和認識主體怎麼能相結合？近代歐美哲學的趨勢，趨於否定理智可以認識超越感覺的理，因而否認形而上的語詞具有所指的意義。邏輯經驗論是這種思想在當代歐洲哲學上的代表。

在歐洲十四世紀時，與起一種「唯名論」（nominalismus），發起人歐坎（Wilhelm Ockham 1285-1349）主張實際存在的事物，都是單獨的個別事物，表達這些事物的觀念和名，則是眞實的。至於共相的，普遍的，抽象的觀念，沒有實際存在的客體對象，乃是認識者的主體心中所有，表達這些觀念的名，便也都是空名。這種學說的結果，就是取消形上學。

英國洛克一派的實徵論，只承認感覺的經驗有實際的價值，超越感覺事物只能存爲不可知。因此，形上的觀念便沒有客觀的對象。殷海光曾說：『邏輯實徵論發展到了較近的時期獲得了一個新的名詞，叫做「邏輯經驗論」（Logical empinicism）。……邏輯經驗論者將陳述詞分作二種：一種是純形式的，如邏輯、數學裏的；另一種是經驗的，如一切經驗科學的陳述詞。照邏輯經驗論者看來，這一劃分窮盡了一切有認知意義的陳述詞。這也就是說，一切有認知意義的陳述詞，不屬於第一種，就屬於第二種。如果有一個陳述詞S，它既不屬於前者又不屬於後者，那末它便無認知的意義。沒有認知意義的陳述詞，既不眞又不假。這也就是說，它根本說不上眞或假。從邏輯的觀點看，它沒有「眞假值」。

『依照這一劃分和規定，形上學裏有許許多多說詞沒有認知的意義。例如關於「本體」、「共相」、「絕對」、「超越的存在」、「理性底發展」、「歷史的必然性」、「人底命運」，等等種種，都屬此類。……在往古的時代，沒有實驗儀器，缺乏觀察的設備，數學不發達，憑著直感說聲「水哉！萬物之母也」，這是情有可原的。但是，到了二十世紀六十年代，如果還是用這套老辦法來致知，那末眞可以與義和團持紅纓槍可打勝洋槍洋砲媲美！』㈩

看了這兩段話，大家都知道這不是邏輯的問題，乃是認識論的問題，而且還有形上本體論的問題。邏輯不能指示一個陳述詞有沒有認知的意義，認知的意義來自認識論和形上本體論。邏輯經驗論是主張認識限於經驗，超越經驗的知識都是主觀的，都是空的，沒有客觀的意義。經驗論者在本體論，否定一切超越感覺的「存有」，實際上是一種不願承認的唯物論。

殷海光說：『邏輯經驗論者之評擊形上學，不走這一條（唯物論）走不通的死巷子。邏輯經驗論者之評擊形上學，不是從我們所能「知」的東西之性質著手，而是從我們所能「說」

㈩ 殷海光 殷海光先生文集㈠ 頁五九九—六〇〇 九思出版社 民六八年。

的東西之性質著手。這一新的途徑，從出發點避免了「實化（reification）」的無謂糾纏。依此出發，邏輯經驗論者說形上學根本違反了有正式認知意義的語言必須滿足的那些條件和規律。這些規律與維根什坦在 Tractatus Logico-philosophicus 裏所說的語言概念相映。而維根什坦底語言概念，又係從羅素那裏得來。』(十一)

邏輯經驗論者並沒有避免唯物論那條走不通的死巷，因爲「說」和「知」是相連的，沒有「知」就沒有「說」，否認「說」，也就要否認「知」。肯定一個形上語詞沒有認知的意義，就是否定那個形上觀念沒有認知的意義，結果當然是那個觀念的知識沒有意義。邏輯是在規定語句文法和推論方式合理不合理，至於一個語詞有無意義，則屬於認識論和本體論。邏輯經驗論者稱他們的主張，是思想科學化的結果。然而在當代科學具盛的學術界中，仍舊有合於科學的形上學。趙雅博神父教授說：『邏輯實證論乃是人文主義的死亡，正與馬克思的唯物論，無神主義的存在論相似，它們是殊途同歸，都集中在同一破壞上，破壞一切人也破壞一切精神價值。』(十二)

(十一) 同上，頁六〇二。

(十二) 趙雅博　邏輯實證論評介　頁二六七　中山基金會補助出版。

5 眞理

我的生命的發展，在自我以內，又在人文世界裏。生命的發展，使本性漸加成全，本性所有能力，逐漸實現而成爲「行」。每種「行」和本性相符合，本性乃多得一份的成全。所以每種「行」，天然地是順性的，決不會反對本性；因此，中庸說：『誠者，天之道也。』（中庸 第二十章）誠，就是順性，就是眞理，也就是生命的發展。一棵桃樹的發展，常是順著本性，若不順本性，桃樹就會枯萎。一隻狗的生命，常是順著本性；否則，就會生病，以致死亡。自然界的物，自然地順性而發展生命，所以誠，乃是天然之道。

但是人，有心靈，有自由，作事由自己作主。我爲發展我的生命，每椿「行」要由我自己使它順性。中庸說：『誠之者，人之道也。』我生命的發展，不是天然地順性而行，要由我的心使「行」順性。我的心若不使「行」順性，我就不誠，就有假；於是乃有眞假問題。眞假問題，在自然界不存在，在人的生理生活上也不存在，只有在人的心靈生活上，就成了問題。

中庸以誠爲生命的順性發展，生命是天然地順性，誠便是生命的天然發展。中庸說：

『誠者，自成也。而道，自道也。誠者，物之終始，不誠無物；是故君子誠之為貴。誠者，非自成己而已也，所以成物也。成己，仁也；成物，知也；性之德也，合內外之道也，故時措之宜也。』（中庸　第二十五章）

生命的發展，誠於自己的本性，天然地自己成全自己。中庸以「誠」爲天道和人道，誠之道乃是自己成全自己之道。我生命的發展，順性而成全我自己。同時，我生命的成全，因著和萬物的生命互相連繫，也就有助萬物生命的發展，誠便也是「成物」。我爲誠而順性，須要我的心願意誠，『誠之者，人之道也，』我的心在「行」時，要使內外相合，我的「行」和本性相合，外面物的生命和我的生命相合，才能成己成物。成己成物的「行」，常要適合時地，以得符合中庸。成己爲仁，仁爲生命發展；成物爲知，知爲知道生命的連繫；這都是本性的天德。對於仁的問題，爲善惡問題；仁，則生命發展，爲善；不仁，則生命受傷害，爲惡。對於知的問題，爲眞假問題；知，則有益於生命的連繫，爲眞；不知，則有害於生命的連繫，爲假。

西洋士林哲學，以眞、美、善爲「存有」的天德，「存有」在本體上，一定是眞，是美，是善。中國儒家哲學則以眞美善爲生命的天德，生命的本體是誠，具有極至之理。

天主教的聖經也是由生命之誠看眞理。若望福音記述耶穌在羅瑪總督裔署受審時，總督因猶太人控告耶穌自稱猶太王，問耶穌是不是眞的。耶穌答說『我的國不屬於這世界。……我是君王，我爲此而生，我也爲此而來到世界上，爲給眞理作證；凡屬於眞理的，必聽從我的聲音。』（若望福音 第十八章 第三六、第三七節）耶穌自知是創造宇宙萬物的天主，當然是宇宙萬物的統治者，他生來就是君王。耶穌是君王，是他本性所有的。因爲他既因愛宇宙而造宇宙，他統治宇宙萬物，繼續創造萬物之愛；爲證明這事，他因愛人類而犧牲性命，以重建宇宙的秩序。他的國乃是愛的國，凡屬於愛的人，就屬於他的國。耶穌卻說他來爲眞理作證，凡屬於眞理的，便屬於他。耶穌所說的眞理，即他因愛而創造萬有，又重建宇宙再因愛而統治萬有。所以統治爲王，是他本性所發。凡屬於眞理的人，是由他的愛而被收於他的國裏的人，所以是屬於他的人。這段聖經所說的眞理不是認識論的眞理，不是用語言去作證，而是生命的愛之流露。

在聖經另一處，耶穌又表示這種思想，在最後晚餐，耶穌爲門徒祈禱天父：『我不求你將他們從世界上撤去，只求你保護他們脫免邪惡。他們不屬於世界，就如我不屬於世界一樣。求你以眞理聖化他們，你的話就是眞理。……爲叫他們也因眞理而被聖化。』（若望福音 第十七章 第十五、第十九節）耶穌說天父的話就是眞理，天父的話是天父向外的自己表現，即是天主聖子，稱爲聖言，即爲眞理的本體。

因此，我認爲眞理，乃是生命。生命的來源是天主，眞理的本源也是天主。在我們人生命的表現中，有的是順性，有的是不順性；順性爲眞，不順性爲假。

我生命的表現，不限於我自身以內，而是在人的世界裏。在人的世界裏，生命的表現，藉語言文字以傳達。在語言文字的傳達裏，遂有眞假問題。這種眞假問題，是語言文字所傳達的和內心所願傳達的感受是否合一，合一的爲眞，不合一的爲假。在這種合一以前，先還要看心中所願傳達的感受是否順性；若是不順性，則雖語言文字和這種感受相合爲一，仍舊還是假而不是眞。宣傳邪說的人，語言文字所說的和心裏所想的相合，不是假，然而他心裏所想的思想，不順乎人性，則所宣傳的仍然是假。莊子所講的齊物論，是由生命本體（存有）方面去講，佛敎的天臺宗和華嚴宗所講的「觀」，也是由事和理（現象和本體）而說。因此，語言邏輯和數學邏輯所討論的眞理，只是語言方面的眞理。語言方面的眞理固然重要，「存有」方面的眞理更屬重要，中庸說：『唯天下至誠，爲能經綸天下之大經，立天下之大本，知天地之化育。夫焉有所倚，肫肫其仁，淵淵其淵，浩浩其天。苟不固聰明聖知達天德者，其熟能知之。』（中庸　第三十二章）

第二章　我生命的本體

在中西哲學裏，有一個基本的問題，卽宇宙萬物究竟是什麼？古希臘哲學研究宇宙萬物是怎麼構成的；米勒學派的三位哲學家，泰勒士（Thales 624-540 B.C.）主張宇宙萬物由水而來，水則滿了神明；亞諾芝曼德（Anaximadros 610-546 B.C.）主張太初爲一無限，由無限而變成宇宙的形形色色；亞諾西姆內（Anaximenes 585-528 B.C.）主張無邊無際的氣，爲宇宙的根由。稍後畢達哥拉斯（Pythagoras 570-469 B.C.）創立了自己的學派，主張人有靈魂，輪廻投生，由輪廻而有數字，以數字構成宇宙的組織，一切取得和諧。同時代的赫拉克利圖斯（Herakleitos 544-484 B.C.）主張宇宙萬物由火而來，因萬物都在變動，火比水變化更快，萬物的根由便是火；然而在變化中，有 Logos 作動力，作統管。當時有另一學派，從靜方面觀察世界，對於宇宙萬物的構成乃有相反的主張，這種學派稱爲伊利亞學派，也有三大哲學家：色諾芬尼（Xenophanes 570-475 B.C.）主張有一最高之神，由最高之神而有宇宙衆多的萬物，提出了一與多的問題；帕米尼德斯（Parmenides 540-470 B.C.）只承認一，不承認多，一爲存在，爲思想。在這些學派之外，還有一種機械論的學說，以宇宙的現象可由機械方法去解釋，恩培多列斯（Empedokles 492-432 B.C.）主張宇宙萬物的因素爲水、火、氣、土四種原素或合或分，乃有宇宙的萬物；德謨克利圖斯（demokritos 460-370 B.C.）主張原子爲宇宙萬物的成素，原子的多寡造成多種不同的物體。但是另一位哲學家，認爲物質的量變，不能解釋萬物的一切變化，乃主張有一種精神動力；這位哲學家是亞那薩哥拉（Anaxagoras 500-428 B.C.）。

這些古希臘哲學家的思想，沒有一家可以是成熟的思想；然而已經包含後來希臘的柏拉圖和亞立斯多德以及中古歐洲哲學思想的基本觀念和方法。

中國古代的哲學，雖然注重人文思想，然也研究過宇宙萬物的本體，易經的哲學，研究宇宙萬物的變易，以太極爲變易的根源，然後有兩儀和四象，兩儀爲陰陽，陰陽結合而成物，變化不停而有生命。道德經以道爲宇宙萬物的根源，道無形無象，渺茫不定，從無而生有，乃爲一，一生二，二生三，三生萬物。這兩書的思想也包含了後代理學思想的基本觀念和方法。

中西古代的哲學，都是由觀察自然界的現象而談宇宙萬物的本體。這乃是思想發展的途徑，先有外面的觀察，後有反觀自心的反省。古代的哲學是觀察外面的哲學，現代的哲學是反觀內心的哲學。然而內心的反省，必要有外面的觀察作根據，否則，將成爲幻想。

一、我存有

笛克爾曾說『我思則我存』，以證實我「存在」。實際上我存在不能用證明來證明，因爲一切證明都假定我已經存在；而且也用不著證明，因爲我直接體認我自己存在，沒有任何的疑問。我現在講我生命存有，只是講這件實有的事實，由直接的體認而加以反省。

1 存有的事實

我生命的接觸，在生理方面，最先是飢餓和痛楚，天然地發出哭叫。但那時沒有心理上的反應。漸漸長大一些，知道看，知道聽，便和外面的物體發生接觸；那時還不懂得所看見的和所聽見的是什麼，只懂得看見一件東西，聽得一些東西，就問：這是什麼？那是什麼？心理方面最先所體認出來的是物體的「存有」，即是「有」，有些東西；東西是什麼則還不懂。

後來長大了，我自己反省，願意知道我是怎樣，首先所反省到的是「我在」。雖然不明明地說出來「我在」，「我是有的」，但是我一切的反省動作，都先假定「我在」，否則一切都沒有了，還反省什麼呢?

「我存有」，乃是我心靈生命的第一樁事實。在實際上，「我在」是一切生命活動的基本；若是我不存在，就沒有我的生命，還能有什麼活動！在心靈的理智生命上，「我存有」也是一切理智活動的根本；因爲一切理智生命都以「我存有」爲出發點。

在反省「我存有」時，我是以外面物體的存有爲基礎，由外面物體的存有而到我自己的存有，在直接體認上，「我存有」是最首先由直見體認出來的，由「我存有」而肯定外物的「存有」；在反省方面，則是由認識外物的「存有」，而認識自己存有。

「存有」因此是我的理智生命的基礎，而且也是感情生命的基礎，心中有痛苦喜樂，有愛有恨的感受時，一定先假定有激發感情的事，和事情所屬的人物。激發感情的人物之「存有」不就是感情生命的基礎嗎?

看來這一點並不是什麼大道理，乃是人人所知道的最平常的事。可是，在最平常的事裏卻藏有一份大道理；卽是認識論以「存有」爲基礎，形上本體論也以「存有」爲基礎。這種哲學，乃是實在論的哲學。中國儒家的哲學爲這一類的哲學，朱子說：

『徐（淳）問天地未判時，下面許多都已有否？曰：只是都有此理。天地生物千萬年，古今只不離許多物。』（朱子語類　卷一　理氣　上）

朱熹以理和氣結合而成物，沒有先後，也不能單獨存在。他便是肯定一切都是實有的物。

『天下未有無理之氣，亦未有無氣之理。』（朱子語類　卷一　理氣　上）

理氣必定相合而存在，理氣相合而存在卽是實際存在的物。朱熹便肯定物的「存有」。西洋哲學的亞立斯多德學派，由亞氏到聖多瑪斯，然後有士林哲學，這一系列都是實在論的哲學。

我因存在而有，我的「存有」，是一件事實，又是一件實在的事件，不是抽象的觀念；而且不是由推論而得知，乃是由直接體認而得知。

我對我自己的存有，是一項直接的體認，進而研究我的存有之性質，則是反省的推論。我對於外界物體的存有，也是一項直接的體認。這項體認不是感覺的體驗，動物有感覺而沒有「存有」的認識。對「存有」的直接體認，是理智的體認。

但是對於精神體的「存有」，則不是直接體認，而是推論的知識。神秘主義者卻主張人的心靈能直接體認至高絕對實體的存有，如印度的神秘論、佛教的禪觀、天主教的靜觀。

宇宙萬有的「存有」，可以用觀念去表達；最高絕對體的「存有」，沒有可以表達的觀念，只可以使用類似的觀念。

「存有」的事實，爲萬有的根基。講「存有」的哲學，便不只講萬有的現象，要深入現象的根基。歐美一些現代的哲學，以「存有」爲不可知，所可知的，是形色的現象。這些哲學的思想，便滯留在物體的現象層面，至多能像唯心論所說理智在自己以內製造「存有」，一切都缺乏「存有」事實——這個基礎。

2 存有的意義

「存有」就是「有」，沒有另的解釋；因爲「存有」爲人最先的認識，一切解釋都先假定了「存有」。但是因爲是直接的體認，一切的人都懂得「存有」。誰不懂得「我在」或「我有」呢？但是我若從哲學知識去反省，我也就知道「存有」有些哲學的意義。

「存有」是「行」或「成」，即是說「存有」是現實，是完成。可能的事，不存在；可能的人，也不存在。凡是可能的，都不是存有，只是可能存有；凡是不可能的，當然不是存有了。

「存有」是一件實在的事實，便是一件現實。「在」和「有」，是一種「行」，在語言文法裏是一個動詞。然而這個動詞和動者連在一起。普通動詞和動者並不是本來就連在一起，例如「跑」，可以是我跑，你跑，馬跑，跑和跑者不是本來就連在一起。可是「存有」，因爲是極單純而又最先的直接體認，則「存有」就是「存有者」，兩者本來就相合爲一。(Ens, Esse, being)

「存有」是「行」或「成」，在本身上說不是「能」。沒有「能」之「行」，則是完全的「成」。完全的成爲一切都是現實的「存有」，一切都是現實的存有，乃是絕對的存有。絕對的存有，即一切都是現實，便沒有起源，而且是無限無量。

宇宙萬有卻都有起源，都是由可能存有而成爲實際存有。既有起源，便是有限，有限的存有由「能」而到「行」，不能自動，必是由絕對存有而使它們「存有」。

我的「存有」爲一有限的「存有」，然而對於我來說，凡我爲「存有」所該有的，必定都全部具有，否則我就不能存有，我就不在。朱熹曾說萬物各有一太極，即每物的理必定是完全的，一個人有全部爲人的理，一隻狗有全部爲狗的理，至於我，必定有全部爲我的理。「存有」，則存有該有的都有。

所以說「存有」是眞的，「存有」對於自己不能有缺欠，也不能有假。因此，每一物在「存有」方面說，都是眞的，人就是人，我就是我。孟子說：『有諸己之謂信。』（盡心下）信是眞，自己有自己該有的是信。

「存有」既然是完全的，又既然是眞的，就也是善的。善是完全無缺，「存有」從本體上說必定是善。朱熹曾說人的「本然之性」是善的，即是性就「存有」上說乃是善的。所以我，從我的「存有」說，我是成全無缺的，是善的。所謂善，孟子說：『可欲之謂善。』（盡心下）善是好，好是人所希望的，對於別人生命的發展是有益的。

美，在本體方面，和眞和善相連，本體的眞和善，就是美。孟子曾說：『有諸己之謂信，充實之謂美，充實而有光輝之謂大。』（盡心下）「存有」具有所該有的一切，便是很充實，也就該是美。

中國哲學用一個「誠」字，表達「存有」的眞美善。凡是物，在「存有」上說，必定是眞的，所以「誠者，天之道也。」即是「有諸己之謂信」，信是誠。

我的「存有」，在「存有」上說，是眞美善，是誠。但是我的「存有」，不是單獨的，因爲說我，是因爲有「非我」。我的「存有」便爲有限存有，既是有限便有多。既有多，我的「存有」和別的「存有」就發生關係，「存有」和「存有」的關係，也應該是誠。我就是我，你就是你，不能說我不是我，你不是你；這就是本體論的「同一律」。既然我是我，就不能同時在同一方面又是非我，這乃是「矛盾律」。「存有」就是存有，不能同時在同一方面又是不存有。「存有」既然多，便都是有限的，不能自有，須要有足夠的動力使它成爲有，這卽是「因果律」。這些規律都是「存有」的關係，都是誠。

3　存有是生命

「存有」是誠；中庸說：『誠者，自成也，而道，自道也。』（中庸　第二十五章）朱熹注說：『言誠者，物之所以自成，而道者，人之所當自行也。』誠，是順性。物若順性，便自己先成自己。一不順性，便自己摧殘自己。自己完成自己，爲一種內在的變易。凡是「存有」，都具有這種內在的變易，只是程度不等，有的完全不顯，有的顯出一點，有的顯出稍多，最高的「存有」則全部顯出來。

「存有」不是呆板無力的，而是積極動的，要保全自己的存有，又要發展自己的存有。積極的動力，是「存有」本身所有的。有限的「存有」，不能自有；但既因另一適當原因而能「存有」，「存有」便自己具有積極的動力，以保存自己，以發展自己，「存有」都是動的。古希臘哲學有以萬物的原素爲水，水是動的；有以萬物的原素爲火，火更是動的。易經以萬物由陰陽結合而成，陰陽則繼續變易，萬物所以都是動的。易經說：『一陰一陽之謂道，繼之者善也，成之者性也。』（繫辭上 第五章）陰陽兩氣不僅在宇宙內，繼續變易，結成萬物；而且在每一物內，仍繼續變易。而一物所以常是這物，是因爲天命之性常是一樣。王船山乃說：『命日受，性日生。』（讀四書大全 卷一 頁七）

每一個「存有」，從本體上說，一定是眞的，是美的，是善的。眞的，美的，善的，也一定要求是生動的；因爲眞美善不僅是對自己本體來說，而是要本體有光輝以顯明出來，大學稱人性的天理爲「明德」，天理自己光明顯著，光輝是一種活動，而不是呆木的靜止。因此「存有」在本體方面應是生動的。

我反省觀看我自己的「存有」，我的「 存有 」即是我的生命。生命一停止，我的「存有」也停止。生命和意識不完全相符合。我反省時，有我生命的意識，我的「存有」爲一個完滿的「存有」，「存有」顯明出來，直接爲我所體驗，所認識。但是在我睡眠時，我沒有對「存有」的反省，也就沒有「存有」的意識；然而，我的生命繼續存在，我的「存有」也沒有停止或消失。所以，沒有意識，也可以有生命。

人的生命，是宇宙萬物中最高級的「存有」。最高級的生命爲心靈的生命，心靈的生命爲精神生命。但是心靈的生命在人的「存有」裏，和肉體的生活結合爲一體。我是一個人，一個位稱，一個「存有」。我若深切的反省，閉著眼睛，不覺到血脈的跳動，自覺超越時空以外；然而我體驗到我的「存有」不是飄浮不定，沒有著落，而是一個很著實際的生命，立刻有肉體感覺的反應。生命是一個整體，雖然具有多元的活動，然都歸於一個「存有」。「存有」對自己來說，是一個整體。

然而每一個整體的「存有」，都不是孤單的，常常要和別的存有發生關係，「有」在想像中可以是一個獨立孤單的「有」，可是在實際上，每一個「存有」，都不能是孤單的，若是變成孤單的，就不能存在。一個人可以生活在一個荒島上，荒島上沒有別的人。但是若是荒島完全是一堆石頭，一點草木都沒有，任何鳥獸蟲魚也沒有，這個人怎麼存在呢？他只有等著死，消失自己的「存有」。不僅是人，就連鳥獸草木在沙漠裏也不能存在，不僅是鳥獸草木，不能完全孤單地存在，就連沙粒和石頭，也不能是一粒沙或一塊石頭，完全孤單地存在，從抽象方面說，人可以想像一個完全孤單的「存有」，然而在實際上，不能有一個完全孤單的「存有」，這裏面的理由，就是因爲「存有」不是抽象的「有」，而是實際存在的「存有」，而「存有」必定互有關係，互有的關係乃是對於「存有」本身的關係。「存有」務必要有本身互相的關係，乃是因爲「存有」是生命。中國儒家哲學以宇宙爲一道生命的洪流，萬有都具有生命，便是因爲萬有都互相連繫，以圖存在。王陽明講一體之仁，仁爲生命，宇宙萬有的生命結成一體，因爲彼此相連，以保全各自的「存有」，又爲發展各自的「存有」。

存在主義的海德格以我的「存有」，被投射於世界，和世界密切連繫，應該關心一切，同時追求自我的眞正實現，乃產生「存有」的焦慮而感到空虛。沙爾特則以「存有」無論是「在己」，或是「爲己」，都是完全孤立封閉的存有，是個空無。但是我則認爲儒家的理想更合理，我的「存有」爲生命，要和宇宙萬有在生命上互相結合，互相友愛，如孟子所說『仁民而愛物』(盡心上)，我的「存有」，才眞正實現「存有」的價值，天主教也相信，人和人，人和物，在存有上，互相友愛，以實現生命的意義。

4 有與存在

「有」，從本身的意義說，應是實有，實有卽是「在」。我說「有」，是和「沒有」相對。「沒有」是不存在，「有」則是存在。你問我有不有父母，我答說有，就是說我的父母都在。我若答應沒有了，就是說我的父母都去世了，都不在了。我若答說有父親沒有母親，就是說父親尚在，母親則不在了。

我問你有沒有一套廿四史，你答說沒有。這是說廿四史在你所有的書裏不存在。然而在書局裏、在圖書館裏一定有。

我再問你今晚有沒有月亮，你答說有，這是說你看見了月亮。你若答說沒有，那就是說你沒有看見月亮。

我又問你關了門沒有，你答說有，就是說你做了關門這件事，關門這件事存在。你若說沒有，就是說關門這件事沒有做，所以不存在。

上面各種「有」和「在」的關係，普遍地說，就是實際存在的關係，一個「有」是「存有」。但是這種實際存有的關係又各不完全相同。我有不有父母，這個有和在的關係，是絕對的，我的父母，或者存在，或者不存在，因爲我只能有一個生我的父親，只有一個生我的母親。至於我有不有廿四史，有和在的關係則是相對的，只是對我來說，廿四史本身則在許多地方都有。若說今晚天上有不有月亮，有和在的關係也是相對的，是對眼睛的視覺而言，至於月亮本身則是在，人看見時是有，人不看見時也有。因此，「有」和「在」的關係，雖說常連在一起，一「有」就「在」。然而「有」和「在」的關係，還是要看「有」的本身怎樣，由「有」的本性去決定和「存在」的關係。因爲「在」是「有」的實現之行。

「性」，不是「在」，也不等於「在」；這是聖多瑪斯的一項重要主張。因爲「性」限定「在」；假使「性」是「在」，「在」便沒有限定，而是整個的「在」整個的在，乃是「絕對的有」，絕對的有只有一個，「在」是「有」的實現之「行」，「行」是「能」而到「行」。假使「性」是「在」，則「有」的本性就是「行」，本性上就沒有「能」，而是一純粹之行（actus purus），一切都實現了，不缺少任何的一點；這就是「絕對之有」，絕對之有是唯一的；宇宙的萬有乃是多，便不能是絕對之有。萬有的「性」，也就不是「在」，而是「在」的限定。「性」從「在」的限定說，只有兩種：或是沒有限定，則是絕對的「在」，或是有限定，則是相對的「在」。

「有」、「性」、「在」，三者只是在理論上有分別，在實際上是常相連，「有」必是「在」，「在」必有「性」。我是一個存有，我的存有由我的性而限定，兩者不能分離。我一在母胎受孕，我就在，就是一個存有。在未受孕母胎以前，我不在，世界沒有我的「存有」，我的「在」，便是有限的在，是相對的在。我一在時，我是我的「存有」，「存有」便有我的「性」，因是我是這個「存有」，我是我。我的「性」和我的「在」，同時俱有。按理說，我的「性」限定我的「在」，性應該先有。但是「在」也限定了「性」，「在」把一個公共的人性限定，成了我的個性，實際上我的「性」和我的「在」是沒有先後的。這有點像朱熹的理和氣，理限制氣，氣又限定理，理氣沒有先後。「在」限定「性」，因爲「在」

常是具體的，常是單體的；因此公共的類性，在具體的個性以內。在認識上先有個性，然後有類性；然而在具體上，類性和個性同時俱有。只是在理論上，可以說先有類性，然後「在」限定類性而成個性。柏拉圖便是主張先有類性的觀念，存在觀念的世界，世界上同類的單體，分享類性的觀念而成個性，分享可多可少，個性乃不同。朱熹曾說『理一而殊』，在理想方面先有理，氣則限定每物所分有之理，人之理爲主，物之理爲偏。從天主敎的哲學思想方面去看，聖奧斯定曾以柏拉圖所講的觀念，不構成一觀念世界，而是存在於天主的智慧中，宇宙的物體分享觀念的含義。天主造人，人的觀念在天主的智慧中，每個人就分有天主智慧中所有的人觀念；但是每個人的個性也是來自天主。朱熹曾說理限定氣，氣限定理，到底我爲什麼有這種氣而成我的氣質之性，朱熹不能答覆，則只有歸之於天命。亞立斯多德以元形限定元質，元質又限定元形，究其實一個人的個性雖因元質而成，元質爲何是這樣，亞氏不能答，聖多瑪則認爲是來自天主的意旨。因此，我的個性，不是一個單純的觀念，而是一個複雜的實體，即是我。然而我必定也有一個代表我的觀念，就是我的個性。在認識論上說，先有我，然後有「我觀念」；在本體上，個性和我同時存在，我就是我的個性，個性就是我；個性和「在」乃相合。但我追求根源，則「我觀念」先已在天主的智慧中，我一存在，天主就按祂智慧中「我觀念」而使我在。我的存有，便是分享天主的觀念，然卻又不應說分享，因爲「我觀念」的實體祇是我一個，沒有多數的我。

「性」和「在」的關係，「性」不是「在」，「性」則限定「在」。例如我的「在」由我的「性」而定。但是「性」和「在」一相結合，就有一個「存有」，例如我的「性」和我的「在」一相結合，便有我，我是一個存有。「存有」的「在」又限定了「性」，使「性」成爲「個性」，個性則是「在」，「在」卽是個性。例如我的人性和「在」相結合，「在」就限定人性以成我的個性，若把朱熹的理解爲「性」，氣解爲「在」，便可以用朱熹所說：理限定氣，氣限定理。

「存有」和「在」的關係，「存有」卽是「在」；沒有「在」，便沒有「存有」；沒有「存有」，也沒有「在」。

「在」是什麼？「在」是「有」的「成」。「成」和「能」相對，「能」的實現或成功便是「成」。當我講「有」時，我以「有」爲一個觀念，不問它是「實際之有」，或「理想之有」，或「可能之有」。當然我不能以「有」爲「不可能之有」，否則，我自相矛盾，「有」就沒有意義。「有」的完滿意義，是「有」的意義完滿地實現，即是「有」已「在」，「有」爲實際之有。「有」從「能」成爲「在」。但是，我們若再加分析，「在」是一種既成的事實，也是一種情況。例如我存在，這是一樁事實，也表示我的情況。然而存在的事實怎麼構成呢？那是由於「有」的完成之「行」，所以行是「有之行」(actus essendi)，而是「在」的成因。

「在」既是「行」所有，是活動，不是呆板的靜；因爲「行」自己完成自己，自己完成自己就是「生命」。「在」可以說是「行」，又是「生命」。因此，實際的「有」，稱爲「存有」，「存有」便是「行」，也是生命。這種「行」，也就是中庸的「誠」，所以說：「誠者，自成者也。」「存有」的行，繼續不停，一停止，就沒有「在」。我有我自己，是我的「在」繼續自成，常有生命，一不「自成」，就停止生命，我就不在了，便沒有我了。

「在」爲「行」，爲「自成」；然而「自成」的動力並不完全在於自己。我的「存有」的開始，即是「在」的開始，也是「行」的開始，也是「生命」的開始。開始的動力不來自我自己，必來自一個大於我的生命的「存有」。父母生我，父母的生命在本質上並不大於我的生命，父母發動我的生命之動力，也不來自他們本人的生命。列子曾經說「有生不生，有化不化；不生者能生生，不化者能化化。生者不能不生，化者不能不化，故常生常化。……不生者疑獨，不化者往復。」(列子 天瑞) 父母本人是從他們的父母所生，「生者不能生生」，他們不能由自己有生另一生命的動力，生命的來源，要來自不是由另一生命出生者，「不生者能生生」，即是由自有者而來。「不生者疑獨」，自有者祇有一個。祂給予所創造的第一個生命一種生化的能力，代代往下傳，父母的生命乃能生子女的生命。所以「在」生化別的「在」，是由「絕對的在」而起源。

一個「存有」已經「在」了，爲能繼續「在」，即是說「在」的能繼續「在」，例如我的生命可能繼續存在，需要一種支持的力。一個不是自有的「在」，它的本性不是「在」，而是由「自有的在」所施與，這個被施予的「在」，爲能繼續存在，需要「自有的在」繼續施予，施予一停止，這個被施予的在就不在了。我的生命是絕對自有者「上主」的恩賜，不是一次恩賜了，我的生命就能獨立存在，而是繼續需要「上主」的恩賜。就像王船山所說「性日生而命日降」。

5 存有與性

「性」是「存有」之所以爲「存有」之理，也就是限定「在」的理。理是什麼呢？亞立斯多德和聖多瑪斯稱理爲「元形（Forma）」。在這一點上，士林哲學所用的名詞和宋明理學所用的名詞就互相衝突了。朱熹以理成性，氣成形。形爲可見的，理則爲無形無像；因此，理屬於形而上，氣屬於形而下。亞立斯多德和聖多瑪斯則以元形爲理，爲形而上。元質（Materia）爲形而下。但是，問題祇在「形」字。「形」爲模型，模型給每一物體應有的限定。朱熹說「氣成形」，祇是說「形由氣而成」，氣是形的質料。形是怎麼來的呢？爲什麼緣故氣成這個形呢？那是因爲「理」，即是「理」限定氣，如在上節所說「性限定在」。形的理由是性，形的質料是氣；因此，理便可以說是「元形」，即是「本體之形」（Forma substantialis）；物體的外面，當然還有可見的形，這種形乃是外形，係「附加體之形」。

「性」是理，理是每一「存有」的元形，使每一「存有」成爲「存有」。在柏拉圖的哲學裏，性是「觀念」，存在觀念世界裏。宇宙內同一類的物體，分享代表這類物體的「觀念」。聖奧斯定以各類的「元形觀念」，是在造物主天主的智慧中，宇宙間同類的物體，分享造物主所有的「元形觀念」。依據聖多瑪斯的學說，從認識論方面看，「性」是理智從具體的物體中所抽取的共同性，在理智中爲一觀念，在物體中則和物體不分；從本體論方面去看，先有物性，後有物體。在理論方面，「有」，「性」，「在」，是三個不同的觀念；講「有」時，不講「性」和「在」；講「性」時，不講「有」和「在」；講「在」時，不講「有」和「性」。但是在實際上，三者不能相分，「性」和「在」相合而成「有」，這種有，稱爲「存有」。

我現在是一個「存有」，我的「存有」就是「我」。我之所以爲我，首先我是人，然後我是男人，我是研究哲學的人，我是天主教教士。「我是人」乃是「我」的基礎，「我」的中心，其餘的「我」，都和「我是人」相連繫，都因爲「我是人」才能夠有，我和別人相比較，我是人，別人也是人，在「人」上，我們沒有可比較的，我們都一樣。我和別人可以比較的，是在「人」以外的「我」，我是我，你是你，他是他，我們彼此就不相同了。「人」稱爲「性」，「人性」是視你他的「存有」基礎，又是我你他的「存有」共同基礎。

「我是人」，「我是我」，這兩句話的意義不相同，因爲「你是人」，但「你不是我」；「他是人」，但「他不是我」。因此，「人性」不是一個虛名，更不是一個假名；「人性」指著一個實際的基礎，使我你他都稱爲「人」。

對我的「存有」說，「人性」是「存有」。我在，因爲我是人；假使不是人，我就不在。但是我之稱爲人，是理智的作用，理智認識我、認識你、認識他，又認識許多別的人，理智就我們人的共同點，稱爲人；這共同點就是人性。人性就理智方面說，是「觀念」。人性不是不可知道；因爲理智先認識了人類的共同點，才稱爲「人性」。人的共同點，不是理智所憑空造的觀念，而是在每個人之內。

人性不是外面的物質形色；人的外面物質形色，可以有相同的，可以有不相同的。人的外面物質形色也可以變。然而人之所以爲人，則不變，而且人人相同，時時相同。人性既不是理智憑空造的，便應該是人人所有的；既又不是外面的物質形色，便應該是屬於人的本體。

我是人，什麼使我是人呢？首先是因我有心靈，次則我有身體，心靈和身體結合起來使我成爲人。凡是人，都有心靈和身體，沒有心靈或沒有身體就不是人。心靈和身體便結成我的「人性」。這個人性不是空洞的觀念，而是我之所以是人的實際成素。

我對我的人性，可以說是一種自我意識，但不是直接體驗，而是反省的意識。不是一切的人馬上可以答覆什麼是人性，祇有少數的學者才能正確地答覆。不過，一說出來以後，人人都可以懂，大家都覺得對。

我的「存有」是生命，我的生命是人的生命，人的生命是因人性而有的生命。我的「存有」和「人性」的關係，卽是我的「存有」因人性而定。我的生命是人的生命，這是我生命的第一種限定，也是我生命的基本限定。但是有了這個基本限定，我的「存有」還不實際在，還要加上我之所以爲我的限定，才有「我」，我才是「存有」，我才生活，但「我」的限定，是加在「人性」的限定上，實際上合成爲一，不能分開。「人性」的限定和「我」的限定對於我的「存有」或「生命」，是一個限定。因此，我的生命當然是人的生命。「我」的限定，稱爲個性，和朱熹所講的「氣質之性」可以相比。個性包括人性，人性爲個性的基礎。在實際上，則祇有個性，個性的基礎則是人性。實際存在的是「我」，不是僅僅的

「人」，「人」實際上不存在。然而我是人，人便存在我以內。我之所以爲我，首先是因爲我是人。

「性」和「有」的關係，「性」是「有」能存有的理，是存有的基本限定。

6 生命與宇宙

王陽明曾說：沒有心，就沒有宇宙萬有；沒有宇宙萬有，就沒有心。陽明不是從本體論方面去說，而是從認識論方面去說。宇宙萬物，在本體論方面，各有自己的存有，和人心無關；但是這種自然的存有，從人一方面去說，要有人知道，對於人才算是存有，若沒有一個人知道，就等之於不存在。例如天上的星辰還有許多沒有爲人所知，人們便說這些星辰就是沒有。每一次科學家發現一顆星辰，或發現一種物質，被發現的星辰或物質早已存在，祇是對於人類來說，從來沒有被人發現，它們便不存在。因此王陽明說宇宙萬物的存在，是人心給予的。人心給予萬物以存在，是人心的「知」。「知」爲人心的「行」，「行」是客體和主體相合，猶如一面鏡子。一物和鏡子相接觸，鏡子裏便有這物的像。沒有鏡子，當然沒有物像；沒有物，鏡子裏也不能有物像。

王陽明在大學問裏又講人的生命和宇宙萬物的生命，連成一體，不能脫離。他稱這種現象爲「一體之仁」。

我現在反省我自己的「存有」，「存有」即是我的生命。我的生命不是孤獨的生命，在血統上和祖先的生命相連；在生命的各方面也和宇宙萬物相連。我的生理生命，需要飲食；我的感覺生命，需要形色的物體，以作對象；我的精神生命，須要知識的對象和感情的對象。假使祇有我，卻沒有宇宙萬物，我的「存有」絕對不能有，我也就是虛無。假使母親生了我，撫養我成人，忽然宇宙萬物在一瞬間驟然全部消失，我也就不能繼續生存。若說我因天主教的信仰，相信死後靈魂永遠存在；這種存在並不是孤獨的存在，而是走出形色宇宙以外，進入一個精神宇宙，生活在一個更高超的精神相融的團體中。

「存有」即是生命，生命絕對不能是孤獨的「存有」。我的「存有」和別人的「存有」，以及一切萬物的「存有」，都是相對的存有，自己不能由自己而「存有」，需要另一「存有」作成因。因此，我的生命是由另一生命而來，另一生命又由另一生命而來，一直追到一個絕對自有生命，絕對自有的生命作宇宙萬有的根源。

我的生命或「存有」既不是自有，在已「存有」以後，還是不能繼續存在，需要一種力量來支持。這種支持我的生命的力，當然來自絕對自有的生命，絕對自有的生命在給我生命時，不直接授予，而是透過我的父母；在支持我的生命時，也不直接支持，而是用宇宙間的物體。因此，在本體方面，我的生命或「存有」，是和宇宙萬物相連，我的生命是在宇宙萬物中的生命。

在另一方面，宇宙萬物的「存有」或生命，也靠我的生命。宇宙萬物的「存有」，若沒有我們人，乃是一塊呆板無靈的荒土。有了人的「存有」，人的生命便給宇宙一種靈活的生命。萬物被人心所認識，穿上了顏色，排演著山水的美景，供給許多寶貴的資源。普通我們說文人和藝術人把自然予以人格化了。春花秋月有了人心的感情，高山深林顯出精神的意義。宇宙萬物由造物主天主所造，由人心取得「存有」的價值。宇宙萬物既由人心而取得價值，可以說由人心取得生命。整個宇宙不再是呆板不靈，而是和人的生命互相連結的整體。我觀察宇宙萬物時，我的生命伸到了宇宙萬物，宇宙萬物也進人了我的心中，有如孟子所說「萬物皆備於我」（盡心上）假使宇宙裏沒有人，萬物自然生滅，沒有一點價值。有了人，人心的靈性生命，使萬物成爲人生命的宇宙，中國古人說「人爲萬物之靈」，不但因爲人在萬物中獨具靈性，也因爲人的靈性使萬物也都分享人的靈性，宇宙成爲一整體，人則居在宇宙的首腦地位。

人因爲有這種特性，人便自認爲宇宙的主人翁，以宇宙萬物供自己的驅使，每人都堅持自己的「我」。

然而人卻不能作自己生命的主人，不能支配自己的「存有」。耶穌基督曾說人怎樣費心，也不能使自己長高一寸，又說：一個富人計劃擴建倉庫，收藏穀麥，以供自己的享受，天主卻對他說：愚蠢的人，今夜就要收你的魂，你死了，那些穀麥給誰呢！（路加福音　第十二章）所以我對於宇宙，可以成爲主人，可以使用萬物；但是我的「存有」，不是自有，而是來自絕對自有的天主，我要承認天主是我生命的主人。我和造物主天主的關係，跟宇宙萬物和造物主天主的關係一樣，並不因爲我有靈性，而改變這種從屬的關係。我有靈性，又是在宇宙萬有中有靈性，而靈性且使我和天主相似；我的靈性和造物主天主另有一層關係，即是代表萬物，且連結萬物，認識並欽崇造物主創造萬物的美妙。無靈的萬物不能達到這一點，祇有靈性的我，以我的靈性，賦給萬物一種靈性的意義，使萬物和我的靈性生命相結合，成爲一個精神整體，共同讚頌造物主的妙工。我的靈性生命，相似造物主天主的生命，也具有創造力。我的靈性生命，在被造物主所創造的宇宙萬物身上，創造一種精神的意義，使萬物穿上眞善美的價值。從這一點更可看出我的「存有」或生命，不能夠是孤獨的「存有」，而是宇宙的「存有」，和宇宙萬物的「存有」相連。王陽明所主張的「一體之仁」，很可以代表這一種奧妙。「一體之仁」，仁是生命，在生命上，我和萬物成爲一體；不是因爲我和萬物都是由「氣」而成，乃是因爲我的「存有」是相對的「存有」，爲能存在須要造物主以別的

「存有」來生我養我。又因爲我是有靈性的「存有」，我的靈性給萬物創造一種精神的意義，使萬物和我一同歸向造物主天主。

7 生命與造物主

我的「存有」，不是自有，是從他而有；他是我的父母，我的父母又不是自有，又是從他而有。這樣追上去，追尋根源，必定要有一自有的絕對存有，以作一切從他存有的根源。整個宇宙萬有也都是有生有滅的「存有」，宇宙便不能是自有的，宇宙的根源必定是一自有的絕對存有。

我的「存有」或「生命」，非常有限。雖然我的心可以想各種的事，可以有各種的欲望；但是在實際上，我的生命的表現，非常渺小。就是在這些渺小的表現上，我的生命須要別的「存有」的協助。我的生命每一刻的存在，也不在我的掌握中，每一刻都有消失的危險。所以我的「存有」或生命，常在焦慮之中。另外，我所焦慮的，在於追求達到理想的我。我不滿意於以往和現在的我，常憧憬於一個「理想的完成之我」，但是越往前追求，「理想的完成之我」離我更遠。「理想的完成之我」是一個理想的形像，以往和現在以及將來的我，則都陷在一個實際的宇宙裏，這個實際的宇宙，是一個物質的宇宙，物質的宇宙帶有各種缺憾，常阻礙「理想的完成之我」能够實現，加增了我生命的焦慮。

在追求達到「理想的完成之我」的經歷上，我時刻體驗到自己的渺小和自己的無能，同時又體驗到罪惡的壓力；有來自內心的罪惡壓力，有來自別的存有的壓力。我的生命或「存有」本來已經很脆弱，再加上內外的罪惡壓力，便加重我對生命脆弱的焦慮。唯一可以解散焦慮的力量，來自超越萬有的「絕對存有」。祂給我一個「理想完成之我」的形像，這個形像也超越萬有，而是「絕對存有」的自己生命的形像。我追求這個「理想的完成之我」時，能够排除物質宇宙的阻力，也能消除內外罪惡的壓力，我的生命或「存有」，直接和「絕對存有」相連結。

我的「存有」或生命，是從他而有的相對之有，常常要和自己的根源相連結，以能維持自己的生命，以能發揚自己的生命。所謂根源不是父母，也不是宇宙萬有，因爲父母和宇宙萬有都是和我一樣的從他而有的相對之有，都須要和根源連結，宇宙萬有的根源是「絕對之有」，即是造物主天主。我和一切萬有都是由祂而有，也由祂而繼續存在。聖經舊約智慧篇說：「愛護衆生靈的主宰——只有祢愛惜萬物，因爲萬物都屬於祢；祢那永遠不滅的氣息在萬物之內。」（智慧篇　第十一章　第二十二節）

上主天主的氣息，指著造物主的神能。上主以神能創造了萬物，又以神能支持萬物，使萬物繼續存在。天主的神能，是精神的神能，是天主生命的表現，乃是一種精神生命力，所以稱爲天主的氣息。造物主的精神生命力週遊於萬物以內，使萬物能够生存發展。所以萬物都是動的，都有內在的動，都稱爲生動。萬物生動的程度高下不齊，人則具有最高的生動；人的最高生動，就是精神生命。人爲造物主創造並保存宇宙萬物的神力之最完全表現，也就是造物主神力的最高最美的成果。

我的「存有」便是一種精神生命，我的精神生命來自造物主天主。造物主以自己的神力週遊於萬物裏，萬物各按自己的本性本體，表現這種神力。天主的神力貫穿萬物以達到人類，得到了完全的表現，造成人類的精神生命，這種神力，乃是生命創造力，易經稱爲「生生」。我是人，我有精神生命。我的精神生命，來自天主的神力；神力經過我的父母，生養我的「存有」。父母的「存有」，和我的「存有」一樣，是相對的「存有」；相對的「存有」，不能產生另一「存有」；因爲相對的「存有」，既不能使自己的存有而有，也就不能使另一「存有」而有。功用屬於本性，不能高於本性。但是父母的「存有」可以因天主的神力，而產生另一精神生命。我的精神生命乃來自父母，然其根源則是天主。

我的理想的我，在於發揚了我的全部精神生活。精神生活爲一種無限的生活，因爲我的心對於眞善美的要求，爲無限的要求。不單是學問無止境，修德也是不進則退。因此，我的精神生命的發展，雖然因爲我的「存有」是在宇宙以內的「存有」，在宇宙以內求發展；然而發展的範圍，則要衝破宇宙的界限，進入「絕對自有」的無限眞美善裏。

「絕對自有」是我生命（存有）的根源，是我「存有」的支持，是我精神生命的歸宿。我的「存有」爲生命，我的生命爲精神的生命。精神生命乃是造物主天主的神力，也就是天主的生命之表現。宇宙萬物的「存有」，因天主的神力以求發展，發展到最高層，則是人的精神生命，人的精神生命返回歸於天主，即是引導整個宇宙歸向造物主天主。

二、我「存有」本體

1 本　體（體）

我對於外界物體，在夜色濛濛中，不能辨白清楚時，只看到一些黑的輪廓，我說有些事物，我就肯定是一些「存有」；這些「存有」各爲本體。「存有」便是本體，因爲「存有」就是那些事物。

普通我說：我「在」，我是本體，「在」屬於我。普通我說：我是「存有」，我是主詞，

「存有」是賓詞；然而這種主詞和賓詞同是一個；我是「存有」，「存有」是我。但是在內涵上，「我」較比「存有」多；存有只是單純的實有，「我」則是一個具有特性的「存有」，不過，在實際上「我存有」，「我」和「存有」同是一個，這個「存有」就是「我」。

「我」是主體，凡一切屬於我的，都歸於我這個主體，我的身體，我的心靈，我的智慧，我的性格，我的動作，……等等，都以我爲主體。我這個主體，不是理則學上的主體，更不是語文上的主詞，而是在本體論上的主體。理則學和語文學的主體就是主詞，主詞不只是一個名詞，而且形容詞和動詞都可以用作主詞，例如名詞當主詞：狗是白的。例如形容詞當主詞：白代表純潔。動詞當主詞：演講是有趣的。從本體論去看，形容詞和動詞都是附加詞，要附加在一主體上，不能自立，例如白，要附在一物體上，白不能單獨存在；演講也要以一個人作主體，演講不能獨立存在。因此可見在本體論上，所謂主體，必定要是能夠自立的「存有」。這種主體便是本體（Substantia）。

「我」是主體，「我」便是本體，我是本體，是因爲我的「存有」是一個自立體。「我」是「自立的存有」。「存有」要是自立體才能夠是本體，因爲一切屬於本體的都附在本體上，這個本體若不是自立體，而是附在另一本體上，則一切屬於這個本體的又屬於另一本體了，這個本體便變成附加體而不是本體。

我是自立的，不附於任何別的物體，我的「存有」便是本體。然而什麼是我的本體呢？是我的身體嗎？是我的心靈嗎？是身體和心靈相合而成的我嗎？我的身體常變，本體一變，我就不是我了。心靈也是活的，而且只是我的一半，因爲我的另一半是身體；我的一半不能是我的本體。因此，本體只能是我的「存有」。作我本體的「存有」，當然不能是一個單純的「存有」，而是實際上我的「存有」。我的「存有」是心靈和身體合成的「存有」，具有我所以爲我的特性。我的一切內外特性，都附在「存有」上。因此，本體的拉丁文名詞(Substantia)，是說「站在裏面」或「站在後面」，即是站在一切特性的裏面或後面。

但是西洋近代和當代哲學，有許多學派卻否認「本體」，這些學派所持的理論雖不相同，然而大概都以爲「本體」的觀念是個空洞的觀念，沒有實際的意義，一個人，除了他所有的身體，或身體和心靈以外，還有什麼？一張桌子，除了桌子的木頭或石頭以外，還有什麼？他們不承認在身體和心靈以外再有人的本體，也不承認除木頭或石頭以外，還有桌子的本體。但是，我們普通說「我」這個人，既不是指著身體，也不是指著心靈和身體。普通說一張桌子，不是指著桌子的木頭或石頭。因爲，普通說「我」，是指著我這個主體，我這個主體當然有身體和心靈；但是「我」，不是我的身體，也不是我的心靈。「我」和身體和心靈，意義不相同。「我」是身體和心靈所合成的主體，這個主體是自立的，是常一致的。然而主體是什麼呢？主體若不是身體和心靈，又是什麼呢？問題就在這裏。主體在我以內，是我的身體和心靈；可是，不是我所看見的身體和我所感覺的心靈，而是在我的理智裏，所認識的我。從感覺方面說，我的本體就是我的身體；不過，感覺是不認識本體的，感覺的對象乃是常常變換的形色身體；理智則認識一個不變的我，是我一切變換的主體，這個主體就是本體，本體所以是理智所認識的對象。這個身體和心靈合成的「存有」，在理智方面說，就是我的本體。這個本體不是理智所虛構的，而是實實在在有的，感覺認爲是身體和感情，理智卻認爲是本體。又如我看見一張桌子，我眼睛看到咖啡色的四方形木板，我理智則認爲是桌子，桌子是一個本體。假如你不承認本體，那就是你不承認理智的認識和感覺的認識有分別，你只肯定有感覺的認識，而否定有理智的知識。然而，哲學的主張應該和普通一般人的思想相符合。普通一般人都說有一張桌子，而不說有一張木頭和石頭；普通一般人也都說我有身體和靈魂，而不說我是身體或靈魂。在普通一般人的心目中，常有一個本體。

或者可以說，普通人心目中有本體，乃是由人們講話的習慣所造成的。講話的文法，常有主詞，其餘的賓詞、動詞、狀詞、形容詞，都屬於主詞；因此，在思想上，也就想有一主體作本體，其餘都是附體。但，文法也就代表思想方式，思想方式是我們理智的行動的方式。我們人的理智就是要認識一個本體作爲「自立的存有」。「自立的存有」爲一獨立存

本體。有，不能和另一個「自立存有」合成一本體，當我認識一物體時，眼睛看見形相，理智認識

2 附 體（用）

我這個主體，非常複雜，包涵的成份非常多，我有身體，身體有各種器官，有顏色，有高度，有重量。我又有心靈，心靈有理智，有意志，有感情，有天生才質，有天生脾氣。同時，我又有許多關係。這一切都是我所有的都屬於我，身體和心靈爲我本體的兩部份，其他一切，都歸屬於身體或心靈，稱爲附體。在西洋哲學裏，附體區分爲九種：數量、關係、品質、地區、時間、狀態、動、被動、習慣。狀態、數量、地區、時間，屬於身體，關係、品質、動、被動、習慣，屬於身體和心靈。卽是屬於我的本體，附加在本體上，因爲都不能自立。在中國哲學沒有附體的名詞；然而事實上則有。我反觀我自己，中國哲學說我有形色，有才情，有用。關於形色，大家都知道不能自立，佛敎且說形色是假的。關於才情，就和形色不一樣，有人說歸於性，有人說歸於氣。關於用，則在中國哲學上乃是一個爭執的問題。

朱熹曾說：

「體是這個道理，用是他用處。如耳聽目視，自然如此，是理也。開眼看物，著耳聽聲，便是用。江西人說個虛空底體，涉事物便喚做用。」（朱子語類 卷六）

朱熹以理爲體，以活動爲用，但他的主張卻沒有一定，大都以主詞爲體，動詞爲用。

「前夜說體用無定所，是隨處說如此，若合萬事為一大體用，則如何？曰：體用也定，見在底便是體，後來生底便是用。此身是體，動作處便是用。天是體，萬始資始處便是用。地是體，萬物資始處便是用。就陽言，則陽是體，陰是用。就陰言，則陰是體，陽是用。」（朱子語類 卷六）

就體用言，體是基礎，用是從體上發出，所以沒有定所，沒有一種「存有」，專門是體。例如就目的動作說，目是體，看是用。就目所在說，身體是體，目是用。朱熹常這樣解釋體用。他說：

『人只是合當做底便是體，人做處便是用。譬是此扇子，有骨有柄用紙糊，此則體

也。人搖之則用也。如尺與秤相似，上有分寸星銖，則體也。將去秤量物事，則用也。』（朱子語類　卷六）

王陽明以心的本體為天理（陽明全書、卷一、傳習錄、頁二八）但又以心的本體，為對天地萬物感應是非（陽明全書　卷三　頁一四）。

清朝李塨不贊成道分體用，認為古來聖賢不分體用，宋儒才分，是一錯誤。他說：

『伏羲以至孔孟，言道已盡，後學宜世世守之，不可別立名目，一立輒誤，如宋人道分體用，其一也。以內為體，外為用。……老氏以無為體，以有為用。宋人分體用，蓋亦為其所熒也。然朱子太極圖說以中與仁與感為太極之用，正與義與寂為太極之體，則朱子註中庸：中，體也；和，用也。此又何以中仁配感而為用，正義配寂而為體耶？朱陸皆染二氏之學，而陸子直走一誤，朱子則兩顧依違，不能自定其說，此二家之異也。』（李塨　論宋人分體用之訛　恕谷後集　卷十三）

體用的思想，老子雖開了端，佛教則廣爲發揮，宋明理學家乃採用。佛教以「萬法皆虛，唯有眞如」，宇宙萬物皆是用，唯有眞如是體。即是以眞如爲實有，萬物爲眞如的現象，譬如波浪和海水，波浪乃海水的現象，波浪卽是海水；佛教因此倡體用爲一。朱熹曾批評這種思想，他主張體用一源，但體用相分。

『理用一源者，自理而觀，則理爲體，象爲用，而理中有象，是一源也。顯微無間者，自象而觀，則象爲顯，理爲微，而象中有理，是無間也。先生後答語意甚明，仔細消詳便見歸著。且旣曰：有理而後有象，則理象便非一物，故伊川但言其一源而無間耳。其實體用顯微之分，則不能無也。今曰：理象一物，不必分別，恐陷於近日含胡之弊，不可不察。』（朱文公文集 卷四十 答何叔京三十二書之第三十書）

我們當代有熊十力先生極力主張體用不二(一)。熊十力以自己的主張來自易經，實則易經並沒有講體用，他自己加以解釋。熊十力的主張，來自他的宇宙論，他以宇宙由質力而成，

(一) 熊十力 體用篇 學生書局 民六五年版。『平生遊乎佛家兩大之間（兩大者，大空大有也。）卒歸乎自由參究。遠取諸物，近取諸身，積測日久，忽然悟得體用不二。自是觸發大易之蘊，乃知先聖早發之於古代也。從之

質力結成輕微動躍的細分，細分結成小集體，小集體再結成全體。細分爲輕微動躍之物，全體爲流行，流行爲翕闢，翕闢使全體變成大用，物質和精神乃大用之兩面。因此，精神和物質不是實體，而是用。他所講的體爲質力，所講的用爲流行；這樣，質力和流行爲一，體和用也爲一。

研易，以及春秋、禮、樂諸經，遺義偶存者，沛然有六通四闢，小大精粗，其運無乎不在之樂，余之學自此有主，而不可移矣。（於宇宙論中，悟得體用不二，而推之人生論，則天人合一。⋯推之治化論，則道器為一。）（頁二一四、二一五）

易大傳曰：顯諸仁，藏諸用，一言而發體用不二之蘊，深遠極矣。顯仁者何？生生不息，謂亡仁，此太極之功用也。藏用者何？用，卽上文所言生生不息的仁。藏者，明太極非離其功用而獨在。此義直是難說，祇好擧喻以明之，在宇宙論中談體用，體，卽實體之省詞。用者，功用，卽心物萬象之目。體用二名，相待而立。假如說，有體而無用，則體便是空洞，無所有。若爾，體之名何從立？假如說，有用而無體，則用乃無源，而憑空突現，如木無根而生，如水無源而流。高空無可立基，而樓閣千萬重，居然建築，宇宙間那有此等怪事！應知，無體則用之名亦無由立。余嘗言，體用可分，而實不二。此近取諸身，遠取諸物，積測積驗，而後得之，非逞臆妄說也。余在本論與原儒中，談體用，常擧大海水與衆漚喻，實體變成生生不息的無量功用。譬如大海水變成騰躍不住的衆漚，無量功用，皆以實體為其自身。故體用不二義，惟大海與衆漚之喻，較為切近，可以引人悟入正理。』（頁二〇五、二二〇）

『本論上宗易，以體用不二為主指，以為實體變成功用。（譬如大海水、完完全全的變作起滅無常，騰躍不住的衆漚。此以大海水比喻實體；以衆漚比喻功用。功用亦稱力用，物質與精神，皆實體之功用也。』（頁二八〇）

中國哲學所講的體用以用包括一切附體，體用問題就是本體和附體問題，但是中國哲學並不是專討論本體和附體的問題，而是和語言文規的主詞賓詞相混，在文規裏，主詞本常是名詞，即實體名詞，然而形容詞、動詞和部份實體詞，也可以爲主詞。例如白色是美麗的，走路是有益的，孝道是合理的，手是拿物的，腳是走路的，這一切句子，在文規上，在普通說話上，都是對的；但是從哲學本體論去講，這些話的主詞都不是主體，都是附體。

體，應是本體，自立不變；附體，則附加在主體上，本體是一實體，必定要有附體；附體必定要有本體；所以本體和附體不是單獨存在，必定要合一；但是兩者不是一，本體和附體互有分別。在語文裡，附體可以成爲主體，但是在本體論，附體決不能成爲本體，兩者的性質根本不相同。我們感官所認識的，都是附體；本體只能由理智去認識。

我，常是我；可是我所有的，卻常在變。軀體變了，知識變了，感情變了。然而，我又常是我，我並沒有變。從這裏，我便要認定不變的我是本體，我所有常變的則是附體。

3 心物合一

我年老了，記憶力差了，寫文章的時候許多字就忘記了；最使我尷尬的，看到熟人時，忽然想不起他的名字，還有另外一點，當感冒頭痛時，就不能執筆寫書。我因此體驗到身軀怎樣要緊，我的生命若沒有身軀，就不能有生活，難怪有些哲學家說人的生命就是身軀的生命；身軀是物質的，人的生命便也是物質的。

可是從另一方面去看，我坐在臺北天母，我可以想昔年居住三十一年的羅瑪，而且還可以想兩千年前的孔子和孟子。這一點就神奇了。物質不是被限制在空間和時間以內嗎？物質的腦神經，怎麼可以飛出空間和時間以外呢？

古代荀子曾經想到這個問題，他乃說心虛壹而靜。

『心知道……人何以知道？曰：心。心何以知？曰：虛壹而靜。』（解蔽）

『不以所已藏害所將受，謂之虛。』（解蔽）

心對知識，無論多少，都可以藏在心裡，而且越多越不足，所以說知識無止境。但是物質物常是有量，物質物所構成的空間也是有量，決不能收藏超過本身的量所能收藏的。心卻沒有量，知識、感想、希望，都往心裏堆，卻從不見滿。

心的虛，決不是物質的虛。物質的虛，空洞無所有，沒有一點變化。心的虛，則常有思慮，思慮非常神妙，人莫可測。易經曾說：『唯神也，故不疾而速，不行而至。』（繫辭上

第十章）易經是講宇宙間的變易的神奇，宇宙的變易卽生生之道，卽是生命的變易，生命的變易爲神，人的心更是神了。朱熹所以說：『心者，人之神明，所以具衆理而應萬事。』（孟子盡心註）又說：『心官至靈，藏往知來。』（朱子語類 卷五）

虛、神、靈，決不是物質體的特性，應是精神體的特性；我的心靈便爲精神體。

在中國哲學裏沒有物質體和精神體的名詞，只有「物」和「神」的名詞。「物」用於一切的實體，「神」則用於神靈。神靈是無聲無臭，無形無色，應該說是精神體。然而神和物都是由氣而成，氣雖分清濁，清濁的界限則沒有一定。精神體和物質體在中國哲學裏所以沒有清楚的意義。

精神和物質則應該分別清楚：物質是由分子的結合物，有延伸的特性，卽是有量的特性；精神則是單純的，沒有分子，沒有量。精神和物質互相對待，不是等級的差別，而是本性的分別；因此精神和物質不能由同一元素的氣而成，我們講哲學，不是講物理學，物理學講物體由何種原素而成，哲學則只講實體的性質。物質的性質是由分子結合而有延伸性，無論那種物質都有這種特性。儒家所講的氣，在本體上說是太虛無形，在分陰陽以後則有形。可是在成物時已都是陰陽有形，朱熹所以主張氣爲形而下，有形便有延伸性而有量，便是物質。不過，話又要說回來，儒家分氣爲清濁，清氣則無形。從這一方面去說，氣只是一種實際存在的原素，原素的性質則很空泛。西洋哲學只講物質和精神，不講在實際上物質由何而成，精神由何而成。因爲精神就是精神，物質就是物質；在實際上，物質由什麼構成，乃由物理科學去講，物質的分子就是物理學所講的各種物質原素。在實際上，精神沒有分子，精神就是精神。但是，按我們中國人的思想，精神和物質旣是實體，實體是怎麼成的？實體是氣所成，卽是說實體是氣，物質的氣是濁，精神的氣是淸。這樣看來，氣便是實體之所以成爲實體的因素；不是實體之所以成爲實體的理，理是性，氣便是實體的實在素。我們不妨把氣比做西洋哲學的「在」，「在」使「有」成爲實有。實有或者是自立體，或者是附加體。

我是一個實有，我的實有是一自立體，卽是本體。我的本體由身軀和心靈所結成，身軀是物質，心靈是精神。然而自立體是一，生命也是一，我也是一。我的身軀和心靈結成一個自立體，兩者的結合爲本體的結合，只有一個「性」，只有一個「在」。我的「性」是一，我的「在」也是一。但是身軀是身軀，心靈是心靈，卽是物質是物質，精神是精神，兩者不相混。所以我的實有，是心物「合一的」實有，而不是心物「爲一的」實有。

我旣是一個實體，一個生命，在生命的表現上，卽是在生活上，心物常相合而爲用。我的一切動作，乃是心物相合的動作，因爲是整個的我之動作。我不能分割，確然醫學上有神經分裂症，心理學上又有所謂人格分裂或雙重人格，生理學上又有所謂純生理生活；但是無論何種生活，既是我的生活，就是我本體的生活，爲生活所用的附加體，都歸屬於我的本體。因此體用是「合一」，但不是「爲一」。「體用一體」從主體方面說，可以說是一體，因爲都在主體上；但若以體爲本體，體用同爲一本體，就不能說。聖多瑪斯曾以「性」和「在」的結合爲「第一現實」，「體」和「用」結合則爲「第二現實」。

4 單體·個性·行

第一現實爲實體，卽自立體；第二現實爲單體，單體的個性，由附加體而成。我是我，不是你，也不是他；因爲我和你和他，都是自立的單體。我當然是人，你和他當然也是人；然而每一個人都和別人有分別。不僅是人，每一個物體也都是有自己的特點，除非是機器按著同一模型所製造的物品。

宇宙間的萬有，由「性」和「在」而成。「性」是同類的物體所共有的，同類的物體按著「性」（本性）都是相同。但是同類的物體在具體上則不相同，這種不相同，應該來自「在」。然而「在」的本身很單純，絕對不能造出這麼多的不同特性。不過，不同特性是藉著「在」而成，「在」限制了「性」。所謂「在」限制了「性」，乃是「性」所具有的特性潛能，因著「在」而實現。不同特性乃是來自「性」，特性在「性」內只是「潛能」，「性」和「在」結合而成為「實際存有」，特性的潛能乃成為現實，構成了「個性」。

同一類的單體為什麼能够多呢？這是一與多的問題，一與多的問題有兩種不同的層次：第一層次是宇宙間有許多不同類的物體，即是多類；第二層次是同類的物體有許多，即是同類的多數單體。一多的問題，來源必定來自「性」和「在」；聖多瑪斯曾以「分享」（Participation）去解釋。

「性」，是類的分別，有多種性便有多種類。性（本性）是怎樣來的？中庸說：「天命之謂性」（第一章）天，是什麼？書經詩經說是「上天，上帝」；宋代理學說是「自然，天然」；然而「自然」或「天然」又來自何處？儒家哲學從來沒有說「自然」或「天然」是自有的，而是承認宇宙有造物主。西洋傳統哲學常以宇宙為天主（上帝）所造，聖奧斯定便以「性」為造物主天主的一個觀念，近代歐洲的哲學有達爾文的進化論，以物的種類由進化而來，馬克思隨從這種主張，毛澤東與以附合，以大躍進而有性質的變化。但是物質本身只有量變的「能」，不能有質變的「能」；若是有質變的「現實」，則質變的「能」不是由物質本體而來，必定是造物者在造物質時，就已把質變的「能」藏在物質中，讓這種「能」得到適當的條件時，乃成為現實。因此，質變的基礎「性」是來自造物主天主。「性」常代表一種特點，特點是優點，

可以常爲善，易經說：『一陰一陽之謂道，繼之者善也，成之者性也。』（繫辭上 第五章）

性，是一種善，一個觀念，同類的單體則是分享這個類性觀念的善。

分享的實現，則藉著「在」。「在」使「性」成爲現實。類性的分享因「在」而成，「在」受「性」的限制，同時「性」也受「在」的限制。「在」本身是「一」，類性受「在」的限制，類性便是一，一類的性只有一種。單體性的分享也因「在」而成，單體性內含有物質（Materia），物質有量，物質類性由「在」而成時，「在」實現物質性的量，因此，同類性的分享乃有多數單體。

理學家朱熹以物體的分別來自氣，理爲一，氣因清濁乃使物體有分別。無論類不相同或單體不相同，都由氣的清濁而分。這一點便不能講清楚，類和單體的成因同爲氣，類和單體究竟怎樣區分呢？

在理論上，類性和單體個性互不相同，在具體上，類性和個性同在一物體內，朱熹稱爲「氣質之性」；「氣質之性」由氣而分。例如在一個人內，人性和個性合而爲一。一個人和另一個人的分別，是因氣而成。但是一個人和一隻狗的分別，則是類性和個性都不相同，而最重要的，還是類性不同。人的性和狗的性，不僅是氣不相同，理也不相同；朱熹說人性和狗性的分別也是來自氣，氣不僅塑成個性，也塑成了類性。所以說這一點不能講清楚。中庸說：『天命之謂性』，是指著類性，例如人性。類性來自天命，我依照中庸的思想，便可以說：類性是天主造物的觀念，性爲善，類性便是分享天主的善。個性是類性含有物質之量能，因著「在」，乃分成多類的單體，單體分享類性。這個「存」可以解釋爲氣。

個性所包含的特點很多，中國哲學有所謂才和情，才和情由什麼而來呢？朱熹曾以情來自氣，氣有清濁，所以情慾有輕重，氣質之性有善惡。孟子曾以才來自性（告子上），人不行仁義禮智，是不盡自己的才，才爲性的能。依我看來，我既然是人，便有人的才和情，才和情都以性爲根基，是「性」的能。「性」和「在」結合時，爲「存有」的第一現實。「性」和「在」結合時「性」有許多能，因「在」而成爲現實，作爲本體的附加體（屬性），這些屬性，構成個性，爲「存有」的第二現實。

才和情便是構成我的個性之附加體，才和情都是性中所有的「能」，人按人性有人的能，狗按狗性有狗的能，桃樹按桃性有桃的能。性中的能，在實體的生活過程中，遇著適合的條件而成爲現實。所以個性的成，是「性」和「在」相結合，「性」中所有的基本的「能」，即成爲現實，使實體成爲個體。所謂基本的「能」，是按這實體的性所應有的「能」，沒有這些「能」，就不成爲這種性的實體。例如人，人按人性所應有的「能」，使人能成爲一實體的人。這些基本的「能」，當「性」和「在」相結合時就實現，以成「個性」，使實體成爲單體。例如人，應該有身體和心靈，身體應該有四肢五官，心靈應有理智意志和感情。這些基本的「能」在成爲現實時，使單體有種類的分別。然而這些基本的能在成爲現實時，有程度的不同，又使同類的單體互不相同，而有多數同類的單體。

爲什麼一個單體有這種物性？中庸說是來自天命，我們說天命爲上天造物主的命。爲什麼一個單體有這樣的個性？卽是爲什麼這個人是這樣，那個人是那樣？是因爲每個人的性內所含基本的「能」，所有的程度不同，朱熹說是每人的氣所有清濁不同。可是爲什麼這個人有這樣程度的「基本能」，那個人有那樣的「基本能」？卽是問朱熹，爲什麼這個人的氣是這樣清，那個人的氣是那樣濁呢？澈底的答覆，也祇能說：這也是上天造物主的命。所以普通常說：「聰明才智出於天」；再究其實，愚昧呆板也由於天，中國人談命，以貧富窮達壽夭爲命。其實，人的個性眞是天生的，天生的不是自然偶而湊成的，而是造物主安排的。但這並不是命運論，以一切由命，天命所給的「基本能」，祇是個性的能，還須每個人去發揮，雖然每個人盡力發揮所得效果不一樣，然而每個人的品格，不在事業的成就，而是在於每個人所用的心力，和所求的目標。

我是我，我由個性而成，個性包含有人性和單體性，單體性卽是人性和「在」相結合時，人性的「基本能」成爲現實，乃有一個單體。「人性」和「在」相結合，成爲我的本體，個性（單體性）附在我的本體上，便有我之成為我的理由。我的本體有身軀和心靈兩部份，我的個性有的附於身軀，有的附於心靈。但是我的本體是一，我是一個不可分的主體，兩部份的附體都屬於我這個主體。附體是人性的「能」，由「在」而成現實；然而人性的能並不是由「在」而一次完全成為現實，祇有「基本能」由「在」成為現實以決定我之為「我」，其他的「能」，則由「用」以逐漸成為現實；這種「用」便是生活。生活是活動，活動是「能」成為「行」，即成為現實。「用」越多，人性的能的表現也越多，個性就更強，更顯明。王船山說「性日生而命日降」，主張人性不是一次出生就靜止了，而是繼續在動。我的人性雖不變，人性的「能」則繼續發展，所以我的個性不是靜止的，而是活動的；因此，我有活動的生命。

「能」的發展，就是「行」。先總統　蔣公說：「行」是繼續的，是善的。「行」既然是「能」的現實，「能」成為現實，當然是善。至於現實的表現成為動，動合不合於倫理規律則為另一問題。人的生命常有生活，生活是人性的「能」繼續成為現實，所以「行」是繼續的㈡。個性的基礎是天生的，個性的發展和完成，則是人為的。真正的我，就在於追求個

㈡　蔣總統言論彙編　第十四册　正中書局　民國五十四年。

行的道理

『因此我們可以明白，「行」與「動」是不同的。「動」並不就是「行」，而「行」則可包括某種的「動」在內。行是經常的，動是臨時的；行是必然的，動是偶然的；行是自發的，動則多半是他發的；行是應乎天理順乎人情的，動是激於外力偶然突發的。所以就本體言「行」較之於「動」更自然，更平易，就其結果和價值來說：動有善有惡，而行則無不善。行是繼續不斷的，動是隨作隨止的。』（頁五八）

『說到這裏，我再將「行」的本義以及「行」與人生的關係說一說，古人說：「性與生俱來」，我以為「行」為性之表，所以「行」亦與生俱來。人生在孩提時，一出世就能啼笑飲食，稍為長大了，就知道視聽言行，等到長成以後無分智愚，總是求生存，求兒步，求發展，換一句話說，就是求合乎人生的需要。這種種都是「行」的表現，亦就是與來俱來的良知良能。』（頁六〇）

性的發展和完成。

5 位格（人格）．一致性

我是一個單體，而我的單體是人的單體，我的單體乃成為一個位格（Persona）。位格也稱為位稱，也稱為人格。當代的人最看重位格，決不讓人侮辱。一個兒子在父母跟前，要求父母親尊重他的人格。一個學生在老師跟前，要求老師尊重他的人格。就連一個罪犯，在警察跟前，也要求警察尊重他的人格。

人格是什麼呢？

中古西洋哲學曾以人格爲『有理智的單體』，卽是人的單體，在本體論上這項定義是對的，因爲一切實體都是單體，人則是有理智的，人格便是有理智的單體。當代西洋哲學，有的從法律方面說：人格是人權的主體。法律上所以稱權利的主體爲人稱。現在各種人所要求別人所尊重自己的人格，也就是尊重自己的權利。有的哲學派從道德方面說：人格是有道德的品格。敎育上所以稱倫理敎育爲人格敎育，普通也以道德高的人爲人格高的人。這些解釋也都是對的，不過祇說到人格的一部份意義。

從中國哲學去看，人格旣是代表單體的人，人格的完全意義，應該從人的完全的意義去講。儒家以人爲『萬物之秀』，在天地人三才中，人代表萬物。

王船山說：

『天地之生，以人為始。故其弔靈而聚美，首物以克家，明聰睿哲，流動以入物之藏而顯天地之妙用，人實任之。人者，天地之心也。故曰：復見其天地之心乎。聖人者，亦人也，反本自立而體天地之生，則全乎人矣。』（周易外傳　卷二　復卦　頁十二）

朱熹以人得有全部的生命之理，凡宇宙萬物所有的生命特點，人都具有，而且還超過萬物所有的以上，能『與天地合其德。』（易經 乾卦 文言）人的生命爲心靈的生命，人心生來具有仁義禮智四端，中庸說：『仁者，人也。』（第二十章）朱熹說：「人心是仁，因爲天地以生物爲心，人得天地之心以爲心。」王船山乃以人爲天地之心。天地生物，人以仁心協助天地生生萬物，故『反本自立而體天地之心，則全乎人矣。』

人的整體意義，爲有道德的人，協助天地生生萬物；人的人格就在表現這種意義。西洋哲學者必定認爲這種人格意義，爲倫理學的意義，不是形上本體論的意義。我卻認爲儒家的人格意義具有形上本體的價值。人格是代表每一個人，每一個人是具有個性的人，個性爲人性潛能的實現，人格便是人性潛能實現的整體。人性潛能都是人性爲發展一個人生命的能力；人的生命爲心靈的生命，心靈生命的成全點，在於滿足心靈的要求；心靈的要求，是理智的眞，意志的善，情感的美。眞美善存在宇宙萬物裏面，人心乃愛萬物。萬物的眞美善尚不足滿足人心的要求，人心乃上升到創造萬物的天主。追求眞美善爲倫理道德的活動，人的生命因此是道德的生命。

人格的意義，第一，是具有個性的人；個性不是普通所說的特性，而是每個單體人所有的個別性，即是實體所有的因素。第二，是一個人心靈生活的成就，即一個人在追求眞美善所達到的層次；層次越高，人格越高。若一個人缺乏做人的基本道德，便被人責爲『沒有人格』。孟子曾說：『無惻隱之心，非人也；無羞惡之心，非人也；無辭讓之心，非人也；無是非之心，非人也。惻隱之心，仁之端也；羞惡之心，義之端也；辭讓之心，禮之端也；是非之心，智之端也。人之有是四端也，猶其有四體也。』（公孫丑上）從身軀方面看，四肢是人本體的要件，沒有四肢，不是成全的人，在本體上有缺乏。從心靈方面去看，仁義禮智四端爲人心靈的要件，沒有四端，便是缺乏人本體上的要件。仁義禮智四端不祇是倫理方面的道德，而是心靈的本體潛能；因爲心靈生命的發展，就是仁義禮智。

在西洋哲學裏，人格包括「有」、「本體」、「單體」、「人本體」的意義。「有」的意義是眞美善；「本體」的意義是自立；「單體」的意義是個性；「人本體」的意義是理智。人格便是指著一個自立，有個性，按著理智，追求眞美善的人。

在中國哲學裏，人格包括生生之理、清秀之氣、盡性之誠。生生之理爲仁，清秀之氣爲心靈，盡性之誠爲贊天地的發育。中國哲學的人格指著一個發揚心靈之仁，參贊天地的化育。

按我來說，人格還高一層。人爲上主天主所造，天主按自己的肖像造人，人肖似天主，天主且以自己的生命賜給了人。我的人格乃是實現天主性的生命。這一層次已超越哲學的層次，進入了神學的層次。可是實現天主性的生命是我現世實際的生活，並不要等待來世。況且西洋哲學的人格在追求眞美善，中國哲學的人格在參贊天地的化育，兩種思想都要進入造物主天主的眞美善裏。實現天主性生命，就是追求天主的眞美善。存在主義的創始人祁克果(Kierkegaard)以每個人永遠在求超越自己，以體驗對「神」上帝的交往，上帝爲人的理想模範。海德格(Martin Heidegger)也以自我是向理想之我追求。因此，我相信我的人格是我的精神生命進入「神」的境界。心靈純淨，沒有物慾的混雜，明朗而顯出天主的肖像，肖像因仁愛而活，活的天主肖像，便是同天主一同生活的生活，實現天主性的生命。

普通我們說一個人的人格，並不是一成不變，高的人格可以變成低的人格，低的人格可以變成高的人格。然而「我」則是不變，小的時候的「我」，就是現今老年的「我」；現今老年的「我」，也是小時的「我」。「我」常是「我」，「我」若不是「我」，「我」就不存在了。雖然普通也說「我變了」，「你變成另一人了」。這種變，是面貌、情感、才智的變，不是我自己的變，就是這一切都變了，「我」還是存在，仍舊有這個我。所以「我」必有一致性，或同一性(Identity)。

「我」，乃是我的本體，本體常在，附體則變。佛教以宇宙萬物都生滅無常，所以沒有本體本相，祇有「眞如」不滅而常在，「眞如」乃是萬物的本體本相。朱熹以宇宙有一太極，各物有一太極，太極不變，氣則變。王船山以「性日生而命日降」，物體內外都常「變動不居」，祇因日降的天命常是一樣，性雖日生也常是一樣的性。我認爲佛教的原則是對的，本體本相不變；但是以宇宙萬物無本體本相，不合實情。朱熹的太極爲理，理爲抽象的物性，不是我們所研究的具體同一性。王船山所注意的，也是物性。這些學說都不能解決「我」的同一性問題；可以解決這個問題的答案，應該是「我的本體」。

當代西洋哲學，不承認「本體」，認爲「我的本體」仍舊是抽象的名詞，並不是具體的同一性。這些哲學者有的主張「我的同一性」是我的身體，因爲身軀雖然常變，我的身體卻常是同一的身體。有的哲學者主張「我的同一性」是我的記憶，因爲我常記憶我是同一個我，一旦失去了記憶，我就不知道我是同一的我了。有的哲學者主張「我的同一性」是我的自我意識，因爲我自己知道我是同一的我，一旦失去了自我意識，我便不知道我是我了。這些學說都是從心理學方面著想，都可以說是對的，但都祇是局部的答案，實際上，身體、記憶、意識是常在變，在這些變的後面，有一不變者作支柱。這種支柱就是我的本體，也卽是「我」。

我是一個常久的獨立個體，個體具有複雜的個性。個性的潛能，逐漸成爲現實，卽是我的生命，潛能成爲現實的行動，繼續變化，乃有生活。我的生活本是心靈的生活，心靈追求眞美善，眞美善的本體，是造物主天主。造物主天主願意成全我的趨求，提昇我們人類分享祂的神性生活，以能完成高層的人格，實現易經所說『與天地合其德，』中庸所說『贊天地之化育』、『沌沌其仁，淵淵其淵，浩浩其天。』（第三十二章）

三、無

我存在，我是實有。但是我沒有出生以前，我不存在，沒有我，是無。我去世以後，我也不存在，又沒有我，又是無。「無」和生命相對待，「無」便常縈廻在心中，成爲一個重要的問題。

存在論的海德格也注意到這個問題。我被「非我」所包圍，我很小，非我則無限無垠，涵蓋了宇宙。「非我」不是我，「不是我」對我來說，即是我之無，我便存在於「無」之中。我的「存有」，是「無」中的「存有」，卽是我存在於「非我」之中，我是「非我」中的「存有」。這種「無」是對我個體的存有而言，不是對普遍之有而言。對普遍之有的「無」，乃是純粹不存在，純粹沒有，那就不能講了。

對我的個體來說，「無」卽「非我」包圍了我，而使我的存有更顯明，更突出，好比白字寫在黑的板上，白因黑而顯，若在黑的板上寫黑字，或是在白的板上寫白字，字都顯不出來，也就看不見。「我」在「非我」中便能顯出，「有」就在「無」中更顯明。

我既然渺小，圍在「無」之中，我的存有很脆弱，常常能復歸到「無」裏，因爲生必有死。因此，心中便常有焦慮，焦慮不僅是對於死而回到「無」，也是因爲我的理想很多，很少能够實現。沒有實現的理想，等之於「無」。這種「無」對於心是極大的壓力，造成種種焦慮。焦慮常是對於「無」的焦慮。生命乃是在焦慮中前進，沒有焦慮，沒有生命。焦慮成了生命的符號，焦慮越高，生命越高。

至於老子所講的「無」，則是認識論的無。人的理智力有限，「道」是無限，以有限對無限，有限的理智力便當然不知。我不知，對我是無；一切人都不知，對一切人便是無。聖多瑪斯講論天主時，以天主爲絕對之實有體，人的理智是相對的，人便不能認識天主。對於天主，祇好說不知道，勉強說說，也都是用相對的觀念，表現天主跟人類有些類似的特性，如智慧、仁愛、正義。「道」雖不是天主，但在老子的思想中，「道」是宇宙萬有的根源，是無限之有。還有一點，老子以道的本體爲渺茫不定，彷彷彿彿。一個對象者是本體完全不定，人的理智便不能認識；這樣「道」因本體不定，不爲理智所知，也就稱爲無。老子的「無」，不是本體論的無，反而是本體論的無限之有。這個無限之有，加以限定時，便成爲「有」，乃就說「有生於無」。無是無限的，有是有限的，有限由無限而來。所謂有限，即是「道」的渺茫不定的本體，加以限定，而成爲「一」。「一」再加以限定，而成爲「二」，「二」再加以限定，而成爲「三」。「三」再加以限定，而成爲物。一個單體的物，乃是一個完全限定的實體。這一點跟前面所講個體的形成過程，在理論上相同。但是在實際上，不是經過一二三的過程。佛敎常講「空」，「空」是虛無。佛敎的「無」則是本體論的「無」，乃是「沒有」，即是「不存在」，與「有」相對待。大乘佛敎以「萬法皆空」，一切都不存在。但是一般人卻都經驗到萬法（物）實實在在的「有」，大乘認爲這乃是人的愚昧所揑造。因此唯識論主張「萬法唯識」，從第八識阿賴耶識的種子造境（認識對象），感官乃有感覺的形色印象，第七識末耶識認爲實有，第六識意識便生「我執，物執」。可是，旣是萬法由識所造，識就該是實有。識又不能是自立實體，大乘始敎便主張「萬法唯心」，以識爲心所有。然而心本是假心，跟萬物一樣，沒有本相，沒有本性，不能是實有。於是，大乘終敎天臺華嚴兩宗主張「萬法皆空，唯有眞如」。好比海中的海波，海水是實有體，海波則是海水的現象。眞如爲唯一實體，眞如向外表現自己，遂生宇宙萬有。萬有祇是眞如的對外現象，而不是實體，萬有所以祇是形色，沒有自己的本相本性，也沒有存在，萬有的存在是眞如的存在，是存在於眞如的存在上，又以眞如的本相本性爲相性。人就是海波的一，卻自己愚昧以爲自己是實有，又以一切波浪爲實有。佛教乃講以光明破除愚昧而得智慧。得智慧的人，觀看萬法和眞如，爲一卽一切，一切卽一；又一入一切，一切入一。一爲眞如，一切爲萬有。萬有卽是眞如，眞如卽是萬有；萬有入於眞如，眞如入於萬有。於是，事理互攝，互相圓融。

這樣說來，大乘的空，歸根仍舊承認有唯一實體，卽是眞如，和老子的「道」相似。所謂「萬法皆空」，是萬有都不是實體，沒有自己的性、相、存在，祇是眞如的現象。現象雖不是實有，然也不純粹是無。

我看我生命的存在，卻和道家佛教不同。我沒有出生以前，我是「無」。我出生了，我是實有體。我的存在來自父母，然追究根原，我的存有是來自絕對的實有體天主；因爲從無中生有，祇有絕對的實有體才可以造。我既然生了，我的「存在」爲實有，我是實有體，不是「空」，不是虛無。我實有體的存在，爲能繼續存在，仍舊須要造生我存在的絕對實有體天主用祂的力來繼續支持。

對造物主天主來說，我要承認我是虛無，我的存在由祂而有，由祂支持。對我自己來說，我是實有；對宇宙萬物來說，一切都是實有。然而我生命所有的很有限，所沒有的很多；我生命的欲望無限，所能有的則有限。我從生命所體驗的，便是在「無」中生活。這種體驗使我感到生命非常渺小。渺小當然產生焦慮，然而我要勝過這種焦慮。因爲生命渺小顯露我生命的眞實本性，使我認識眞理。因著我生命的渺小，我回到我生命根源的絕對實有體天主，以我的生命滲入祂的生命內。這種滲入，當然全靠絕對實有體天主對我的提攝。當我生命滲入天主的生命內，我還是我，但我的生命化成了無限的生命，我的存在乃成爲無限無量，超脫了肉體的生命。

老莊和佛敎的「無」，雖是從本體論方面立論，實際的應用，則是應用於人生觀。老莊的人生觀是「無欲」，佛敎的人生觀是「絕欲」。欲是人心的動，乃是「人爲」，「人爲」反對「自然」，「自然」爲人的本性。人本來是「無」，人心便不該動，不該有欲。老莊主張絕對自然，實際絕智，以退爲進；佛敎敎人遵守戒律，坐禪求靜，空虛自心。但是人性是向上的，而是追求生活的享受，無欲和絕慾，反背人性，儒家所以主張克慾，使心動皆能中節。

我的人生觀，採取道佛儒三家的長處。我生命本來渺小，所有的「能」，無論是精神的或物質的，都是有限的；而且物質的「能」，更易消耗。道家所以說，保持元氣，勿傷生命。我認爲物慾足以傷生，越少越好；雖不能無欲，克欲則是應該的。空虛自己的心，不要塡滿慾望。精神的「能」，雖不消耗，然能亂心。心不安定，精神沒有主宰，生命便會失去常態。我就要求靜，消除世慮。因此，我的生命，對於世物，常抱著「無」的態度。以世物爲無，我的生命便自由地升入絕對實有體天主的生命內，分享絕對生命的「有」。

第三章　生命與宇宙

一、宇　宙

我生活，活在一個世界裏。要有父母，生命才可以有；要有飲食，生命才可以繼續；要有土地，身體才有著落；要有天空，生命才有空氣。我這個不能自有不能單獨存在的生命，是要生活在許多同樣的生命當中，互相連繫，互相依傍。我不是一個純精神體，而是一個心物合一的實體。物質的肉身，需要別的物質體的供養。我生命的世界，乃是一個物質世界。物質世界通稱爲宇宙。

宇宙爲物質體的總合，物質體各爲存在的單體，不能結合成一整體；然而它們都同在一個空間以內，又同在一齊變動，把它們總括起來，稱爲宇宙。上下四方稱作宇，古往今來稱作宙，宇宙實際就是空間和時間。

中國古人常常稱宇宙爲天地，再又稱爲天地萬物。易經講宇宙的變化，卽是講天地萬物的變化，以天地人作代表而成三爻的卦。歐美人稱宇宙爲「總體」(universum, universe)，也就是萬物的總合。

從物理學的觀點來看，宇宙的關係非常複雜，每類物體有自己的本性，物性不同，關係就異。從哲學的觀點去看，宇宙都是物質的實體，祇是人有心靈。把宇宙的關係，簡化到物質的關係，關係就很簡單。所以生命和宇宙的關係，便是生命和物質的關係。但這不是說宇宙祇有物質，宇宙的關係祇是物質的關係，變成了唯物辯證論；但是我們談生命和宇宙，是從物質方面去看宇宙，我們的生命則是精神。精神的生命和物質能發生關係，那是因爲精神性的心靈和物質性的肉身，合成一個「我」的實體。精神性的心靈通過物質性的肉身，和宇宙的萬物，發生關係。

1 空間

我有一個身體，身體常有它的位置。身體在自己的位置上和外面物體相接觸，用手足可以達到的物體，能够接觸到；用手足達不到的物體，中間有個空缺。我知道這個空缺叫做空間。我抬起頭來看，上面的空間眞大。但當我乘坐飛機時，外面的空間渺渺茫茫，無邊無垠。又當我研究天文時，看著星辰棋佈，地球渺小不堪，太空中的距離用光的速度，也還不能計算。世界眞是多麼大！所謂世界就是空間。

面對這個渺茫的世界，我們都要問：空間究竟是什麼？天文學所答的空間祇是距離，地理學所答的空間祇是面積，哲學上有什麼答覆呢？

假使哲學家以宇宙爲一個極大的實體，空間便是這個實體的本體，宇宙間的萬物祇是這個大實體的份子。因此，常聽見有人說：宇宙是一個大宇宙，人是一個小宇宙。這樣說來，空間便是一個實體，而且就是宇宙本身。

假使哲學家以宇宙爲神靈，主張泛神論，空間就成爲神的本體。空間也是一個實體，但不是物質的實體，而是精神的實體。

假使哲學家是唯心論者，既不承認物質世界的存在，也就不承認空間的存在。空間照他們來說，祇是一個空名詞。唯心論的康德雖不完全否認物質，然也祇承認空間爲天生的一個範疇。

章太炎曾經說：『色塵妄法，對空故有。若無空者，則無色塵之相。假令空是絕無，則物質於何安置？假令時是絕無，則事業於何推行？故若言無空間者，亦必無物而後可。……然則破空而存物，破時而存事者，終不能使邊盡諸見，一時鉗口結舌明矣。果欲其鉗口結舌耶，則取物質事業二者與時間空間同日而撥遮之可也。』㈠但是章太炎自己卻是否定時空的：『破我執易，破法執難。如時間有無終始，空間有無方所，皆法執所見。此土陸子靜輩，思之終不了然，實未達唯識之旨，時間者起於心法生滅，相續無已；心不生滅，則時間無自建立矣。空間者，起於我慢，例如同時同地，不能並容二物，何以不容？則因我慢而有界閡，因界閡而有方所；滌除我慢，則空間亦無自建立矣。』㈡

但是，空間不能被排除，因爲我是活在空間裏；除非排除了我的身體，才可以排除空間。然而又不能肯定空間是實體，否則，我的身體就不能在空間以內；因爲『同時同地，不能兼容二物。』

空間是什麼呢？

空間是物質「量」的屬性。而且是一種基本的屬性。物質的量使一分子在另一分子以外，不能兩個分子同時在一地，物質便有延伸。有延伸便有面積，有面積便佔空間，這是所謂內在的空間。兩個物體既有面積，兩個物體之間便有距離。距離可大可小，這是所謂外在

㈠ 太炎文錄初編 別錄卷三 頁十三—十四。
㈡ 同上，頁二。

空間。所以空間乃是距離，有內在的距離，有外在的距離。

空間究竟是不是實在的？

西洋的哲學家，有許多人主張空間是實有的，跟物體不連繫在一起。他們主張有一絕對的空間，中間是眞空。就理論上說，眞空在萬物以前先已存在，在萬物消滅以後也可以存在。宇宙就是這個眞空，萬物就在這個眞空以內。普通的人也常是這麼想，眼睛所看見的也常是這樣。但是我認爲實際上不能是這樣，因爲眞空不能存在。空間由距離而成，距離由界限而成，界限是物體的延伸。沒有物體就沒有延伸，沒有延伸就沒有界限，沒有界限就沒有距離，沒有距離也就不能有空間。

可是有人說：我們可以想像宇宙間只有一個物體，這個物體可以運動，有運動就要變換位置；位置的變換乃是地方的變換，前一位置和後一位置便有距離；因此便有空間，但是照我看來，這個唯一的物體在運動時，祇是它自身的空間在動，沒有造成距離。它移動自身的空間，並沒有所謂位置的變換。位置本身是相對的，即是自身的空間和週圍物體的空間所有的關係。若是宇宙間祇有一個物體，便祇有它自身的空間，而沒有它的位置。不過，人家還可以說，唯一的物體在運動時，自身的空間在變移，變移是要物體以外有空間，物體自身的內在空間才可以移動；那麼，外在的空間並不是兩物體間的距離，實際上可以是眞空；而且內在的空間也可以是眞空，例如一間空房子，可以用泥土塞滿，一點空隙都不留，這個房子在沒有塞土以前，應該是眞空。當然普通說房子裏有空氣，但在科學上現在可以把一個瓶子裏的空氣抽出來，把瓶子弄成眞空。因此，眞空的觀念和事實都可以成立。

我卻要說這是把眞空和空間的觀念弄亂了。所謂空間，並不說裏面有沒有東西，也不是說可不可以容納東西。「內空間」是一件物體的各方面界限彼此中間所有的距離，一件實體的東西所有「內空間」是它的面積，一所空房子的「內空間」是上下左右牆壁和天花板地板中間的距離。這「內空間」是眞空或不是眞空，它的意義不變，例如一個瓶子，在沒有抽出空氣以前和抽出空氣以後，它的「內空間」並不變。假使消除一個物體上下左右所有的界限，眞空的「內空間」也不能成立。「外空間」也應該有距離。整個宇宙按理說要是圓的，不是無限的延伸。在圓的宇宙內，空間無論多麼大，都是星球的距離。至於宇宙唯有一孤獨物體的假設，姑不論這個假設可不可以成立，對於眞空的觀念並沒有證明。因爲唯獨的一個物體，祇有它自己的「內空間」，並沒有「外空間」。在它以外既然是絕對的「無」，便一切都沒有，有什麼空間可說呢？

我認爲空間所以然有，乃是多物體所造成。假使宇宙間祇有我一個人，其他一切都沒有，那便沒有宇宙，沒有空間。既然有多數物體，自然而然地必定有空間的觀念和事實，不是我們人用想像加上去的。物體越多，空間的觀念越緊要。例如人口問題，常是和空間的問題相連。在澳洲和巴西人口稀少的地方，空間很寬，便不感覺到人口問題。在臺灣地方狹小的島嶼上，人口問題就非常緊張了。

空間可不可以是無限的？

哲學上有所謂絕對的空間，絕對的空間卽是上面所說的眞空，不是物質的距離，而是自己單獨地存在。這種絕對的空間，我不承認。空間可以不可以是無限的，和空間可以不可以是絕對的，互相連貫，無限的空間應該是絕對的空間，否則不能存在。這個問題和宇宙是不是無限的，爲同一個問題。古來許多哲人講宇宙無限，現在還有許多人相信宇宙是無限的。但是按哲學的理論說，宇宙既爲萬物的總合，又不是絕對的空間，則宇宙爲一物質性的總合，物質不能是無限的。雖然在數學上，一根直線可以引伸到無限；然這只是數學上的假設。把直線和量的觀念相分離，以直線不是量，而是物質。直線既是物質性物體的平面線，在本體上不能不是物質性的。物質有量有分子，量和分子無論怎樣增多，也都是有限的。因此宇宙不能是無限的。同樣，空間既是物質體的距離，物質體不能是無限的，空間也便不能是無限的。整個宇宙應該是圓形的，而不是一個無限的平面。

空間和我的生命很有關係；我的生命既是心靈和身體相合爲一的生命，便是生活在空間裏的生命。空間爲物質間的距離，我生命的空間就是和周圍物體的關係。這些物體可以限制我的生活，因爲我的衣食住行都受這些物體的影響。這些影響造成我生活的環境，結成我生活的文化，給我生活一種造型㈢。

不僅給我生活一種造型，而且我的生命，即我的「存有」，也是因「空間」而有。我的「存有」，不能單獨而生，也不能單獨而在。我的「存有」，因父母的「存有」而生；我的「存有」，因別的物體的「存有」而繼續存在。所以，宇宙間祇一個唯一的孤單物體的假設，是不能成立的。物體的「存有」，是彼此互相連繫。有物體便有空間，空間可以說是物體間的基本關係；因爲物質的基本特性爲量，量的基本特性爲延伸，延伸的基本特性就是空間。我的「存有」和周圍物體的基本關係便是空間關係。因此，我的「存有」，即我的生命，是要在空間才有。但是我的「存有」，雖和空間不能分離，卻本身不是空間。

2 時間

對於時間，問題就更難了。

㈢ 對於空間的哲學問題，可以參考。
D. Nys. La notion a' Espace. Louvin. Emile Warmy. editear. 1930. II ed.

聖奧斯定曾說：『時間是什麼？若沒有人問我，我知道；若有人要我解釋，我就不知道了。』㈣

聖多瑪斯也說：『凡有稀微本質的，很難被認識。因此我們不認識它們，不僅是從我們一方面有缺欠，從它們一方面也有缺欠。這一類的事物是……那一切不同時整體存在，卻繼續按著一不可分的標準而存在。在這種事件中有「時間」一事。從此，便明白「時間」是很難知道的。』㈤

歷代的哲學家對於時間的意見，較比對空間的意見更多更複雜。但是以時間爲不實在的意見，常較爲引人注意。章太炎曾表示這種意見說：『時若實有，即非唯識。……即自位心證自位心，覺有現在；以自位心望前位心，覺有過去；以自位心望後位心，比知未來。是故心起即有時分，心寂即無時分。若睡眠無夢位，雖更五夜，不異剎那。然則時非實有，宛爾可知。」㈥

有的哲人說，時間只有現在，沒有過去和將來；因爲過去的已經沒有了，將來的還沒有

㈣ S. Angurtinus. Conpesriones. Lib. XI c. 14.

㈤ S. Thomas TOp. De émpore, C. I.

㈥ 章太炎文錄初編 別錄 卷三 頁九。

來。有的哲人說，時間祇有過去，沒有現在和將來；因爲才說現在，現在就已經過去，好比腳踩河中的水，腳下的水常在流，不能說這一刻的水就是這刻的水，因爲這一刻的水早流走了。可是柏格森則說時間就是 Dure'e「存留」，「持續」，「常住」。「存在」是人的生命，是生命力的長流。長流不能分割，沒有過去現在和將來，結成一個活的「存有」。

士林哲學的學者，把時間分爲「內在時間」和「外在時間」。「內在時間」和實體的「存在」相同，「外在時間」爲變動的次序㈦。

在我看來，「內在時間」爲「存留」或「延續」實際上已超出時間，而是形上本體的時間。時間在通常的意義，是「存留」的計算，即是駐留多久，或存在多久，這種時間是世界物體的時間，稱爲外在的時間。聖多瑪斯曾說：『爲保存物體的存在，天主並不用和創造物體的行動不同的另一種行動，而是用創造行動的延續 (continuatio)，這種行動沒有變動，沒有時間。』㈧因爲天主也有存在，便也有「存留」；所以說天主有時間，天主的時間爲本體的時間，卽是存在的延續，精神體的「存在」也是本體的時間，祇有宇宙或世界才有外在的時間。

㈦ D Nys, La notion de Temps. Louvain. Imtitut de Thilorophie. 1925.

㈧ S. Thomas. Summa theologica. I. P. 9. 104. a. I. ad 4um.

本體的存在，不包括「變」，也不包括久暫，存在就是存在，就是在，就是存留。所以本體的時間沒有久暫的意義，也沒有先後的意義。世界的物體，都是物質性的物體，物質性物體的存在則常變，物質體的變必定有先後，卽一變在一變之外，就同物質的一份子在一份子以外同樣，因此物體的存在，在延續上，卽是在時間上乃有先後，有久暫，這就是普通所說的時間。

時間的基礎和空間的基礎不相同；空間的基礎在於物質的量，時間的基礎則在於實體的存在。空間因量的延伸而成距離，沒有距離卽沒有空間；時間因實體的存在，才有計算，時間的基礎便是存在。存在爲能够計算，必定要「存留」，沒有「存留」，怎麼可以計算？「存留」從本身上說，是「存在」的延續，卽是繼續存在。時間從本身上，也就是存在的繼續。一小時，一天，一年，一世紀，都是代表「存在」的繼續。「存在」的繼續卽是「存在」的本身，並不是「繼續」給「存在」加上了一種特性。例如：我繼續生活，就是我生活，我繼續生活和我生活同是一事。這樣說來，「存在」就是「存留」或就是「持續」，「持續」就是時間；也就是說「存在」卽是「時間」。然而這種「時間」稱爲「內在時間」，不是普通所說的時間。普通所說的時間，爲計算的次序，爲「外在時間」；「內在時間」祇是時間的基礎，也就是本體的時間。

凡是「存有」，本性上就「存留」。(或持續存在) 既然是「在」，就不是「不在」；所以「在」就應該是「存留」。這種「存留」是延續不能分割的，是「在」的內在特性。若以時間爲「存留」，「存在」(卽在) 便是時間了。但是宇宙間的一切「存在」，所以能夠「存在」，都靠著造物者天主去保全，所以說保全「存在」就是繼續創造「存在」。聖多瑪斯說天主爲保全萬物的行動，和創造萬物的行動是同一行動，創造行動沒有「時間」，和受造物體的「存在」一齊「存留」；「存留」就沒有「時間」，這所謂時間，是有先後的「外在時間」。但是這種講法，不是從觀念去講，而是就實體去講。在實際上實體的「存在」就是「在」，「時間」本身就是「在」，所以在實際上「存在」和「時間」相同。

若是實體的「存在」和「時間」相同，精神實體的「時間」和物質實體的時間就不相同了。因爲宇宙內的實體都是物質的，不是同時而有，而且物體的存在是變，變有先後，物體的存在有先後。怎麼可以分先後呢？這祇能從因果關係去說。然而這種先後祇存於因果之間，和因果關係以外的「存在」，不能相分別。因此，便有一問題：是否有一個唯一的「時間」以作標準？換句話說是否有一個唯一的「存在」，以作其餘的「存在」的先後標準？相對的「存有」由絕對的「存有」而來，「絕對存有」的「存在」，便是一切「存在」的標準。這樣說來，天主乃是絕對的時間了。然而，天主卻又是「永久的」(永遠的)，永久的意義，則是一切所能有的一同都有，沒有先後。

因此，時間的本身意義是久，是持續，是存留。爲能久，須要存在，「存在」是時間的基礎，「存在」的本身又是持續，因爲「在」，就是在，「在」的本來意義就是持續存留。時間的本身意義便不是先後的計算，而是「在」，即是持續存在。持續存在本來是「存在」的特性，「存在」的本體是自立的實體 (substantia)，實體的「存在」便都是持續存在，也就都是「時間」。「時間」便是和實體相同了。

從「存在」的動態去看，乃能得到時間的通常意義。「時間」是什麼呢？是「持續存在的動態」。「存在」的意義也就是在「時間」裏顯明出來。

「存在」的動，乃是「成」，「成」爲「行」，「行」沒有動態。「絕對存在」的「行」爲永久的「成」，所有的「成」一同實現，沒有先後。宇宙萬物則是物質的物體，人雖然有精神性的心靈，卻也有物質性的身體。物質爲量，量有空間，在空間的動有先後，而又有形態。物質體的存在既然常動，動又形成先後，物質體的時間乃有先後的意義。整個宇宙常在動，我們人生活在整個動的宇宙中，人的生命和宇宙萬物的關係，便是動的關係。動的關係在我的意識中，由先後而顯；因爲我爲知道動，是由先後而知道。宇宙萬物的「存在」，便是先後的動，「存在」的時間，也就是動的先後。「內在時間」便形成了「外在時間」，「外在時間」爲動的先後。宇宙萬物的「時間」和「空間」相連；因爲萬物的動，是在空間裏的動。「外在時間」旣是空間的時間，時間先後的標準便不能以超於空間的「存在」作爲標準，而要以空間的一種普遍的動作爲標準。我們人類計時的標準，以地球的運動（以往認爲太陽的運動）作標準。「外在時間」爲物質物體的特性，然而又不是和別的特性一樣，附在物體的本體上，而是物體的動的一種形態。可是這種形態和物體的兩種基本特性不可分：一種是動，一種是空間。物體的空間又因動而顯，於是物體的「存在」，就由動的先後久暫而顯；因此「時間」便代表物體的存在了。例如我們人的生命，就由多少年來代表。

柏格森以存在就是變動，變動就是『存留』或，延續，存留或延續沒有先後。柏氏所說的時間便是『存留』，海德格以『存有』爲目前的存有，不是先，不是後，而是現在，海氏的時間，便是存有，存有便是『現有』。

整個宇宙，因此是空間和時間，因爲宇宙卽是物體的總合，物體由空間和時間而顯；空間和時間就代表宇宙。莊子德充符篇曾說：『今子與我遊於形骸之內，而子索我於形骸之外，不亦過乎。』萬物都在空間以內，不能要求萬物超於時間以外。莊子的寓言則常以萬物超出空間和時間以外。莊子齊物論又說：『天地與我並生，而萬物與我爲一。』莊子是從「道」去說，但也可以從空間時間去說：天地爲萬物的總合；郭象的註釋，天地萬物和我同在一個空間以內，又同在一個時間之中，所以是同一又同一。莊子說：『既已爲一矣，且得有言乎？既已謂之一矣，且得無言乎？』既同在一個空間和時間裏，怎麼還能有分別呢？但若沒有分別，怎麼能是萬物呢？因此，空間和時間都要有「內在」和「外在」的分別。

我生命一開始就要有「空間」。身體無論怎麼小，必定佔住自己的空間，一開始走路，外面的空間就越大越好。生命和時間則連在一起，結束了時間，便結束了生命。可是我心靈的生命，變成了「連續永留」了。這是靠造物主的恩賜。受造的宇宙萬物按本性說是有始有終，沒有無限的空間，也沒有無始無終的時間。

方東美教授曾解釋易經的話『窮則變，變則通，通則久，』蓋時間之眞性寓諸變，時間之條理會於通，時間之效能存乎久。……凡此一切，『皆時間變易之理論條件。』(九)

二、物　體

空間和時間不是獨立的實體，雖然代表或象徵宇宙，空間和時間都是因物體而有，宇宙的實體乃是萬物。

(九)　方東美　中國哲學之精神及發展　卷二　頁一四八　成均出版社　民七三年。

我生活在宇宙以內，時時處處和外物相接觸。我自己是一個實體，有內外兩部份，外部是身體，內部是心靈。我和外面實體所有的接觸，都是經過我的身體，由身體的接觸然後產生心靈的連繫。凡是不經過身體相接觸的實體，和我的心靈都不發生直接的關係。我的心靈爲精神體，我的身體爲物質體；因此宇宙內的實體，都是物體，精神體則超於宇宙，不屬於空間和時間，但是能够和物體相連繫。

1 物體·氣·陰陽·五行

中國古代哲學不分物體和精神體，統稱宇宙萬有爲物，以宇宙萬物都由氣而成。氣則分清濁，清氣爲神，濁氣爲物。朱熹建立理氣二元論，以『物』由理和氣而成，理成物性，氣成物形。氣分陰陽：陰爲濁，陽爲清。清朝初葉王船山繼承張載的思想，以氣爲『物』的唯一原素，理則附於氣，爲氣的特性。

不論朱熹的理氣二元論，也不論王船山的氣理一元論，『氣』在中國哲學裏，都帶有「物質性」的色彩。雖然朱熹和王船山以及張載，都承認在宇宙內有精神體，都稱人的心靈爲「神」。但是物質和精神的分別則不清楚。因爲氣分清濁的分別，不是「類」的分別，而是「程度」的分別。

因此，我現在講物體，用「氣」爲物質的代名詞，只認爲物質物的構成素。宇宙間的物體都是物質體，若和生命相連，便和精神力相連；因爲生命由精神力而發。

物體在物性內便含有物質性，和精神體的性不相同。因此「氣」既代表物質，氣就要進入物性以內。這一點跟朱熹的思想不相同，朱熹以理成物性，氣成物形；我以爲物體的性應該包含理和氣，否則氣在性外，物質不屬於物體的性，乃是附加的物，這就講不通了。

物質物的本性，含有理和氣，卽是「元形」和「元質」。物質物在本性上就是物質性，物性和「在」相結合，構成一具體的物體。

具體物體的性，已經不是一個抽象的性，而是一個具體的性。具體的物質性便是量，因爲具體的物質必定成爲量化，有大小。量化是氣限制理，例如我的「元形」——理，具有多種的「能」；我的「元質」具體化時成爲我的身體，身體是物質而有量，身體的量限制理的能，乃有我的「個性」。朱熹以「個性」爲氣質之性，是理和氣相連的性；但是物質物的本性裏就有氣，在性內有理有氣，只不過是在抽象界，氣卽物質還沒有具體化，卽還沒有量化。當「性」和「在」相結合時，理和氣乃具體化，氣具體化就有量，具體化的氣限制了理，理便成了有限制的理。我的人性的理，受身體的量所限制，我所有人性的理在基本上說是完全的，因爲我是人。在生活方面說，我所有人性的能，則有大小，和別人不同，例如理智力多大，記憶力多高，意志力多強，感官的力多快，感情多深，相貌有何形狀，還有沒有各種天才。這都是我的身體給我人性的能予以限制，造成我的才和我的性格，構成我的個性。個性的構成，都由附加體而成。我的本體，本來是人：本體上附加「才」、「性格」、「相貌」，就成了我。

在「人」的觀念裏，包括心靈和肉體，心靈是理，肉體是氣，氣便應進入人的性內，而不是「理成人性，氣成人形」。人性之氣含有量，當人性和「在」相結合而具體化成爲這個單體的人，理受氣的量所限制而成「個性」。

中國古代哲學，傳統地以「有」的具體化爲「生」。「有」和「在」相結合，須有「力」以促成，促成之力常爲兩種力，卽陽陰兩力，陽陰兩力性質不同，被促成而「生」的物體接受影響，能偏於陽或偏於陰，因此宇宙間的物，有屬於陽，有屬於陰。陽的特性爲剛，陰的特性爲柔。易經講變易，常以剛柔作代表。因此，一切的物體，都具有剛或柔的特性。這種特性不是由「量」而來，也不是「量」的物質性，而是「力」的特性。陽陰不是兩種氣，而是發動氣的兩種「力」，依附在氣上，成爲氣的兩種力，所以稱爲陽氣陰氣。

陽陰兩力的結合，促使「生生」，生的物體具有陽陰的特性，這種特性的程度分成五等；卽是陽盛，陰盛，陽漸盛，陰漸盛，陽陰中合。陽盛爲火，陰盛爲水，陽漸盛爲木，陰漸盛爲金，陽陰中合爲土，木火金水土爲傳統的五行，行爲「行動」，五行爲五種行動的特性，而不是五種質料。

我的生命由陽陰兩力所促成，卽是父母兩力。其他物體的生，也是由陽陰兩力所促成，生便不能離開陽陰，而生命的來源則是理和氣。生命的特性是活動，活動常由兩種力相吸引或相結合。因此，在實際上，生命的來源常由陰陽兩力相結合而生，生命的繼續又由陰陽兩力而維持，一剛一柔，特性不相同，然不互相抗拒，不互相否定，而是互相結合，互相完成。

氣爲質料，不分清濁，只有「量」。理和氣因陰陽兩「力」，而成具體的「存有」。陰陽不是兩氣，而是兩力。易經說：『一陰一陽之謂道，繼之者善也，成之者性也。』（繫辭上第五章）

陰陽兩力結合的基本方式，有五行的五種，易經講四儀：陽顯陰藏，陰顯陽藏，陽盛陰衰，陰盛陽衰。漢易學者改四儀爲五行，火水木金土，土爲陰陽中合的結合境界。漢朝學者所以稱土爲中央，爲陰陽相隱。因此，漢朝學者所謂五行，實卽是陰陽兩「力」結合的五種方式。所講的五行相生相尅，則沒有學理的根據，只就自然界的現象立論，在中華民族的生活裏，造成了無數的紛擾。

自然界現象可以解釋五行的變動程序的，是春夏秋多四季，春爲木，爲陽盛陰衰；夏爲火，爲陽顯陰藏；秋爲金，爲陰盛陽衰；冬爲水，爲陰顯陽隱。漢朝學者又以東南西北四方配四季四儀再以中央配土。

易經的八卦和六十四卦，象徵陰陽兩力結合的重疊方式。每一卦爲一圖形，稱爲象。每一卦的意義，則由製卦者按照自然界現象而造，稱爲辭。象和辭在哲學的宇宙論裏具有相當的價值，可用爲解釋自然界的現象；然而自然界現象的解釋，已進入自然科學的物理學和天文學以及社會科學。故易經卦的哲學價值，只能在陰陽兩力變動的原則上，而不加實際具體的解釋；否則，已不是哲學，而且使易經在現代學術裏失去價值。

2 精　神

宇宙的物體裏沒有精神體，但是不能說沒有精神。首先我們人有精神，而且可以說是精神體；其他物體的生命，也都具有精神的特色，不能一切以物質而論。

精神體沒有質料，只有「理」，「理」爲性，性和「存在」相合而成實體。故只能有類性，而沒有單體性。既沒有質料，便沒有「量」，也就沒有物質的形象，不能見，不能聞，不是感覺的對象，只能由理智去認識。但是人的理智，因著心靈和身體相結合爲一體，常由感覺的印象去認識，純粹的精神便不能爲人的理智所認識，只可以由推論去認知。

人的精神則由身體而顯，因爲人的心靈和身體相結合爲一體，心靈的活動便藉身體的神經和器官而行。心靈的思維，雖藉神經而行，思維的本質則超於物質。物質常受空間和時間的限制，思維卻超出時間和空間以外，發生思維的本體，即是心靈，心靈便不是物質。再者，人有自由，自由由心靈主宰，心靈本體便是自由。自由不受物質的限制，心靈也就是精神。

中國儒家哲學傳統地肯定心靈爲精神，理學家習慣稱心靈爲「神」(十)。

老子曾解釋精神說：

『視之不見名曰夷，聽之不聞名曰希，搏之不得名曰微。此三者不可致詰，故混而為一，是謂無形之狀。其上不皦，其下不昧，繩繩不可名，復歸於無物。無物之象，是謂惚恍。迎之不見其首，隨之不見其後。』(道德經　第十四章)

老子以「道」爲無物，「道」乃精神。精神的本質是怎樣？老子認爲『不可詰』，只能說爲『無形之狀』、『無物之象』、『是謂惚恍』；因爲超於感覺，理智不能認識，也沒有

(十) 理學家稱心為神，如朱熹，見羅光　中國哲學思想史　宋代篇　頁七三五　學生書局

觀念和名詞去解釋，我不接受老子的「道」，只能說「道」象徵宇宙萬物的創造者，創造者為精神。

儒家張載以宇宙源起為太虛，太虛為神。

『太虛無形，氣之本體。其聚其散，變化之客形爾。至靜無感，氣之淵源，有識有知，物交之客感爾。客感客形，與無感無形，惟盡性者之一。』（正蒙 太和篇）

張載肯定氣之本體為「神」，即精神。宇宙萬物乃氣的聚散所成的形，係氣的客形，不是氣的本形。他說：

『一物兩體，氣也。一故神，兩故化，此天之所以參也。』（正蒙 參兩篇）

『神，天德；化，天道。德其體，道其用，一於氣而已。』（正蒙 神化篇）

『凡可狀，皆有也。凡有，皆象也。凡象，皆氣也。氣之性本虛而神，則神與性，乃氣所固有。此鬼神所以遺物而不遺也。』（正蒙 乾稱篇）

張載肯定宇宙內有精神，且以「神」為氣的本體。似乎他主張唯心論，以宇宙萬物都由精神體之「氣」所成，萬物的物質形體，乃氣的「客形」。但是他又主張「凡有，皆象也」，象是狀，是形狀，形狀則不是精神的特性，而是物質的特性。氣便包含精神和物質，朱熹後來清楚地說氣有清濁。我認爲這一點是中國哲學的弱點，把精神和物質相混。我所以只以氣爲物質體的質料因素，不是精神體的因素，精神體沒有氣。

儒家雖然不把精神和物質截然互相分別，然而承認宇宙內有精神：精神爲心靈，爲鬼神，爲太虛之氣。

太虛不能是實體，鬼神超乎哲學的範圍，造物者則不在宇宙以內，心靈爲宇宙內的唯一精神體。除心靈以外，宇宙內的生命，都多少具有精神特性。

宇宙內的物體都不是呆靜的，而是動的。物體的動是因陰陽兩力常動，陰陽兩力促使物體「生」，生以後，附在物質的氣，成爲物體的內動力，物體的動，是物體內部的動，因此可以稱爲「生命」。中國儒家哲學由易經開始，就以宇宙萬物動而不息，生生不停，乃是「神化」。易經說只有聖人能夠「窮神知化」（易經　繫辭下　第五章）

張載曾加以發揮說：

『神，天德；化，天道。德其體，道其用，一於氣而已。

虛明照鑒，神之明也，無遠近幽深，利用出入，神之充塞無間也。神化者，天之良能，非人能，故大而位天德，然後能窮神知化。神不可致思，存焉可也；化不可助長，順焉可也。』（正蒙 神化篇）

宇宙間萬物的變化，生生不息，神妙莫測，稱爲「神化」，爲精神的變化。凡是生命，都非常神妙。一朵野花，一根小草，只要我們細心去觀察，我們都要驚奇花瓣草色，不是人所能造。若是細心觀察花草的生長，更要驚奇小芽的變化，就是面對天上雲彩，瞬息萬變；耳聞林間的暴風，排山倒海，雖不是生命，我們也要說是生動。現在生物學家在試管內營養胎兒，對於胎兒的成長，還是幽深莫測，只知其然，莫知其所以然。中國古人對於宇晝，都講傳道，講生氣。所以中庸說：

『不見而章，不動而變，無為而成。天地之道，可一言而盡，其為物不貳，其生物不測。』（第二十六章）

整個宇宙是個生活的宇宙，萬物都在自動，自動的程度從隱藏不顯的礦物，進到植物，再進到動物，最後到人，拾級而登，不一定是照進化論的種類進化途徑，因爲進化論到現在還沒有實際的證明，但是一定是到了適合某種生命的環境，便有這種生命的出現，到了生活環境變爲不適合時，這種生命便消失，在生物史上有許多已經絕種的動植物化石，目前，人類也用殘殺的暴力使有些動植物絕了種，或瀕於絕種的邊緣。

宇宙間是生命，是神奇，是精神現象，大家都要承認。宇宙內的物體都是物質體，只有人是心物合一體，物質體本身不能有精神的現象而生生不息。氣爲物質，氣的陰陽兩力，不能因變化而生物。哲學上有一定律，效果的本性不能超於原因的本性。所以我不接受進化論的原則，由一低級生命而產生一高級不同性的生命。若是進化論者將來用事實證明自已的這條原則，實際上仍舊只能證明進化的事實，還是不能推翻哲學的定律。必定要從另一方面去求事實的理論解釋。

在宇宙內物質體常動，產生神化的現象，使各級生命出現，這種現象不合於物質的本性。生命現象爲精神現象，產生精神現象的力，必定來自精神體。因此，宇宙內的生命力，不是來自物體的本性，而是來自造物者。造物者爲絕對精神體；絕對精神體創造宇宙的「行」和保全宇宙萬物的「行」，同是一「行」，沒有時間的先後，造物者保全陰陽的動力到一種適合某種生命的環境裏便賦予生命力，陰陽的生命力便產生這種生命。這種生命力和物體的「存有」是一。造物主的創造和保全是一個「行」，物體因而「存有」和生命力也是一；不分先後。這樣，宇宙內有一道生命的洪流，長流不息。這種生命的變化，稱爲「神化」，稱爲「天地之道」，或稱「天德」，張載說：

『感者，性之神；性者，感之體。惟屈伸動靜終始之能一也，故所以妙萬物而謂之神，通萬物而謂之道，體萬物而謂之性。』（正蒙 乾稱篇）

宇宙間藏有這種精神力，張載說：『神不可致思，存焉可也；化不可助長，順焉可也。』宇宙間的精神力，使塊然不靈的石頭，也似乎表現活的生命，中國的畫家常以山水中有生氣。中國儒家的人生最高善德，在於順著宇宙的生命力，莫加摧殘，使萬物生育。這種生命力，可以稱爲「創生力」，即是易經的「生生」。中庸稱至誠的人參預天地的發育，稱聖人大德敦化；這就是儒家的「仁」。朱熹以「仁」爲「生」，以萬物之理爲生命之理，萬物之理雖同爲一理，但各物所得，有偏有全，物得理之偏，人得理之全。宇宙萬物的生命，乃分等級，人的生命爲最成全的生命，成全的生命乃心靈的生命，爲精神的生命；萬物的生命雖不全，然也多少含有精神性。

一個難的問題，則在於物質體從本性上說，是否可以帶有精神性的生命力，物質爲體，生命力爲用，用的本性超於體的本性，雖然生命力來自造物者，然物質本體是否可以承擔，乃是一個難題。不過，我從人的本體說，人的心靈是一種精神體，和身體不同，然而身體可以作心靈作用的體，因爲心靈和身體結成一個具體的實體，所有作用，都以實體爲主體，所以物質體也可以作精神作用的主體。這種現象當然不是物質體的通常現象，而是由於造物者的絕對能力，使能實現。一般的人，因爲事實上精神作用由物質體而發，便或者不承認這種精神作用爲精神作用，強稱爲物質作用，或者以爲物質可以本性具有產生精神作用的本能，不是來自造物者。這兩者主張，都是唯物論。方東美教授說：『高揭一部萬有含生論之新自然觀，其說與稍後之陰陽家唯物主義視自然莫非一套由物質元素與物理變化表現的機械秩序者逈乎不同；而視全自然界爲宇宙生命之洪流所彌漫灌注，一脈週流。……自然本身卽是大生機，其蓬勃生氣，盎然充滿，創造前進，生生不已，宇宙萬有，秉性而生，後又參贊化育，適以圓成性體之大全。』(十一)

(十一)　方東美　中國哲學之精神及發展　卷上　頁一四六　孫智燊譯　成均出版社　民七三年。

三、變動

1 生活·能·行

宇宙間的萬物，都不是呆木靜止的，而都是自強不息，常在動。物質體的動則常有變；因此宇宙間的動，稱爲變動。

在本體論，我曾討論過「行」。「行」是由「能」而到「成」，和動不相同，可以沒有變。例如人求學，由不知而到知，使知的「能」成爲現實，外面沒有變動，這是「行」，就是中國古代哲學所說「無爲而成」。

宇宙萬物的動，乃是物質物的動，物質物有量，量一動就有變，宇宙間的動，便常是變動。人的活動即是生活，生活爲整個人類的活動，整個人類由心物合成，人的生活便是心物的活動。雖有些活動在本性上或屬於精神，或屬於物體，但是在實際上還是心靈和身體相合的活動。

普通把人的生命分爲生理生命、心理生命、心靈生命。生理生命，爲營養生活，由消化系統和血脈循環系統而動，完全爲身體的活動，用不著感覺，用不著思索。心理生命，爲感覺生活，由感官而動，由心靈主宰。心靈生命，爲理智意志的生活，使用神經，受身體的影響。古代西方哲學分人的魂爲三：生魂、覺魂、靈魂。

然而我的生命是一個，生命的根基也是一個，所以只有一個魂，即是靈魂。植物的生命根基爲生魂，動物的生命根基爲覺魂，人的生命根基爲靈魂。靈魂稱爲心靈。

我生命的主體爲「我」，「我」由心靈和身體結合而成，爲一個不可分的主體。心靈和身體各有各的活動，活動都是爲使主體更成全。身體的活動，使身體發育；心靈的活動，使心靈更成全。因爲人性具有許多「能」，要漸漸實現爲「行」。「行」的實現常靠著活動，活動是主體的用，我心靈和身體的活動都屬我的主體，主體是一個心物相合的主體，活動便也是心物相合的活動。

生命是我的實際「存在」，即是我的「存有」。實際「存有」常「行」，使所具有的「能」成爲行，「存有」可以漸漸更爲成全。生命的「行」爲我的「行」，我的「行」屬於我主體，我主體爲心物合爲一體的主體，我生命的「行」便表現於外而形爲動，「行」的動就是我的生活。

主體既是一個，生活也是一個生活。根基是靈魂，力是生命力，生命力形於外的動，由所用的器官和所完成的目標不同，分有生理生命、心理生命、心靈心命。這種分別，不是說人有三種生命，而是一種生命的三種不同活動，我的生命只是一個生命，在活動上有三種分別。

我生命的活動爲生活，生活的根基爲靈魂，我的生活便都含有精神性。又因生活的主體爲我，我有靈魂和身體，我的生活也含有物質性。身體和靈魂一旦相分離便是死亡，我的生活就終止；然而靈魂並不因死而消滅，我的生命也不因死而斷絕，但因沒有身體，死後的生命只是心靈的生命，也不能在宇宙以內，因爲宇宙的物體都是物質。

我生命的活動，即是我的生活，都是我生命的「能」，在成爲現實。生命的「能」爲我的性所具有。我的性由理和氣而成，理爲類形，或稱元形；氣的質料，或稱元質。元形使我具有人所該有的「能」，元質使元形的「能」加以限定而成爲「我」單體所有的「能」，即「單體形」所有的能。例如人都有聰明，我當然也有聰明。然而我的聰明和別人的聰明不同，程度有高低，這種分別由我的「元質」而定。我所有的聰明爲我的一種「才」，「才」是我「單體性」的「能」。每個人的「單體性」不相同，每個人的才也不相同。

「才能」本然地趨向完成，「才能」的完成是加強加好我的「存有」，即是加強加好我的生命。生命的加強加好，爲生命的一種滿足，滿足便是快樂，生活應該常是快樂；死亡爲生活的消失，死亡便常是痛苦。但是在實際上，生活的痛苦卻常多於快樂，是因爲「才能」

趨於「完成」的傾向，常因外力而受阻，或使身體不能發育，或使心靈的美好蒙受傷害，因此人生多有身體的痛苦和精神的痛苦。

我的生活，表現我的生命；我的生命爲宇宙內最高的生命，表現最高生命的生活，應是宇宙內最高的活動。宇宙的生命互相連繫，結成一個有次序的系統，人的生命處在這個系統的頂點。表現生命的生活，互相合作，連成一個和諧的生活網，人的生活處在生活網的中心。沒有一個「存有」是孤立的，沒有一個孤立的生命。張載說：

『生有先後，所以爲天序；小大高下相並而相形焉，是謂天秩，天之生物也有序，物之既形也有秩。知序然後經正，知秩然後禮行。物無孤立之理，非同異屈伸終始以發明之，則雖物非物也。事有始卒乃成，非同異有無相感，則不見其成。不見其成，則雖物非物。故一屈伸相感而利生焉。』(正蒙動物篇)

物有大小，連成一種「天序」，生活相連，結成一種「天秩」。宇宙內的萬物都是動的「存有」，物體物的動，彼此交相影響。因爲動需要「力」、「質料」、「目的」，沒有一個物體自己可以具備這一切，常要藉助於另一物體。在動的「藉助」有一定次序，一種物相助別種物，這就是物的「天序」。「藉助」以合作而實現，不是「弱肉強食」，不是小者低者專攻大者高者的利用，而是互相「藉助」，這就是物的「天秩」。

我是人，我的生命爲萬物生命的頂點，我的生活是萬物生活的中心，我爲生活須要利用動物植物礦物；然而我卻不能暴棄天物，亂加使用，只能在正當需要的範圍內去用，還要按當物性去用。目前，生態環境的破壞，是人們破壞天序和天秩，動植礦各類物體受害，人自己的生命也受害。

儒家的大同思想，孟子以『萬物皆備於我』（盡心 上），張載在西銘篇說『民吾同胞，物吾與也。』王陽明在大學問篇講「一體之仁」，都以在生命上，萬物連結相通，人絕不能孤立。萬物的「存有」，雖是活動，稱爲生命，但都不能有意識，不能體會，只有人的心靈，能知能愛。萬物的生命，因著人的生命，纔有了意義，纔得了圓滿。人便不能自私，只顧自己的生命，應和中庸所說我盡我的性，也盡人的性，也盡萬物的性，使萬物的生命都得發育，以「贊天地的化育」（中庸第二十二章）儒家的大政治家行仁政，就是孟子所說的『仁民而愛物』（盡心上）。

我的生命和宇宙萬物相連，爲『一體之仁』，可是我的生命和別人的生命不相同，宇宙間每個生命都不雷同，而是多彩多姿；因爲每個單體具有單體性，每個「存有」彼此都有分別，造物者的美和善和才智，在宇宙萬物內，很光輝地顯出。人的心靈生活，更顯露造物者的奇妙，人們的愛，尤其能結合宇宙的各類物體，『仁民而愛物』連結人物爲「一體之仁」。再加上基督的愛，使人邁入造物者的「神性生活」，整個宇宙的生命又另充滿超性的意義。

2　分類及原因

甲、分類・量變・質變・生・滅

宇宙萬物的「存有」爲自強的動，爲生命，生命的表現爲生活。生活的變動有各種方式，宇宙的變動現象便有多少種類。普通哲學上分變動爲四類：量變、質變、生、滅。量變，爲量的變化；質變，爲質的變化；生，爲由無到有；滅，爲有到無。

量變，物質體既已存在，所有變動，常是量的變動。最簡單的爲地方的變動，由一地方到另一地方，在空間的關係發生變動。地方變動的關係爲外在空間的關係。內在空間的關係，爲物體本身大小的關係。我的身體常常有地方的變動，也常常有大小的變動，胖了，瘦了，高了，便是內在空間的變動。我的生活在「量變」上，幾乎時時都有。手一動，腳一伸，就有地方變動。血脈循環，眼睛的開闔，也是地方的變動。這些變動都是「量變」。質變，爲性質的變，性質或是本性，或是附性。本性不能變，一變則原有物體消滅，另生一種物體，例如水蒸化爲氣，屍體化爲泥。因此，質變常是附性的變。歷代儒家所講的「進德修業」，就是質變。

質變就是質變力所造成的變。物質的份子在結合時，每份子的力相合，造成一種變化，變化的結果，構成一種物質的本性或附性。例如中國古代哲學以陰陽相合而成物性，陰陽兩氣爲氣的剛柔力。現代的物理化學以不相同的分子相合，分子的力相結合而成一種物質。這種結合的力，爲物質性的力，所產生的變化爲物質的變化，所構成的物爲物質物。這種質變，不是純粹的質變，純粹的質變乃是生命的變。

生命的變化，是產生變化的力，由物體自動而在物體以內完成。生命變化的力，超於物質體的本性；因爲生命常爲一種「神化」，即精神性的變化，有自動自成的現象。雖然低級的生命，和物體相連，不能超出物體以外，然而生命不能是物質，物質不能自動自成。哲學界以生命的根源爲魂，魂則分生魂、覺魂、靈魂。魂不能是物質，魂發動物體，乃有生命。哲學上便有一問題，魂怎樣產生？是由物體而生呢？關於人的靈魂由何而生，在後面一章將有討論。現在就生魂和覺魂說，魂是怎樣產生？我不用『魂』這個名詞，我用「生命力」的名詞，卽是孫中山先生所說「生元」。「生命力」怎樣產生呢？生命力超出物質體以上，不能由物體而產生；可是，實際上，「生命力」是由物體而來。植物的種子，動物的精卵，都是物質物，卻藏有「生命力」。我們可以說在宇宙受造的開始，造物主就將「生命力」安置在物質裏，讓物質進化到適當於「生命」性，「生命力」就出現。但是我以爲像聖多瑪斯所說：天主的創造行動和保全萬物的行動是一個，沒有時間。因此，「生命力」來自造物主保全物體的行動，這種行動也就是創造物體的行動。這並不要求造物主的一種特殊奇蹟，而是造物主通常保全萬物的行動，就是創造行動的延續；創造的延續，在天主方面沒有時間，在宇宙方面有時間。

生和滅的變化，就物體的本體說有這等的變化。生，一個物體原先不存在，現在存在了；滅，一個物體原先存在，現在不存在了。這都是從哲學的觀點說。若從物理學方面說，物體由質料結成，質料又由原子結成，物體生以前，質料或原子已經存在，物體滅了以後，質料或原子仍舊存在。例如桌子未作成以前，用爲作桌子的木板已經存在；桌子被燒燬了，木板的灰還存在。宇宙間的生滅，是物體的生滅，不是物質的生滅。但是生滅的變化，要在生命上更能表明意義，生，是生命的生，滅，是生命的滅。生命不由質料或原子組成，生命在生以前沒有，在滅以後也沒有。人的生命，則在人死以後仍舊有；所以天主敎會追思亡者時頌禱說：『生命只是改變，不是毀滅。』

生命雖有生滅，生命只是一種力，生命的物體則由質料而成，生命生滅時，生命物體的質料和別的物體的質料一樣，在生命以前已經有，在生命滅後也仍舊有。宇宙間的生滅，不能從絕對的無而生有，也不能從有而歸於絕對的無。因爲宇宙物體是相對的「有」，也只能具著相對的力。相對的力不能達到「有」之所以爲「有」，只有絕對的有之絕對的力，才能達到「有」之所以爲「有」，即是創造。

乙、原因・動因・質因・理因・向因

變化之成，必定有原因；因爲由潛能到現實，必須有動力使「能」成爲「行」，還需要有質料或「體」，接有動力，成爲被動者，然後纔可以有果。

亞立斯多德曾講四因：動因、質因、理因、向因。動因爲動力，質因爲質料，理因爲理由，向因爲意向。在自然界一切變化自然而動，變化的關係，只有動和被動，即是動力和質料。但是從我們人方面去觀察自然界的變化，就要看到四種因果關係，這四種關係是我們表現生命時常有的關係。生命的表現爲生活，生活的活動爲行動。人在行動時，先必有一個意向，願意動。願意是人的自由作一種決定，自由的決定是把自由意志限制在一點上，所以有一個意向，卽有一個目標。有了目標，便要有一個行動的觀念，然後發動自己的力，力要依附在體上，體就成爲被動，或者也就是質料。例如我願意畫畫，我便發動腦筋和手，使用筆墨和紙，按照我所想的去畫。這裏有向因、理因、動因、質因。

在宇宙自然界的變動，只是兩個物體或兩個現象連接在一起，只能說是動因，其他理因、質因和向因，都不顯明；尤其是向因，更隱藏不露。所以，原因的意義，要由人的認識去認知。

中國古人以宇宙常在變，變必有成，易經繫辭說：「一陰一陽之謂道，繼之者善也，成之者性也。」（繫辭上 第五章）宇宙的變由陰陽而成，陰陽爲氣的兩種力，陽爲剛，陰爲柔。氣因陰陽而動，動常繼續，動則結成一物之性，爲物的生生之理，理和氣而成物。方東美解釋易經的變說：『趣以言易，易之妙可極於「窮則變，變則通，通則久」之一義。時間之眞性寓諸變，時間之條理會於通，時間之效能存乎久。』(十二) 這是從時間方面去討論宇宙的變易，宇宙變易由時間方面去觀察，顯而易見。由原因方面去觀察，則只見到兩個現象常連接在一起，看到「力因」，「質因」和「理因」則不明顯，「向因」更隱而不顯。只有在人的

(十二) 方東美 先生之德 黎明出版社 民六十八年 臺北 頁一三三。

生活裏，四因都可以觀察得到。

生命的變化，常有創造，造生新的效果，即是「質變」。我的生命常變化不停，也常有新的創造。所創造的「新質」，在價值上很多不能超過原有的「質」，但在本身上常是一種「新」。因此說生命力是創造力。人物的創造力，當然不能像造物主的創造力，造物主的創造乃是從無中生有。人物的創造力，則能只創造質變。

在質變時，「力因」和成果是在同一的層面，成果在本性方面，不能超過「力因」。我在我的生活中，不能創造任何事物超出我的人性以上，在我自己以內是這樣，在我自己以外，即是成果在我以外，也是這樣。若是在生物學上證明生命來自物質的事實和上級生物由低級生物進化而來的事實，則必要肯定這種事實的「力因」，來自造物主的創造力（創生力）。

生命的變化，不是機械化的變化。宇宙變化乃是一道生命的洪流，長流不息，單調而複雜，循環一致而多變。白天黑夜，春夏秋冬，常是一致的循環，單調而可以事前決定。白天以後，一定有黑夜，黑夜以後，一定有白天。同樣，春天以後，一定有夏天，以後有秋天有多天，再又有春天。然而在這種單調的循環中，沒有兩個白天完全一樣，也沒有兩個黑夜完全一樣，同樣，也沒有兩個春天，或兩個夏天完全一樣。至於植物和動物，更是變化萬千。

兩朵玫瑰花不能完全一樣，兩片楓葉也不完全一樣，兩隻狗更不能完全一樣，就是雙生的兄弟或姊妹，外面相貌可以相同，可是內心的才情都各不相同。若講人間的事實，歷史上沒有兩椿相同的事。這種現象顯示宇宙的變化不是機械式的變化，「力因」、「質因」、「向因」，可以相同，「理因」則不同而有千千萬萬不同的事物。「理因」的不相同，不能是偶然的湊合，偶然湊合會亂，宇宙變化卻不亂，原則不變，原則的實現則千花百門。朱熹曾說理限制氣，氣限制理，或者按聖多瑪斯所說「性」限制「在」，「在」限制「性」；但是爲什麼一件物體有這樣的氣？例如我有人性之理，有個性之氣，氣與理合，乃有「我」；爲什麼我有這樣的個性之氣呢？聖多瑪斯答說那是造物主所定。我成爲我的「理因」，在造物主的理智內。一切事物的「理因」，便都在造物主內。造物主有自由，祂造「理因」，也實現「理因」。「上天」乃有「好生之德」。

宇宙萬物既有造物主所定的「理因」，一切按照「理因」而成，宇宙萬物的變化便有次序。中國傳統的哲學思想，非常贊揚宇宙間的和諧，稱爲「天樂」，只有現代人自作聰明，破壞自然界的和諧，招致環境汚染，生態瘻敗。宇宙變化既有次序，便有「向因」。普通我們覺察不出自然界的「向因」，科學家則觀察得到宇宙間種種現象的意義，自然界的「意向」，是自然的傾向，在物體自身來說，不知道爲什麼這樣，也不是自己願意這樣，只是自然就這樣。可是追求根底，則必有造物主的意向，因爲造物主願意這樣安排。

由生命方面去觀察，我們可以覺察得到宇宙內變化的四種原因。易經說：

『乾道變化，各正性命，保合太和，乃利貞。』（乾卦　彖辭）

朱熹注說：『變者，化之漸，化者，變之成。物所受爲性，天所賦爲命。太和，陰陽會合沖和之氣也。各正者，得於有生之初，保合者，全於巳生之後。此言乾道變化，無所不利，而萬物各得其性命以自全，以釋利貞之義也。』

「乾道變化」在易經的思想裏代表宇宙生命的變化，在宇宙生命的變化裏，萬物各得自己「存有」之「理」，按照自己「存有」之「理」而成各種各樣的物，「各正性命」。在各種各樣的物中，保有非常和諧的次序，『保合太和』。藉著這種和諧的次序，萬物乃能發揚，『乃利貞，首出庶物，萬國咸寧。』

中庸也說：

『故至誠無息，不息則久，久則徵，徵則悠遠，悠遠則博厚，博厚則高明。博厚所以載物也，高明所以覆物也，悠久所以成物也。博厚配地，高明配天，悠久無疆。如此者，不見而章，不動而變，無為而成。天地之道，可一言而盡也，其為物不貳，其生物不測。』(第二十六章)

中庸論宇宙的變易，以宇宙的變易爲「至誠」，完全順著天理而動。循天理而動則循環繼續，常不息而貞於一，『不息則久』。既久，則「繼之者善也，成之者性也，」便徵之於物，常有創造性，生生不息。既然「生生不息」，生命便繼續不斷，像一道洪流，長流不絕，『徵則悠遠』。生命爲什麼能够長流不息，因爲有生命的兩種極大的因素，一是高明覆物的天，一是博厚載物的地。天和地相結合而「生生」，乃「悠久無疆」。天地相合而起的生生動力，神妙強毅，不僅是長久不息，而且『不見而章，不動而變，無爲而成。天地之道可一言而盡也，其爲物不貳，其生物不測。』天地爲生命力的根源，生命力爲一種非物質的精神力。天地不僅代表自然的陰陽，並且代表造生天地的皇天上帝。所謂天地好生之德，即是上天的好生之德，給予自然物質有「生生」之力，才能有次序地化生萬物，『其爲物不貳，其生物不測。』宇宙物體只能供給生命「質因」的材料，生命的「力因」、「理因」、「向因」都來自創造萬物的「絕對之有」——上天。

佛教最講因緣，卻以否認因緣爲目的。萬法（事物）由因緣所成，所以沒有本性，所以是無常。我之所以存在，來自十二因緣，乃有輪廻，造成各種痛苦。打破因緣，斷絕輪廻，乃能進入涅槃。我們若按亞立斯多德的推理途徑去推論，因緣來自無明，無明來自前生的罪行，前生的罪行，來自再前生的無明，這樣一直推上去，應該有最後的原因，或說最初的原因。又如唯識論說：無明來自種子，種子來自前生的惡行，前生的惡行來自再前生的種子，這樣一直推上去，唯識論說最初種子爲天生；因爲便要有一種天生種子的原因。佛教否認有最後原因的必要，就和現在西洋哲學否認宇宙要有最後原因一樣。根本的病根，在於否認因果律。

宇宙間物體的關係，都是「予，受」的關係，雖不完全常是「因，果」，然都可以包括在廣義的因果關係內。宇宙間沒有一獨立的物體，生命絕對不能孤立，彼此互相連繫，連繫關係的產生，常是一予一受，萬物存在這種關係網中。萬物的「存有」爲動的「存有」，常在變易以求成全，以得發展。爲求成全的發展，需要外在的力和質料，因此便常成「予，受」的現象，構成因果的關係網。

四、生命的根源

我每天在生活，卻每天都體驗到我不是我生命的主宰。在年青的時候，這種體驗不很顯明，到了老年，則時刻都非常鮮明；因爲老年人的生命，時刻都可以折斷。不單是生命，就連生命的能力，老年人也體驗到不能由自己作主。我正在寫稿，驟然忘記了一個很平常的字，一時覺得自己眞的老了，記憶力在逐漸退縮。這些現象是生理方面的現象，也表示一項哲學的原理：我「存有」，不是我由我自己而「存有」，我的生命不是由我而來。當然，我是由父母所生，可是在我成人以後，我的生命已經不依賴父母。既是不依賴父母，我的生命成了獨立的生命；而我獨立的生命卻不由我自主。基督曾經說：『你們中誰能運用思慮，使自己的壽數增加一肘呢？』（馬竇福音 第六章 第廿七節）中國人稱這種遭遇爲「命」，「命」爲人生不能抵抗的遭遇，是關於「貧富壽夭」，在人以上有一項不能抵抗的力量在支配人的生命。不信神的人以爲這是自然力；若是這一切和宇宙的一切變易全都歸之於自然，自然就變成「神」了。

我不是我「存有」——生命的主宰，因爲我不是「自有」，不僅我不是「自有」，宇宙的一切都不是「自有」，都沒有絕對性，只是一羣「相對的有」。「相對的有」由「絕對的有」而「存有」。

生命常是一種神秘，生物學家也越研究越發現生命的神秘性。我的生命的發展和變易，我自己不知道究竟如何進行，只知道不由我自己的力量可以支持或支配，而是由一種精神生命力來支持。我所吸收的營養食品，都是物質物，物質物只能充實我的身體。身體的生命力，不能由物質物而變來，而由一精神根本，精神根本乃是心靈。心靈雖然是自動；然自動力來自我的「存有」。「存有」由造物主所給，應由造物主來支持。我的生命時刻常賴造物主的「力」的支持而繼續「存有」。

不僅是我的生命，整個宇宙萬有，也都由造物主所造，也都由造物主所支持。物理學、生物學、天文學，深切地分析宇宙各種的「力」，由各種「力」萬物能够生存。但是科學只能說明「力」的意義，和「力」的關係；但不能解釋最後「力」的來源。例如科學說人由動物進化而來，動物由植物或礦物進化而來，萬物自身具有進化的「力」；然而科學卻說不出這種「力」最後由何而來，也更說不出物質最後由何而來，籠統地說物質是自有，宇宙是自化。自有自化的觀念和物質觀念乃是自相矛盾。

我們要從「存有」去講：「存有」本身就是「存在」，一物「存有」，這物就存在。宇宙爲一個「存有」，乃是一樁事實。然而宇宙本身不是一個「存有」，只是許多「存有」的綜合；「存有」本身又不是「綜合」，而是一個本體。宇宙的「存有」，不是唯一的本體，乃是綜合全部「存有」的代名詞，宇宙的「存有」，則是宇宙以內萬物各自的「存有」。因此，便不能說宇宙自有或不自有，卻要說宇宙萬物的「存有」是否自有，宇宙萬有本身不是自有，因爲都是無常，都是原先沒有，後來有了；原先有了，後來沒有了。生命的「存有」不更表現這種無常嗎？誰也不能說宇宙的生命乃是自有的。

地理學、天文學、生物學都說宇宙開始爲一團雲氣，經過億萬年的變易，乃生萬物。宇宙便是一個本體，萬物由本體而生，但是萬物是不是每一個都是本體呢？若每個都是本體，宇宙便不是一個本體，而是無數本體的結合，本體的結合只是共同存在的結合，不是結成一個本體。若是每個物體不是本體，只是附體，則宇宙或者爲一個絕對的精神，或者爲一個絕對的物質，但是兩者都不合事實。宇宙開始時爲造物主所造的一種混合物，物中具有各種的質料和「能」，含有生命變易的「創生力」，創生力繼續變易，創生各種物體，每個物體都是實有的本體，帶有各自的附體，因此生命的淵源來自造物主。

宇宙「創生力」的變易，神妙莫測，易經稱爲「易」。易經說：

『易與天地準，故能彌綸天地之道。……範圍天地之化而不過，曲成萬物而不遺，

通乎晝夜之道而知，故神無方而易無體。』（繫辭上 第四章）

『夫易廣矣大矣，以言乎遠則不禦，以言乎邇則靜而正，以言乎天地之間則備矣。夫乾，其靜也專，其動也直，是以大生焉。夫坤其靜也翕，其動也闢，是以廣生焉。』（繫辭上 第六章）

『夫易，聖人之所以極深而研幾也。唯深也，故能通天下之志；唯幾也，故能成天下之務；唯神也，故不疾而速，不行而至。』（繫辭上 第十章）

易經講「創生力」的變易，稱「創生力」爲易，又稱「創生力」之變易爲易。整個宇宙爲「創生力」的繼續變易，創生萬物。『天地絪緼，萬物化醇，男女構精，萬物化生。』（繫辭下 第五章）天地化生的力，代表天地好生之德，『天地之大德曰生』（繫辭下 第一章），天地之大德即是造物主愛萬物的心，中庸以「誠」代表易經的易，也象徵宇宙的創生力：

『故至誠無息，不息則久，久則徵，徵則悠遠。』（第二十六章）

生命的變易非常神妙，生命的構造也非常神妙。宇宙的物體，有生命出現，物體的構造就出奇地和諧，各份子互相結合以維持生命。各份子的結合又非常美麗，顏色、條紋，在一片花瓣和一條小草上，都超過人工的巧妙。動物身體的活潑，人腦筋的靈活，儘讓生物學家讚賞。自然界山水的瑰麗，海洋浪濤的雄偉，瑩石純金的光澤，歷代詩人騷客歌咏不絕。豈能是物質力所能構成這些奇妙？乃是造物主的精神力所施予。中國古書曾以聖人能夠瞭解萬物的奇妙，使自己的精神和天地萬物的神妙相通。中庸說：

『唯天下至誠，為能經綸天下之大經，立天下之大本，知天地之化育。夫焉有所倚，肫肫其仁，淵淵其淵，浩浩其天。苟不固聰明聖知達天德者，其孰能知之！』(中庸　第三十二章)

中庸的思想和易經的思想互相貫通，都深深體認到宇宙變易的神秘性，又體驗到聖人精神生活的神秘。聖人精神生活的神秘，可以『聰明聖知達天德』；這種精神生活絕對不能夠是物質的活動，也便不能由物質而產生，應當追源到一個絕對精神的根源。聖人的精神生命也就是人的精神生命，精神生命的神秘不僅是神妙莫測，而且具有創造的能力，中庸說：
『誠者，自成也；而道，自道也。誠者，物之終始，不誠無物。』(第二十五章)

若從西洋哲學去看，聖多瑪斯曾以五路論證，證明宇宙萬物須有一創造者：由宇宙萬物的動，證明須有一發動宇宙萬物的動而自身不動者；由萬物都由因果相連繫，證明須有一個最後和最高的原因；由宇宙萬物的可有可無，證明須有一絕對必然之「有」；由宇宙萬物的眞美善都是相對的，證明須有一絕對的眞美善；由宇宙萬物的神妙次序，證明應有一最終的目的。造物主天主就是發動萬物的動而自身不動者，就是宇宙萬物的最後和最高的原因，就是宇宙萬物以上的絕對存有，就是絕對的眞美善，就是萬物的最終目的。

不相信有神的學者，當然不願接受聖多瑪斯的五路論證，他們認爲五路論證全是虛幻的玄學論證，沒有科學的價值。這一點牽涉到整個的哲學問題，我只說出一點，形上學不是虛幻的玄學，自然科學也有自己的形上學根據，因爲自然科學的經驗實證，仍舊須要形上的原則，否則經驗不能有學術上的結論；就連康德爲使經驗可以有學術上的結論，也假設上先天的範疇，先天的範疇則不是經驗可以證明的。

撇下宇宙萬物的生命不談，只談人的生命。人的生命是心靈的生命，有思想，有感情，有選擇，有創造。心靈的生命，雖然也由身體的神經系統發揮功能，神經系統的功能，無非各種「力」的結合，科學能够予以解釋，也可能將來予以仿造。然而這些神經系統的「力」，爲什麼能有這樣神秘的功效，科學沒有辦法可以解釋。這些「力」的最後基本，來自生命的中心。目前的科學雖然說生命的停止或者是心停止跳動，或者是腦神經停止活動，生命的中心便在於這兩者中；可是人的生命若只以這兩者爲中心，生命只是物質的活動，所謂精神，所謂心靈，就沒有特別的意義。則心物合一的思想，根本就不存在。我相信我的生命的中心，必是精神性的心靈，心靈稱爲靈魂，腦神經和心跳動，乃是身體供給靈魂的器官，靈魂爲精神體，精神體的根源，必是一個最高的精神體，便是造物主。

第四章 生命的創造

一、創造

1 無止境

宇宙的年數，科學家尚沒有結論，大約總在一百億年以上。從開始的一團熾熱的星雲，變成了現在的奇妙光耀星際天空。一團小小的星雲凝成了地球，由水中冒出火山而成的陸地，產生綠苔，漸生草木，水中生魚鱉，林中生鳥獸，荒地變成了美麗的自然。最後出現了人類，地球逐漸改變了形態，所有隱藏的資源漸爲人所利用，生命的層面提高了，生命的形態表現了，地球上有了文明。

文明是人類生命的創造，也是宇宙生命力的共同成績。人類的生命要在宇宙的生命合成的環境裏求發展。這種環境稱爲自然界的環境，自然環境裏各種物體的生命力，具有各自的路線，各自的目標，這一切不常和人類生命的發展相合，例如氣候的寒暑，土壤的肥瘠，樹木禽獸的豐乏，對於人類生命發展具有資源的價值，人類便要追求運用的方法。適應自然環境，接受自然環境物體的生命力，乃是各種物體的天性，不僅是生物植物，就是礦物的土壤和石頭，都是遵循「適者生存」的定律。但是遵守這種定律，祇常是被動的接受，沒有主動的改進；被動的接受式生活，生命永不會發揚，常久滯留在同一形態裏。若是自然環境物體的生命力改變了，被動的接受就會隨著改變，有時便產生「不適者不生存」，或者產生自然進化的路系。這種生命形態，是自然物體的生命形態。自然生命形態因此不是永久不會變的，例如自然界的森林，丘陵河流，甚至植物的顏色和花菓，禽獸的形色和體態，都能漸漸有所變遷，這些變遷是自然物體的生命力，彼此長相接觸，自然發生的現象，自然界進化的現象乃一種必然的現象，然而就人類的價值觀點評估是不是進化或是不是退化，則不能單純地作一答覆，從動植物範圍內去看，古代許多動物較比現存的動物，在體態和動力上，都較現代的動物更大更強，所以說『弱肉強食，適者生存』㈠不是自然界生命接觸關係的定律。祇能以『適者生存』的定律去解釋。至於物種進化的事實，在自然界物體生命力相觸時，爲一種可以發生的現象。生命力周流在物體內，即是物體的「存在」；生命力來自造物主天

㈠ 參閱達爾文 物種原始 第四章 自然選擇。

主，造物主天主的「力」，常是創造力，宇宙物體所得於造物主的力也分享幾分創造力。這種創造力互相接觸，便會產生「創新」，使接受這種「創新」的物體，漸起改變，超向一種新的形態和生命，這種「創新」爲自然的，爲無聲的，爲緩慢的。這種「創新」不能够是否定不否定的鬪爭，而是生命力的超越，「超越」爲相接觸的生命力互相溶結，互相奉獻。

人類的生命，卻不能僅在被動的接受方式生存，更不能發揚。人類的自然生理力，本然地薄弱，不能和自然界物體的生命力相比較。論體力，人的體力不如野獸；論耐風霜寒暑，人的體力不如樹木；而且人所需要的食物，都要從自然界物體中去取。人類的生命，必定要採取主動的方形，然後才能够生存，能够發揚。

人的生命也就是人的「存在」，我的存在有我的「性」；人性爲天主所造，而且天主仿照自己的天主性而造了人性，人性是相似天主性。相似天主性和「存在」相結合成爲宇宙間的最優秀「存有」，具有宇宙間最高的生命力。朱熹曾說物得有生命理的一部份，所以偏，人得了生命理的全部，所以全。全部的生命理便成爲生命的全部力，人類的創造力是宇宙全部生命力的創生力。人類生命的發揚便運用生命力去「創新」。宇宙間的創新和進化，由人類的生命而表現，而完成。這種現象就是人類的文明。

湯恩比曾說文明是一種民族爲求生存，乃反抗自然環境而有所建設，反抗力愈大，所造文明也愈高；若是這種反抗力衰弱了，或是消失了，這種民族的文化，也就是衰弱，甚至滅亡(二)。

但是，所謂反抗環境的力乃是人類生命力的自然傾向，決不會消滅，祇是表現時或強或弱。至於民族的文明，隨著民族的生命力或保守留滯，或前進發揚，自身決不會滅亡，民族文化的滅亡常因別的民族的侵害，或因他種高程度文化而同化。文化為人類生命力的表現，決不自傾於滅亡的境地。

造物主創造了人類，仿傚祂的神性，由人類統治宇宙，作宇宙萬物的主人。造物主造了萬物，萬物返本歸原應歸於造物主，造物主由人類作代表，萬物便歸於人類。因此，在宇宙萬物的生命（存在）中，含有一項次序的系統，由下而上，人類的生命在這系統的頂點，人類可以運用萬物，而且應當運用宇宙的資源，以發揚生命。荀子曾主張「畜天而用之」(三)，話是說得對，「天」字則用得不好，他先說「敬天而奉」的天，指主宰者天，「畜天而用」的天，指自然界宇宙，使後人相信他以自然者天代主宰者天；或更說他以古代相信主宰者天為不對。主宰者天是天，自然界宇宙是天，乃中國古代的用詞，實際兩者所指不相同，互有從屬關係，荀子自己也相信主宰者天。

(二) 參閱湯恩比　歷史的研究（文明是如何創造的）。

(三) 荀子　天論　大天而思之孰與物畜而制之，從天而頌之孰與制天命而用之。

人類運用宇宙自然資源，爲人類生命力創新的基礎。人類創新，所以能發動和成就，根本是人的心靈。心靈是仿傚造物主神性而成的，是精神性的本體，具有向前伸展的無限「能」。

「能」產生追求的慾望，慾望追求生活的滿足，人類對於生活的滿足，所追求的乃傾向於無止境。人的身體生活的追求即物質生活的追求，本來應當是有限的，就和植物動物一樣，祇求能有適足的飲食，禽獸祇求飽求暖。人類的物資慾望卻常不能滿足，愈多愈好，越有越想要，這是因爲人的身體和心靈相連，構成一個整體，物質的追求也經過心靈，分有了心靈的慾望，因而成爲無止境的慾望。老子所說「反樸歸眞」（道德經第廿八章）「絕聖棄智」（道德經 第十九章）使人返歸原始人的原始飽溫生活，不能使一般人接受，就是因爲反對人類生活求創新的天性。祇有極少數的人士，以精神方面的追求，超昇物質的追求，成爲避世的隱士，渡安貧清靜的生活。因爲心靈雖然能夠擴充物質慾望的範圍，然不能改變物質感官的性質，物質感官爲物質性的，「能」有限，繼漸消耗，常遭遇損傷，運用愈久，「能」和器官都要衰頹。避俗隱士便提倡而實踐愛惜物質器官的「能」，導引昇入心靈追求的生活裏，得到更適當的享受。

心靈方面的追求則眞是無有止境，因著心靈的「能」乃是無止境的。心靈的思想不能有止境，心靈的愛不能有止境。人類的造物主是無限的絕對眞善美，人類的心靈是仿傚造物主的神性，人類的生命「返本歸原」要歸到絕對的無限眞善美。人類心靈的追求，怎麼可以是有止境的呢？在現世的生活裏，人的生命是心靈和身體的整體生命，生命的表現必具有物質的外形。一樁一樁的社會建設，無論藝術的、科技的、思想的，都有物質的結構。每一件雖都可以是創新，可以是偉大的發明，然而都是有限的。只是他們互相連結，互相堆壘起來，便代表人類追求的無止境。

2 創新

人類生命常向無止境的追求，這種追求不是一個圓周式的進行，也不是一個直線式的進行，更不是一個唯物辯證式的進行。生命力不是互相否定而創新，不是一直向前而不停滯，不是迂廻保守而不進展，而是在一個屈折不直，進而忽停，停而忽進的道上前進。因爲人類活在宇宙以內，生命的追求常和宇宙物體相接觸，物體不會一切都受人的運用；人類的理智思想，更不能常能看到物體的性質，認識自然質源的「能」。事事都要經過試探、經驗、改良，才能成就，小事要苦思去想，大事更須苦思去研究。

所謂創新，應當是成就一樁「新事」，新事是在以前沒有過的。在人類的生命歷程裏，件件事都是新事，就是日常所作的，也沒有兩件事完全相同的。研究歷史哲學的人都知道這項定律，但是這每天的新事在每個人的生命中來說常是新的，可是在社會羣衆的生活裏，則不能常是新的。人的每一樁行爲，在本體上說當然是新的，因爲以前沒有；在形式表現上也是新的，因爲行動的意向和所用的資料是新用的。所作成的事，在社會羣衆的生活裏，所表現的形式相同。例如社會羣衆每天的起居飮食，都是一樣；因爲大家都用相同的資料，相同的方法。因此「創新」的新不能是普通所說的新，而應當是「發明」，

現在普通所說的發明，常指科學上的一種原理的發現。然而實際上凡是對於宇宙萬物，就連人本身所有新的認識，都是「發明」，藝術家的創作，社會家的改革，政治家的建設，思想家的學理，科學家的定律，都是新的發明。

新的發明，所謂「發明」，乃是對於事物，得到一種新的認識；新的認識或是對於事物的本性，或是對於事物的「能」，或是對於「能」的運行規則。進而研究這物和宇宙物體的關係，再研究這物對於人的生命可有的協助。

新的發明並不是創造新的物體，建設新的物理。物體已經存在，物理也已經成立；這都創於造物主，人的能力辦不到。人類祇能就已經存在的事物和物理予以認識，加以說明，想出運用的方法。

發明是人心靈的「能」的表現，使人的生命向上發展。每項發明都和人的生命接上關係，造出新的生活方式，或創制新的生產工具。馬克思主張生產工具改變生產方法，生產方法加增生產，引起社會下階層的革命，然後發動社會上階層的坍塌，社會的改變完全以物質經濟爲主。然而生產工具的發明，生產工具的運用，都由人的心靈去發動，去創造，假使人的社會祇是物質的社會，人類生活和禽獸不能有所分別，還有什麼改革和革命可講呢？

中庸講「盡性」（第二十二章），人的生命一成立了，人就有自己的人性。這個人性是一個完全的人性，涵有人所該有的一切，應該是眞的、美的、善的。然而這種完全人性，乃是一團無止境的「能」，因著「存在」而「存有了」，這一團無止境的「能」，要繼續發揚。孔子曾稱贊「成人」，成人便是人性發揚到普通完善的階段的人，眞正發揚了人性的人，中庸稱爲「至誠」，易經稱爲「大人」，孔子稱爲「仁人」或「聖人」。

人的「存有」既然不是靜止固定地一成不動，而是積極的不息之動；這種人性之動不是人性的改變，人性常是一樣，祇是他的「能」，繼續發揚，人性便更成全，更美至善。

在發揚人性上，西洋哲學家所注意的，在於理智，追求無限的知識；中國哲學則注意發揚「人生之道」，使人的生命和宇宙物體的生命相和諧。因此，西洋哲學求眞，中國哲學求善，兩者並不互相衝突，而且應相輔相成。

創新究竟是否使人的生命常得到發揚呢？從哲學理論上去看，應當是常得到發揚，然而從歷史的事實去看卻不能有這種樂觀的結論。

從哲學的理論上說，創新是使人生命的「能」得到新的一種發展，使人的生命多有一分的成就。因爲「能」成爲「行」而得實現，必是一種本體方面的「善」。

在實際的生活裏，因爲人的理智力在線面上有無止境的能，在平面上則須常有限。因此，當一項創新出現時，人不能面面都看到這種創新和其他事物的關係，創新在實行時便可能和其他事物發生衝突，不能使生命受益，反使生命受害。這種現象不僅是在科學與科技方面可以出現，例如目前自然環境的汚染、自然生態的傷害、核子武器的威迫，就是在社會組織、行政設施、倫理規律、價値觀念，都常發生這種事實。所以文化哲學要解釋文化常是進化或是退化；另外歷史哲學解釋人類歷史是進化或是退化，都不能簡單地予以答覆。但無論從理論或從歷史去看，人類生活都向前進，因爲人類心靈活動的成就，在歷史上是前後相累積的，哲學的思考，科學的發明，歷代累成學術遺產，前一代積累，後一代人在遺產上再加多，學術的成就當然是前進。生活的方式因著創新而革新，二十世紀的生活較比前兩世紀的生活已經進步多了。祇有在心靈活動的成就不能積累的方面，則不能形成繼續的前進。這一方面，乃是感情方面的活動，感情流動不居，變化萬千，爲每一個人心靈深處的活動，爲每一個人本人的成就，不能遺留給後人。這方面的成就爲人的人格、社會的道德、藝術家天才的創作。這些創新所留給後代人的，爲模樣，爲思想，但不是後人創新的資料，沒有一個兒子能够用父親的道德人格去建立自立的人格道德，他自己必定要從頭做起，自己親身一樁一樁去建造自己的人格或自己的道德。也沒有一個藝術作者能够用米格安琪爾的作品做自己的藝術資料，去創造藝術品，米格安琪爾所能留給他的祇是藝術的思想和模樣。人類的歷史是進化或退化呢？藝術品沒有進化或退化的評價，藝術作品都是代表藝術家一時的感觸，祇要率眞地表達了這種感觸，就是至高的作品。一時代的道德不能累積給後代，一時代的藝術不能積蓄作後代人的資料。但是他們的創新一成就了，對於人生命的發展，具有極大的助力。藝術品的欣賞，道德人格的薰陶，使人生命得到所追求的美和善。

創新常是天才的創作，大的創新須要大的天才，小的創新須要小的天才。假使凡人都可以發覺的事理或能成就的工作，那還是什麼創新發明呢？要別人不能發覺，一旦發覺了，才可以是發明。

天才也是人性的一種「能」，不和一般人所有的「能」一樣，而是特出的「能」。這些特出的「能」，帶著人類在生命的路上，彎曲他向前進，奔向無止境的大道。人類的社會便起造了輝煌的文明，使荒涼的地球，成了各種建設的奇跡。

二、思慮理智

1 求　知

心靈生命爲精神性生命，精神純淨無染，本來透明，自己顯明自己，自己也看見別的精神體。大學以「明德」爲人性的本質，人性顯於人心，人心本來光明（第一章），王陽明以良知自然光明，有如明鏡台㈣。但是人的本體乃是心物合一體，心靈和肉體合成一個生命的主體。人的一切生命活動都由心物合一的主體而發，心靈的精神活動要藉著肉體的物質器官，心靈的光明便不自然顯露了。

肉體的認識器官爲感覺五官，感覺的對象爲物質，物質有量有份子，不是純淨的光明體。物質對著感官所顯露的爲外面的形色。感官向著自己的對象所得到的爲形色的感覺。感覺的形成雖由感官而成，然必須有心靈的指導，否則「視而不見，聽而不聞，食而不

㈣　參閱王陽明　傳習錄上。

知其味。」（大學 第七章）

感覺的運用，普通說是「好奇」，有種追求知覺的傾向。在禽獸的感覺中，好奇的現象不高，禽獸衹注意當前事物的形色，自己不會去追求新感覺。只是在爲謀取食物或逃避危險時，禽獸的感覺乃追求知覺許多事物。這種本能的衝動，表示「好奇」也是生命的一種活動。事物越是和生命有關，越能引起禽獸的「好奇」，以追求知覺。

人的感覺固由心靈指導，感覺則爲人追求的對象。感覺的形色已能顯露事物的外形，又能引起感官的興趣；人的心靈便追求愈多的感覺，以知道愈多的事物。一個感官有缺憾的人，心靈常感受由缺憾而生的莫大痛苦。況且感覺的形色間接也能顯露物體的性質，心靈求知的慾望便促使人注重感覺，求增加感覺的經驗。西洋哲學現代的趨勢偏重這種經驗，以經驗爲知識的唯一內涵，除感覺外再沒有知識。然而有心靈的人，怎樣能將自己的知識困在感覺以內呢？人心靈中所有的，本然地要求表現出來，人也就本然地願意知道別人心靈所表現的。而心靈精神體自己本來是透明的，又本來透視別的精神體，這種追求並不因著肉體物質器官而被消滅，衹是要經過肉質器官而去認識。物質的物體本來因量而有重量份子，本性不顯；但是牠們的「存有」，也是動而不停；因著動，牠們的體性也顯露出來。如花草的生長，如山水石頭的變遷關係。況且人的心靈更追求認識物質物的體性。這些知識，或是對於心靈精神體的認識，或是對於物質物體性的認識，都是超乎感覺經驗的知識，都是人生命的接觸。

莊子曾主張人不以感覺而知，不以心靈而知，而以「氣」知。人以自身之氣和宇宙萬物之氣相接，乃能有眞知大知（人間世）。

但是人生命和宇宙萬物生命的接觸是在「存有」中接觸，各按自己的「存有」結構情態。人是心物合一的「存有」，物體則爲物質的「存有」，兩者相接觸便按「存有」的結構而成。

心靈和對象的接觸，是認識的活動，心靈的認識須經過肉體器官，便不能夠是本體的直接接觸，而是經過器官的接觸。由感覺而有觀念，由觀念而去推想。人心靈追求認識，是在黑暗中去摸索，在物質的份子裏去找尋體性的顯露。這種摸索稱爲思慮，稱爲推論。

心靈的本性，本來明觀客體，與賞客體，然在心物合一的主體人，不能直接明觀，便沿著感覺的經驗去尋索。尋索便要思慮，思慮乃是人心靈的主要活動，也就是人生命發展的正式途徑。

思慮，應先有思慮的資料，資料由感覺供給。有了資料，理智先加分析，由分析而進入物體體性中，以認識物體「存有」的關係，然後可以歸納出來對這物體的一點認識。

物體「存有」的關係，具有本然的次序，不會自相否認。這種「存有」的本體關係，在人心靈認識以後，人用自己的方式表現出來，成爲一種理則的邏輯關係。在語言的理則關係和物體的本體關係間，有相應的規律。思慮的推理，是要沿著物體的關係去探索，不能由理智隨便去想，人在表達這種關係時，按照物體關係去表達。所以語言的表達和物體的本體關係，應該相合。理則規律便不能相反物體本體關係的次序。

但是，人心靈的思慮，是否具有先天的推論原理？康德曾主張人心有先天範疇，以範疇結合感覺而成觀念。按照人心靈生命的發展進程，思慮應該有先天的推論原理。先天推論原理在本體上說，以「存有」爲根據，心靈主觀和物體客觀的原理應都由「存有」而生。「存有」的原理有同一律，有矛盾律，有因果律。這些原理爲「存有」本體的原理，也又是思慮的理則原理。心靈思慮時，必定根據這些原理去推論。然而這些原理只是基本的簡單原理，人心靈生命用語言表達時，語言的表達又有自己的原理。語言的原理爲文規原理，推論的原理爲理則原理，本體的原理爲本體的原理，這三階層的原理，互相連繫，不能相背。本體的原理爲最基本的又是最高的原理，理則原則在其次，文規原理居最下。三者若有衝突，應修改的乃是文規或是理則規律。

現在西洋語意邏輯或數學邏輯，攻擊傳統的理則規律，尤其攻擊推論的方程式，責爲祇是語意倒換，不能推出新理。形上學所用語言，都係空洞，沒有內容。實際上，語言既表達對象客體，語言間的關係決不能脫離客體的「存在」本體關係。

推論新理，並不是創造新的理，而是將隱藏在事物中的理顯露出來。例如：人人都要死，李某是人，李某便要死。大家都看到從這個方程式推出來的「李某便要死」，不是什麼新的事理，因爲大家早已知道這件事。但是這種推論也有它的價值，把大家都知道的這一件事，說出它的理由，顯明前後因果的關係互相連繫。事理越隱晦，推論越難，所得的結論，不是大家所知道的事，便是一件發明。

心靈生命的發揚，時刻和其他「存有」生命相接觸，形成彼此的認識。然因心靈和肉體相合爲一體，認識活動常藉感覺器官以進行。因此，思慮活動常要有感覺性的觀念作基礎；心靈在這種基礎上運行無阻。否則，便陷入冥想或幻想，而不成爲生命的發展。方東美教授曾說道家爲太空人。『道家所寄托的世界，乃是一大神奇夢幻之世界。構成其世界之空間者正是美妙音樂及浪漫抒情詩歌中之「畫幅空間」兼「詩意空間」——一種充滿詩情畫意之空靈意境。意象空靈，人物逍遙遨遊其間，恢恢曠曠，瀟瀟灑灑，故能「層層超昇，地地深入，重重無盡，探索重玄，泱與俱化。』(五)莊子富於玄想，有如一大鵬鳥，翱翔宇宙間。但是道

(五)　方東美　中國哲學之精神及其發展　上冊　頁一六九　孫智燊譯　成均出版社　民七十三年。

家的玄想，大都屬於冥想。莊子自已憑著自己的思慮，天想霏霏。他所想的雖也有客體「存有」的關係，深入殫幽；但常缺乏客體的基礎。可是他能夠聯繫所冥想的事理關係，結成一個系統，作爲心靈生命發揚的道路。

思慮越脫離物質性的觀念，越要從「存有」本體方面發展。形上學的思慮，就在這種途徑上進行。若是離了本體「存在」，則形上思慮就成爲虛無渺茫，沒有定腳。

科學的思慮常釘在感覺經驗上，由經驗去推索，絕對不會流於幻想。

求知，乃是心靈生命的本然發展，是生命和生命的接觸。接觸的範圍越大，心靈生命發展越高。肉體的感覺生命也因著知識而得增進，而得改良。人類在宇宙間的成就，就是靠思慮所得的知識而造成文明。

2 求　眞

思慮求知，發展人心靈的生命，增進人的幸福。同時，也增高宇宙萬物的價值，宇宙萬物的「存有」，雖然是動的，是生活的；然而沒有心靈，不能自有意識。一切物體的存在，塊然無靈，存在等之於不存在。卽是他們的生命，只是低級的活動，然而在各種物質的「存有」，都披戴著創造者的美善，萬物卻不能自知。王陽明曾說山中一株茶花，要被人看見才稱得起是存在㈥。這不是簡單的唯心論，而是深入萬物的生命關係，體驗到的眞理。聖保祿宗徒曾說萬物都在等待救拔，從物質界提昇到神性界。萬物受天主所造，具有造物主的美善，顯露出來這種美善以光榮造物主的美善。但是沒有心靈可以認識，可以接受，人的心靈有罪，已經傾於現世物質，不知舉心向天主。等到耶穌降生，使人心靈清潔，和天主的神性相接，人心靈乃能在萬物身上看到造物主的美善，將自己本體和宇宙萬物的一切都歸向天主㈦。萬物被人所認識，受人所與賞，而被提昇到天主的神性界。人心靈的思慮，給予宇宙萬物的「存有」意識，「存有」美麗，「存有」價值。

人心靈求知，體驗「存有」的關係。「存有」的關係爲眞的關係，因爲「存有」的本性是眞的。人心靈求知，便在求眞。

眞是什麼？在哲學上爲往古來今的一個難題。但是簡單地說，所認識而得的知識，和事實相符。從名和實的一方面說，名和實相符。從事實一方面說，所說的事是實在的。從事理一方面說，所講的理，是當然的。爲有眞，應有兩面相對稱的主客，即是主體和客體，主體

㈥　王陽明　傳習錄下。
㈦　聖保祿　羅馬人書　第八章。

和客體的關係爲認識的關係。

假使在認識時，主體和客體對立，不能相溝通，不相融會，認識便不能成立。在認識一客體時，客體進入主體中，和主體合而爲一，認識才完成。因此，所謂名實，不是把名和實相分，名指主體，實指客體，實際上名實兩者都是指著主客相合而成的認識，主客相合爲一則爲眞。

莊子齊物論否認是非眞假，在認識論上他以名爲小智的成就，不能表達事物的全貌。但是莊子對於「道」還講是非眞假，不以「道」爲虛僞，不以「道」爲烏有，他和老子都堅決肯定「道」是無限的無，爲萬物的本源。莊子的眞，在於體認「道」。他講大智，講眞知，講氣知。人心靈的虛靈之氣，和宇宙元氣相接，直接體認元氣的本源之「道」。從本源之「道」的大智，回頭來看萬物，萬物失去了價値。於是有逃避世物，輕視紅塵，樸素無爲的人生觀。然而「道」的眞，引發生命回歸本源之「道」，以「道」的無止境境界擴充人的生命。

佛敎小乘以萬法爲有，有則由緣而生，既由緣生便沒有性體。大乘般若不談有，不談空，卻談亦有亦空，亦空亦有，兩邊不著邊。著邊便不是智，智則卽有觀無，卽無觀有。這樣，名固然都是假名，實則非有非無，不能談眞假。

華嚴宗和天臺宗講「觀法」，以萬法圓融觀萬物。實空不是相對，而是相融。眞如爲萬物的實性，萬物彼此平等相齊。這種圓融觀，和老莊的「道」在萬物，萬物平等，理論相同。

從這種思想中去分析眞假，那就等於緣木而求魚。佛教便不談眞假而談智慧和愚昧。現在歐美的哲學，對於眞假羣起爭論；然而爭的，都在於方法問題，所謂唯心、唯物、實徵各派思想，以及數理邏輯和語意邏輯，都在討論認識的方式和方法，不像中國佛道的學派，深入事物的「存有」。

歐美哲學並不否認眞理，只是說眞理無法尋得；而尋得的眞理，也只是相對的理論。名實問題只是共名問題，單名必有實。事理常隨時間空間的環境而異。相對眞理論爲歐美流行的通病。

眞，就本體上說常是眞，因爲乃是「存有」的關係。「存有」超越形色的時空，本體的關係當然不變。物的性體是怎樣就是怎樣。雖然常在發展，然並不改變。本體的表現，天然是「誠」，所以是眞。人的知識爲何不能常是眞，又不能常不變，那是因爲物體表露自性時不明顯，人心靈一時認不清楚。又因人的理智力常藉器官而行動，因此常不能達到物的體性。因此，所知道的常缺而不全，而且還能錯誤而有假認識。

假認識只是人的錯誤，不是心靈本然狀態。人的思慮追求知識，而且追求眞的知識，探索眞理。眞理的來源來自「存有」，「存有」來自造物主。每一「存有」的事理本性已在造物主神性中存在，萬物分享造物主的事理。事理在造物主內是眞，萬物「存有」的分享也不能是假，眞理就建在這種堅強的基礎上。

許多人常說，實際上眞理很少見，只是一些暫以爲眞的知識。就是這樣，人都不願意故意求假，誰也不願意把認爲眞的事理抛開，而去接受自認爲假的事理。人人都願自己的知識是眞的，求眞所以是一種天性，乃是心靈生命發展的天然途徑。

因著求眞的天性，人心靈生命的範圍擴廣，和宇宙萬物生命的關係也很密切。學術爲「求眞」的遺產。人間一切須要建立在眞理上，凡是一種學術，一項發明，一樁政策，一件計劃，都要建在「眞」上，若是發現所有的基礎是假的，則從新再造，否則必失敗。「眞」是「存有」，假不是「存有」，不能存在。建設不在「存有」上，乃是落空。

三、情、才

1 求美

人心靈生命和宇宙萬物生命的關係，不僅是顯露自己，互相認識，求知求眞，而又互相授予。人心靈所有，授與別的生命，同時接受別的生命的給予。在肉體生命上，肉體需要養料，接受別的物體作爲自己生命發展的資料。在心靈生命上，心靈也接受別的生命的優點，以發展心靈生命。

每個「存有」，在本體上常具有完滿的物性，物性的各份子互相融會，常有和諧之美。美，按照孟子的意思，是充實，充實而有光輝稱爲大（盡心下），按照聖多瑪斯的主張，是圓滿而有和諧的次序。

美爲「存有」的特性，「存有」越完全，美越高。絕對的「存有」，具有絕對的美；絕對的「存有」創造宇宙萬物時，使宇宙萬物分有祂本性的絕對美。每一種物體，都具有一分的美。山水花鳥，顯出顏色的美，也顯出結構的美。人爲萬物中最秀的，人本性所具的美很高。

心靈的生命，在發展的歷程中，常一面表達自己的美，一面接收其他物體的美。接收美爲欣賞美，欣賞美爲美和美相應。表達美爲心靈生命的發揚。愛美，因此是人的天性。人因愛美而有創新。

美在心靈生命中所引起的，不是思慮的知識，而是感情的滿足。思慮爲認識事物，常藉器官而須推論研究，理智不能直接見到事物的性體。美的欣賞不是知識，卻是接受，接受則是直接的。五官對著形色的美，相對無言，盡量收取，直接有所感受，大學說『如好好色，如惡惡臭』（第六章）。接受是直接的，是立時而發，不用思慮。好和惡爲感情，美的接受由感情經過理智去接受。精神界的美，由心靈感情而接納，例如一篇美妙的講詞，一首美妙的詩歌，人唸了以後，心中得到無限的喜悅。

感情，爲心靈生命予取的關係。我的生命能夠給予別一生命一項滿足時，我心靈自然有種感受；我的生命接受別的生命給予一項滿足時，又自然有種感受。這些感受都是生命的表達，也是生命的發展。

滿足的反面爲不滿足，在生命的予受關係中，不能常有滿足，缺少滿足乃引起痛苦，產生憤恨。這些感情都由予受關係所造成；得到生命所要的，便生滿足而喜悅，因喜悅而愛；沒有得到生命所要的，便生痛苦而恨。感情雖多，可以由愛和恨去總括。愛和恨所有的對象必是美。

生命的予受關係——在一切生命中都有。人的感覺生活有感情，人的心靈生活有感情。人的本體既是心物合一體，感官感情和心靈感情常互相融會，感官感情有心靈的感受，心靈感情有感官的感受。

易經常說天地萬物之情，詩人們常歌詠山水日月之情，兩者都用人格化的象徵表達式，以人的感情注入萬物。然而每一種生命，都有予受的關係，有關係便有反應，反應就是生命的感情。所以萬物都也有感情，只是沒有感情的意識。

對於美的欣賞，在感情中乃是最純淨的，不包含利益，不運用思慮，只是美的予受。當我接受一種美而欣賞時，我用感官和心靈去接受，然而不加思索，而是我的生命直接和美相遇，我的生命接受了對美的追求所得的滿足，自然而滿足喜悅，不是要用另一種非理智非感官的美覺感官。美感不是感官的活動，而是整個生命的接受。

美的表達要用形式，形色的美用顏色線紋，精神的美用觀念。表達的程度應該是顯明直接的，不能隱晦屈折，須用思慮去探索。例如，講笑話，應該一聽就令人笑，若是聽後再加思索才笑，已經不是笑話。傳統的藝術，都能直接表達美，只是當代的新藝術，抽象派或未來派，卻使人盲然對著一幅畫或一件彫刻，不知道表達的是什麼。若是眞理的表達，須要明顯，笛克爾曾以明顯爲眞理的標準，藝術美的表達，更要明顯，使生命可以直接接觸。

藝術美雖用形式表達，所表達的美，屬於精神，不屬於物質。眞理超於物質，朱熹以『道爲形而上』，美更屬於形而上。因爲美是『絕對存有』的特性，是「絕對存有」的光輝與和諧。美由形式，如顏色線條而表達，表達的美超出顏色和線條。一朶花的顏色很美，美不是顏色，而是顏色的光輝與和諧，可以說光輝與和諧是顏色的，然而顏色本身並不含有光輝和諧。接受光輝和諧美感的生命，一定也不能是物質，必定是心靈的精神生命。

美的創作當然是精神生命的創新，精神生命將自己的美表達出來，給予人高深的美感。藝術作家的創作，表達自己美，美或是自己本體的，或是自己所想像的。造物主所表達的，爲自己本性的美，自然界的美非常明顯，有心人都能欣賞。藝術作家表達的美，大都是自己所想像的美，爲能够用想像去創造美，須有創作的天才。天才爲天生的「能」，藝術的創作能，和人心靈的感情相關。感情強的人，更具有藝術創作能。愛情深的人，他表達愛情必定美；痛苦深沉的人，他表達痛苦也必定美。因爲他表達時會不加思索，不用掩飾，而是眞誠坦率，直接表達。藝術創作能的天才表現，特別是在表達形式的新穎。杜甫李白的詩，眞情流露，譬喻象徵恰到好處。彌格安琪洛的彫刻，辣法凡爾的畫，活潑生動，顏色鮮明。他們的天才超人一等，作品千古絕倫。

天才的創作和學術的發明都是創新，也都是以原有資料予以新的意義。藝術的創新是美的形式。

美的形式爲生命的直接接觸，生命與生命的接觸爲生命發展的要求，欣賞美乃是人人所容易感到。許多的人不研究學術以求眞理，但每個人若沒有美的欣賞，生命就要枯澀。心靈生命在發展的歷程中，需要美感的陶冶，使心靈不爲物質所拘。

每物都有自己的美，每人心靈常須接受美感。在自然界裏每人接受宇宙萬物所顯造物者的美。藝術天才作者以新的形式和意義創造藝術美。人生命的歷程常在美的予受中，繼續發揚。

2　求　善

「存在」的特性，有眞美善，眞是自己的體性，美是體性的充實光輝，善則是體性的完成。

「存有」在一存在時，就有了自己的性，而且是完滿的性。但是這個完滿的性，包有一大束的「能」，「能」要逐漸實現，性便繼續發展。發展自性之「能」，以達到成全的境界，完成自己乃是善，凡是「存有」都追求這種善。唯有絕對存有，已是絕對的完成，祂的生命表現，則是施善於別的「存有」。

中國哲學特別注意這種發展，有「盡性」的學說（中庸　第二十二章），使人性繼續發揚。西洋哲學雖主張「性體」不能變，人性一成就是全；然而聖多瑪斯的哲學思想裏，「能」與「行」爲重要的觀念，人性具有許多的「能」，要求漸漸實現。當代歐洲的存在主義，也常以人的「存有」，爲向一個理想的我而努力。

普通一般人都說要有理想，不能安於現實，沒有理想，便沒有創新；沒有創新，就會退化，青年人尤其要有志向，追求高尙的理想，使自己的人格能夠完滿，也能創造事業。

凡是人都有人性之「能」，人性之「能」爲才。朱熹以才和情都由氣而定，才和情的基本，當然是人性，然而在具體上每一個人所具的情和才，要由氣之淸濁而定(八)。按照現代實驗心理學的主張，情才則和腦神經相關。

每個人的才不相同，然所有基本的才則相同，人都有人的才，思慮、記憶、想像、感情，每個人都有，只是所有的多少不同。還有許多的特長，爲種種天才，例如音樂天才、繪畫天才、數學天才、辦事管理天才。這些天才，屬於天生，爲造物者所予。

才是能，能夠成事業，須要人去發揮。我的心靈生命帶著這些才，天然就有發展的傾向。我應當去培養，去發揮。在肉體生命上，我的肉體從嬰孩期開始逐漸發育，身體各方面的器官，漸漸強壯健全。老年來到了，身體逐漸衰弱，衰弱也是變動，爲物質本然的現象。我的心靈生命，也從幼年時期就開始發育，雖不能像肉體生命的發育顯而易見，然而發育是

(八) 朱熹 朱子語類 卷五。

繼續不斷的。因爲每種生命，都追求發展，就連石頭的生命，也在漫長的歲月裏變化不止。生命的才越多，發育越高，生命就越圓滿，越有價值。

才的發展，常帶著價值。在本體方面說，凡是才的發展，都是生命的發展，也就都是好，都有善的價值。才爲「能」，發展爲「行」，「行」較比「能」必常是善，常更有價值。例如桃樹能結菓，結了菓較比能够結菓當然更好。

但是我的生命不是單獨的生命，和宇宙萬物的生命都有連繫。一有連繫，便有彼此生命的要求，彼此須要和諧，互相協助。假使我的才在發展時，傷害了另一生命的要求，使他受害，則我的才的發育便成爲一樁惡。

再者，我發育我的才，必定要注意我的生命的要求，而且要使我的生命能够得到更好的發育，否則若傷害我的生命，才的發展也成爲惡。

發展，在本體上說，是由「能」而到「行」，爲一種善；但因生命間的關係，這種本體方面的善卻成了倫理方面的惡，使生命受到傷害。例如搶竊的人，發揮他的本領，奪人的物件和生命，他的搶竊技巧，在本體上是種好，但是整個事件是壞；而且搶竊的技巧越高，壞處越大。

因爲，才的發展，第一是要成全自己的人格。才既是人性的特點，發展才要是發展人性。中國古人的盡性和修養都注意在這一點上。孔子曾經把人的人格列爲小人、士、君子、聖人四級。小人絕對不能做，求學的人，按朱熹所說：『始而求爲士，終而求爲聖人。』(九)我心靈生命追求成全，心靈生命的成全，表現於具體的生活，則是道德完備的人格。中國古人以人性的發展，完全集中在這一點上，其他方面的發展沒有重大的價值。

人格的發展，不僅是我對我的生命的關係達到成全的境地，還要對其他生命的關係也要達到成全的境地。孔子用一個「仁」字代表這種境地，要能「立己立人，達己達人。」(論語 雍也)朱熹以仁爲愛之理，人心得天地之心爲心，天地之心在於生生，人心便愛惜生命而予以贊助。人的生命和別的生命的關係在於協助一切的生命以得發展。儒家的聖人，便是「化育萬物」的人。

因此，才的發展，應能成全自己的人格，發揚自己心靈的生命，也化育萬物的生命。聖若望宗徒以天主爲愛(十)，天主造生萬物，表現對萬物之愛，卽易經所謂「天地之大德曰生」(繫辭下 第一章)，仁愛爲發展「才」的原則。

(九) 朱熹 朱文公文集 卷七十四策問首條。
(十) 聖若望 第一書 第四章 第八節。

仁愛爲一種感情，感情有它的理由，仁爲愛之理，合起來就是愛的感情，聖若望說天主是愛，是從人一方面去看天主，人所看見天主的，只見到天主對人所施的恩惠，造生了人，爲人造了世界，還遣聖子降生救贖世人。天主的本性，人不能認識，天主自己內性的活動，人也不能認識。人所認識天主的，是天主對外的工作，對外的工作卽是對世界的工作，這些工作乃是愛。

朱熹以人得天心爲心，人心爲仁，人生命的發展應是仁。聖若望以天主爲愛，人得天主之愛以生，人生命的發展應是仁愛。仁愛便成爲才的發展所應循的途徑。遵循這途徑者爲善，不遵循者爲惡。

中國理學家講論惡的問題，意見多有分歧。朱熹以惡出於情，情又出於氣，惡歸根在於氣。可是情，本是生命相接觸的反應，不應該是惡，祇是在具體的表現上，卻或傷害自己心靈生命，或傷害了其他生命，違背了仁愛。因此在才的發展歷程所有的價值評詁，便常以感情的善惡爲中心。而在培養人格的歷程上，也常以克慾爲要件。

感情不是惡。仁愛是感情，仁愛怎能是惡。感情是惡，因發而不中節。感情和才怎麼連在一起呢？因爲才是「能」，「能」爲成「行」，要心靈去發動。心靈發動一行爲必然要有目的，卽是亞立斯多德所講的目的因，目的應該是仁愛以利衆生，然而很可能因自己的好惡而反背仁愛，目的便受感情的牽制了。感情牽制目的，目的有善惡，才的發展行爲便有善惡。

目的有善惡，行爲的形式態度也有善惡，目的能夠傷害人，形式態度也能傷害人。生命的關係在於互助；若不互助而反傷害人。愛是互助，恨則是否定互助。人的生命在求發展的歷程中，目的是在於成全自己的人性，使人達到圓滿的境地。儒家是如此，道家也是如此，佛教也不例外。儒家主張內聖外王，以成聖人。道家憑昇太虛，以求氣化而入於道，以成眞人。佛教雖主張萬法皆虛空，然仍以智慧教人而得禪理，以進入涅槃。都是追求生命的發展，以創新自己的人格。西洋哲學雖不注意修養人格，但是西洋的宗教——天主教則專注修德成聖，以達與天主相結合的超凡境界。

四、自　由

我心靈的生命，無拘無束，不受時間空間的限制。時間的物質怎麼能控制精神呢？易經曾以宇宙生生的變易神妙莫測，稱爲神（繫辭下　第五章），凡是生命都是神奇，人心靈的生命更神妙至極，因爲人心靈的生命相似造物者天主的神性生命。道家老莊曾以人的生命，週遊太虛，『其精神，遺世獨立，飄然遠引，絕雲氣，負蒼天，翺翔太虛，『獨與天地精神往來，御氣培風而行，與造物者遊。』』(十)這種生命當然是種冥想，爲莊子的寓言，然也代表對人生命的自由願望。

我心靈的生命，旣是精神生命，在發展的歷程中，常能向前創新，就是因爲具有自由，不成機械式的反覆進退。但也並不是沒有途徑，隨意亂行。造物主天主乃絕對精神體，具有絕對的自由？然而天主不會反對自己的本性，因自由而傷害自己；又不會因自由而入於惡，惡在天主內不存在；再又不能因自由而違背祂的性理，不合理的事，對於天主乃不可思議，天主以自己的性理爲途徑，自由無束。

我心靈生活的發展途徑，首在充實自己，成全自己。在這一點我不會不循這個途徑走，我決不能自己傷害自己。無論什麼物體，都追求自身的利益，逃避自己的禍害。墨子曾主張以利爲行動目標，墨子的利應當解釋自己生命的發展(十二)，而不是孔子所說違反正義的私利。生命的發展和充實，我也必定要追求，不能自由放棄。當我的生命和別的生命發生關係，我

(十)　方東美　中國哲學之精神及其發展　頁一八六　成均出版社　民七十三年。

(十二)　墨子　兼愛下　經上。

必要遵循關係的規律，否則我會傷害別的生命而作惡。對於善惡，我沒有自由，我必要選擇美。

因此，我心靈生命的自由，是在善事上，兩善或多善中間可選其一。至於孔子和孟子所說『殺身成仁，捨生取義』(士)當然是自由的至高表現。但在那種環境中，我不能有所選擇，祇能選擇仁義。若說因選擇仁義而傷害了我的生命，實際上所傷害的爲肉體的生命，心靈的生命反因而得發揚。這就是耶穌所說：『愛惜自己生命的，喪失自己的生命；爲我喪失自己的生命的，取得自己的生命。』(馬竇福音 第廿章 第廿九節)選擇仁義雖是我必定要選的，然而仍是我的自由，因爲是我自己願意，而且要用非常堅強的意志。

自由的行爲，是我自己的行爲，由我自己負責。西洋哲學區分心靈的官能爲理智和意志，理智爲知，意志爲抉擇。中國哲學則把兩者都歸於心，以心能知能主宰。意志和意不大相符，朱熹以意爲心動時心之所之，即普通所說意向，意向當然屬於意志，然而意志大於意向，意志是人心靈爲選擇作決定，作了決定而去實踐。我心靈有自由，是因我自己能作主，能決定。自由代表人心靈的中心，象徵我之所以爲我。我是主體，我的行動由我作主，我既

(士) 論語衞靈公「殺身成仁」 孟子 告子上「舍身而取義者也」。

作主，對行爲我就負責。

不由我決定的行爲，不是我的行爲，由外力而造成，好壞我不負責。

自由不僅代表我是主體，而且代表我的生命，就是在外力不能抵抗的時候，我被迫作成外面的行動，我的心靈仍舊不願意，即使不能表現這種不願意，我自己心靈的生命可以作證。

我生命所以有這種內外的衝突，是因爲我的現世生命爲心物合一的生命，我是一個心物合一的主體。在通常的情形下，肉體的行爲由心靈作主；但當外面有一種強而不能抵抗的力量，強迫我作一種行爲時，我已不能選擇，祇能發動所強迫的行爲。

心物合一的主體，增加自由的運用，也減少自由的運用。在知識上，我因肉體而受到限制，對於外面事物，不能明白認出何種有利於我的生命或別人的生命，便按意志去決定。若是事件看得非常明白，自然選擇善。自由運用的範圍，在於因知識所造成的不定，意志而加以決定。沒有知識，就不能有選擇；知識不足，要意志作主。意志作主有時選錯了，自由便運用錯了，原因在於看事看錯了，知識錯在先。但有時知識沒有錯，意志自己錯了，即所謂「明知故犯」，那是因爲慾情牽制了意志。

知識高的人，情慾輕的人，心地潔白，他的自由必定很高。聖人的自由，像孔子自己說：『七十而從心所欲，不踰矩。』（為政）才是眞正的自由。

自由乃是我心靈生命自然的發展，心靈為精神，不受拘束。祇有精神纔有自由，物體是沒有自由的。從「存有」的本體上看，精神體的存在常動而不靜，精神的動為自由的動。自由乃是精神「存有」的本質。精神「存有」的動，即生命的發展，由自己而動，自己有自己動的意識。精神的動當然有自己的原則，自由並不是在沒有原則。

普通一般人，認為自由在於自己任意選擇，不受規律的拘束，不受外力的干涉。然而在善與惡之中，不能有任意的選擇，必要擇善而固執。在現世生活的社會裏不能沒有生活的規律，破廢一切規律以行自由，必成為濫用自由。若說規律有不合理者，當然可以予以修改。然不能人自作超人，自作一切規律的主人，自己所願就是規律。古代的暴君這樣做，眞正自由的人，必不這樣做。

自由不傷害自己，也不傷害人；人心生來有行善避惡的原則。破壞這些原則，已經不是自由。

有自由，心靈的生命才能成全，才能有創新。宇宙萬物的生生，雖然神妙莫測，然常有迹可尋。物體的生命發展，一切都順乎自然，自然則是必然，必然就沒有自由。一朵玫瑰花，結構和顏色神妙美麗；然而所有玫瑰花按著種類區分，每種都是一樣。玫瑰花的成長，有一定的歷程，不會變遷。一頭獅子可以說是活潑極了，誰不怕牠。可是獅子的生活，千篇一律，常是一樣的事在循廻。這種順乎自然的生命，不能有自由，便也不能有創新。

我的心靈生命，因著自由乃能自己決定，決定的能爲發展生命必是新事。我心靈生命因著自由，乃追求脫離物質，趨向絕對的眞美善。

儒家所講的心靈生活，要達到自己所形容「隨心所欲不踰矩」。經過長期的修養，運用自由時自加限制，使自己隨遇而安，不求物質的滿足，肉體乃能不牽制心靈，心靈便得更大的自由。同時也更顯出心靈生命的特性，精神的價值和追求，成爲自由的運用範圍。王陽明曾以良知爲明鏡臺，若意和情不加以汚染，自然流露於行爲。他的弟子竟以隨心所欲爲良知的顯露，不守一切禮規，造成一片疏狂的風氣(十四)。不知道孔子的隨心所欲乃是經過七十年的修養而有成。所以說要知道不自由，然後才有自由；自己克制自己，緊縮自由的範圍，才能擴充自由的範圍。自由的範圍越大，心靈生命的發展就愈高。

道家最講求自由，以無爲無欲來克制日常生活的不自由，然後一心超出物外，與「道」冥合，翱翔太虛中。

(十四) 參看羅光　中國哲學思想史　元明篇　臺灣學生書局。

佛教力求空虛一切，絕慾以絕世，邁入一超越的絕對境界，在涅槃中合於「眞如」，以得眞我。

天主教以宇宙萬物爲造物主的妙工，可欣賞，可使用。然而人的心靈生命和基督神性生命相結合，提昇入精神的最高境，對於世物，有若無，無若有，心已在天主前，分享天主的愛，生命得以飛騰發揚。

自由爲精神的特性，由心靈而顯。在世物中作選擇，以發展生命。有自由，乃有創新；有創新，生命逐漸成全。思慮本來自由，一秒鐘繞地球無數週。思慮自由想，意志作決定，創新乃成。

然而自由不是表示「存有」本身搖搖不定，精神「存有」既有就已決定，然不是硬固不化。由「能」到「行」之化，神妙莫測。老莊的「道」，虛無渺茫，完全不定。張載的太虛，也是縹渺不定。我講「精神存有」則不是本體不定，不定卽不是「存有」。

五、心　靈

我所講的「精神存有」，第一爲絕對的「精神存有」，爲造物主天主，祂是絕對的「定」，完全的「成」，然而也是絕對最高的「行」。第二是人的心靈，人的心靈爲精神，肉體爲物質，兩者都不是獨立的本體，而是兩者合成一個獨立的本體。這個本體是「我」，是我生命的主體。心靈生命是我的生命，屬於我；肉體的生命，也屬於我，也是我的生命。這兩層生命，普通常結合一起，發自肉體，也發自心靈。但肉體有一部份生理生命，不受心靈的支配，人對於自己的生理生命沒有意識。心靈也有自己的生命，不受肉體的牽制，人能閉目退思。

孟子說人有小體，有大體，小體爲耳目之官，大體爲心思之官（告子）。耳目之官，卽具有耳目感官的身體；心思之官，卽具有思慮的心靈，小體大體合而成一人，卽身體和心靈合成一人。

身體，我們看得見，我們知道是物質體，常在變易，從少到老，變易不停，在人死後，消失成灰。當人活時，身體營生理生活，營感覺生活；然而身體在營這兩種生活時，必定是和心靈相連，以有生命。否則，身體就遭死亡，喪失生命，生理生活和感覺生活已不能進行。

人生命的根源和中心，乃是心靈，死亡則是心靈和身體的分離。中國古人稱生命中心爲魂魄，魄爲身體生命的根源，魂爲心靈生命的根源。西洋哲學傳統地稱人生命的中心爲靈魂

(Anima)。

心靈究竟是什麼呢？中國哲學稱爲「心」。心當然不是內臟的心，而是人精神生命的主體。理學家大都以爲心是性的具體化，心能知，能主宰。朱熹以心統性情㈤。人的精神生命，即是心的生命。荀子曾以心爲『虛壹而靜』(解蔽)，心爲精神體。在中國哲學裏，常有體用的問題，學者多是體用不分，以用代體。所以講心，祇講心的作用，不講心的本體。

西洋哲學從柏拉圖已經討論心的本體。心的本體爲靈魂。柏拉圖以靈魂存在於一觀念世界，先身體而有。當胎兒受孕時，靈魂和身體相結合，形同在牢獄裏，人死後，靈魂回到觀念世界。亞立斯多德則以靈魂爲人本體的元形 (Forma)，以身體爲元質 (Materia)，兩者合成一人。近代和當代的西洋哲學卻放棄了這種靈魂的觀念，以理智 (Mind) 代表心靈。理智爲思慮官能，爲精神工作，也就是以作用代替本體。

我接受西洋士林哲學的思想，也接受天主敎的信仰。士林哲學對於心靈的思想，是以天主敎信仰爲基礎。心靈是靈魂，靈魂爲精神體，與身體相合而成一個人。一個人活時，靈魂爲生命根源和中心，充滿身體各部，因此身體各部都有生命。生理生活和感覺生活由靈魂發

㈤ 朱熹 朱子語類 卷九十八。

動並支持，精神生活卽理智和意志的生活，則專屬於靈魂。人死，靈魂和身體相分離，靈魂單獨生存，爲自立的精神本體。

我有心靈生命，生命常在發展，有思慮，有感情，常求眞求美，求發展自己的本能，使我的人性更爲成全，成爲一個「成人」。這些生命的活動，明明是超於物質的活動，既有活動，便應該有活動的本體，哲學家卻竟以本體不可知而忽略本體僅講作用，很不合哲理。我心靈生命爲精神的動作，心靈生命就該有精神的本體，精神本體就是靈魂。哲學人說思慮是腦神經思慮，腦死，思慮就消失了。可是問題就在於爲何腦活腦死呢？醫師們說腦活腦死是腦能否有血液的循環，以維持活動。然而，血液爲何能循環，又要看內臟其他部門能否正常作業，最終還是要到人是否有生命。有生命，則活，無生命，則死。因此，一定要有生命的根源或中心。這種根源或中心，就是靈魂。

但是，大家要說，靈魂在那裏？靈魂是什麼？作心理測驗時，誰也不會測驗到靈魂。感情的動作，可以測驗，但是我愛誰，我恨誰，心理測驗也不能測出，因爲我藏在心裏，不顯露出來。測驗不出，就說沒有，不大合理。天下有許多測驗不出來的事物，思慮活動，更不容易測出。我在冥想，心理測驗可以測出我在思慮什麼嗎？簡直不可能。

靈魂的活動既然不能測驗，靈魂的本體，更不能測驗了。靈魂乃精神體，精神體超出物質。

若問靈魂在那裏，靈魂在身體內。士林哲學說 Totum in toto, totum in partibus。「整體在整體，整體在一切部份」。整個靈魂在整個身體內，整個靈魂在身體每一部份內。就如整個生命在整個身體內，整個生命在身體每一部份內，生命的表現，則按身體各部份所具的功能。

我的心靈爲靈魂，爲生命的中心，一切生命的追求都是靈魂的追求。有了靈魂，人心有主。因著靈魂，我能思慮，我能定奪。我的自由，就是靈魂的自由。我的創新，就是靈魂的創新。

但是，哲學人要說，這祇是宗教的信仰。宗教信仰是這種思想的基礎，當然是事實；可是柏拉圖和亞立斯多德並不是天主教徒，我們也主張有靈魂。

中國哲學雖不主張有靈魂，然而主張心由陽氣所成，軀體由陰氣所成。軀體是生理和感官動作的本體，陽氣所成的心，爲什麼不能是精神的主體？

至於說本體祇是一個名詞，主體也祇是一個名詞，那就問題拉長了，拉到認識論，再拉到形上本體論。那些問題在前面我已經討論過。

最難的問題，可能還是死後靈魂存在的問題。

我相信心靈的生命，不會因著死亡而消滅。而且大家也都是這樣希望。

每一個「存有」，既已存在，便不願自己消滅自己。因爲存在是造物主所賜給的最大恩惠。中國易經以「天地之大德曰生」，既生，便保存。物質體因自己本體有分子，常遭遇外物的磨難，乃不能永存。然也必有外力的折磨，否則自己不會摧毀自己。一塊石頭因著風霜雨露的侵蝕，份子漸漸散開，所以稱爲「風化」。精神體不受物質物的侵犯，不受外物的折磨，本體更不會自化；因此靈魂應該是常存。哲學祇按理去推論，不能用實驗去測驗，便不容易使人信服。

靈魂是精神體，可以自立。在和身體合成一個人時，靈魂不單獨自立，以這個人的主體的存在（Existence）爲存在。可以說是不成全的自立體；但在人死時，靈魂和身體分立，這個人的「存在」已經沒有了，靈魂乃有自己的「存在」而單獨自立。

靈魂既然不能被外物所侵蝕，也不會自己消失，靈魂便可常在。因而，我相信我的心靈生命，永久不滅。在我去世以後，我的靈魂存在，我便有身後的生命。

孔子曾說：『未知生，焉知死。』（先進）儒家不講身後問題，卻自古祭祖。民間信仰都相信鬼神，人死後爲神爲鬼。漢朝王充大舉攻擊這種信仰，主張無神。無神，是不信人死後尚生活，不是不信皇天上帝。王充以爲魂魄都由氣所成，人死，氣散，魂魄消滅，一切都完了(十六)。朱熹主張人死，魂隨軀體埋在地裏而消失，魂則上升於天，久而散歸天地大氣(十七)。這都不能破除中國人敬祖的信仰。

我心靈的生命，在今生繼續發展，常有創新。在脫離軀體以後，應更能自由發揚，追求成全，回到造物主面前，欣賞絕對的眞美善，我心靈才能眞正得到滿足。滿足的生命，即是眞福的永生。

(十六) 王充 論衡 論死篇。

(十七) 朱熹 朱子語類 卷三。

第五章　生命的旋律

一、規　律

1 天　道

我的生活在別人看來非常規律化，每天從早晨起牀到晚間就寢，一切工作都有一定的時間，祈禱、辦公、餐飯、寫作、休息，每天的時間都不大變動。我自己覺得很舒服，並不以有一定時間而覺得不自由，反而感到更順意。別人也以爲這種有規律的生活方式，能够保持身心的平衡，精力的調協，壽命的延長。

有一部份的生活，不受我的管制，即是生理生活，血脈系統、消化系統、排泄系統的工作，我不知道，我也不能管。然而生活天然有很嚴密的規律，一切活動都照規律而行。若有一系統忽然走出規律以外，馬上造成病症，須由醫師加以矯正。

生活所以必定要有規律，生活為生命的表現，生活有規律，生命便有規律。易經講述宇宙的變易，變易有原則，稱為天地之道。宇宙變易由陰陽兩動力而成，陰陽兩動力常繼續變易，宇宙的變易便是常久的變易，不會停止。兩動力相接觸不是互相排擠，互相否認，而是互相結合，互相調劑。陰陽兩動力互相結合，常隨時地而不同，但常是適合時與位，所以易經的卦爻求居中正，以得時中。因得時中，宇宙變易顯得非常和諧，整個宇宙的現象都互相調協。中國農夫常說風調雨順，寒暑得宜，五穀纔能豐登。宇宙變易的和諧，目的在於「生生」，使萬物化生。

宇宙變易有規律，有變，變而相融洽，相調協，各得其宜，生命乃得發揚。這些原則稱為天地之道，實卽天理，卽是自然法。中國古人專事農業，常從五穀生育觀察宇宙的變化，分一年為四季，分四季為十二月，分十二月為二十四節氣，一切都和農事有關。易經所列的變易原則，也都和萬物化生有關。這些原則，我們現在還可以在自然界發覺。四季寒暑互相調劑。我們也體驗到宇宙自然界的一切，互相關連，不容破壞次序，目前環境污染，便是觸犯這項原則。我們研究生物學和物理學，就知道植物、動物以及礦物，都愛惜自己的生命。在一種生命和自然環境不適宜而被淘汰時，便有新生命出現，生命常繼續不斷。

中國古人常有人法天的思想，以天所定的規律爲規律。易經所擬宇宙變易的原則，爲天地之道，在天地之道中，含有人生之道，所以稱爲天道地道人道，宇宙變易的原則就應該是人生命的原則㈠。

在尙書裏有「天命」的觀念「天命」乃上天之命，尙書的天命，常對皇帝而言。皇帝因上天之命而登位，應常按上天的意旨去治理人民㈡。

易經以宇宙變易的原則稱爲天地之道，宋明理學家以天地之道和人性之道稱爲天理。儒家傳統地承認人生命的原則，以自然界天所定的原則爲基礎。人在宇宙萬物中最靈最優秀，代表一切物體，和天地稱爲三才，人的優點在於心靈，心靈生活乃人的特有生活，宇宙萬物變易的原則——天理，天然地在物的本性中，萬物常順性而動，人的心靈生來也有生命的天理，天理卽是孟子所說的仁義禮智四端，人的心靈生命，便在發揚仁義禮智的四端，人乃是一個「倫理人」。

㈠ 易經 說卦 第二章
㈡ 書經 湯誓 牧誓

2 我發展自己精神生命

我的生理生活有自然的規律，我的精神生命不能不有自己的原則。這些原則導引我的生命得有正常的發展，使我的生命和其他的生命的關係常能合理地進行。通常稱這些我精神生命的原則爲倫理規律。

我精神生命的規律，首先在於發展我的精神生命，可以說是求利，利是生命的成全，所以第一項倫理原則是「求生命的成全。」

求精神生命的成全，以精神生命的利爲目標。求生命便不能自害生命，自殺乃是直接違反這項原則。求精神生命之利，不能以物質生命而害精神生命，所以乃有殺身成仁，捨生取義的豪舉。天主教歷代爲信仰殉道的人，被尊爲聖人。

在倫理律規而有求利的規律，利的意義是生命的合理發展。藝術家爲美而求美，倫理家爲善而爲善，按照亞立斯多德所說有理智的人，沒有目標決不行動，目標常爲自己之利，藝術家爲美求美，倫理家爲善求善，也是爲求自心的滿足，假如他們心中是無所謂的心境，他們也不會求美求善了。人必定求自己生命的成全，成全乃生命的利；祇是須要認識並分別清楚在生命中有物質和精神的層次，精神生命爲上爲重，物質生命爲下爲輕。我不能求物質生命之利，追求飲食和眼目的娛樂，而使精神生命受害。勿以下害上，勿以輕失重。

精神生命的利，使精神生命得有成全。精神生命所追求的成全，「在於追求眞善美」，因爲精神所求的，是精神生命的本性發展，精神生命本性的發展，是理智和意志卽心靈的追求；心靈追求和別的生命的接觸時所產生的予受關係：認識、欣賞、受益。認識爲知，欣賞爲美，受益爲善。在現世生活中這些追求要藉感覺器官而進行，乃不免常有錯誤。但是就在錯誤中，也常是在眞美善的名稱下去追求。精神生命的發展追求眞美善，宇宙間一切都是相對的，則應向絕對眞美善而進。故意斷絕傾向絕對眞美善的途徑，則自己違背生命的規律，也相反人的本性。這項原則是「追求眞美善」。

我的精神生命，天性趨向眞美善，又天性趨向絕對的眞美善，因此倫理規律乃有普遍的原則：「行善避惡」。善是生命的成全，惡是破壞生命的成全。人的天性旣求生命的成全，故天性趨於「行善避惡」。這種天性，在人的心靈自然顯露，稱爲良知或良心。不僅在行事時，良知告訴人：這件事是善是惡，同時也使人體認到惡不能做。若是做，良知必加譴責，心靈因此不安。王陽明曾說良知不會走失，做賊做了幾十年，似乎失去了惡的感覺，但若聽見人叫他是賊，他仍是忸怩不安㈢。這項原則普遍地存在人心，也普遍地顯露出來，成爲倫

㈢ 王陽明　王文成公年書　卷三　語錄三

理上的基本規律。

生命的發展，爲我自己生命的發展。我的精神生命，爲我自己的精神生命。爲我的精神生命，我當然要避惡，然而避惡並不足以使生命發展，而是要行善才可以發展我的精神生命。因此倫理上的一項原則是「自強不息」。易經乾卦說：「君子自強不息」（乾卦象曰）理由在於宇宙的變易常繼續不停，乾陽健行，坤陰順動，陰陽乃「繼之者善也。」我追求精神生命的發展，生命常動，發展便應常繼續進行。我就要常求前進，常求成全。進德修業，人格日益成全，乃每個人分內的事。若懶惰成習，萎靡不振，便是相反自強的原則，終歸於失去人生的目的。

前面的這項倫理原則，是我對我自己應守的原則，以求我精神生命的發揚。

3 我贊造物者的化育

整個宇宙顯露造物者天主對宇宙萬物的愛，中國古人說這是天地好生之德，也是天地愛物之心，古人所謂的天地，在這裏象徵上天，即造物主天主。造物主愛萬物，使萬物化生。人爲萬物中最優秀的，懷有整個生生之理，且承造物生命爲萬物之主宰，治理宇宙。人和宇宙萬物的關係，仿效造物主和萬物的關係，造物主和萬物的關係是「好生之德」，使萬物化生，人代表造物主主宰萬物，也要使萬物化生，而不能使萬物毀滅。第一項人和萬物關係的原則，是「贊造物主的化育」，也就是孟子所說「仁民而愛物」。「贊造物主的化育」的原則，用一個名詞來代，就是「仁」。

孔子以仁貫通自己的思想，仁代表全德，我現在以仁爲發展我精神生命的原則，是以仁指示一種規律，對於自然界的生態，力加保護，人爲衣食住行，需要取用自然界的物體，自然界的物體供人使用，因爲自然界的生命，具有上下的次序，互相從服，互相協助。但這種使用，祇限於正當的需要，不可流於濫用。除了正當的使用外，對自然界物體須加以愛護。尤其對於因着環境的不順適，形將絕種的動植物，更要加以保護。我的生命不僅和別人的生命相連繫，和自然生態的環境也相連繫。自然生態環境的破壞，就會影響我的生命，自然生態環境中的萬物，也互相連繫。一種小而不爲人所知的小蟲，和土壤草木相關；一種低級的綠苔，和樹木鳥獸的生命也可以相關。草木和土壤相連，鳥獸又和樹林相連，破壞這種自然環境的力量，可以是天災，大部份則是人的愚昧，人祇圖眼前的享受，不計後果，造成自然生態影響的損害。例如，臺灣本來產許多種的美麗蝴蝶，三十年來都被人的愚昧使蝴蝶在臺灣已成瀕臨絕種的動物之一。

人生命發展的歷程中，有「贊造物主化育」的規律，人要愛護自然生態環境，不加以毀壞。在因生活需要對自然生態環境的一部份予以破壞時，必要力求補救之道。這是仁道的第一項規律。

仁道的第二項規律，在於「愛人」。我生命所接觸的以人的生命爲最多，而且人的生命又最高，我生命所有的關係，以人類關係爲第一。自然生態環境和我生命的關係最廣，也很重要，否則，我的生命就不能維持。然而我的生命和別人的生命，關係非常密切；而且「四海之內皆兄弟也。」(論語 顏淵)皆是造物主天主的子女。「愛人」的規律，便成爲「愛人如己」的規律，「己所不欲，勿施於人」(論語 顏淵)。

人和人雖都是兄弟，然而其中還有親疏關係。關係最親的，當然是和我的生命緊相連接的，即是我生命所從出的父母，對父母的愛稱爲孝，孝爲「德之本，敎之所由生」(開宗明義章)孝親出自人的天性，孟子以爲小孩天生就知道愛父母，「孩提之童，無不知愛其親也。」(孟子 盡心上)「孝親」爲仁道的另一項規律。

仁道的愛，推近及遠，「老吾老以及人之老，幼吾幼以及人之幼」(孟子 梁惠王上)，推到整個的人類，再推到宇宙的萬物，實現宇宙萬物全體相關連的關係，表現天地之道卽自然法中宇宙萬物互相關照的原則。我要在宇宙萬物中看到造物主工作的痕跡，造物主的工作是愛，祂在萬物中所留的痕跡便是愛。造物主的愛所留痕跡，便是萬物的奇妙美麗，可驚可愛。人的生命爲造物主之愛的造化，萬物也是造物主之愛的造化，在同一造物主的愛中，我愛宇宙萬物。宇宙萬物和人的生命，息息相通，由人的生命通到造物主。人便不可以妨礙這種關係，不可以障斷這種相通，宇宙萬物合成一個整體，整體是生命，生命好似一大海的水，東西南北盪漾不息，在海水中的物體，因水而互相通貫。仁是生命，仁道是生命的相通，是生命的愛。仁道的一項規律是「仁民而愛物。」（孟子 盡心上）

仁道使宇宙萬物，互相連繫，互相協助，以求生命的發展。這種互助的愛，應該適合每個人，每件物，而且還要適合時地。在宇宙變易中有中正的原則，陰陽兩動力的結合，常適合時空，人生之道便有中庸。中正的原則，即是孔子所講的中庸。中庸不是一種善德，而是一項生命的原則。生命的動，應不偏也不要不及，居於中道。然而所謂中，不是機械式的中，乃是當前的動，洽得其當，所以稱謂庸，庸是庸常，是日常的事。每天所有的事，各有各的中道。中字在中國古代哲學裏，乃一大問題，理學家解釋中庸書裏的中，有說是心的本體，有說是心的境況，有的更說爲宇宙的本體，中庸以喜怒哀樂之未發爲之中，中乃是靜。中若是心的本體或宇宙本體，人心爲求根本，便該常是靜。中庸的中道變成了靜坐，靜坐變成了禪靜。然而易經主張宇宙變易不停，生生不息，「天行健，君子以自強不息。」（乾卦象曰）萬物的本體爲「生生的存有」，怎麼能夠是靜？中道的解釋，應該是「適當」的原則，事事得其當。孔子說：「不在其位，不謀其政；」（論語 泰伯）孟子說孔子爲聖之時者（孟子萬章下）常得時中。位和時，乃是「中庸」原則的標準，事事要適合時與位。這也就是易經的「中正」原則。

中庸是一項原則，適用於一切善德，也適用於一切的修養。在尚書洪範篇有大中的思想：

『無偏無陂，遵王之義；
無有作好，遵王之道；
無有作思，遵王之路。
無偏無黨，王道蕩蕩；
無黨無偏，王道平平。
無反無側，王道正直。
會有其極，歸有其極。』

洪範建立皇極，皇極爲大中，方東美教授說：『肯定當建大中爲存在及價值之無上極則，且爲人人之所當共尊——自天子以至庶民，一是皆以「大中」爲本。蓋「大中」者，乃是「本初」，代表近代比較宗敎史家所謂之「天上原型」㈣。

有中庸，和平乃生。在宇宙變易中，宇宙整體有一種和諧，萬物各得其所。「狂風暴雨不終朝」，在和諧中的不和諧的現象，不能持久。人的生命和萬物的生命，爲求發展，不在鬪爭的暴力中得進步，而是在和平相處者求進取。仁道的另一規律爲「和平」。宇宙萬物既是造物主愛的表現，都帶着造物主愛的痕跡。愛，則同樂相處。達爾文的「物競天擇，弱肉強食」原則，不僅不能適用於人的生命，也不適用於自然界的生命。鳥獸互相攫食，那是生命的次序，人也殺猪殺牛，以充食物。然而在自然界裏，無所謂鬪爭，一片平靜。人的社會也應當是一片平靜，享有和平。和平爲人生存的要素，鬪戰帶來死亡的陰影。禮記禮運篇講大同世界，描述一種理想的社會，大同乃成爲儒家的理想。理想如不可能達到，希望可以達到小康。「和平」所以是仁道的另一項規律。

和平，爲實踐仁道的結果，給人類社會帶來幸福的快樂。在實踐仁道時，便常以和平爲目標，常懸在心目中。我的精神生命在發展的歷程中，和宇宙萬物的生命相接觸，另外常和

㈣ 方東美 中國哲學之精神及其發展 上冊 頁六一 成均出版社 民七三年

別人的生命相接觸，接觸的關係，爲互助互濟，互助互濟卽是和平。和平的根基建立在生命的本體上，和平的實現在生命的發展歷程中完成。有和平，生命有發展；沒有和平，生命沒有發展。

以上仁道的各項規律，天然由生命的本性而發，不是人造的規律，因爲是生命本性的要求，否則生命不能發展，這些規律便是人類倫理的基本規律。

4 人造規律

人生命本性的要求，形成規律，這種規律爲人的「性律」，出自人的天性，凡是人都天生地帶有這種規律，天然地傾向這種規律，不受時間和空間的影響。性律爲易經所講的「人道」，「人道」來自「天道、地道」，「天道、地道」爲自然法。性律以自然法爲根基。近代許多學者，否認性律，以性律爲原始人類的共同規範，人類生活變易，性律也隨著變易。然而我們看上面所列舉的規範，是否隨時代而變呢？是不是一變，人的生命便受害呢？

倫理的規律當然也有變易的部份。性律的本質不變，性律的解釋則可以加多加新。性律以外，還有人造的規律，這部份規律，隨時地而異，人的生命不是孤單的，是結羣而居，建立社會。社會既爲羣衆的團體，應有次序，乃創立人造的生活規律；中國古代有禮法，禮係倫理親律，法係政府法律。禮的創造者必是聖王，中庸曾說明沒有德沒有位，即不能造禮。（中庸 第二十八章）因爲禮要以天理爲根本，唯有聖人可以洞悉天理，也唯有皇上才能使人服從禮規，除禮規以外，社會傳統結成一些生活習慣，習慣成爲規範，作爲社會的倫理規律。例如中國孝道的實踐，有許多禮規，又有許多習慣規範，在古代人人都要遵守。但是到了現今的時代，社會生活的環境和方式都變了，傳統的禮規和習慣都不適合現在的中國人生活，這些禮規和習慣就要改變了：或者取消，或者改革，或者創造新的禮規和習慣。可是，孝道並沒有改，誰也不能說現在的子女不要孝敬父母！祇是孝敬的方式改了。目前，我們體驗到臺灣社會生活的混亂，生活品質的降低，就是新的人造倫理規律還沒有建立起來。

二、善德

精神生命發展，在發展的歷程中，所得到的成就，便是善德，中國古代哲學常以「德爲得」，修身有所得。西洋哲學又以「德爲力」，由善習慣而養成的精神力。這兩種意義可以結合起來。我精神生命發展，在精神上有所得，所得爲給我精神生活加增一種力，可以更向前發展精神生命。

善德爲精神生命發展所得，精神生命發展按照生命規律而發展，發展所得必是精神生命所得。善德便應在精神生命性理上有根據，而且旣是精神生命發展的成就或成果，對於精神生命有所助益，使精神生命更成全。孟子曾經說仁義禮智「人之有是四端者，猶其有四體也」(孟子 公孫丑上)爲人性所故有。人生來便有惻隱之心、辭讓之心、羞惡之心、是非之心，沒有這四種心就不是人，這四種心卽是仁義禮智。

易經說：「乾，元亨利貞」(乾卦 卦辭)乾爲生命創造力，生命力的運行有元亨利貞四種成效。元配春，亨配夏，利配秋，貞配冬，春夏秋冬在生命的發展歷程中，春生，夏長，秋收，冬藏。元便是生，亨便是長，利便是收，貞便是藏。易經又以元亨利貞配仁義禮智，漢儒和宋明理學家都接受這種思想。元亨利貞旣是宇宙生生的成效，仁義禮智也就是人精神生命發展歷程中的成就，是精神生命本體的發展，不是人加上的善習慣。

1 仁

仁義禮智常以仁爲首，爲總攝，猶如元亨利貞，元爲首。仁本爲愛之理，在善德中，仁是愛。

愛是授與不是佔有，造物主愛萬物，授予萬物存在的生命。萬物的「存有」，爲造物主的愛之賜予。父母愛兒子，授予兒子生命而予以生育。父母之愛爲宇宙萬物的愛中最大的愛，所授予兒女的，也是最大。父母所以配天，爲兒子生命的根本，男女夫婦之愛，彼此以身體互相授受，結成一體，不分彼此。這種夫妻之愛，在人世中祇低於父母之愛，超出其他的愛。夫妻互相授受，甘願犧牲一己，不願佔有他方，愛情才算眞誠，有如父母愛兒女，爲兒女而犧牲，不計代價，父母之愛所以是最純摯之愛。

在我精神生命發展的歷程中，我生命接觸另一生命時，常有授予的意願。士林哲學有一句諺語：「Bonum est diffusuvum sui 善是播散自己的。」聖保祿宗徒說：「Melius est dare quam accipece 給人家東西比拿人家東西更好，即施予比接受更好」㈤。我的生命乃一大善，生命便常願播散生命，播散生命所有。我和人和物相接觸時，我願以我所有播散給別的人和別的物，同時我也接受別的人和別的物給予我的善，我願還報以善，這種善的往反，就是愛的旋律。我的精神生命，在愛的旋律中進行。首先造物主天主的愛，我對造物主感恩的愛，織成一種超宇宙的愛之旋律，使我的精神生命充滿永恒的意義，表現超越的形態，給予事事物物正確的價值。我生命的來源爲父母，父母的慈愛，我對父母的孝愛，織成家庭天

㈤　宗徒大事錄　第二十章　第十節

倫之愛的旋律，擴張到和我生命同源的兄弟姊妹；天倫之愛，乃精神生命安祥發展的樂園。男女兩性青年，相識相逑，進而以自己的心相授受，以期能結婚而成一體，再以身體相授受，男女相愛的旋律，織成一個新家庭；夫妻之愛久而彌堅，濃而如酒醴。由家庭走到社會，我精神生命所接觸的，有各種各類的人物，遇到一顆另外的心，思想和感情可以互相交流，建立可貴的友誼；朋友之愛的旋律互相織成工作的助力。社會有種種的團體，我因工作參加一種或多種，我精神生命和團體中的人之精神生命相接觸，必然發生授受的關係；團體中感情的旋律，織成工作網，增加工作的愉快。在社會的生活中，我的精神生命還要接觸各種各樣的人，有老年人，我要給他們以安慰；有小孩，我要給他們以笑容；有青年人，我要給他們以鼓勵；有貧而無可告的人，我要給他們希望；有病痛而殘廢的人，我要給他們以生活情趣。聖方濟曾作「和平歌」：

『在有仇恨的地方，讓我播種仁愛；
在有殘害的地方，讓我播種寬恕；
在有猜疑的地方，讓我播種信任；
在有絕望的地方，讓我播種希望；

在有黑暗的地方，讓我播種光明；
在有憂苦的地方，讓我播種喜樂。
我不企求他人的安慰，只求安慰他人；
我不企求他人的諒解，只求諒解他人；
我不企求他人的撫愛，只求撫愛他人；
因為在施捨他人時，我們接受施予；
因為在寬恕他人時，我們獲得寬恕；
因為在喪失生命時，我們生於永恒。』

愛的播散，由遠而近，精神生活在愛的旋律中，表現惻隱、同情、關懷、寬恕，生命互相授受，人格愈趨完滿。

中國古人講博愛，講大同，以人得天地之心爲心，天心好生，人心好仁。中庸和孟子都說『仁，人也。』(六)天主教聖若望宗徒說：『天主是愛』(七)愛爲天主的特性，人相似天主，

(六) 中庸 第二十章，孟子 告子上
(七) 聖若望 第一書 第四章 第八節

人也當是愛。聖保祿宗徒描述愛的特點：

『愛是含忍的，愛是慈祥的，愛不嫉妒，不誇張，不自大，不作無禮之事，不求己益，不動怒，不圖謀惡事，不以不義為樂，却與真理同樂，凡事包容，凡事相信，凡事盼望，凡事忍耐，愛永存不朽。』（致格林多前書 第十三章 第四節，第八節）

2 義

義，爲養我，爲生命之長，如五穀在夏天成長，卽我精神生命的發揚。義的意義爲正義，一切按規律，可以做才做，不可以做就不做。孔子最重義利之分，以重利者爲小人，重義者爲君子。孟子更勸人「捨生取義」，以義高於生命。所謂生命乃身體的生命，義則屬於精神生命，捨身體生命以求精神生命。利爲私利，不合正義。

規律爲生命的規範，指導生命發展的途徑，守規律以求生命的發揚。生命的規律既是規範便劃出範圍，範圍是加限制，守規律便接受限制。義，第一，指示生命的規律，詳加認識，有天生的規律，例如『行善避惡』；有人造的規律，大學講格物致知。第二，接受限制，爲勇氣的表現，在『捨生取義』時，勇氣爲超凡的勇氣；在平凡的事上，就義捨利，也要勇氣。例如別人來賄賂，送錢上門，「神不知，鬼不曉」地秘密進行，爲不接受，須要勇氣。

義常包含著勇；柔弱的人，很難守著正義。勇，不是匹夫之勇，而要是大丈夫之勇。孟子說：『居天下之廣居，立天下之正位，行天下之大道，得志，與民由之；不得志，獨行其道。富貴不能淫，貧賤不能移，威武不能屈，此之謂大丈夫。』（滕文公 下）孟子又說：『人有不爲也，而後可以有爲。』（萬章下）

義，指導人在一切事上要有原則，事情的形態可以變，原則不可以變。我的精神生命在發展的歷程中，必要有原則，精神生命在各方面的表現，都根據原則。孔子和孟子都是有原則的人，他們以原則爲「道」。孔子曾說：『朝聞道，夕死可矣。』（論語 里仁）又說『君子憂道不憂貧。』（論語 衛靈公）大丈夫得志，『行天下之大道』；不得志，『獨行其道』。孔子曾爲自己立下原則：『飯疏食，飲水，曲肱而枕之，樂亦在其中矣。不義而富且貴，於我如浮雲。』（論語 述而）有原則的人，必有志氣，有志氣，乃有人格。古代有氣節的人，都是有原則的義士。

孔子曾主張正名，正名就是義，君君，臣臣，父父，子子，各有各的名，各人因名有應盡的職責。善盡自己的職責便是義。西洋哲學以義由權利而生；我有各種權利，別人不能侵犯，有尊重我的權利的義務；若加侵犯，便有義務予以補償。補償不能折中，而要盡數償報。西洋哲學謂中道不適用於義，我們古傳的中道，爲適宜，「義者，宜也。」償還債務，補償權利應盡數償還才能適宜；或因負債者力有不及，則適力所能便是適宜。中道當然也用於義。

守義的人，必是有責任感而盡職的人。守義的人，必是廉節的人，『臨財勿苟取』，非分之才必不貪。守義的人，必是有志氣的人，保持原則，不屈於環境。守義的人，必是有廉恥的人，對得起自己的良心，也對得起旁人。守義的人，必是知恩報德的人，知道所得的屬於別人的施恩。守義的人，必是有正確價值觀的人，知道精神重於物質。守義的人，必是有勇氣的人，堅持自己的志向。孔子曾說：『三軍可奪帥也，匹夫不可奪志也。』（論語 子罕）

守義，所以能長進精神生命，使精神生命在自己的規律上前進。規律不是爲桎梏精神生命，不是爲殘害精神生命，而是使精神生命得到正當的發揚。

3 禮

在發展精神生活的歷程中，有應遵守的規律，規律予人生命活動一些限制，人接受限制，實行生命的節制，便是禮。

禮配秋，秋爲收，爲生命的歛收；因著規律的限制，我在精神生命的發展途中，給生命以歛縮。我精神生命的發展，常和身體生命結合一起；身體生命在感覺的活動中，常能使生命趨向物質，物質既得偏重，精神便受傷害。感覺生活的活動，常藉情慾而動，情慾和外物相接，常容易受外物的吸引，忘記生活的規律，動而不中節，乃趨於惡。

凡是生命的活動，不論是精神生活或是物質生活，都應有所節制。例如吃飯、飲酒、睡眠，都該合於中道；若是吃多了，喝多了，睡多了，對於身體都有害，都不能發展精神生活。男女的情慾，出自人的天性，若不愼加節制而流於濫，於身體有損傷，於精神更有傷害。飲食男女之慾，都屬於感情，而且屬於物質的感情，應常加節制以守禮。

不僅飲食男女之情，應加節制，凡是喜怒哀樂愛恨等等感情，莫不需要節制，以得合於中道；否則常有出軌的行動。儒家所以主張節慾，佛敎則主張絕慾，天主敎主張節慾使趨於善，予以積極意義。

情慾本身不是壞，更不是惡；而都是生命的種種「能」，應該是積極的善。情慾的「能」藉得感覺而動，表現於外。可以因著心不正，整個情慾的動，不論內外，都趨於惡。心不正就是意向或目的不正，情慾向不正的方向走，當然走出倫理的規律。許多次，心正，有好目的，但是在表現於外時，或是方法不合於中道，或是形態不合於中道，便也就流於惡。例如搶竊金錢以孝敬父母，孝是對，搶竊的方法不對。又例如貧家子葬親，大講鋪張，破費家產，葬親是孝，貧而鋪張則不合中道。

禮，便是節制，和西洋倫理哲學善德中之節制相合。中國通常以禮爲生活規律，包括生活的各種禮儀，孔子曾說：『非禮勿視，非禮勿聽，非禮勿言，非禮勿動。』（論語 顏淵）既然說：『勿』，便是節制自己。節制乃是禮的精神和意義。

『曾子言曰：君子所貴乎道者三：動容貌，斯遠暴慢矣；正顏色，斯近信矣；出辭氣，斯遠鄙倍矣。』（論語 泰伯）

『子曰：躬自厚而薄責於人，則遠怨矣。』（論語 衞靈公）

『子絕四：毋意，毋必，毋固，毋我。』（論語 子罕）

張載曾說：『無我而後大，大成性而後聖。』(八)

節制自己，不以自己爲作事的直接目的，直接目的在於爲人爲國，間接目的仍是爲自

(八) 張載 正蒙 神化

己，使自己的人格更完全，更高尙，因而成聖。

禮，又是禮儀，行動在外面的次序。民國以來，大家都反對禮，把傳統禮儀廢除了，新的禮儀沒有制定，社會成了沒有禮儀的社會。廢除傳統禮儀乃社會變遷的自然結論，沒有禮儀則喪失社會生活的意義；因爲社會生活沒有節制，沒有適合的儀式，社會由文明而返回野蠻。

耶穌曾經說：『我是道路、眞理、生命。』（聖若望福音 第十四章 第六節）我的精神生命應該有途徑，途徑要是眞理之道，然後我的精神生命纔正確地發展。耶穌是我精神生命的道路，道路是祂爲愛世人而犧牲自己的性命，犧牲乃是我精神生命的途徑。耶穌也曾經向門徒說：『誰若願意跟隨我該棄自己，背著自己的十字架來跟隨我。』（瑪竇福音 第十六章 第二十四節）十字架爲耶穌的犧牲之象徵。只有在犧牲中有眞理，生命才可發揚。犧牲，乃是自我節制。

有節制的人，是有規矩的人，是有禮貌的人，是謙讓的人，是能合作的人。論語講述孔子說：

『子溫而厲，威而不猛，恭而安。』（論語 述而）

禮的精神和意義爲節制，『齊明盛服，非禮不動，所以修身也。』（中庸 第二十章）

4 智

智爲明智，配冬，冬爲水、爲冷、爲藏。秋收冬藏，生命的發展的第四階段，把所接受的收藏起來，以供需求，就如五穀在秋天收穫以後，藏在倉庫裏，供日常需要。明智有如冬水，冷靜明淨，不受情慾利害的紛擾。

智的第一步，便是收藏知識。大學講致知在格物，歷代解釋紛紛，陸王且分成學派。朱熹的主張乃爲正確，人心固然有天生的良知，知道臨事辨別善惡。但良知所指示的根據爲天生的性律，性律爲基本的倫理規律，對於人事複雜的境遇，對於後天人造的規律，都須加以研究。但不像朱熹所說久則貫通，而是知識多，良知判斷可以不錯。

求學，在中國古代在於求知天理，天理爲人生活之道，因求知天理進而實踐，中國古人求學爲修身，爲成君子，爲成聖人。孔子所以非常看重求學。但是現代的求學爲得知識，現代的知識包括各項學術的學理，也包含人事的歷史和制度，現代的求學和歐洲的求學，意義相同，求知識而不求做人之道，有學問的人不一定是君子。在中國古代，不是君子，不是賢人，不足稱爲學者。因此，在現代的求知識中，爲能有明智，則須研究人生之道。

在求明智的知識裏，中國古人特別舉出知己知人知天。現代人常以自己爲重，以己爲中心，認識自己成了一門學問。心理輔導中列有自我認識一門，認識自己的嗜好，認識自己的專才，認識自己的性格，都包括在這門學問裏。這乃是學術進步的現象，人類的知識，先認識外在事物，然後才進入內心。現在學術進步了，乃有自我認識的學問。然而這些知識，可作爲求學就業的根據，但爲修身進德還不够。我爲求精神生命的發展，我須認識我的性格、脾氣、感情、傾向，以及修養上的得失，然後才可以「對症下藥」，有惡則改，有善則加強。

我所接觸的都是人，普通都說對於人『知面不知心。』心藏在裏面，我不能透視直接，然而心在外面的表現，則可以知道；由外面的表現，推知裏面心所有的，不能說常是準確，但可以有把握。孔子曾說：

『始吾於人也，聽其言而信其人；今吾於人也，聽其言而觀其人，於予與改矣。』（論語　公冶長）

怎樣『觀其人』呢？

『子曰：視其所以，觀其所由，察其所安，人焉廋哉！人焉廋哉！』（論語　爲政）

孔子很懂心理學，觀察人，從人做事的目的、做人的方法和形態，和心安自足的事；便使人無法逃避，可以認識他。好心人以爲大家都是好人，不足以應變，常受欺騙。明智的人，必要知人。『樊遲問知。子曰：知人。』（論語　顏淵）孔子又說：『不患人之不己知，患不知人也。』（論語　學而）在目前工商業發達的時候，人和人接觸的機會多，而且工作常由許多人合作；知人的智，更形重要。在這種社會裏，我發展精神生命，必須認識共事和發生接觸關係的人，使我對人的關係，不陷於錯誤。

中庸說：『思知人，不可以不知天。』（中庸　第二十章）中國古人以天爲上天，上天亭毒人的生命，給人定有規律，賦以使命。人對於上天，應該認識。人所以應該認識的是天命。

『子曰：不知命，無以爲君子；不知禮，無以立；不知言，無以知人也。』（論語　堯曰）

『子曰：五十而知天命。』（論語　學而）

知天命而畏天命，爲孔子作人修身的原則。我的精神生命來自造物主天主，宇宙萬物也都爲造物主天主所造，這一切表現天主的愛。我的精神生命，是在天主的愛中生活，認識天主的愛，我的精神生命便有了根。我的精神生命追求眞美善，天主爲絕對的眞美善，爲我精神生命的目的，知道天主的眞美善，我精神生命有了歸宿。

知己、知人、知天，乃明智的內涵。

有的人天生明智，然而就是天生明智的人也須要勤加修養，不是天生明智的人，更須修養了。中庸講修養明智的方法：

『博學之，審問之，愼思之，明辨之，篤行之。人一能之，己百之；人十能之，己千之，果能行道矣，雖愚必明，雖柔必强。』(中庸 第二十章)

爲求知人生之道，博覽羣書，固然有益，然必應有根據，以二三書爲中心，一是聖經，一是四書。這兩册書日存手頭，重覆閱讀，作爲生活的途徑。再旁通中外名著，培養自己的學識。讀書須下工夫、審問、愼思、明辨，都是讀書的好步驟。最後，要實踐篤行，心中才能貫通。

雖然道家以求學所得的知識爲小知，大知則在於以氣和天地之氣相接，直接體認「道」的偉大。但是人的精神生命乃心物合一的生活，知識由感官而入，氣知和直觀不是通常求知的途徑。

佛教最講智慧，有智慧的人以空觀萬物，進而有萬法圓融觀，一切都通於眞如。但是這種智慧不能爲凡人所有，實則一切人都是凡人，講智慧等於無智慧。

儒家則以「道不遠人」，人人都可以有智慧。有智慧的人，有正確的人生觀，知道人生的目的，知道給予事件適當的評價。不以物質而害精神，不以假冒爲眞，在疑難中，知道求解決。心中平靜，看事明瞭，乃能「明明德。」

三、修　養

生命的發展都靠著培養，一株花須要加肥加水，一隻狗須要吃須要喝，人的生命何獨不然。身體的生命，常要用心照顧，不但不缺衣缺食，還要豐衣足食。現代科學發達，給予人生命的高度享受，造成二十世紀的新文明。人的精神生命，在這高度的享受裏，反而受到連累，不能上進，反而萎縮。目前，社會有識人士都在惋惜生活的品質低落，道德淪喪，大呼加強倫理教育。

倫理教育不僅是教授倫理的原則，而且是教育倫理的實踐，使人知道修身。中國古代的教育以修身爲目標，大學一書裏第一章標明了修身之道：正心、誠意、致知、格物、愼獨。宋明理學家雖高談性理，然卻致力實踐，以實踐的方法教人。古代的教育，尊師重道，老師以實踐人生之道教學生，學生看重人生之道，尊敬老師。目前，學校所教的知識，沒有修身之道，家庭父母也不如前管教子女，精神生命的修養將成爲絕學，必須予以提倡。天主教傳統地注重修養，積成一種學術，教會的男女修院，都鄭重實踐，不以現時代的風氣而停止。

我主張宜繼續中國傳統的修養，加以現代的心理方法，使自己的精神生命，漸得培養，穩健地發揚。

1　正心立志

人是有理智的，做事常有目的，沒有目的，人不會動。目的由心主宰，爲修養先由心定下目標，稱爲定志，志向的好壞，在於心。大學爲修身，第一主張正心。大學的正心，在於心的意向正，所想的都合理。然而意向應當是正心的結果，心正然後意向正。這種正心乃是心地純淨，如同耶穌在福音所說：『心地潔淨的人是有福的，因爲他將享見天主。』（瑪竇福音　第五章　第八節）心地潔淨，沒有情慾的汚染，特別沒有淫慾的汚染，可以享見天主。天主爲純淨的精神體，和純潔的心相接近，而且和純潔的心相結合，純潔的心可以體認天主的美善。

王陽明曾說人心自然光明，有如明鏡。大學稱人心爲明德，自然顯露人性天理。正心就在於保持心的明淨，不被物慾所蔽。爲能正心，第一要省察，反觀自心。清晨舉行省察，作默禱，以聖經的言詞，對越天主，心神開朗，明淨有如青天。先總統蔣公，每晨默禱，從不間斷。晚間省察一天的思言行，有惡則改。曾子曾說：『吾日三省吾身，爲人謀而不忠乎？與朋友交而不信乎？傳不習乎？』（論語 學而）這種功夫，日常履行，養成習慣。

第二、收心，心不亂則淨。孟子主張求放心，心不宜放在外物上：

『孟子曰：仁，人心也，義，人路也。舍其路而弗由，放其心而不知求，哀哉！人有鷄犬放，則知求之；有放心而不知求，學問之道無他，求其放心而已矣。』（孟子 告子上）

心散在事物上，不能反觀自心，修身不能脚踏實地，中國理學家乃講靜坐以求心之不動。中庸曾以情慾不動稱爲中，呂大臨、楊時、羅從彥、李侗以中爲心的本體，靜坐求見心之本體，引禪入儒。朱熹反對這種主張，以靜時心靜，動時心也要靜。程明道告誡人：『心不得有所繫』㈨，每天以默禱省察，觀察自己的心，不使外馳。每年宜有幾天，閉門靜思，稱爲『退省』，不是禪坐，無思無慮；而是思慮自己精神生命發育的狀況。如生命雜亂無章，不進則退，自加修改。

正心立志，心淨則能立定前進的志向，使精神生命一步一步繼續發展。立志，在於成聖，以達到精神生命的高峯。

『長樂惟君子，為善百祥集。
不偕無道行，恥與羣小立。
避彼輕慢輩，不屑與同席。
優遊聖道中，涵泳微朝夕。
譬如溪畔樹，及時結果實。
歲寒葉不枯，條鬯永無極。』㈩

㈨ 二程全書，二程遺書十一，明道語錄一

㈩ 吳經熊　聖詠譯義　第一章，臺灣商務印書館，民六十四年

2 守敬主一

爲收心，以默禱省察退省作日常功課，同時應「主敬守一」的方法。

「主敬」的方法，從孔子開始，朱熹大爲提倡。孔子的「主敬」，以外貌端重爲要，說話行動常端正不苟。孔子曾說：

『君子不重則不威，學則不固。』（論語 學而）

平居『席不正不坐，寢不戶，居不容，升車必正立，執綏，車中不內顧，不疾言，不親指。』（論語 鄉黨）

在現在的社會裏，青年人將罵這類自敬的人爲迂闊，爲學究，爲腐敗。向學生講授這種自敬的方式，他們不會接受。但是自敬就是自重，自重在現代的青年非常受注意，人人都以自己爲重，誰不願意自重，而招人輕視呢？自重要處處愼重，事事愼重，不可輕忽，也不可輕佻。說話要愼重，言語謹愼。

『子曰：巧言令色鮮矣仁。』（論語　學而）

『子貢曰：君子亦有惡乎？子曰：有惡：惡稱人之惡者，惡居下流而訕上者，惡勇而無禮者，惡果敢而窒者。』（論語　陽貨）

行動也有愼重，現在年青人喜歡活潑，行動敏捷；可是在快動作中也要愼重，外面的形態穩重，動作的次序不亂。男女往來時，行動更須愼重，一不愼，將成終生憾。揚雄曾言：『或問：何如斯謂之人？曰：取四重，去四輕，則可謂之人。曰：何謂四重？曰：重言、重行、重貌、重好。言重則有法，行重則有德，貌重則有威，好重則有觀。敢問何謂四輕？曰：言輕則招憂，行輕則招棄，貌輕則招辱，好輕則招淫。』(十一)

謹愼自重，爲外面的主敬，不在靜坐，而在動時愼重。然而守敬還要內面的敬，使自心不亂。中庸大學都主張愼獨，自心常謹愼，獨居如處人中。

『是故君子戒愼其所不睹。戒懼其所不聞，莫見乎隱，莫顯乎微。故君子愼其獨也。』

（中庸　第一章）

(十一)　揚雄，法言。修身

內心常有所警慄，愼對自心，愼對天主。這種警慄爲一心理狀態，不是求知，不是良心自照，而是自心常惺惺。曾國藩曾說：『自世儒以格致爲外求，而專力於知善知惡，則愼獨之旨晦。自世儒以獨體爲內照，而反昧乎即事即理，則愼獨之旨愈晦。要明宜先乎誠，非格致則愼亦失當；心必麗於事，非事物則獨將失守，此入德之方，不可不辨者也。』(十一)

內心的謹愼，不是冥空獨坐，而是就事上謹愼，專心做好。朱熹乃主張「主一」，心專於當前所做的一事，不旁騖別想。朱熹說：『敬，莫把做一件事情看，只是收拾自家精神，專一在此。』(朱子語類 卷十二)

『心須常令有所主。做一事未了，不要做別事。心廣大如天地，虛明如日月。要閒心都不閒，隨物走了。不要閒，心卻閒，有所主。』(朱子語類 卷十二)

有所主，主於當前的事，然不能是邪僻的事。做賊的人，偷竊時，心專於一；深交時，心專於一；這都不是修養的主一，主一要主於天理，合於良知。程伊川說：『閑邪固有一

(十一) 曾國藩 曾國藩全集 文集，君子愼獨篇

矣，然主一則不消言閑邪。有以一爲難見，不可下功夫，如何？一者無他，只是整齊嚴肅，則心便一。一則自是無非僻之奸。此意但涵養久，則天理自然明。』（二程全書　二程遺書　伊川語錄一）

心專於當前的事，良知自然顯明，邪僻的事便須立刻停止，或有不正則改。守敬主一，事事謹愼，必可免於惡。

『樂只君子，心地純潔，
遵行聖道，兢兢業業，
優哉游哉，順主之則。
惟精惟一，無貳無忒。
聖誠彰彰，寧敢荒逸。
祈主導我，虔守大法。
庶幾無愧，金科玉律。
俾得暢詠，主之靈騭。
正心誠意，惟主是式。

但求吾主，莫我棄絕。』㈢

專心於一，遵行天主的大道，兢兢業業，向著成聖的志向走，精神生命必能走在發展的路上。

3 淨心寡慾

中國儒家傳統的修養，在於淨心寡慾；道家和佛教更主張絕慾。慾在中國古人的思想裏爲萬惡的根源，爲行善避惡，重點在注意慾情。孟子爲第一個標明寡慾的儒者，實行寡慾以培養人心天生的善端。孟子說：

『養心莫善於寡慾。其為人也寡慾，雖有不存焉者寡矣；其為人多慾，雖有存焉者寡矣。』（孟子 盡心下）

㈢ 吳經熊 聖詠譯義 第百十九首 商務印書館。

孟子以人心生來具有仁義禮智的四端，好好培養，則生長發育以成善德，若荒廢不治，情慾有如雜草，把善端窒息。宋明理學家，因受佛教的影響，對於情慾主張嚴加克制。主靜的人，力求情慾不動。元朝和清朝的學者，重在實踐，對於克慾，天天下功夫，在日記上記述克慾功夫的進展。

朱熹曾解釋克慾爲治慾，不是克除。

『敬如治田而灌溉之功，克己則是去其惡草。』（朱子語類　卷十二）

『因說克己如剝百合，須去了一重方始去那第二重。』（朱子語類　卷四十一）

『克者，勝也，不如以克訓治較穩。曰：治學緩了，且如捱得一分也是治，捱得兩分也是治。勝便是打疊殺了他。』（朱子語類　卷四十一）

朱熹的方法，克制一項情慾，再克第二項。克是治，治是治理，治理在於有次序，使各得其宜。克慾，乃使情慾動時合於倫理規律，不亂人心，更不使人離開成聖的志向，就是中庸所說：『發而皆中節謂之和。』

儒家反對佛教的絕慾，認爲把人弄成枯木槁灰，失去生活的意義。佛教絕慾，因爲主張萬法皆空，無我無物，情慾之動屬於愚昧。旣於無我，當然絕慾。

道家主張無爲，爲能無爲，必須無慾。道家無慾不是絕慾，而是以情慾趨向淸靜，享受自然美景和心神淸閒之福。對於物質的慾望則予以克除。

目前的時代是一種生活享受的時代，講克慾，少有人願意聽。可是目前因物質享受而帶來的病痛也不少，醫學雖發達，人壽增高，病症卻越加多，生活享受遭病痛抵消。

物質物爲天主創造以供給人使用的，人的情慾來自人性，兩者本身不是惡，惡是人用時不合規律，沒有節制。第一個直接受害的就是人的身體，同時人的精神生活也受損害。情慾藉感官而發，感官和外物則是物引物，感官容易被激動。情慾引發人的興趣，興趣引起喜好，有了喜好，感情則加強。還有社會的風氣，朋輩的唆使，慾情便常趨於越軌而動。一個人若沒有克制情慾的習慣，祇在臨事時使情慾中節，幾乎不可能。因此，須要勤加操練，意志要作情慾的主宰。『人有不爲而後可以有爲』，對於情慾，不單趨於惡的不許動，連正當的情慾也克制不許動。久了，才能隨時給情慾發號施令，而不被情慾所牽制。佛敎有戒律，天主敎有誡律。天主敎獻身修道的修士修女，更宣發誓願，許下絕色守貞，絕財守貧，絕意服從，在名利色三點，徹底克除，然後可以舉心向天，超越塵凡。

『我於天主前，立志為聖賢，
吟咏惟仁義，歌誦惟所天。
孳孳遵大道，兢兢莫踰閑。
主肯惠然臨，我心固以貞。
修身以齊家，蕩滌邪與淫。
痛絕虛偽習，根拔悖逆意。
傲者莫我親，讒者我所棄。
惟願求賢良，與我共國事。』(十四)

『孔子曰：君子有三戒：少之時，血氣未定，戒之在色。及其壯也，血氣方剛，戒之在鬪。及其老也，血氣既衰，戒之在得。』（論語　季氏）

在日常生活中，謹愼不苟，日以省察，自觀生活的情況，對情慾加以管束。處在享樂主義和消費主義的時代中，提高警覺，自作情慾的主人，心地清明，精神生命得發揚。

(十四) 同上，第百有一首

4 誠心對主

大學講正心在誠意，以心所定，誠意實行，內外相合，知行合一。中庸對於誠，非常重視，如『誠者，天之道也，誠之者，人之道也。』（中庸 第二十章）誠者，爲天然或自然。宇宙萬物在變易發展上，天然按照性理而行。物體沒有自由，自然『率性』。理學家以聖人，心無情慾，動輒「率性」，稱爲「誠者」。普通一般人，努力爲聖賢，則須勉力自作主宰，使意能誠於心，稱爲『誠之者』。

『自誠明，謂之性；自明誠，謂之教。』（中庸 第二十一章）

『誠者，自成也，而道自道也。誠者，物之終始，不誠無物。』（中庸 第二十五章）

宋朝理學家周敦頤繼承中庸的思想，發揮「誠」的思想，以「誠」爲「易」，「易」爲萬物本源。

『聖，誠而已矣。誠，五常之本，百行之源也。』(十五)

『乾道變化，各正性命，誠斯立焉。……元亨，誠之通，利貞，誠之復。』(十六)

誠，就是「率性」，所以中庸以至誠之人能夠盡性。「率性」也就是大學的「明明德」，將人性之理顯明出來，行在事實上。王陽明的「致良知」和「知行合一」，便是「誠」。所以不必將「誠」神秘化，作為宇宙萬物的本源，和太極同一意義。誠，本來就是「信」，信是五常之一，仁義禮智信，理學家都以信不是一種善德，而是各種善德的條件，每種善德都包含信，都要是誠，都要「率性」。

在修養上，誠為一重要的層次。我的心，明淨沒有情慾的擾亂，心靈所有可以顯露。心靈清淨，沒有物質的牽連，心眼可對神明。基督曾說：心地潔淨的人，可以看見天主。在這種修養的層次上，我的心對越天主。天主本在我心內，我心沒有情慾，不染罪污，天主便顯露在我心中，我的心可以面對天主。

(十五) 周敦頤 通書 第二篇

(十六) 同上，第一篇

面對天主，我的心對越絕對眞美善，將爲所吸引。我的心便能定，定而後能安，我的精神生命將飛騰雀躍。

孔子曾說：『不怨天，不尤人，知我者其天乎。』（論語 憲問）

孟子曾說：『我知言，我善養吾浩然之氣。』（孟子 公孫丑上）

孟子的浩然之氣，以義去培養，使自己的胸懷廣擴，可以包容天地，天地之間沒有一物可以牽累他。我以天主作我心的趨向，遇事以天意爲準則，對於人物不怨，也無所求。時時誠心對越天主，心有所歸。聖保祿曾說世間沒有一事，可以使他和基督的愛相分離(七)。我的心時刻融會在基督的精神愛內，我的心便有浩然之氣。

『稱謝洪恩，歌頌至尊。此事洵美，怡悅心魂。

朝誦爾仁，暮詠爾信，撫我十絃，寄我幽韻。

諦觀大猷，令我心醉，心醉如何，歡歌不已。

功德浩浩，不可思議。聖衷淵淵，經天緯地。……

(七) 聖保祿宗徒 致羅馬人書 第八章 第三十五節

心感我心，崢嶸我角。澡身浴德，芳澤是沐。……
雍雍君子，何以比擬。鳳尾之棕，鬱鬱葱葱。
麗盆之柏，暢茂條達。植根聖圃，霑漑化雨。
經霜獨青，歷久彌固；嘉實纍纍，綠陰交布。
以表正直，以宣永祚。』(六)

5　自强不息

現世精神生活的美景，沒有一項長久不變，精神生命不進則退，修養的功夫須要自強不息。

中庸求學的方法，最後為『篤行之』，知而不行在修養的路上，等之於不知，儒家的修養重在『篤行』，孔子說：

(六) 吳經熊，聖詠譯義，第九十二首

『文，莫吾猶人也，躬行君子，則吾未之有得。』（論語 述而）

『子曰：君子欲訥於言而敏於行。』（論語 里仁）

『子曰：君子恥其言而過其行。』（論語 憲問）

行，當然重要；有恆，繼續去行，立志，克慾，每天從頭做起。在修養上，跌倒失敗的現象，常會出現。須要有勇氣，跌倒就爬起來，從失敗中求勝利。易經以乾道的運行，化生萬物，時時不停，所以說「天行健，君子自強不息。」（乾道 象曰）

我在培養精神生活上，若「自強不息」，乃能涵養有素，有涵養才能培植品德。

『子曰：君子食無求飽，居無求安，敏於事而愼於言，就有道而正焉，可謂好學也已。』（論語 學而）

『居上不驕，為下不倍。』（中庸 第二十七章）

中國古人對於人的品德，常重涵養。『明，夏原吉有雅量。或問吉曰：量可學乎？曰：

吾幼時，人有犯者，未嘗不怒；始忍於色，中忍於心，久則無可忍矣。』[九]『劉寬嘗坐牛車而行，人有失牛車，乃就寬牛車認之，寬無所言，下車步歸。有頃，認者得牛而送還，叩頭謝曰：慚負長者。寬曰：物有相類，事容脫誤，幸勞見歸，何謝爲？州里服其不較。寬雖倉卒，未嘗疾言遽色，夫人欲試令忿，伺當期會，嚴裝已訖，侍女奉肉羹，翻汚朝衣；寬神色不異，仍徐言曰：羹爛汝手乎？其性度如此，海內皆稱寬長者。』[十]

有品德則建立人格，有風度，有氣節，艱難痛苦不能改變節操。

『士見危授命。』（論語　子張）

『子曰：歲寒然後知松柏之後凋也。』（論語　子罕）

高尚的氣節，不能一蹴即到，而是點滴的功夫，一分一分地修養，久而後能成。在消極方面，有過即改。

㈨ 秦孝儀　進德錄，頁一〇，中央日報社

㈩ 同上，頁七四

『子曰：過而不改，是謂過矣。』（論語　衛靈公）

在積極方面，有善，則勉力去行。

『子曰：三人行，必有我師焉。擇其善者而從之，其不善者而改之。』（論語　述而）

改過遷善的目標，成爲聖人。目標放高，努力上進。

『子曰：若聖與仁，則吾豈敢！抑為之不厭，誨人不倦。』（論語　述而）

儒家學者教誨弟子，常以聖賢自期。朱熹曾說：『凡人須以聖賢爲己任。世人多以聖賢爲高而自視爲卑，故不肯進……然聖賢禀性與人一同；既與常人一同，又安得不以聖賢爲己任。』（朱子語類　卷六十四）『古之學者，始乎爲士，終乎爲聖人。』㈢

㈢　朱熹　朱文公文集　卷七十四　策問，首條

四、生命的旋律

我的精神生命，自立在宇宙中，和萬物互相連繫。生生創造力從宇宙萬物中流出，在萬物中週流。我精神生命既放出生生創造力，又接受萬物對我的生命所放出的生生創造力，我的生命和萬物的生命建立了一種旋律，互相週流，互相銜接。

生命不能孤立，天然地存在這種旋律中。我心物合一的生命，身體和周圍的物體相接觸，彼此互相授受，感官接受外物的聲色，內臟接納外物的營養，心理情感和外來情感相呼應，理智思慮使物我成一體。

生生創造力乃是「仁」。仁的愛，由我放射到「非我」，貫通宇宙的人物，帶回來宇宙人物的愛。互相授受的愛，織成旋律，我的生命更形活躍。

造物主天主創造了在愛的旋律中的生命，也佈置了生命旋律的自然旋律圈。人生在家庭中，家庭爲生命旋律的第一圈。由家庭走到社會，社會爲生命旋律的第二圈。由社會到國家，國家爲生命旋律的第三圈。家庭，社會，國家，都在自然宇宙中，自然界爲生命旋律的第四圈。這四個生命旋律圈，天然而成，合於人的天性。我的生命便在這四個生命旋律圈內，生長發育。中國古人稱五倫爲人生關係的範圍，實則就是生命旋律的範圍，家庭社會國家都包括在五倫以內。道家卻願超越一切旋律範圍，祇求在自然界的旋律中生活；佛教更願超越一切旋律圈，以空觀一切。然而人性所要求的，人不能都拋棄。而在現代的生活裏，更不能否認生命旋律。

1 家庭

男女兩人，互相授受身體，結成一體，以創造新生命。兒子既生，父母的生命流行到子女，子女以生命相報，建立孝道。儒家的孝道，以生命回報爲基礎，父子生命相連，父母配天。在縱橫的兩方面，儒家孝道都以子女的生命爲範圍。子女孝敬父母，一生不變，不論成年不成年，父母去世，仍舊『事死如事生。』（禮記 祭義）子女一生的行動都歸之於孝道，凡是善行都是孝，凡是惡事，都是不孝。兒子生活的目的，在於「揚名顯親」。兒子生命的繼續，在於繼續父母的祭祀。家庭的意義，完全集中在生命。宇宙的生命在萬物中生生不息，人的生命在家族中綿綿不絕。人一出生，生在父母的家庭中，父母隨著生命賦予子女以愛，「父慈子孝」，乃生命的第一個旋律。家庭的愛，養育子女的小生命，漸漸成長；子女的愛充實父母的生命，堅強壯實。天倫之樂乃生命旋律的花果，在家庭中自然長成。

工商發達的社會，工作搶奪了生命的時間，家庭生命的旋律流動漸慢，甚而至於枯萎。父母早出晚歸，子女少有看見父母的機會。子女漸大，獨立的觀念促他們脫離父母的關懷，兩方面愛的表現，稀薄散漫，父母既不敎，子女乃不孝。目前中華民國的社會，孝道竟發生危機。在這種環境裏，別的旋律圈加多加深，然而生命旋律以愛爲動力，愛推動生生創造力週遊不輟。愛須由母胎發始培養，在家庭的旋律中生根。若是缺少家庭愛的旋律，在社會國家的旋律中，將爲工作關係的連繫，人心將養成虛僞欺詐。家庭的愛在工商業的社會中理應加強。家庭敎育宜和學校敎育平行，相輔相成。週末假日，春節年關，端午中秋，家人團聚。兒女奉養老年父母，膝前抱孫。安老院祇爲孤單無依的老人，娛樂中心可供同鄉同里的老者散心。今天的孝道，愛心勝於禮儀，養心勝於養身。若將家庭的生命旋律化爲社會生命旋律，胎兒生後卽送托兒所，牛奶代替母奶。父母老後卽送養老院，每月一兩次拜訪；似乎嬰兒和老父母都變成了贅疣，天倫之樂祇在青年父母和幼稚子女的家庭。子女一入工廠或大學，生命的旋律就流入了社會，白天，家庭將空寂無人。這種轉變帶給精神生命的傷害，雖然無形，卻相當深。大家提倡以廠爲家，以校爲家，圖謀以工廠學校塡補離別的家庭，若不能仍保持且加強在工廠和學校的子女和父母連繫，青年的心靈仍將有缺憾。「父慈子孝」的旋律今天還是精神生命的發祥地。

生命由父母所生，父母子女在生命上連繫；兄弟姊妹間有一生命來源，血脈相通。五倫中有兄弟一倫：『兄友弟恭』。目前的社會，兄弟平行，祇有在家庭企業裏，或兄或弟擔任總管，發號施令。古代姊妹爲女性，女性在家庭沒有地位，祇預備出嫁，成爲他家的人。現在姊妹在家和兄弟一樣。家庭生命旋律，周流在兄弟姊妹中，愛的成份既多，情緒將更濃。父母日間出外工作，兄弟姊妹同校，形影相隨，將可增進家庭愛的旋律。父母老而去世，兄弟姊妹尚能保持血親的愛，家庭生命旋律便將周流在兄弟姊妹家庭中。詩經常棣章歌詠兄弟相好的天倫樂：

『常棣之華，鄂不韡韡。凡今之人，莫如兄弟。
死喪之威，兄弟孔懷；原隰裒矣，兄弟求矣。
脊令在原，兄弟急難，每有良朋，況也永歎。
兄弟鬩於牆，外禦其侮。每有良朋，烝也無戎。
喪亂既平，既安且寧，雖有兄弟，不如友生。
儐爾籩豆，飲酒之飫。兄弟既具，和樂且孺。
妻子如合，如鼓瑟琴。兄弟既翕，和樂且湛。
宜爾室家，樂爾妻帑。是究是圖，亶其然矣。』

2 社會

家庭爲生命的根基，生命成長後卽走入社會。我的生命不能孤獨，必和其他的生命相接觸。人和人相處，自然結成社會。擴大生命接觸的範圍。唐君毅先生說：『吾人首須知：日常生活中人與人同情共感而互助之事，雖極庸常。然此中之每一事，對己而言，皆足以開出一自己之生活境界之擴大超升之機，對人而言，皆足啓示一心靈世界之存在，而成就人之心靈的世界之實超升而擴大，對世界而言，則使人肯定一眞實之客觀存在之世界。』（生命存在與心靈境界 上册 頁六二九 學生書局 民六十六年）社會在農業時代，範圍衹在村中，稱爲農村社會。今天的社會，則鄉村和城市相連，一國和別國相交，今天社會的範圍，擴充到天下。但平日我所接觸的社會，常是同城同域的人。同城同域的人今日少則數十萬，多則數百萬，我生命的旋律爲能正常地周流在這些人中，須要有周流的管道。在中國古代，社會的管道爲師爲友，再有同族同鄉同業。這些管道，在今天的社會裏，仍舊爲社會生命旋律的適當管道。

師，在古代爲生命旋律的重要一環，家中所供牌位，上書「天地君親師」，五者都信爲生命的根源。師爲生命根源，因爲老師教誨弟子人生之道，爲生命的導師，古代乃『尊師重道』。今天的師，則成爲知識的傳授者；若祇傳授知識，則和報紙的編者，電臺的廣播者沒有什麼分別，不値得特別的重視。

但是，生命的導師在今天的需要，較比以往更需要，因爲生活日趨複雜，工作的情況更艱難，須要向明智人和有德的人請教。

『子曰：三人行，必有我師焉。』（論語 述而）

『子入太廟，每事問。』（論語 八佾）

『舜其大知也歟！舜好問而察邇言。』（中庸 第六章）

『曾子曰：以能問於不能，以多問於寡，有若無，實若虛，犯而不校，昔者吾友，常從事斯矣。』（論語 泰伯）

好問是向人請敎，能虛心問人，得益必多。自以爲明智，事事有把握，失漏和失足的地方必多。人生最有益和最幸福的事，在能得一位有德有學之士，時時可以向他請敎，待以師禮。雖沒有進過他的敎室，仍可以尊他爲師。社會上常有人拜人爲義父母，但很少有人除業師以外拜人爲義師的！

儒家的傳統除師以外，很看重朋友。朋友爲平輩，感情相通，互有愛的旋律的人。師不容易求，友則可以容易遇到。有友則不孤，同心合力則力強。

友情既爲精神生命的旋律，便應協助生命的發展，不可反加摧殘，儒家乃特別提倡愼重擇友。

『孔子曰：益者三友，損者三友；友直，友諒，友多聞，益矣。友便僻，友善柔，友便佞，損矣。』（論語　季氏）

『無友不如己者。』（論語　學而）

『責善，朋友之道也。』（孟子　離婁下）

朋友相交，在互相協助，不僅在工作和事業上，尤其在進德上，朋友須互相規勸。可以協助進德的朋友，自己要是有德，或至少努力進德，然後才可以「責善」。孔子所以說擇友的標準，在於選擇肯直言的人，選擇見聞很廣的人，選擇氣量廣大。知道原諒的人，朋友間不免有缺乏，有衝突。直言又可以引起憤憾，事後聽話的人必會自反，所以應予諒解。

『子曰：可與言而不與之言，失人；不可與言而與之言，失言。知者不失人亦不失言。』（論語 衞靈公）

朋友交情，清淡如水，不濃如醴，可以持久。責善，不聽；再言，不聽，放棄這種朋友，免得因數度責善而受辱。人一生能得善友，乃一大樂事。孔子說：

『有朋自遠方來，不亦樂乎。』（論語 學而）

『君子以文會友，以友輔仁。』（論語 顏淵）

人生有伴，攜手同行，在生命的路上，互相關注，互相勸勉，互相援助，在生命的路上必多樂趣。

中國社會傳統，有同族，同鄉，同業，組成一個團體，作爲社會生命的旋律。同族爲家庭的擴充，血脈相連。在古代成爲一種組織，有共同的法規和習慣，對同族的人，負有管束扶助的義務。當時的社會福利，由同族的組織負責實行。目前，家族組織已失去地位；然而同宗同姓的連繫，今天又重新加強，還可以成爲社會生活互相協助的因素。

同鄉爲鄉誼的連繫，若離鄉背里，同鄉人互相援手。在外國遇到中國人就覺得親熱。在外縣遇到同鄉人感到是鄉親。

同業，在古代時意義不重，在今天的社會裏，意義不僅超過了同族同鄉，而且已成爲社會組織的重要一環。目前各種行業，和各種學術研究，都組成同業會或聯誼會或學會，共同保障同業的權利，互相攜手以謀發展，且共同提倡職業道德，實行同業自律，以得社會的重視。

人爲社會動物，人的生命在社會裏生存，人的眞正「存有」是在社會內的「存有」。所以我的精神生命，生來帶有社會性。而且我信仰天主教，按照天主教的教義，我看凡信奉天主教的人，都是基督妙身的肢體。大家同基督合成一身，基督爲無形的頭，有形的頭則是教宗。基督妙身形成一個教會。在基督妙身教會內，基督的生命周流在肢體中。我的精神生命因基督的生命，併合基督的生命，在教會生命中旋律。

3　國　家

社會進而爲國家，生命的發展，得到保障。國家爲人民而成立，出自人的天性，不是來自民約。由酋長而諸侯，由諸侯而帝王，由帝王而進入民主，國家的形式隨時代而變，國家的意義常是爲謀國民的幸福。

書經的天命觀，以皇帝爲上天所選，代天行道。桀紂不遵天命，禍國殃民，上天命湯王武王起兵討伐，繼承皇位。皇帝代表社稷，社稷代表國家，國家由皇帝而造福人民，人民對於皇帝盡忠。忠和孝乃爲儒家的兩種最重要的實踐道德。秦始皇、漢武帝建立了君主專制，國家歸於皇帝所有，人民任憑皇帝管轄，沒有權利，祇有盡忠。但是儒家的天命思想繼續傳遞，臣下盡忠爲『盡忠報國』。

「仁道」的觀念，由易經生生思想孕育發揚，儒家學者都願贊天地之化育。易經說聖人以仁守位（繫辭下 第一章）造福百姓。中庸描述聖人的仁德：

『大哉聖人之道，洋洋乎發育萬物，峻極於天，優優大哉！』（中庸 第二十七章）

孔子和孟子一生追求一官半爵，爲能推行堯舜之仁道，以行仁政，養民教民，後因不遇明君，乃退而教授徒弟。孟子曾說：

『得志，與民由之；不得志，獨行其道。』（孟子 滕文公下）

孔子的生活原則，是『窮則獨善其身，達則兼善天下。』這種原則爲儒家愛國的原則。在朝廷居官，得志而顯達，便『先天下之憂而憂，後天下之樂而樂。』㈢

『孟子曰：說大人，則藐之，勿視巍巍然。高堂數仞，榱題數尺，我得志弗為也。食前方丈，侍妾數百人，我得志弗為也。般樂飲酒，馳騁田獵，後車千乘，我得志弗為也。在彼者，皆我所不為也；在我者，皆古之制也，吾何畏彼哉。』（孟子 盡心下）

孔子常以政爲正，先正身然後才從政，身不正，怎麼能正別人。在孔孟的思想裏，皇帝和大臣應該是聖人，聖人從政乃是以身教，即使不從政，德教仍能普及全國。

『唯天下至聖，為能聰明睿知，足以有臨也；寬裕溫柔，足以有容也；發強剛毅，足以有執也；齊莊中正，足以有敬也；文理密察，足以有別也。溥博淵泉，而時出

㈢ 范仲淹 岳陽樓記

之。溥博如天，淵泉如淵；見而民莫不敬，言而民莫不信，行而民莫不說。是以聲名洋溢乎中國，施及蠻貊，舟車所至，人力所通，天之所覆，地之所載，日月所照，霜露所墜，凡有血氣者，莫不尊親，故曰配天。』（中庸 第三十一章）

聖人在國家裏，德表照耀人民，人都信服。朱熹注說：『言其德之所及，廣大如天也。』故曰『配天』。中庸以孔子達到了這種境界。

『仲尼，祖述堯舜，憲章文武，上律天時，下襲水土，譬如天地之無不持載，無不覆幬，譬如四時之錯行，如日月之代明，萬物竝育而不相害，道竝行而不相悖，小德川流，大德敦化，此天地之所以為大也。』（中庸 第三十章）

儒家仁道的政治爲仁政，仁政以敎化爲原則，故重德敎。儒家求學目的在行道，以仁道敎化國民，『大德敦化』，今日民主政治，治國者由民選，民選的人大都『大言不慚』，少有正身以從政，『如日月之代明。』

不從政的國民，每人對於國家都有『忠』的義務。國家有土地，有政府，有人民。國民有義務保衞國家的疆土，服兵役以備戰。國民有義務保障政府的法統，不使政權分裂；有義務供給政府各項建設的經費，按法納稅。國民有義務保護民族的文化，繼續發揚。民族的存在，以民族文化爲代表，爲象徵。當社會生活環境，急劇改變的時代，民族的傳統文化，不能適合當前的環境，民族中的智者，應該整頓傳統文化，依照時代的環境，予以改革。爲保衞國家，國民應發揮責任感和正義感。先總統　蔣公留有遺訓：

『以國家興亡爲己任，
置個人死生於度外。』

我精神生命的旋律，在家庭中孕育而生，在社會中發揚而長，在國家中堅強而立，在教會中垂久而存。

4　宇　宙

家庭、社會、國家，存在宇宙之中。宇宙似乎空空洞洞，祇有古人所說天覆地載；實際上宇宙充滿萬物，萬物的「存有」爲動的生命，和我的精神生命時刻都在接觸，成爲我精神生命的最大旋律。

自然界萬物的美好，結成自然的美景，蘇軾曾說：『惟江上之清風，與山間之明月；耳得之而爲聲，目遇之而成色。取之無禁，用之不竭。是造物者之無盡藏也，而吾與子之所共適。』㈢

我對著自然界的美景：一朶花，美麗照眼；一片葉，結構神奇；百丈瀑布，懸崖直下，鼓舞精神；千丈山峯，蜿蜒相接，屏障天邊；一碧清流，透明見底；浩浩大海，驚濤絕浪，水天相接。我的心神歡欣地和紅花綠葉，高山湖水，冥冥相接。古代騷客詩人，留下來多少對景感懷的詩：

『寒山轉蒼翠，秋水日潺湲。倚杖柴門外，臨風聽暮蟬，渡頭餘落日，墟里上孤煙。復值接輿醉，狂歌五柳前。』㈣

『清晨入古寺，初日照高林，曲徑通幽處，禪房花木深。山光悅鳥性，潭影空人心。

㈢ 蘇軾 前赤壁賦

㈣ 王維 輞川閒居贈裴秀才迪

萬籟此俱寂，惟聞鐘磬聲。』(三五)

『山暝聽猿愁，滄江急夜流。風鳴兩岸葉，月照一孤舟。建德非吾土，維揚憶舊遊。
還將西行淚，遙寄海西頭。』(三六)

『國破山河在，城春草木深。感時花濺淚，恨別鳥驚心。烽火連三月，家書抵萬金。
白頭搔更短，渾欲不勝簪。』(三七)

『春花秋月何時了，往事知多少？小樓昨夜又東風，故國不堪回首月明中。
雕闌玉砌應猶在，只是朱顏改。問君能有幾多愁？恰似一江春水向東流。』(三八)

『林斷，山明，竹隱牆；亂蟬，衰草，小池塘；翻空白鳥時時見，照水紅蕖細細香。
村舍外，古城傍，杖藜徐步轉斜陽；殷勤昨夜三更雨，又得浮生一日涼。』(三九)

(三五) 常建　題破山寺後禪院

(三六) 孟浩然　宿桐廬江寄廣陵舊遊

(三七) 杜甫　春望

(三八) 南唐後主李煜　虞美人（詞）

(三九) 蘇軾　鷓鴣天（詞）

藝術哲學以這種詩詞爲詩人，將自己的感情灌注在自然界的物體中，使物而人格化。實則，是物和人的合一，物的顏色聲音進入人的感官，感官印象一入人的心靈，引起人的情感。詩人的情感敏而深，想像活潑，使人心感情和外物印象相合而爲一，眞正成爲生命的旋律。人心在宇宙美景中，拓廣到天之高、地之深，生命旋律的範圍，拓充到無限。

我的心靈則再因萬物的美好，上升到造物主天主，在造物的美好中，欣享咏讚天主的美善。

『讚主於天中，讚主於蒼穹。讚主爾衆神，讚主爾萬車。讚主爾日月，讚主爾明星。讚主爾九天，讚主爾靈淵。讚主為何因？莫非主所成。讚主為何故？恃主很安固。各各有定分，祇守莫逾矩。讚主於大地，讚主於海底。漁海與源泉，冰雹與氛氣。雷霆與白雪。飄風布聖旨，小丘與高嶽。果樹與喬木，爬蟲與飛禽。野獸與家畜。王侯與衆庶，權位與尊爵。壯男與閨女，白髮與總角。皆應誦主名，主名獨卓卓。峻德超天地，子民承優渥。衆聖所瞻仰，義塞所依托。天下諸虔信，莫非主之族。』(平)

(平) 吳經熊 聖詠譯義，第百四十八首

我由父母出生，天然和父母有愛的旋律，父母愛我，我愛父母。生命漸長，弟妹出生，我愛的旋律伸到弟妹，而又愛及祖母，伯叔父母，堂兄弟姐妹，天倫之樂，家人共享。由家庭後來到社會，到羅瑪，生命的旋律展伸越廣。回到臺灣，生命的旋律，拓到教會和國家。且常由自然美景，懷念大陸鄉親，追念中華文化。再由自然美景升到造物主天主。我生命的旋律，充滿宇宙，超越天地，而又下到人間，深入自己心靈。精神生命時刻充實，時刻進前，我覺自己生命的獨立，又覺我生命的廣大。體認到自己生命的根源，直見生命的目標。心地安定，無驚無懼；一步一趨，無憂無慮。自作計畫，卻靠天主；在現世盤桓，卻在永生駐足。我覺到生命的充滿，我感到生命的樂趣。心飛越宇宙，卻在自己內面深處，體認『萬物皆備於我。』（孟子　盡心下）

『子曰：吾十五而志於學，三十而立，四十而不惑，五十而知天命，六十而耳順，七十而從心所欲，不踰矩。』（論語　為政）

孔子的生命歷程，乃精神生命向心靈深處步步深入的歷程。進入自己心靈一步，精神生命在外面也拓伸一步。由學而到人，由人而到天，事事處處，看到天命，乃能『隨心所欲，不踰矩。』

5 旋律的破壞

宇宙間萬物的生命發育，誠於本性，天然繁殖，在萬萬年的宇宙變化歷程中，生命翁鬱地繼續生生，互相週流。及至人的生命出現了，宇宙的生命改變了途徑，受人生命的引導，一方面增加了生命的意義，參加人類文化的建設；一方面遭受摧殘，被人的貪慾所濫用。

在自然界中，雖迭次發生天災，宇宙改變了面貌，一些物體被毀滅了，新的物體繼續生生。自然界的天災所造成的災害，宇宙與生命創造力常能予以調整。但是人類加於宇宙萬物的摧殘，則須人去調整，予以補償。

在人類的生命中，乃出現罪惡的現象。罪惡，是人破壞生命的旋律，違背了生命的規律和次序。

罪惡，可分爲兩個名詞，惡和罪，惡爲缺欠，爲不適當；罪爲違背規律次序。

在本體方面，只能有善，「存有」都是本性成全的，生命天然合於規律次序。在具體的「存有」，一些屬性可以因著外在原因而發生缺欠，例如盲人，聾者，缺欠了應有的眼目和耳官，這是本體方面的惡，然而不是罪。在具體生命上，生命的發育可以因著外在的事故而有摧殘，例如天旱，例如大水，摧殘千千萬萬的物體；這是物理界的惡，但也不是罪。

罪，則是人類所作的，這種惡是精神生命的惡，由人的心靈所造成，打擊生命的旋律，摧殘生命的發育。

我的精神生命，在發育的歷程中，常和其他生命接觸，接觸的意義和實效，在於彼此生命互相授受以增加生命的內涵，加強生命的發育。但是我的精神生命由我心靈作主，我有自由支配生命的活動，我的自由由理智去指導，由意志去決定。我的理智和意志都可以因內外的原因，而溢出生命的規律以外，使我生命的活動，傷害我所接觸的生命，也傷害我自己的生命，因此造成罪惡。

罪惡常阻礙生命的旋律，使我精神生命的旋律達不到家庭社會國家和宇宙，而且在達到時，不帶予協助而帶予傷害。

當我精神生命活動時，我追求我精神生命的成全，追求眞美善。眞美善的追求，有一定的次序和規律，否則，我的追求，破壞了次序和規律，直接間接傷害其他生命，則已經不是眞美善，而是過或不及，乃是罪惡。

我當然不是追求罪惡，罪惡本身不能存在，不是實體，而是實體或活動的缺點。我的自由傾向罪惡，是因爲我的理智和意志受到了阻礙，將缺點當成了善，將有害看成了有益。理智是我生命活動的指導者，理智天然認識自己的對象，然而在產生罪行時，理智卻看錯了，那或者因爲我的理智力短弱，對於高深或複雜的事理，不能看清；或者因爲受了私慾的蒙蔽，沒有把事情看清。若因理智力薄弱而未能認識對象以造成錯誤，錯誤不能歸罪於我，因爲錯誤是無心的。若因慾情而看事不清以造成錯誤，則是有心的錯誤，而有罪責了。但許多時候，理智看清楚了，意志卻不隨從理智的指導，選擇了惡，則是明知故犯，罪惡加深。

我的本性本來是善，理智意志也天然傾向於眞美善，情慾係天生而有，本來不是惡，然則我的情慾爲什麼蔽塞理智或意志，使自願選擇惡呢？雖說在我使用自由時，我不是選擇惡，而是選擇善；然而這種主觀的善並不能掩蓋客觀的惡；而且我明明知道所選的事能有害於其他生命，而我卻因爲我一人的益而自願去做，這究竟是什麼緣故？中國哲學講性善性惡，講惡習所染；西洋哲學也講惡的起源，但都不能答覆這個疑問。從哲學方面，沒有答覆可以解釋這個問題。朱熹說是因爲氣濁則氣質之性乃惡；然而爲什麼我的氣濁，他的氣清呢？西洋哲學明明說人性是善，則爲什麼人又天然傾於惡呢？

祇有從宗教信仰去解釋。佛教唯識論以人的無明愚昧，來自阿賴耶識的種子，種子有先天的和後天的，先天爲一個人第一次生時，天生有種子，種子有有漏和無漏，有漏種子薰起惡的現行，惡行生有漏種子，人乃輪廻。天主教相信人類初生的原祖，在造物主的考驗時，違背了造物主的命令而犯了罪，罪留了餘毒遺傳後代。罪的餘毒是人的情慾傾向感覺的享受，因而可以蔽塞理智和意志。因此中外的哲學都肯定罪惡來自情慾的衝動。

祇顧眼前的利益，不想來日的災害。這是原罪的餘毒。常想食色的感官快樂，忘記精神的快樂，這是原罪的餘毒。人人都有這種餘毒，然可多可少。中國古人常以聖人爲天生不受情慾牽累的人，然而天生的聖人可以說從未見過。所以人人都受情慾之累。

罪惡歸之人，不因原罪餘毒而卸去責任，原罪餘毒不損害人性。中國學者常譏笑天主教人信原罪而以人性爲惡，這一點是大錯。人性是善的，理智和意志和情慾也是善的，祇是情慾傾向於惡，然人自己能作主，惡便歸之於人㈢。西洋哲學以惡自身不能存在祇是善的缺欠，藉善而存在。中國哲學講動，惡是動而不中節，不中節之動也是動，按中國哲學說惡可以存在，而歸之於人之動。

罪惡的效力，常阻礙生命的旋律。就使一個人在自己的內心想要行惡而在外面不做，這內心之惡也阻礙生命的旋律。中國古人常講「愼獨」，雖以爲是修養的方法，然也有形上的理由。西洋天主教神學家常講善和惡不能是孤獨的，一人之善必使衆人受益，一人之惡必使

㈢ 關於論罪惡，參考 S. Thomas Summa Contra Gentiles IV 52。S. Thomas Summa,Theologica I-II, 21, I.

衆人受害。我的生命和宇宙萬物的生命相連，我的精神生命的活動必定和其他的生命相接觸，接觸是給予好或給予傷害，直接和間接地傳達到一切的生命；這也是生命的旋律。

人世的超人或英雄，常提昇自己到宇宙主宰的位置，一切由自己主宰，一切歸屬自己。生命的意義祇在他的生命，生命的利益祇是自己生命的利益。他蔑視一切的人，更輕看一切的物，例中國古代的專制暴君，現代中外的獨裁魔王，殺人盈城，死屍遍野。這種人絕對不是超人，絕對不是英雄，而是千古的罪人。他們把生命的旋律都斷了，拆散家庭，分化社會，滅亡國家，汚染宇宙；他們已沒有人的生命，已經禽獸之不如！

現在社會對於罪惡的觀念，被生活享受主義或消費主義沖淡了，許多人已經想不起還有罪惡。彼等祇想以自己的人格爲主，在一切活動上可以表現自己，可以滿足自己的慾望，便都是善，惡祇是傳統的老觀念。可是就在目前經濟飛騰的時期，大家體驗到社會生活和每人的自我存在已經受到罪惡的嚴重威迫。就在大家不願想罪惡時，罪惡的凶暴威迫各自的生命。這一點很顯明地表示生命的旋律在仁道的愛被破壞，不能週流時，罪惡就傷害大家的生命。罪惡不是傳統製造的觀念，而是人們傷害生命的事實。罪惡傷害生命不祇是殺人害人，而是傷害人的精神生命，使精神生命不能因著仁道之愛而旋律於宇宙之間，處處被阻礙，雖然科技和經濟的發達，可以助長身體的生命，然而因人是心靈和身體相合而爲一的人，精神生命受摧殘，身體的生命也同樣受害。

在人類陷於罪惡的淵藪，日久不能自拔的時候，我舉目向天，想起中國傳統文化的儒釋道都主張生命的超越，人不僅遠離罪惡，而且超越宇宙以上，生命飛翔在精神的最高領域，與天地合爲一，我的心雀躍而起。

我可以勝過罪惡，力量不是我的，而是提攝我和我結合一體的基督。因著基督的善，整個宇宙受祂的善；因著基督的力，整個人類有力以拔於罪惡。聖保祿宗徒說：

『如果你們真聽從基督，就該脫去你們照從前生活的舊人，就是因順從享樂的慾念而敗壞的舊人，應在心思念慮上改換一新，穿上新人，就是按照天主肖像所造，具有真實的正義和聖善的新人。』（致厄弗所書　第四章　第二十一節）

『除了彼此相愛以外，你們不可再欠人什麼。因為誰愛別人，就滿全了誡律。其實「不可奸淫，不可殺人，不可偷盜，不可貪戀」，以及其他任何誡命，都包括在這句話裏！就是「愛人如己」。愛不加害於人，所以愛就是誡律的滿全。』（致羅馬人書　第十三章　第八—十節）

第六章　生命的超越

我的精神生命，趨向無限的絕對眞美善，又與基督的神性生命相合爲一，我的精神生命乃在本體上超越宇宙萬物的自然界物體，攝昇到神性的本體。我精神生命的活動也日漸超越宇宙萬物，雖同萬物活在宇宙中，我精神生命的活動在目的和本質上，都屬於超宇宙的神性生活，且與絕對眞美善的造物主天主相接。

在中國的生命哲學中，儒佛道都趨求生命的超越，儒家以「天人合一」，道家以「與道冥合」，佛教以「進涅槃」爲目的，都追求人的生命超越宇宙，達到與絕對體相合的境界。唐君毅先生在所著的生命存在與心靈境界（學生書局　民六十六年）書以長達六百頁的篇幅，講論中外哲學的生命超越。

一、中國生命哲學的生命超越

1 儒家 聖人

儒家以心靈爲人的大體，人以心靈生命爲主，心靈虛靜而靈，可稱爲神。儒家的學者全心培養心靈生命。

儒家稱培養心靈生命爲修身，修身以大學所列的綱目爲途徑。

『大學之道，在明明德，在親民，在止於至善。古之欲明明德於天下者，先治其國；欲治其國者，先齊其家，欲齊其家者，先修其身，欲修其身者，先正其心，欲正其心者，先誠其意，欲誠其意者，先致其知，致知在格物。』(第一章)

大學列舉明明德爲心靈生命的基本，明明德的目標，在於親民和止於至善。明明德的步驟爲治國、齊家、修身，修身的方法爲正心、誠意、致知、格物。修身的方法爲培養心靈生命的方法。明明德的目標，爲心靈生命的目標。心靈生命的超越不在於方法，而在於目標。但是宋明理學家都沒有把心靈生命的目標安置在超越境界，朱熹註大學說：『大學者，大人之學也。明，明之也；明德者，人之所得乎天，而虛靈不昧，以具衆理而應萬事者也。但爲氣稟所拘，人欲所蔽，則有時而昏，然其本體之明，則有未嘗息者。故學者當因其所發而遂明之，以復其初也。新者，革其舊之謂也。言既自明其明德，又當推以及人，使其亦有以去其舊染之汚也。止者，必至於是而不遷之意。至善，則事理當然之極也。言明明德親民，皆當止於至善之地而不遷，蓋必其有以盡夫天理之極，而無一毫人欲之私也。此三者，大學之綱領也。』朱熹解釋三綱領，都不出於倫理之外，克制私慾，以顯明人心之天理，對人對事止於事理之當然。大學第四章說：『爲人君，止於仁；爲人臣，止於敬；爲人子，止於孝；爲人父，止於慈；與國人交，止於信。』朱熹註說：『引此而言聖人之止，無非至善。五者，乃其目之大者也，學者於此，究其精微之蘊，而又類推以盡其餘，則於天下之事，皆有以知其所止而無疑矣。』對於「止」的解釋，是得當，『必至於是而不遷者』；然對於「至善」的解釋，則止於世事的『理當然之極』，則將「至善」包涵在人事的範圍以內，沒有能夠超越。然而大學既爲大人之學，「至善」則不是每一事的至理，而是「大人」所以爲大人之「至善」。「大人」在易經有所說明：『夫大人者，與天地合其德。』（乾卦　文言）「大人」的心靈生命明明爲一種超越世物的生命。朱熹沒有看到「全體之至善」，只注意各項善行的至善。

中庸的講聖人之道和君子之道：

『大哉聖人之道，洋洋手發育萬物，峻極於天。……故君子尊德性而道問學，致廣大而盡精微，極高明而道中庸。』（中庸 第二十七章）

儒家的傳統卻只注意到君子之道，常常討論「尊德性而道問學」，以陸王的尊德性，以朱熹爲道問學。姑不論說的對不對，實際上是失去了儒家心靈生活的目標。在這一章明明說：『大哉聖人之道，洋洋乎發育萬物，峻極於天。』這種境界是何等高！儒家修養的目標在於成聖人，雖然大家都知道成聖人之難，中庸在同一章也說：『待其人而後行。苟不至德，至道不凝焉。』「至道」乃聖人之道，「至德」則是「發育萬物」，沒有這種「至德」，不能具體表現聖人之至德。中庸的「至德」，即是易經所說：『與天地合其德』。天地之德，易經明明說：

『天地之大德曰生，聖人之大寶曰位；何以守位，曰仁。』（繫辭下 第一章）

儒家的精神生命所有的目標，在於『與天地合其德』，也就是普通常說的「天人合一」。天，代表天地，天地代表上天。天地所表現的爲生生不息，天地相合使萬物化生。天地具有生生創造力，萬物都各具有生生之理。天地的生生創造力週流在萬物之中，使萬物化生。宇宙乃一活的宇宙，宇宙爲一道生命洪流，長流不停。

人得天地之心爲心，人心爲仁。人生有私慾，唯有聖人，生來不具私慾，光明瑩潔，深悟天理，乃能貫徹天地之心，以自心所具的生生創造力，和天地的生生創造力相結合，於是聖人贊天地的化育，「可以與天地參矣。」（中庸 第二十二章）

易經乃說：

『夫大人者，與天地合其德，與日月合其明，與四時合其序，與鬼神合其吉凶。先天而天弗違，後天而奉天時。天且弗違，而況於人乎！況於鬼神乎！』（易經 乾卦文言）

在易經裏，天地爲乾坤的具體象徵，乾坤爲陽陰的特性。乾坤在易經爲兩基本卦，乾卦：『象曰：大哉乾元，萬物資始，乃統天。』坤卦：『象曰：至哉坤元，萬物資生，乃順承天。』乾坤尊爲萬物化生之元。

『乾道變化，各正性命，保合太和，乃利貞。首出庶物，萬國咸寧。』（乾卦 彖曰）

『坤厚載物，德合無疆。含弘光大，品物咸亨。』（坤卦 彖曰）

天地的大德爲生生不息，生生創造力周流不停。聖人的至德，在於與天地生生創造力結合，使萬物化育。

『故至誠無息，不息則久，久則徵，徵則悠遠，悠遠則博厚，博厚則高明。博厚所以載物也，高明所以覆物也，悠久所以成物也。博厚配天，高明配天，悠久無疆。如此者，不見而章，不動而變，號為自成。天地之道，可一言而盡也，其為物不貳，其生物不測。』（中庸 第二十六章）

方東美敎授曾說：『「天地之大德曰生」，然並非生只一度而已，如尋常所謂靜態一屬之生者，而是動態往復歷程，易經「生生」一辭，中文直解原作「生之又生，或創造再創造」，故業向採懷德海之術語 Cneatibe Cheativity 譯之，庶幾格義相當。』(一)

(一) 方東美 中國哲學之精神及其發展 上冊 頁一五五。孫智燊譯 成均出版社 民七三年。

大人或聖人的心靈生命，和天地的生生相結合。他的生生創造力，參與天地生生創造力，一同化育萬物。日月，四時，鬼神，原來都是天地創生力的工具，發展生命的創造，大人或聖人所以能和日月，四時，鬼神相合。他的心靈生命擴充到天地，包括萬物。這種生命的表現，第一就像孟子的「浩然之氣」。『其爲氣也，至大至剛，以直養而無害，則塞於天地之間。其爲氣也，配義與道，無是餒也。』（孟子 公孫丑上）孟子的心靈乃有『萬物皆備於我。』（孟子 盡心下）而後則『仁民而愛物。』（孟子 盡心下）

第二，有孔子對自己心靈生命的描述，『五十而知天命，六十而耳順，七十而從心所欲，不逾矩。』（論語 為政）孔子自己描述精神生命的歷程，輕描淡寫；但知命、耳順和「從心所欲，不逾矩。」不屬尋常的階段，乃精神已能止於至善，才能有這種境界。

第三，中庸描述孔子精神生命的偉大：

『仲尼祖述堯舜，憲章文武。上律天時，下襲水土。辟如天地之無不持載，無不覆幬；辟如四時之錯行，如日月之代明。萬物並育而不相害，道並行而不相悖。小德川流，大德敦化，此天地之所以為大也。』（中庸 第三十章）

這章所說的，和易經乾卦「文言」所說『夫大人者，與天地合其德，與日日合其明，與四時合其序。』意義相同。儒家的大人或聖人，所有的精神生命，和天地生生的大德相合，使「萬物並育而不相悖」。這種精神生命超越宇宙萬物，參與天地生生之德。天地生生之德，實際是上天造物的創造工程，聖人參與這種工程，和上天相結合。這種天人合一，不見於人的本體和造物主的本體，而是見於造化的工程，在生生工程上相合。這種境界已經是一種超越的境界，聖人的精神生命不受任何物的牽制，也不以任何物爲目標，而是以上天的創生工程爲目標。聖人精神生命的發展，高達於天，深入於地，『溥博如天，淵泉如淵，』(中庸第三十一章)不可測量其高深。

方東美教授以儒家的生命超越，爲超越形態（transcendental）和內在型態（immanent），和西洋的超自然(超絕)型態（Praeternatural）不相同(二)。對於西洋的生命超越以及道佛的生命超越，在下面我將予以研究，至於儒家的超越，爲心靈活動，即精神生命的一種超越。這種超越不在於生命的本體，而在於生命的活動。生命爲一物體的「存有」，爲本身最切實的「自我」，生命的活動即爲自我的活動，儒家的超越既爲心靈活動的超越，當然是自

(二) 同上，頁二八—三〇。

我活動的超越，超越仍以「自我」爲根本。孔子講自己「從心所欲，不逾矩」；中庸講孔子實踐堯舜文武之道，使「萬物並育而不相害」，易經講大人「與天地合其德」，都是自我人格的提昇，超越塵世的欲望，參贊天地的化育。

然而這種超越，不使人性超越，而是自我的發展，方東美教授以儒家精神，爲「典型之時際人」，㊂既是時際人，則在時空以內，卽在宇宙以內。儒家沒有超越宇宙只是和宇宙相合，參贊宇宙生生的創造，使「萬物皆備於我」（孟子　盡心下）。儒家的超越爲倫理性的超越，以仁道配生生。

2　道家　至人

道家精神生命發展的歷程，分有層次。就如儒家分有士、君子、聖人的層次；道家分有田園人、虛靜自然人、至人。道家人生哲學的基本，在於本體論之「道」。

「道」爲一無限之本體，「先天地生」（道德經　第廿五章）『自本自根。未有天地，自古以固存。神鬼神帝，生天生地。』（莊子　大宗師篇）爲萬物的根源。

㊂　同上，頁四四—四八。

「道」的本身，渺茫不定，『道之爲物，惟恍惟惚。恍兮惚兮，其中有物。窈兮冥兮，其中有精。其精甚眞，其中有信。』（道德經 第二十一章）「道」本身渺茫不定，具有自變之力，稱爲德。「道」因德而化，化而不息。

『道生一，一生二，二生三，三生萬物。萬物負陰而抱陽，盅氣以為和。』（道德經第四十二章）

「道」生萬物，「道」也在萬物。萬物的本體是「道」，萬物爲物的外形。

『東郭子問莊子曰：所謂道，惡乎在？莊子曰：無所不在。東郭子曰：期而後可。莊子曰：在螻蟻。曰：何其下耶？曰：在稊稗。曰：何其愈下耶？曰：在瓦甓。曰：何其愈甚耶！曰：在屎溺。東郭子不應。莊子曰：夫子之問也，固不及質。正獲之問於監市履狶也，每下愈況。汝唯莫必無乎逃物。至道若是，大言亦然，周徧咸三者，異名同實，其指也。』（莊子 知北遊篇）

萬物因此在本體上相等，莊子乃倡齊物論。

『天地與我同生，而萬物與我為一。旣已為一矣，且得有言乎！旣已謂之一矣，且得無言乎！』（莊子　齊物論）

「道」之變，絕對順乎自然。「道」乃無欲，『道常無欲，可名於小。』（道德經　第三十四章）旣是無欲，也就無爲。『道常無爲而無不爲。王侯若能守之，萬物將自化。化而欲作，吾將鎭之以無名之樸。無名之樸，夫亦將曰無欲。不欲以靜，天下將自定。』（道德經　第三十七章）

老子的人生哲學，建立在他的本體論上。人的本體爲精神，爲道；人的身體爲形相。形相不足重，所重者在精神。形相的需要減到最少，精神的發揚極大。爲減少形相的需要，老子主張「歸眞反樸」，純乎自然。

『見素抱樸，少私寡欲。』（道德經　第十九章）

依照這種人生觀，第一階層的人，爲「田園人」。「田園人」愛田園的自然生活，捨棄名利，不求聞達，不做官，不貪富貴。「田園人」是避世人，明哲保身，耕田自娛。古代乃有田園詩人。

『結廬在人境，而無車馬喧。問君何能爾，心遠地自偏。採菊東籬下，悠然見南山。山氣日夕佳，飛鳥相與還。此中有真意，欲辯已忘言。』（陶潛 飲酒詩）

『中歲頗好道，晚家南山陲。興來每獨往，勝事空自知。行到水窮處，坐看雲起時。偶然值林叟，談笑無還期。』（王維 終南別業）

『晚年惟好靜，萬事不關心。自顧無長策，空知返舊林。松風吹解帶，山月照彈琴。君問窮通理，漁歌入浦深。』（王維 酬張少府）

鄙棄社會事務爲俗務，以官場爲髒污，逃避社會間的日常接觸，置身在山野間，日與自然界景物爲伴。不求身體感官的滿足，只想心靈的自娛。「田園人」超越世事，退隱避世，以自然美景和心靈清淨爲樂。

道家人生觀的第二階層的人，爲「虛靜自然人」，莊子提倡這種人生境地。

「虛靜自然人」，首先使自己虛空，把自己忘了。

『墮肢體，黜聰明，離形去知，同於大通，此謂坐忘。』（莊子　大宗師篇）

忘記自己的形骸，不求形骸的享受，無欲無爲，乃得心虛。

『虛者，心齋也。』（莊子　人間世篇）

心齋沒有事物的欲望，常自足，『知足不辱，知止不殆，可以長久。』（道德經　第四十四章）心既得虛，便可以靜。

『廣成子蹶然而起，曰：善哉問乎！來！吾語汝至道。至道之精，窈窈冥冥，昏昏默默，無視無聽，抱神以靜，形將自正，必靜必清。無勞汝形，無搖汝精，乃可長生。』（莊子　在宥篇）

『聖人之靜也，善故靜也。萬物無足以撓心者，故靜也。水靜則明燭鬚眉，平中準，大匠取法焉。水靜猶明，而況精神。聖人之心靜乎，天地之鑑也，萬物之鏡也。夫虛靜恬淡，寂寞無為者，天地之平，而道德之至也。……虛則靜，靜則動，動則得矣。』（莊子 天道篇）

心既虛乃靜，靜則精神活動，精神活動順乎自然，乃能和天地相通，『同於大通』。虛靜自然人超越萬物，心不爲任何世物所牽，遨遊於天地之間，可以說是方東美教授所稱的「太空人」㈣。

道家最高的精神生命的階層爲「至人」。莊子以喻言，描述至人或神人，登天入地，遨遊六合之外。

「至人」捨棄形相，忘懷自我，和「道」相合。尋得了自己的本體——「道」，捨棄形相的個體。「道」生萬物，以氣成形，氣爲一爲有。「至人」以氣和天地的氣相合，由天地之氣和「道」相合，忘掉自己的小我，和眞我——「道」相合。「至人」的知，不以心知，而以氣知。「至人」的氣知爲上知，「至人」的德爲上德。

㈣ 同上，頁六九。

『不離於宗，謂之天人；不離於精，謂之神人；不離於真，謂之至人。以天為宗，以德為本，以道為門，兆於變化，謂之聖人。』（莊子　天下篇）

『夫至人有世不亦大乎？而不足以為累，天下奮棅而不與之偕，審乎無假而不與以利遷。極物之真，能守其本。故外天地，遺萬物，而神未嘗有所困也。通乎道，合乎德，退仁義，至人之心有所定矣。』（莊子　天道篇）

『入無窮之門，以遊無極之野。吾與日月參光，與天地為常。』（莊子　在宥篇）

『古之真人，不逆寡，不雄成，不謨士，若然者，過而弗悔，當而不自得也。若然者，登高不慄，入水不濡，入火不熱，是知之能登假於道也若此。古之真人，其寢不夢，其覺無憂，其食不甘，其息深深。……古之真人，不知說生，不知惡死。其出不訢，其入不距，翛然而往，翛然而來而已矣。不忘其所始，不求其所終。……

吾猶守而告之，參日而後能外天下，已外天下矣，吾又守之，七日而後能外物。已外物矣，吾又守之，九日而後能外生。已外生矣而後能朝徹，朝徹而後能見獨，見獨而後能無古今，無古今而後能入於不死不生。』（莊子　大宗師篇）

至人或眞人，在能守其眞。老子曾說「道」本體雖彷彿不定，然「其中有精，其精甚眞」，「眞」爲「道」之本體的「眞」，眞代表「道」的本體。這種本體是眞，是存有，是氣。「至人」或「眞人」以自己的氣和「道」之氣相合。莊子「達生」篇說：

『子列子問關尹曰：至人潛行不窒，蹈火不熱，行乎萬物之上而不慄，請問何以至此？關尹曰：是純氣之守也。非知巧果敢之列。』（莊子 達生篇）

莊子「大宗師」篇也說：「彼方且與造物者爲人，而遊乎天地之一氣。」「至人」以氣與「道」相合，乃得大智，認知自己的本體是「道」，「道」超乎宇宙，無限無垠。「至人」乃超越宇宙一切。「至人」的超越在於本體的超越。通常人是小智，以自己心靈爲本體，由心靈以生活。「至人」則超越自己的心靈，以「道」爲自己的生命。道家的超越和儒家不同，儒家的生命超越，只是「與天地合其德」，不是本體的超越；道家的超越則是本體的超越。「至人」的本體，已不是一個人的本體；有限，有時空，爲相對的本體，「至人」的本體是無限之「道」的本體。

道家的超越和天主教的超越也有不同，在後面我將說明。然而道家的超越精神生命和佛敎的超越精神生命，和天主敎的超越精神生命，有相類似。這種超越，玄之又玄，有和無相合，相對和絕對相合，有限和無限相合。人的精神生命，直飛到生命的頂點。一切不可言，不可思議。莊子以大鵬鳥爲喩，直飛天際，兩翅若垂天之雲；然仍不足以表達㈤。

3 佛教　佛

佛敎素以提倡精神生命而自豪，以「苦、集、滅、道」，爲四諦，解脫人生的痛苦，登於涅槃的「常、樂、我、淨」的極樂世界。可是儒家學者則常詆毀佛敎剝削人性，使人成爲枯木槁灰。兩者的人生觀完全不同，兩者的形上學更是相異。因此兩者對於精神生命的發育，觀念和理想雖不是南轅北轍，實則相差很遠。

佛敎體認現世的生命爲痛苦，常在生老病死四種痛苦境遇中。釋迦牟尼尋求生命痛苦的緣因，力求予以解脫。他指定人生痛苦的緣因，在於無明，或說愚昧，宇宙萬法（物）本不存在，人卻認爲存在，乃起貪戀，由貪而起各種慾望，產生各種罪惡，罪惡在來生引起業敎，生命遂輪廻不斷。解脫痛苦之道，在除去人的愚昧，使成智者而成「覺」。因此有和空

㈤ 參考方東美　中國哲學之精神及其發展　第四章、第五章及羅光　中國哲學大綱　下冊　第四章、第五章。

兩詞，成爲佛教中心觀念。

小乘佛教肯定萬法爲有，以宇宙萬物由四大——地、水、火、風結成，中間森羅萬象。然卻否定「我」的存在，有的主張三世實有，有的主張現世和未來二世實有，有的主張只有現世實有。以阿毗達摩大毗婆沙論爲基本，由這本經論產生世親的俱舍論。

俱舍論主張「三世實有，法體恒有」。由「法體恒有」的主張引伸「體用」的學說，以法體絕對不生滅，只是作用有生滅等變化(六)。

印度佛教的小乘，也並不純淨接受萬法爲有，俱舍論歸結到「業緣論」。一切萬法的有，都由因緣而有，雖爲有，實則不有。俱舍論講十二因緣，作爲「我」輪廻的因緣。輪廻分三世；前生、現生、來生。現生由前生之業而成，現生之業又造來生。業，爲行爲的效果；行爲的效果由倫理善惡而評估，惡業爲有漏的，善業爲無漏的。有漏業在來生有惡報，乃生無明愚昧。由無明生行，由行生識，由識生名色，由名色生六入，由六入生觸，由觸生受，由受生愛，由愛生取，由取生有，由有乃有生，由生有死。無明、行、識、名色、六入、觸、受、愛、取、有、生、死，爲十二因緣，不斷地循環，成爲生命輪廻的一個圓圈。

(六) 參考羅光 中國哲學思想史 魏晉隋唐佛學篇 上册 頁四三九 學生書局 民六十九年。

但是若萬法不有，唯因緣爲有。因緣究竟怎麼有呢？世親同兄長無著開起大乘，由小乘到大乘的橋樑爲唯識論。唯識論主張萬法唯識，萬法所以有，是因爲「識」所造。無著作攝大乘論，爲唯識論舖路。世親的成唯識論則是唯識宗的基本經典。唯識論倡言有八識：眼鼻耳舌身意前六識，後兩識末那識、阿賴耶識。阿賴耶識稱爲藏識，藏有種子，種子有天生種子，有業種子，業種子爲前生行爲所造。種子因現生感官行爲受薰乃造「境」，「境」爲感官的對象，因前生種子受現行所薰能現前生行爲之境，感官對「境」生感，乃有感覺，意識爲心識，心使人有感覺的意識，而由末那識判定爲有，乃生「我執」和「物執」。「我執」是心肯定而把持自我爲有，「物執」是心肯定萬法爲有而予以執著。萬法的有，來自人心的「我執」和「物執」。這兩種執又來自識。因此，萬法皆空，所有唯識。唯識緣起論建立在業緣起論上，解釋業緣不僅在生命的輪廻，而是在造境，產生萬法的識(七)。

大乘佛敎繼續向前追求，識的產生在於心，假使說萬法唯識，更應該說萬法唯心。大乘佛敎便特別注意「心」。

大乘講「心」的經典，屬於般若。解釋般若經的重要著作爲大智度論，共百卷，由鳩摩

(七) 同上，上册　第四章　緣起宗論。

羅什譯成漢文。般若爲智慧，以般若光明觀照現實界，『藉辯證上躋，而點化之，提昇之，超化爲重重無盡之法界勝境，復不斷淨化之，滌除清染，更宏以高尙之理想。同時，此種超脫解放精神，惟其內具般若聖智，澈通不隔，故能洞見一切現象本自清淨無染，是以神遇萬物而不滯，玄照至極以睹眞，圓滿無漏，而得證大自在，大解脫，大歡喜。」(八)

大乘對般若的講解，常從「心」出發。楞伽經在卷首御製序文中，譽爲『斯乃諸佛心量之玄樞，羣經理窟之妙鍵。』楞伽經主張『一切事物都由因緣和合而生，因緣並非實有，都由心所現，而心亦是妄心。因此事物不是實在的事物，因緣不是實在的因緣，則所謂生滅也就不能是實有的現象。』(九)

心既是妄心，怎樣能尋得眞心？大乘乃有如來藏緣起論。如來藏爲根本淸淨心，爲眞心，藏在妄心內，人須破除妄心，達到如來藏境界。這種境界『爲佛境界。佛有慧智正見，不以外物性相爲有，也不以破除性相爲空，而是見如實處，即見眞如。』(十)大乘起信論提出眞如緣起論，以心即眞如。眞如爲絕對實有，然有二法門，一爲心眞如門，一爲心生滅門。

(八) 方東美 中國哲學之精神及其發展 上册 頁二六九—二七。

(九) 羅光 中國哲學思想史 魏晉隋唐佛學篇 上册 頁四八一。

(十) 同上，頁四八七。

眞如本體不可言，不可講，絕對超越人的知識。然眞如對外有非我的表現，這種表現卽是心生滅門。妄心看到宇宙形形色色，誤以爲有，但若以智慧達到覺，則是有亦空，空亦有，一切絕對平等。

大乘般若便講這種能使人生命超越的智慧，講三論宗的中論。中論講「八不」——「不生亦不滅，不常亦不斷，不一亦不異，不來亦不去。」八不的根基，在於否定因緣。這種中論，不是儒家的中論。但是宋明理學家裏有人以中爲人性本體，便是仿傚佛教的中論了，中論以本體爲眞如，眞如爲中，一切萬法也以中爲本體，因而不有也不空，有和空不相對抗，也不相完成，而是本體的兩面。如大乘起信論所說二法門。對於有無不用破除，而是用「觀」。中論的第一品爲「觀有無品」，把有無和果報看成不有不無，則一切法都是不有不無，到底畢竟空。畢竟空的實相爲如來，如來爲相對者的否定，但也不積極肯定爲絕對的實相。中論在「觀如來品」裏，說如來亦有亦非有。邪說以爲如來爲沒有的，偏見以如來爲有，實則如來亦有亦無。畢竟空爲最高妙理，爲妙空，不講有，也不講空，又不講不有不空，而只是否定。這種思想由「觀如來品」，進到「講涅槃品」，更爲顯明(十)。

(十)　同上，下册　頁五八七—六〇〇。

『若一切法空，無生無滅者，何斷何所滅？
而稱為湼槃。無得亦無至，不斷亦不常，
不生亦不滅，是說名湼槃。』（中論 卷四 觀湼槃品 第二十五）

這種否定的觀法，到了佛教的圓教，乃改爲肯定的積極觀。佛教圓教有華嚴宗、天臺宗和禪宗。圓教肯定有絕對實體的眞如，宇宙萬法爲眞如的非我現身。禪宗教人以直觀透視心靈深處的眞如，眞如爲眞我，爲眞心，爲實相。修禪觀的智者，空虛一切的知識和思慮，直觀本心眞如。眞如絕對又無限，無可言宣，不可傳達。人所有觀念和語文都有相對的觀念和名詞，絕對無法表達眞如。禪宗主張體認，不立文字。

天臺宗和華嚴宗主張以觀法，洞徹看到眞如實相，又圓滿透視宇宙萬法。事爲萬法，理爲眞如，事理通融，萬法和眞如互相通達。一爲眞如，一切爲萬法；一卽一切，一切卽一；一入一切，一切入一。天臺宗講「摩訶止觀」，以一法攝一切法，眞俗中三諦自相融會，其他一切也互相攝，互相融會，而到「一念三千世界」。華嚴宗講「三重觀」：眞空觀、理事無礙觀、周徧含容觀，又發揮爲「十玄門」。

『人要修行，勉力入法界，能够以「一心眞如」爲心，能够觀看萬法和眞如一心的融

會，也觀看一切法的融會，於是有諸相圓融的世界，這個世界就是華嚴世界，也就是眞如。』(土)

圓敎精神生命的超越，也是和道家的精神生命的超越一樣，爲本體的超越。人放棄了自己的妄心，識破了自己的假我，直觀自己的本體眞如。圓敎的智者或覺者，將自己的本體和眞如相融會，直接觀看自己本體的絕對性、安定性、淸淨性，體認了自己的眞我，眞我爲常，爲樂、爲淨。這是涅槃的境界。禪宗的得道者，達到了涅槃境界，直觀絕對眞如，由眞如再觀萬法，萬法互相通融，又和眞如通融，一切絕對平等。

慧能曾有一偈說：

『無上大涅槃，圓明常寂照，凡愚謂之死，外道執為斷……

惟有過量人，通達無取捨。以知五蘊法，及以蘊中我。

外現衆色相，一一音聲相，平等如夢幻。

不起凡聖見，不作涅槃解，二邊三際斷，常應諸根用，而不起用想。

(土) 同上，頁六九七。

分別一切法，不起分別想。
刼火燒海底，風鼓山相擊，
真常寂滅樂，涅槃相如是。』（六祖壇經　機緣品　第七）

人在塵世，心入涅槃，世事見著如有，心卻不黏著一物，菩提達摩同時代的傅大士曾有一首詩：

『空手把鋤頭，
步行騎水牛。
人在橋上過，
橋流水不流。』

『一切的矛盾都廢棄了，一切平等。但是五燈會元的雲門之部述說一段話：「雲門文偃有一次與起柱杖道：看到柱杖就是柱杖，看到柱子就是柱子，這有什麼錯？」要緊的，是心

中不加肯定，也不加否定，說是也好，說不是也好，心中無牽連。』(三)

佛敎圓敎的生命超越，直入絕對現實眞如中，以絕對本體爲本體，以絕對本體爲自我，爲眞心。宇宙的萬法都空寂了，然而又現爲絕對本體之表相，是有是無，不有不無，心空靈無滯。生命修成了絕對生命，不滯留於世物，乃享受涅槃境界的『常樂我淨』。

佛敎圓敎的生命超越，和道家的生命超越，同是本體的超越，合於道，合於眞如和儒家的德能超越更高，類似於天主敎的生命超越。然而佛道以萬物的本體，本來就只是眞如或是道，世人不知而誤以萬物各有本體，因而佛道的超越，是一種破妄除錯的修爲工作；破除了錯誤，得到大智大慧。結果，眞的生命顯現，絕對常樂。這種超越的歷程，由外而入內，洞見自己的眞我；不是將自己固有的本體，提昇到絕對的本體；所以既不是 Praeternatural 性外的超越，更不是 Supernatural 超性的超越，而是內在本體的發現。在本體論方面，佛敎大乘肯定萬法無本體，只是種種現象。道家雖講「道」在萬物，又講「齊物論」，然並沒有顯明地否定萬物的實體。道家講虛，是虛自己的心，不是以萬物爲虛；而且老子明明以萬物爲有，由氣所成，莊子以氣結合而有人，氣散則人死亡，氣歸於天地大氣中。因此，道家的超

(三)　同上，頁八〇七。

越，超越氣的聚散，直接與氣相結合而歸於「道」，佛教的超越則是超越萬法的現象，直接歸於本體眞如。精神生命合於道的生命，或合於眞如的生命，絕對永存，成至人或成佛。

二、天主教精神生命的超越

1 形上的學理

中國當代學者談精神生活的超越時，常常談到西洋精神生活的超越。所謂西洋精神生活，指的是天主教精神生活。對於天主教精神生活的超越，免不了常有誤解，最普遍的和最學術化的誤解，在於指責西洋精神生活的超越，輕視個人精神生活的內在性，肯定一超越的神，個人精神生活超越宇宙而和神相結合，乃一外在的結合。由一外在的結合，再回到宇宙萬物，如同由地上升到天上，由天上再回到地上。方東美教授稱呼這種超越爲「超絕」或「超自然型態（Praeternatunal）」以中國精神生活的超越爲超越型態和內在型態(十四)。西洋

(十四) 方東美 同上，頁二八。

精神生活的發展歷程常遵循惡善對立的二元論，以肉體和靈魂對立，而又以人受原罪的破壞，人性已是壞而有缺。方東美教授說：『惟此種型態之形上學絕少為中國思想家所取。揆其緣故，非由於超絕形上學之注重崇高價值理想，實則吾人對崇高價值之嚮往與注重，有過之而無不及；而係有鑒於其所謂「超絕」云云，對自然界與超自然界之和合無間性與賡續連貫性，顯然有損。同時兼對個人生命之完整性，亦有所斲傷。人乃身心健全之結合體，集健全之靈魂與健全之肉體於一身，使兩者圓合為一，於以成統一人格之整體，或健全之品德。」(十五)

方教授對於個人的完整，非常樂觀。但是儒家歷代的性善性惡問題，顯示儒家並不相信凡是人都有健全的統一人格，因為朱熹的氣質性可惡可善，已進入形上學本體論，不以個人的本體常為健全的善。至於「健全的品德」，儒家一致主張由修養以建立，不是每個人天然而有。

天主教對於人的精神生命，有健全的形上理論。人為心靈(靈魂)和肉體相結合的整體，人一切的自主活動常由靈魂(心靈)和肉體統一的主體而行。人性是善的，人的肉體也是善

(十五) 同上，頁三〇。

的，只是人心常傾向肉體的享受，即使所追求的精神享受，如名、位、學術，也常以在社會中能取得的感覺性尊崇而追求。這種傾向，中國古人無論儒釋道都認爲發於情慾。爲什麼人的情慾傾於惡呢？只有朱熹答說是因爲氣濁而理不顯。然而氣爲什麼濁呢？爲什麼我的氣是這樣的清濁，你的氣又是那樣清濁呢？關於這種問題朱熹只能說是因爲「理」限制氣，氣又限制理，根本沒有答覆。天主教答覆說情慾向惡乃是原罪的流毒。人類原祖在造物主所設的一種考驗中，失敗了，違背規誡，違背規誡的傾向世代遺傳，造成原罪的流毒，人類傾向感官的享受而造成惡，都是溢出規律以外，中庸說情慾動而中節爲和，不中節便是不和，不和乃是惡。天主教並沒有說人性因原罪而遭破壞，成爲惡性。

人的來源來自造物主天主，造物主造人，是按天主的肖像，人肖似天主。人價値的高，高於儒家所說得天地的秀氣而爲萬物之靈。人的心靈爲精神性，肖似造物主，稱爲靈魂。人的肉體有肉體的美；天主教沒有摒棄希臘人體美的思想，在教宗宮裏西斯篤小殿的天花板繪滿彌格安琪洛的裸體畫。正中祭壇上的最後審判圖，乃是彌格安琪洛的蓋世裸體名畫。但因爲人心傾於感官享受而常不中節，天主教因而不主張以裸體畫供大家的興享。

人心傾於感官享受常不中節而作惡，爲人類普遍的事實，人雖能以自己的心靈主宰情慾，導引中節，卻常感力不從心。從另一方面人類原祖經不起考驗，違背造物主天主的命令，與天主相隔離，迷惑在許多五色的神的信仰中。造物主天主爲引人走上正途，爲給人牽制情慾的力，乃遣派聖子耶穌降生成人，參入了宇宙的生命系統，進入了人類的歷史。

基督耶穌捨了自己的生命，作爲贖人類罪惡的祭祀犧牲，制定了神聖事宜，以洗禮洗人的罪，提昇人的精神生命和祂的神性生命相合爲一體，使受洗者成爲天主的子女，這種提昇爲本體的提昇；我的人性生命，變成了天主的神性生命，不只是動作的提昇，而是生命本體的提昇。因此稱爲超性生命（Supernatural life），不只是越性生命（Praeternatural life）。

造物主天主爲絕對精神實體，自有自全，超越宇宙一切。宇宙萬物爲天主所造，而不是天主所生，也不是從天主本體所流出。創造是動作，是能力；萬物和天主的本體關係，爲能力動作關係，即創造關係，萬物和天主的本體完全不同，萬物爲相對的，天主爲絕對的。萬物受造，得了存在，成爲「存有」。萬物的「存有」不是自有的，而是由天主的創造而有，從無而有。萬物由創造而得的「存有」，爲能繼續存在，仍須要創造力繼續支持「存在」。造物主的創造行動超越時間空間，在有時空的宇宙中看創造行動和支持行動，有時間的先後，但是在造物主的行動，則沒有先後，又是創造又是支持。因此，天主教說造物主在萬物內，即是說造物主的創造行動常在萬物以內。這是力的在，有如易經所說：『天地之大德曰生。』

整個的自然界，連人類在內，和天主的本性不相同，本體也不相同。創造行動在萬物內，支持萬物的存在，卻不改變萬物的本性。

基督受難，復活了。復活了的基督是純淨精神性的本體，祂的肉體也失去了肉體的物質特性。一個人領受洗禮，例如我領受了洗禮，我的精神生命被提昇和基督的生命相結合，基督復活後的生命完全是神性的精神生命，祂生命的本體爲神性和已神性化的人性的本體。我精神生命的本體爲靈魂，在和基督神性生命相結合時，我的靈魂和基督的本體相融會，我的靈魂接受神化，我同樣成爲天主的義子。父子的本性本體是相同的，我因此不僅是因人按天主的肖像受造而肖似天主，而且已因與基督的結合而與天主同性同體。這個超越乃是本體的超越，超越自然界的本性。不是我的本體被舉到天上，而是天主降臨我心靈內，使我的靈魂和祂相結合，天主住在我心內。

我的靈魂和基督的生命結成一體，我並沒有走出宇宙以外，我仍是我自己。不是如同道家以「道」爲萬物本體，也是我的本體。也不如同佛教以眞如爲萬法的本體，也是我的眞我，和道或和眞如相結合，普通我所認爲的我消失了，而只有「道」和「眞如」。我和天主相結合我的靈魂雖然神化了，仍舊是我的靈魂。這個靈魂仍舊和肉體結合爲一整體，連帶使我整體的活動都成爲神性的活動，我整體的生活成爲神性的生活；因爲我的本體已神化了。

神化生活的表現，在現世透過我的心靈，我有神化的意識，有和天主共同生活的意願。在現世生活裏，我的感覺和理智都不能直接透視天主，而是靠我的信仰。因此現世的神化生活乃是信仰的生活。信仰的生活雖不是理智的生活，因為理智不能明瞭，而是一種神秘，然而並不是幻覺，也不是盲目迷信，理智懂得信仰生活是一種不相反理智的生活，而是超越理智的生活。

然而精神生活的超越，在現世也能超越信仰，而取得「直見」天主的生活。靈魂直接明見天主，不是眼見，不是理智見；而是神見，玄而又玄，神秘更神秘，精神生命達到極高峯。不能言，不能說，不能表達。神見的天主乃絕對眞美善的實體，不是空洞或無位稱的空洞體。天主是位稱的天主，是仁愛明智慈祥的天主。神見所得超乎人的想望，滿足人的一切追求，是極樂的境界。但是這種境界雖在我心內，又超出我的心靈，所以不能常留，乃是靈光的一眨。可望而不可求，不求而又可得，可得而不常住，神秘莫測，無可言宣。人死而脫離肉軀，靈魂獨存，沒有因罪而和基督分離，精神體對精神體，則「直見」天主而入這神化的超越生命中，永遠無間。

2 空虛自己

甲 觀過

神秘生命可望而不可必得，然而俗語：『上天不負苦心人』，人若誠心預備，自己可以接受神秘生命，天主會恩賜給他。

預備的工作，最基層的爲信仰生活和倫理生活，我希望我的精神生命能够神化，直見天主的本體，我便要使我的精神生命歸向天主，誠心信仰天主的慈祥和美善。在我現世生活裏，我的價值觀決定以天主高於一切，作爲我生活的目標。我又堅信我的生命本體已經超性化，和基督的生命本體成爲一體，可以用聖保祿宗徒所說：

『我生活已不是我生活，而是基督在我內生活；我現今在肉身內的生活，是生活在對天主子的信仰內；祂愛了我，且為我捨棄了自己。』（致迦拉達書 第二章 第十九節第二十節）

這種信仰生活是活潑潑的生活，信仰支配我整體的生活，而且引導我的心靈常用祈禱的默靜，歸向天主。

若我希望得到神秘生命，與享天主的美善，我應該是正直的君子。我不能說我沒有罪過，也不能說我已達到道德的成全境界。聖若望宗徒曾經說：

『可愛的諸位，現在我們是天主的子女，但我們將來如何，還沒有顯明；可是我們知道，一顯明了，我們必要相似祂，因為我們要看見祂實在怎樣。所以，凡對祂懷著這希望的，必聖潔自己，就如那一位（基督）是聖潔的一樣。』（若望第一書　第三章　第二節）

但若望又說：

『如果我們說我們沒有罪過，就是欺騙自己，真理就不在我們內。但若我們認明我們的罪過，天主既是忠信正義的必赦免我們的罪過，並洗淨我們的各種不義。如果我們說我們沒有犯過罪，我們就是拿祂當說謊者，祂的聖言就不在我們內。』（若望第一書　第一章　第八節）

我認識自己的弱點，別人也認識自己的弱點；我們人沒有一個是成全沒有缺點的，每天都犯許多缺失，或大或小。孔子曾說：

『觀過，斯知仁矣。』（論語 里仁）

『已矣乎！吾未見能見其過而內自訟者也。』（論語 公冶長）

基督瞭解人的弱點，制定了懺悔聖事。人在領洗後不免又犯罪過，違背倫理規律，基督著人知過，內省而自訟，便寬赦他的罪過。

我所講的正直君子，不是完全沒有缺欠的人，而是有過而知過，知過而改過，常常「自強不息」，往理想的人路走。若是一個人以目前的我爲滿足，再不求前進，他已經走在墮性的路上，已經沒有志向，已經沒有理想，不能使精神生命發展。「自強不息」的人，永遠向上，向無限的將來，向絕對的眞美善。他預備自己的精神生命接受神秘的生命。

信仰生活和倫理生活，常常「自強不息」，我只是奠下向上升的基礎。天主是絕對的眞美善，當我的相對眞美善遇到絕對的眞美善，和祂相融會，我的相對眞美善就消失了，不是本體消失，而是意識的消失。一盞燈，一支燭，對著強烈的陽光，燈火和燭光就形爲不是光了。我希望我的精神生命神化而融會在天主的生命中，我必定要「空虛自我的意識」。

乙、空虛自我意識

目前我心靈充滿自我意識，我知道自己的地位和職責，我事事有自己的計劃，遇事我表現自己的意見和喜好。自我意識使我知道我是自己的主人，也是我職務的主人。誰擅著我的喜好答話或行動，我天然地臉上表示不愉快。普通說這是男子的氣概，這是有作爲的人的天性。但是我既然肯定我自己，事事是我自己，怎樣能使我的精神生命神化而融會於天主的生命呢？雖然我的靈魂已經和基督的生命本體合成一體，但是我生命的活動卻常是由我作主，而不是由基督作主。因此，我必須經驗一個階段，空虛自我意識。

空虛自我意識的階段分成兩個層次：第一個層次是主動的層次，第二個層次是被動的層次。

A 主動空虛自我意識

主動的空虛自我意識，由我自己克制自己，在思念行爲上以天主的聖意作我的意向，一切作天主願意我作的。我活動行爲的目標常是爲愛天主。基督在世的三十多年生命，完全以天主聖父的意旨爲自己的意向。基督說：

『我的食物就是承行派遣我來者（聖父）的旨意，完成他的工程。』（若望福音 第四章 第三十四節）
『我的教訓不是我的，而是派遣我來者的。』（同上 第七章 第十六節）
『我由我自己不做什麼；我所講論的，都是依照父所教訓我的。派遣我來者與我在一起，祂沒有留下我獨自一個，因為我常作祂所喜悅的事。』（同上 第八章 第二十八節 第二十九節）
『我沒有憑我自己說話，而是派遣我來的父，祂給我出了命令，叫我該說什麼，該講什麼。我知道祂的命令就是永生。所以，我所講論的，全是依照父對我所說的而講論的。』（同上 第十二章 第四十九節 第五十節）
『我對你們所說的話，不是憑我自己講的；而是住在我內的父，作祂自己的事業。』（同上 第十四章 第十節）
『你們所聽到的話，並不是我的，而是派遣我來的父的話。』（同上 第二十四節）
『父啊，……祢所授給我的話，我都傳給了他們，他們也接受了，也確實知道我是出於祢，並且相信是祢派遣了我。』（同上 第十七章 第八節）

基督一生的言行，完全承奉天主聖父的旨意，祂不以自我爲主，而以聖父爲主。在卽將被捕而被殺時，祂向聖父祈禱說：

『父啊！一切爲你都可能：請給我免去這杯罷（受死）！但是不要照我所願意的，而要照你所願意的！』（馬爾谷福音　第十四章　第三十六節）

基督的生命本體，由天主神性和人性結合而成，祂有整體的人性，有理智，有意志，當殘酷死亡臨近時也有懼意，祂卻完全承奉天主聖父的意旨。

我和一切的人，都不能達到基督的生活境界，一切行動都以天主的意旨爲意向；然而，我們要勉力向著這種境界上攀。我精神生命的動向，常向天主。孔子曾說：『五十而知天命』（論語　爲政），知天命而畏天命，『君子有三畏：畏天命，畏大人，畏聖人之言。』（論語　季氏）畏則接納而順從。孔子所講天命，係上天的使命和上天所定的命運，不是生活各方面都完全以上天的意旨爲歸向，更不是愛慕天主而心向天主。舊約的聖詠說：

『予心之戀主兮，如麋鹿之戀清泉。渴望永生之源兮，何日得重覩天顏。人問主安

在兮，朝暮涕淚漣漣。以涕淚為飲食兮，吾主晝亦垂憐。』(十六)

『為盼天上主，向天頻仰首。猶如彼僮僕，常看東翁手。猶如婢女目，恒在主婦肘。吾目亦視主，望主頒恩祐。』(十七)

古來的僮僕，事事仰承主人和主母的吩咐，不敢自作主張。我要空虛自我意識，就須事事順從天主的意旨。對於每一樁我所該做的事，我精神生命的表現，天主的意旨必定爲我有好，祂看事看到事的究竟，看人看到人的心底，而且全能無限；我事事承行祂的意旨，我用祂至高的智慧，作我的智慧，用祂無限的全能，作我的能力。我的心常安定。

怎樣可以知道天主對事事的旨意呢？在祈禱中，在靜默中，在反省中，天主的無聲的言語，沒有文字的光明，會在我心靈中響亮。聽不見聲音，看不到閃電，但是心安心靜而嚮慕天主的人，在內心可以聽到天主的無聲的言語。

B　被動空虛自我意識

(十六) 吳經熊　聖詠譯義　第四十二首。

(十七) 同上，第一二三首。

被動的空虛自我意識，較主動的空虛更上一層。主動的空虛，雖是我勉力以天主的旨意爲意向，仍然還是我作主控制自己，在心底處還存著自我意識，被動的空虛則是接受天主使我空虛自己，使我自己被空虛得茫然無主，不知所爲。聖十字若望稱這種境界爲「黑夜」。

『我們有三層理由，可以把靈魂（精神生命）走向與天主結合的歷程稱為「黑夜」。第一，靈魂向前走時，應捨棄對世物的一切慾望；這種捨棄對於感官就有如黑夜。第二，靈魂走向天主的路是信仰，信仰對於理智的認知有如黑夜。第三，靈魂走向的目標是天主，天主不能為人所認知，所以也如同黑夜。』㈥

這上面所講的「黑夜」，還是通常的「黑夜」，眞正的「黑夜」則是被動空虛自我意識的歷程。被動空虛的歷程，第一歷程對世事的欲望。每天所有遭遇，洽對我的願望相反，所遇的人不是和我相投的，我希望得的物沒有得到，得到的物是不希望的。希望健康而竟生了

㈥ The complete works of S. John of The Cross. V. I. B. I. C. I. ed, Westinistec Mdzyeand, 1946, V. Z. p.21。

病，想安息一會卻有人來談事。這種現象不是偶然一次，而竟成爲常態。我的心靈便要安定不亂，且不動心。這種不動心較比孟子的不動心更難。孟子的不動心是發展自我的抱負，表現自己的人格。我所須要的不動心在於空虛自己的意識，忘記自己。也不僅是莊子的『隳棄形骸』，而是忘懷自我。我要縮小又縮小，以至於不見了我自己。佛教的禪道所講的空虛自己，有些相似，禪道是不思慮，心完全空；我所須要的空虛自己，則在於遭遇相反情緒的事，絲毫不動心。不是沒有感觸，沒有感觸將是痲木，我的感觸非常靈敏，只是找不著一件順心的事物，心要平靜不動，像如沒有感觸；這點要緊好的修養。

『第一，一個靈魂感覺不出對於天主的事有任何的安慰和愉快，同時，對世上的事物也是一樣；因天主使這靈魂進入這「黑夜」，祂可以搖盪他，淨化他的一切對世物的欲望。祂讓這靈魂在任何事物上找到慰藉或慰密。……』(九)

『如我上面所說，心靈的枯燥由空虛事物慾望而發，不覺到任何安慰。可是心靈底處感到有一種力量，從本體方面去工作。這種力量的養料乃是神秘的妙觀。妙觀藏

(九) 同上，B. I. C. TX V. I. p. 373。

在心靈深處，和枯燥同時存在，人不能體會，然使靈魂傾向並追求安靜獨處，但不能思慮任何的事。』(二十)

這種境界乃是「黑夜」，心靈沉在枯燥的深淵裏，對世上事物，對天上事物，都失去了興趣。可以說是打不起精神了。若遭遇了這種境遇，心靈驚惶，恐怕遭遇天主的摒棄，焦急尋求逃出的路，則錯而會再錯，失去「黑夜」的價值。這種空虛世物慾望的「黑夜」雖然可怕，然尚不及空虛精神慾望黑夜的艱苦。

『最好的事，遭遇空虛事物黑夜的人，要鎮定，要忍耐，不要自悲。堅心相信天主不會拋棄誠心追求祂的人，也不會不給予他所需要的，最後會引他走入愛的光明路上。……』

『他們在這種境遇中該走的路，是安靜不動，不要去想，不要去推理，因為現在不是時候。他自己看來什麼都不能做，白白消磨了時間。實際上只要靜靜祈禱，不加

(二十) 同上，V. I. p. 375。

思慮，一顆愛心向主。』(三)

對世物的空虛自己，帶來心靈的枯燥和驚慌，人要鎭定，加強信仰的信心。天主不會使我灰心失望，會支持他追求神秘生活的「自強不息」，再進入一更深的「黑夜」，以空虛自己對於精神事體的欲望。

我精神生命爲追求神秘生命的要件，是信仰。信仰對於理智雖是一種黑暗，因爲所信的事不能理解，然而心靈常體驗到信仰有一道內在的光明，引導精神生命的一切活動。天主爲摧殘靈魂的自信，使信仰的光明熄滅了。信仰對於靈魂完全成了黑暗，一切都看不見了，另外是對於未來身後的生命，一層厚厚的黑霧，蔽塞了未來身後生命的存在。聖嬰仿德蘭曾身歷這種境遇，曾描寫心所受的痛苦：

『同時好耶穌又准有一種黑暗，密密層層，衝進我心，把我從小，其甘如蜜的天堂(身後永生)思想，變作戰爭的焦點，苦痛的原因。……其中被困情形，我極願詳細

(三) 同上，V. I. p. 379。

說明，無奈苦於不能。大抵非身親其境，走過這黑地洞者，不知其烏漆黑黑是何等。』㊂

然而聖德蘭心雖極端痛苦，仍舊安靜不亂，『但我仍願向主號求說：「主所爲，無不教我滿心歡喜。」……由此愈感念天主，溫厚仁慈，給我這重大十字架，正當我能背負之時。早一些，怕就心灰意懶，背不動了。現在不過把我情性中，所有的心滿意足，一筆勾銷。嚮慕天鄉的誠心誠意仍在也。』㊃

這種黑夜的功效，就是在把「我情性中，所有的心滿意足，一筆勾銷。」對於自己，絕對沒有自信心，自知無能且自知多過。同時，對於心靈的愉快和滿足，也另有體認。爲發展精神生命，心靈的愉快和滿足不是必需的，而且還是障礙。追求心靈的愉快和滿足，表現嬰兒求乳的心態，需用甜蜜的感覺來支持。捨棄心靈的愉快和滿足，在心靈枯燥黑暗時，「自強不息」，才是站起身來走路的成年，經得起考驗。

㊂ 聖嬰仿德蘭　靈心小史　第九章　頁二〇五，馬良譯　上海　土山灣印書館　一九三三年版。
㊃ 同上，頁二一〇。

聖文篤在他所著的『天路歷程』說明，開始的步驟，在於熱火一般地愛十字架，犧牲一切。

『但是，引導進入平安祥和的路，只是熱火般愛十字架的愛。這種熱情的愛，使聖保祿上升三層高天，使他非常地和基督同化，高呼說：「我已同基督被釘在十字架上了；所以，我生活已不是我生活，而是基督在我內生活。」（致迦拉達書 第二章 第十九節）同樣的熱愛也深入了聖方濟的內心，在他去世兩年以前，基督受難的五個傷口，印在他的身上。』(卅四)

每人精神生命的發展，有自己的途徑或方法，合於自己的喜好，在空虛精神欲望的黑暗裏，這種喜好也要被摧毀。我所喜好的途徑和方法，偏偏不生效，使我自己不知適從。整個的自我被消滅了，對任何事物沒有自己的偏好，自己也不再選擇，任憑天主作主。但絕對不是消極的灰心懶意，也絕對不是一顆枯樹沒有生意，而是生意達到最高點，靈魂的愛融會在

(卅四) S. Bonaventura.—Textes et studes par Valentin reton, Aubier p. 426°

天主的愛裏，以天主的意旨，作自己的意旨。禪宗常主張空虛一切思慮，空虛自我，以便直見自己本體的眞如。禪宗的空虛爲冷靜的空虛，是冰天雪地的空虛，追求天主的空虛自己乃是愛情的空虛。在人間兩個相愛的男女，戀情純淨而熾烈時，每一方自求空虛自己以接納對方。追求天主的愛在「黑夜」裏空虛自我的一切，以自我的整體獻於天主的愛，以接納整體的天主。

在「黑夜」裏不能直見天主，天主的觀念反而造成空虛精神欲望的第二層痛苦。第一層痛苦來自信仰，第二層痛苦來自天主。

『可以問：天主的光明為什麼會給靈魂變成黑夜呢？天主的光明不是光照靈魂，消除他的愚昧無知嗎？這個問題的答案有兩點：天主的智慧不僅對於靈魂是黑夜，同時還是傷痛和焦慮；因為天主的智慧過高過深，超越理智能力，靈魂對著如對太陽，什麼不見，乃形同黑夜；又因為靈魂自知不潔，自慚形穢，對著天主乃有傷痛和焦慮，也又形同黑夜。』㉟

㉟ The Compiete works of S. John of ph Cenoss. V. I. p. 406。

天主為絕對眞美善，無限地超越人的理智力，又無限地超越人的純潔；追求神秘生命的靈魂已經和世物斷絕了欲望一心仰望天主。他卻瞭解天主的絕對超越性，在任何方面，都不能上攀。對著絕對的眞美善自覺絲毫無力，自覺形穢不堪，心靈既是黑暗不見光明，又是痛苦焦慮。這種痛苦猶如一個久在異鄉飄零的人，經過千辛萬苦，已回到家門；然而看到家門緊閉，自知無顏見父母，心中痛苦萬分。這種痛苦，使靈魂自認卑微。基督曾說：

『父啊！天地的主宰，我稱謝祢，因為祢將這些事瞞住了智慧和明達的人，而啓示了給小孩子。父啊！祢原來喜歡這樣做！』(路加福音 第十章 第二十一節)

粉碎人的自傲，不讓人自以為有智慧有善德可以攀上天主的堂奧，天主讓自卑自謙如同小孩的人得達神秘生命。在這種精神的「黑夜」裏，靈魂雖感得徹心的痛苦，然而心神非常安定，無任何想望，只是想攀上天主的堂奧。聖十字若望說：

『現在我該當說：雖然這種好的「黑夜」帶給了心靈黑暗，實則對於每樁事實都給予光明；因為「黑夜」雖然抑制靈魂，使他痛苦不堪，但卻是為舉揚他，提攜他。

雖然使他空虛對世事的一切欲望，乃是為使他可以神化而向前進，可以對天上地下的一切事物都可以享受，可以有精神的自由。』㉖

心靈空虛了一切，空虛了自我意識，不因自己的理智而作計劃，不因自己的喜好而有所傾向。心靈一片空白，無所點染。好比一塊乾淨的黑板，沒有半筆隻字，一切只等待老師去寫去畫。老師是天主，祂用自己本體的光和美，貫徹靈魂的整體，靈魂則整體地在等待。

3 愛的圓融

甲、與主圓融

靈魂經過「黑夜」已經淨化了，已經空虛了，絕對的實體——天主，直接顯示給靈魂。這種顯示是一種最親密的結合，好似陽光照到玻璃杯，透入玻璃杯的各部份，陽光在玻璃杯各部份以內，和玻璃杯完全結成一體。

㉖ 同上 V. I. p. 422。

靈魂——相對的「存有」，遇到了自己「存有」的根，愉快地雀躍地衝入絕對的存有。玄之又玄，衆玄之玄，絕對的眞美善，顯露給相對的渺小靈魂。靈魂面對無限的眞、美、善，整個地滿足了，喜樂滿心。孔子曾說：

『知之者，不如好之者，好之者，不如樂之者。』（論語 雍也）

直接面對絕對的眞美善，心靈所有的是好是樂。俗語說「瞠目相向」，不用思索，不用研究，不用分析，理智失去推理作用，只有與享。

天主直接顯露給靈魂，自體是精神光明，光照靈魂，不用想像，不用觀念。靈魂直觀天主。完全不能用感覺，軀體好似僵屍，但有生命，也不是夢寐，想像和感官都停止作用。只有靈魂精神體直接對越天主。聖保祿曾有經驗。

『我知道有一個在基督內的人，十四年前，被提到三層天上去——或在身內，我不知道，或在身外，我也不知道，惟天主知道。我知道這個人，或在身內，或在身外，我不知道，天主知道。他提到樂園（天堂）裏去，聽到了不可言傳的話，是人不

能說出的。』(聖保祿　致格林多後書　第十二章　第二節)

神見，默觀，面對天主，與賞絕對美善，沒有觀念可以代表，沒有言語可以描述，更沒有文字可以紀錄。人世的觀念、言語和文言，都是相對的、局部的、暗昧的，不能表達絕對的眞美善。連記憶都不能相幫回憶，只能回憶有神見的一樁事，內容則不能回憶。

神見，或默觀，面對天主，乃精神生命超越到絕對頂峯，靈魂的精神生命融會在天主的生命中，靈魂本體沒有消失，自我意識仍然存在，靈魂知道自己面對天主。默觀，靜靜欣賞絕對眞美善，好似在人世面對非常美的畫，自然美景，或藝術品，祇有張著眼睛看，一句話也不說，一樁事也不想，祇有心中的滿足和愉快。默觀，欣賞天主本體，本體融在天主以內，快樂融融，快樂陶陶，心靈完全滿足。

絕對的眞美善，無限無垠，雖面對面地顯露給靈魂，靈魂總是有限的精神體，不能一下透視了整體的絕對眞美善。在身後的永常生命裏，默觀永久繼續，所欣賞的常是新的眞美善，乃稱爲「福觀」(Visio beatisica)

在現世的幸運者，達到神見，只是暫時的一閃。回到日常的生活，他的精神生命則融會在超性的境界中。神見的內涵，和默觀的快樂，已只有概括的回憶；但是神見或默觀時的愛，則存留不失，而且時常長進。

神見或默觀給予靈魂的神妙，是欣賞天主本體，欣賞而生愛慕。靈魂對天主的愛，是對生命根源的愛，是對一切恩惠的施主之愛，是對絕對眞美善之愛。天主對靈魂的愛，是對自己所造的生命之愛，是對自己所特選者之愛，是對純淨無染者的愛。

愛是生命的授受；造物主把自己本體授予靈魂，造物者本體乃生命的根由，又是一切美善的泉源；靈魂將自己整體獻於天主，以自己的生命投入造物主的生命。兩者都是生命的授予，所以是愛的圓融。

西洋天主教按照西洋的文化思想，以人世之最親密最透徹的愛爲男女的戀愛，男女以心身相受，結婚而結成一體一個生命，子女的愛則已是子從母出生而分離的愛，因此，爲象徵靈魂和造物主在愛的圓融中的愛，以男女的戀愛作爲象徵，稱靈魂和天主基督的結合爲「神婚」。「神婚」不是婚姻，絕沒有婚姻的意義，祇是借用成婚的男女彼此之愛，象徵圓融之愛。在舊約有雅歌（Cantici Canticorcim），歌詠男女戀歌，天主教會歷代常認爲是天人結合的象徵。

『（新娘）請將我有如印璽，放在你的心上；

有如印璽，放在你肩上。
因為愛情猛如死亡，
妒愛須如陰府；
它的焰是火焰，
是上主的火焰。
（新郎）洪流不能熄滅愛情，
江河不能將它冲去，
如有人獻出全副家產想買愛情，
必受人輕慢。』（雅歌　第八章　第五節）

在我們中國人看來，這種象徵簡直是褻瀆神明。在古代希臘的神話裏，希臘的神明男女戀愛，悖情亂倫。天主教的雅歌則祇是象徵，象徵純潔而徹底的愛。

『而今而後，別無心願，惟願愛耶穌，愛到發狂而已矣。原來只有愛情，一塊吸鐵石，吸得動我。我而今而後，亦不專心求痛苦，亦不注意求死亡；雖則皆吾所愛，死亡我呼之為報喜之人，來報喜信於我者。……我而今而後，一面懷抱痛苦，一面手捫天鄉之高岸。我從十，便想我這顆山花，一到春天，就該被天主收去，而今而後，則一心委託主命，聽主安排。這委聽二字，便是我的領港人，便是我的羅盤針。世上一無可熱切懇求的事件，只有懇求天主聖旨，一一承行於我身，於我靈魂而已。敬唱十字若聖會祖之歌曰：

『入吾愛主之酒倉，旣醉而出。』

躑躅廣原，一無所識。

所牧羊羣，一一散失。

我將用全心，竭力孝之。

羊羣不再趕，職業非所知，

惟於愛主之愛，縈其懷以縈其鬼。』(三七)

道家的「道」，佛教的「眞如」，爲絕對的實體；但爲一渺茫的實體，無位稱的實體，

(三七) 聖嬰彷德蘭 靈心小史 頁一八八。

不是有心靈的神明，不能愛。天主乃一有位稱的神明，至高至上，至美至善，有熱誠的愛，有體貼人情的智慧。天主一切至完善，至成全，至高深。天主的愛便至高深而至完美。靈魂的生命結合於天主的生命，接納了天主無限的愛，溶化在愛以內。這種愛不適合象徵爲男女之愛，可稱爲『生命之愛』。天主乃生命的泉源，愛所授與的生命；靈魂接受了天主所施的生命，整體生命傾流於泉源。兩方生命相授受，兩方的愛等於生命一樣深。

神見或默觀，提昇靈魂面見天主的本體，使相對的生命回到自己的絕對根由，使分得的眞美善，傾注到眞美善的絕對泉源。靈魂充滿與賞的快樂，整體生命化成了愛，融會在天主的神性愛中，生命神化爲愛。靈魂的本體在受洗禮時已提升與基督本體合而爲一，成爲天主的子女。神見或默觀實現基督神性的生命，面見天主本體，在生命授受的愛裏，融會圓滿。

神見或默觀爲超性的超越，邁出本性以上，相對的生命融合在絕對生命裏。面見絕對眞美善，快樂盈盈，不可言宣。神見的境界乃偶然的境界，乃短暫境界；要等身後進入永生，「福觀」將永遠長留。

神見或默觀雖消失了，「生命之愛」的融會則不消失，靈魂在現世渡「愛的圓融」之生活。

乙、與物圓融

聖文篤在「天路歷程」裏，描寫靈魂由天主工程的跡象，即自然界物體上升到天主；由天主的肖像，卽人的靈魂上升到天主；從物體的本體「存有」上升到天主。「愛的圓融」境界使靈魂常在「愛的圓融觀」中和天主的愛結合。道家的超越使人以氣知而有大智，觀一切物平等。佛教的超越使人有圓融觀，事法相融，萬法圓融，一入一切，一切入一，天主教的超越，使靈魂有「愛的圓融觀」，觀一切都是天主的愛，在天主的愛中觀一切。

A 宇宙圓融

「愛的圓融觀」觀自然界萬物，欣賞自然界每件物體的美好，愛這些美好為造物主天主美好的印跡。詩人騷客歌詠自然界美景，以自己的情感注入萬物中，春花秋月，高山流水，隨著詩人騷客的感興而有悲歡。信仰天主的虔誠者，看著花草的美麗，對著海月的奇偉，瀑布的雄壯，崇仰造物主的美好。「愛的圓融觀」則不以自然物而人格感情化，也不由物的美而上溯到美的根由造物主，而是由天主的愛而觀自然物，自然物的美好乃是天主愛的表露，自然物愈美，天主的愛愈大造。對著自然物卽是對著造物主天主，欣賞每件物體的美好，愉快地體驗造物主的愛。自然物在「愛的圓融觀」裏是活潑的歌詠者，歌詠天主愛的奇妙。自然物已經神化了，也是天主的子女，就如同聖保祿宗徒所說：

『受造之物仍懷有希望，脫離敗壞的控制，得享天主子女的光榮自由。因為我們知道，直到如今，一切受造之物都一同歎息，……等待著義子期望的實現。』（致羅瑪人書 第八章 第二十節 第二十三節）

宇宙萬物同爲造物主所造，結成一體的生命，由人率領。人類墜落在罪海裏，遠離造物主，自然物也隨著遠離天主。人類因著基督的降生和基督成爲一體，作爲天主的子女，自然物也隨著而成爲天主的子女，歌詠天父的美好。「愛的圓融觀」實現自然界萬物對於義子的期望，在萬物中歌詠造物主的愛。義大利的聖方濟常以自然物爲兄弟姐妹，自然物也以這種心情相待，豹狼跟著他如同家犬，野鳥飛上他的手聽他歌唱。

『聖方濟對大自然洩露欣慕的泉源，並非自然物的本身，亦非聖方濟天生的性格，而是他強烈愛主之情。成德明鏡書上已恰當地描寫如下：「完全在天主聖愛內消逝自己的方濟，在一切受造物中看見上主的慈愛，所以他也以同樣親切誠懇的愛，撫育諸受造之物。」』

自己是天主之嬌子的思想，完全佔住他，支配他，當然要將一切受造物，視為天主的大家庭。任憑在何種造物身上，無有不驚歎天主的智慧、全能與恩愛。僅舉目觀看太陽、月亮和星辰，或任何大小受造之物，就會使他充滿難以形容的喜樂。並且因為它們完全起源於天主，所以也都與他有親屬的關係；一切都成為他的弟兄姊妹，……它曾作太陽歌：

『至高全能全善的上主，
讚美，光榮，聲譽，宏福，都歸於祢，
惟有祢，至高的上主堪當承愛；
任何人都不配稱呼祢的聖名。』

讚美我主為祢的衆造物，
尤其是高貴的太陽弟兄；
它給我們帶來白晝與光明，
它是多麼美麗，發揮雄偉的絢光；

至高的天主啊，它多麼肖似祢！

讚美我主為月亮、星辰衆姊妹，
祢曾創造它們在穹蒼之上；
又明亮，又高貴，又美麗。

讚美我主為風弟，空氣，雲霧，
為天時，不分陰晴，用以維持衆生。

讚美我主為泉水姊妹，
又謙卑，又清潔，用途又廣。

讚美我主為我們的熱火弟兄，
祢藉它光照黝黝的黑夜；
它多麼燦爛，快活，剛強有力。

讚美我主為地，我們的母親姊妹，
它培育我們，養活我們，
賜給各種佳果，五顏六色的花草！
讚美頌揚我主，
一切受造物請讚美祂，
謙虛自卑地服事祂，阿們。』(二八)

「愛的圓融觀」，不是神話，也不是童話，而是精神生命的旋律，以圓融的愛連繫宇宙萬物，神化宇宙萬物，一切旋流著天主神性的愛。在圓融的愛裡萬物都是美。

B 人類圓融

宇宙萬物已經在圓融的愛裏，結成一體，生命的旋律灌注在每一自然物中，作為天主的子女。

(二八) 聖五偏方濟的理想 費爾德著 甘慎言譯，澳門 一九五〇年 頁三三五、三四六—三四九）

自然物作爲天主的子女，藉著人類的生命而被提昇，自然物的本體仍舊是自然物，仍舊是不靈之物；但是因著人的心靈，使它們披上了一層精神的外衣，隨著人也幫助人將精神生命和造物主天主的生命相結合，分享人的圓融之愛。

人的靈魂因著洗禮結合在基督妙體內，和所有受洗的人結成一體，同是天主的子女。天主的愛在人的靈魂上特別表現出來。萬物和我結成一體是在自然的生命上，因自然界的各級生命互相連繫。我的精神生命和別人的精神生命則爲同一生命，『四海之內皆兄弟也。』我領了洗，我的精神生命和基督的精神生命結成了一個妙體，卽是我的靈魂和基督的復活後精神化的人體結合，再經過基督的人體而和基督的天主性生命相結合，成爲基督妙體的一部份，其他領洗者也同樣成爲基督妙體的一部份；因此，受洗者彼此間的結合是神化的基督妙體的結合，同爲天主的超性子女。沒有領洗的人在本性界和我也是兄弟，而且也可能成爲超性的兄弟。「愛的圓融觀」既然深深體驗天主高深的愛，而也體驗基督深摯的愛，對於人類兄弟乃具有超性的愛。聖保祿說：

『因此，我在天父面前屈膝，——上天下地的一切家族都因祂而得名，求祂……使你們能夠同衆聖徒領悟基督之愛是怎樣的廣、寬、高、深，並知道基督的愛是遠超越

人所能知道的，為叫你們充滿天主的一切富裕恩賜。』（致厄弗所書 第三章 第十八節）

聖保祿勉勵信友要在基督的愛內，『根深柢固，奠定基礎。』（同上 第十七節）在基督天主的愛內，根深柢固的人，以圓融的愛觀看並接納一切的人，認爲天主愛的特選者，每個人都受有天主高深之愛，爲基督妙體的份子，爲天父特愛的子女。每個人的長處短處都消失了，所見到的乃是天主對人的愛。心中的感受乃是以圓融的愛誠切地愛人。聖嬰仿德蘭述說兩樁愛人的事，顯明地表現圓融的愛。

『院中一位有德行的修女，她一向有種本領，教我看去，全不順眼。……修女一身，說不盡的討厭。我不肯順從本性所生惡感之情，我向我說，愛德之為用，不但在情分上，還該在行事上，發顯出來。於是對這位修女，我便下工夫，做上許多事，一如對於最友愛之人。每次遇見她，必為她求天主，把她的德行功勞，獻於天主。我覺如此做品，大大討耶穌歡喜。為的美術家無不愛人稱賞他的手工，吾主便是靈魂上的美術家，見人不流連別人的外表，知道看到別人的靈魂，欣賞別人靈魂為天主所揀選的聖宮，讚美吾主的美術，妙絕無倫，吾主那得不歡喜。……』

有一天，我正想逃避惡語回答她，修女笑容問我說：『我的小德蘭姐，我沒有一次遇到你，不是春風滿臉的，承你如此相傾相慕，是因我何點小善，彼此相投，可直言無隱否？』啊！我的磁石，我的琥珀，便是藏在我心頭的吾主耶穌，祂拏極苦的黃連，變作極甜的蜂蜜。』(元)

以「愛的圓融觀」，不看人的外表，深入人的靈魂，靈魂乃是天主的愛之滙會所，才能對討厭的人發出誠摯的愛。聖德蘭在院中有一位生病的修女，行動不便，需人摻扶；但性情怪僻，動則怨人。聖德蘭遂自薦每天摻她進入餐廳，小心翼翼，一不小心，修女便喊：『你走得太快，要跌煞我也。』或喊說：『你跟我嗎？拉住我嗎？我不要栽觔斗嗎？唉！我說你太年輕，摻不來，不是不錯嗎？』後來竟能大得有病修女的信任，尤其感激德蘭的眉開眼笑。德蘭記述說：

『這小小愛人之事，已相隔多年，一回想問，吾主仍給我留著，天上的一股清香清

(元)　聖嬰彷德蘭　靈心小史　頁二二八、二三〇。

氣。」(卅)

好一股天上的清香清氣，超性圓融的愛來自天主，聖德蘭心靈充滿天主的愛，隨處以天主的愛愛人，心靈所享受的便是天上的一股清香清氣，不沾塵埃。

C 存有圓融

道敎和佛敎的超越，都是在存有本體上的圓融，道家的至人，發覺自己本體是「道」，捨棄形骸，和「道」相合，乃得大智，平等觀宇宙萬物，自己本體既與「道」合而爲一，便遨遊宇宙，超登天地之上。宇宙一切「存有」本體均已消失，所有的祇有「道」。在生活裏乃忘我忘物。佛敎的佛，發覺自己的本體眞我爲眞如，空虛一切萬法，自己沉入眞如之中，然後反觀宇宙，一切卽一，一切入一，祇有眞如。萬法本體都成空虛，祇在眞如上存立。佛便空虛一切，無所貪戀，心靜如水。

天主敎精神生命的超越，精神生命的本體靈魂和基督神性生命本體相合，在神見或默觀的超越中，靈魂面對天主的本體，加上天主神性的生命，欣賞絕對的眞美善，融會在天主高

(卅) 同上，頁二六〇。

深的愛中，超越生命雖是本體的結合，天主和人的本體仍各自存在，不相混混，在生命中則合而爲一。天主的生命爲愛，聖若望曾說：

『天主是愛。』（若望第一書 第四章 第八節）

在愛中，圓融爲一。天主教的超越生命不是冷靜的氷清生命，不是消失感情的平靜生命，也不是空渺虛浮的生命；而是最著實際，最有活力的超性愛的生命。不是高飛天際傾向不可攀登的天主，而是天主在我心內的生命。超越生命是生命本體的體認生命，生命根由和受造生命的結合，人乃以整個心靈喊叫天主爲「天父」。

由天父的愛而和宇宙萬物相接，乃有圓融的愛，體認宇宙的每一個「存有」，無論是事是物，實際存在，見證天父的愛。

每一椿事，順逆不分，都帶著天父的愛。處理每一件事，猶如接受天父愛的恩賜。痛苦更是天父愛的證據；因爲基督以痛苦十字架而得天父的寵愛，和基督相結便是和痛苦十字架相連。死亡爲喜訊，報告進入天鄉。

『讚美我主為愛祢而恕仇的人，
為忍受軟弱，飽嘗憂苦的人。
心地泰然受苦的人，真是有福，
將要從祢，至高者，獲得榮冠。

讚美我主為死亡，死亡乃我弟兄，
任何人都不能逃脫了它。
身負死罪而逝世的人真是有禍的，
然而敬遵主旨的却是有福的；
來日的重死不能陷害他。』㈢

不怕痛苦，不懼死亡，世上還有什麼可怕的呢？祇怕罪惡，罪惡消滅愛，拆散和天主的結合，毀滅超越的生命。除罪惡外，宇宙萬有都是實際「存有」，披有天主的愛，為天主的

㈢ 聖方濟的理想 太陽歌 頁三四八。

愛作證。「愛的圓融」灌注精神生命以超性的天主愛，面對絕對眞美善本體，不可言宣，不可董述心靈充滿了愛生命根由之愛。日常生活，和事物相接，「圓融的愛」愛所接觸的每一個人，每一件事物。生命的旋律充溢著超性愛的情緒、意義、價值。現世的生命已是精神生命在來世「福觀」生命的起程。現世的一言一行，一舉一動，都留有天上的一股淸香淸氣。

一九八四年　民七三年　七月廿四日脫稿

感謝天主

羅光全書

冊一之二

生命哲學修訂版

臺灣學生書局印行

修訂本序

民國七十三年我出版了「生命哲學」一書。這本書大半是我在宏恩醫院治病時所寫，當時祇想用「生命」貫通中國哲學和士林哲學，注意點是在於「貫通」，所以把中國哲學和士林哲學的重要部份，都列舉在書裏，全書的次序也是傳統士林哲學的次序，認識論、本體論、宇宙論、心理學、倫理學、精神生命。因而給人一個印象，是在講一次士林哲學。

出版以後，五年以來，我深入研究生命哲學的意義，漸漸有了新的構想。西洋哲學講論「有」，「有」是一個實體，可以說是「有者」。但是「有」爲什麼有呢？「有」究竟是什麼？西洋哲學認爲不必講，也不能夠講。中國哲學卻就是講「有」是什麼，「有」是「變易」。「有」爲什麼有呢？因爲「在」。「在」是什麼？「在」是變易。「變易」是什麼？是「生生」。中國哲學提出來「生生」，說「生生」是生命，但沒有講生命是什麼。

我說明生命是內在的「由能到成」。「有者」就是「在者」，「有」是因爲「在」。「在」則是繼續的變易，繼續的變易成於物體以內，所以是生命。

「有者」或「在者」可以說是本體，繼續的由能到成，可以說是用。實際上本體祇是一個抽象觀念，雖是抽象但有實際的根據，實際的根據在於繼續由能到成的用常結成一整體性和一致性，就是普通所說的「我」。實際的「我」則是繼續由能到成的行，即是生命。中國哲學常講體用合一，或體用不分。

這種生命，卽繼續由能到成的變易，或行，要由附體的變易才顯露出來，例如我的生命，要由身體的變易和心靈的變易顯露出來。附體的變易則由時間而顯露，時間所以是生命的顯露，顯露由先後的次序而明。「我」的「在」，不是一個孤獨的在，而是在許多的「在」中，「我」和「別的我」卽「非我」的分別，要在空間顯出，空間便是單體生命的顯露。

「我」爲一個體，這個個體常是一致，所以是一致，因爲是同一生命，個體的整體性和一致性由生命而成。宇宙萬物的個體，雖都是單體，卻不是孤獨的單獨在，而是在生命上互相連繫，因爲每個物體的變易在動因上互相關連，最後的動因則是造物主的「創造神力」；「創造神力」發動——宇宙開始時的初次物體，予以「創生力」，初次物體發動再次物體，以後陸續發動，陸續傳予「創生力」，然而從開始到現在，一切物體仍靠造物主的「創造神力」繼續支持；這種繼續支持，等之於繼續創造。造物主的「創造神力」，即是造物主生命的神力，這種生命的神力，連繫了整個宇宙的萬有，宇宙萬物在生命上乃有整體性，而宇宙萬物的生命也有整體性，由同一的生命神力所發，分享造物主的生命。

宇宙萬物的生命，在人的生命中全部表現出來，人的生命則是「我的生命」。「我的生命」造成人文世界，也造成整個世界，凡是沒有和「我的生命」相連繫者就等於不存在。「我的生命」不僅在我以內生活，又在我的世界裏生活，和別的我（人）相通，且和宇宙萬物相通，好似一湖水，互相旋流，旋流的水就是仁愛。

「我的生命」來源在造物主的生命，本然地就傾向回歸來源。中國儒釋道的哲學都講一個生命的超越目標。士林哲學和天主教的神學相連，指定「我的生命」的超越目標，在於分享基督的神性生命，由本性生命邁進超性生命。

「生命哲學」因此便是完全講生命，不僅以生命貫通一切，而是解釋生命的意義，由生命的意義解釋萬有。這樣的解釋好似走入海德格的存在論路線，我先不知道，近日閱讀項退結教授在哲學與文化月刊所發表「海德格的存有與時間探微」，才理會出來，但是內容不相同。以前我講生命哲學時沒有看到方東美教授的文章，後來看到他的著作，發現我們都是由同一路線解釋中國哲學。這一點或者表示哲學應該向這方向走。

「生命哲學」修訂本現在付印，出版後大概不容易被讀者所明瞭，更不容易被讀者所接納；但是我相信我的路線是不錯的。

民國七十七年四月十七日 序於天母牧廬

第一版序

從事哲學的研究工作，已經五十年。在求學時代所研究的爲西洋哲學，在教學時代所敎的是中國哲學，在寫作方面所寫的爲中國哲學思想史和士林哲學。五十年來雖不是全副精力都集中在哲學研究上，但每天都幾乎用了三分之一的時間去研究。花了這麼長的時間，費了這麼多的精力，對於哲學自己有什麼心得？只是介紹中西的哲學或是自己有點哲學思想呢？

目前中西都不是哲學興盛的時代，歐美雖然新起一些哲學派別，然都是「人存哲學存，人亡哲學亡。」中國國內在大陸馬克思思想暫時在稱霸，然將來必是「暴雨不終朝」；在臺灣大家焦慮着如何產生新的中國哲學，使傳統的哲學可以有薪傳，新的中國社會能夠有中心的思想。天主敎會去年紀念利瑪竇來華四百週年，激起天主敎接受中國文化的問題。我既研究中西哲學，在這兩方面都有應盡的責任。

唐君毅先生的最後一部著作，名稱是生命存在與心靈境界，代表他自己的哲學思想。這部著作有一千兩百頁，詞句深奧艱澀不易讀，讀的人不多。但是他由生命和心靈去講哲學，路途非常正確。

方東美先生所著的中國哲學之精神及其發展英文原本雖已出版，讀者頗少，中文譯本上冊今年已出版。這部著作雖是講中國以往的哲學，但是方先生以生命和生命超越解釋中國哲學的精神，也可以說是代表他本人的思想。

我的這部書，名爲「生命哲學」，不是以哲學講生命，而是以生命講哲學，這乃是儒家哲學的傳統。

易經以「生生之謂易」，宇宙變易以化生萬物，萬物繼續變易以求本體的成全，整個宇宙形成活動的生命，長流不息。西洋形上學以萬物爲「存有」，「存有」即存在之有，爲一切事物的根基。中國哲學以萬有之「存有」爲動之「存有」，爲「生命」，乃萬物的根基。「存有」和「生命」爲一體之兩面。在這兩面的根基上，建立我的哲學思想。

哲學爲學術工作，乃生命的高度活動；哲學的研究對象乃是生命，爲我的生命向各方面的表現。我的生命不限於生理的生命，而以心靈生命爲主。心靈生命向外的開展，認識宇宙萬物。宇宙萬物進入我的心靈，引起我對萬物發生關係的意識，我明瞭生命不是孤獨，而是相通。宇宙不是塊然無靈的客體，乃密密地和我的生命相連。我的心靈給予宇宙萬物一種眞美善的意義和價值，顯示造物主的愛心。

人的社會從心靈的眼去觀看，不是數字的統計，生產和消費，只有形相的文明。社會文明的眞諦在於生命的聯繫，在於聯繫的和諧。科技造成的機械，若缺少了心靈仁愛的動力，將要燒毁人類的文明，遺留一堆灰燼。

心靈的仁愛週遊在宇宙萬物以內，造成生命的旋律，激盪人類的生命向前創新，和造物主的神愛相融會。心靈生命進入無限的天淵，擴展到絕對的眞美善，達到生命的頂點，在愛的圓融中，安祥幸福。

沿着心靈生命發展的歷程，本書講論了認識論，以建立人文的世界。研究了本體論，以認識萬有的基本。探索了宇宙論，以體驗生命的聯繫。分析了心理現象，以觀察生命的創新。討論了倫理學，以建立生命旋律的規範。描述了心靈生命的發揚，以窺見生命的超越。

生命的哲學，貫通了全部哲學的思想，結成一生活的系統。不是「隔岸觀火」地研究哲學的對象，而是我在哲學的對象內生活。這就是中西哲學的結合，萬物爲「存有」，「存有」爲「生命」。

生命哲學可以代表中國傳統哲學的革新而成爲中國的新哲學嗎？生命哲學可以作爲天主教思想和儒家思想的結合成爲教會本地化的基礎嗎？請好心的讀者自作答覆。我只述說了我自己的哲學思想。

民國七十三年八月一日 序於天母牧廬

生命哲學修訂版

目錄

第一章　中國的生生哲學

一、中西形上本體論比較研究

1　西洋形上學

形上學追究宇宙萬物的根本理由，從一切萬物的基本上著想，我們分析宇宙萬物時，從一個人而到人，從人而到動物，由動物而到生物，由生物而到物，由物而到「有」。一切萬物都是有，有以上再不能分析。若不是有，便是無，無則沒有可談。所以「有」，乃是萬物的根本，爲萬物的基本觀念。亞里斯多德和聖多瑪斯便以「有」爲形上學本體論的研究對象。

「有」，這個觀念非常單純。在研究萬物時，分析再加分析，最後剩下這個觀念。在分析時，把特點舉出；把一切的特點都舉出，繼續予以排除，所存下的就只是「有」。有和無相對立。

然而「有」是一切萬物的根本；不僅是宇宙萬物，就連超越宇宙的精神體，也是以「有」爲根本。因此對於萬物的研究，都要以「有」爲基本。不建立在「有」上的理論和學說，都如同建立在沙灘上的房屋，沒有基礎，經不起批評或辯駁，常要倒下來。

亞里斯多德和聖多瑪斯就在「有」的基礎上建立自己的學說。

「有」是什麼？什麼意義？「有」是「在」。一個物體是「有」，這個物體就在。不在當然不算有。

一個物體怎麼「在」呢？需要兩個因素：一個因素是自己的「性」，一個因素是自己的「在」，「性」是一個物體所以是這物體而不是另一物體的理，「在」是一個物體實際存在。

「理」是抽象的，「在」是實際的。抽象的理怎麼成爲實際的有呢？那或者是「自有」，或者「從他有」。「自有」常是在，「性」和「在」同一，爲一完全的有，爲一絕對之有，也爲唯一的有。「從他有」是從他一實際的有而得存在。追根卽是從「自有」者而得有。

「從他有」，在未存在以前，爲一可能之有，乃一「潛能」。由「潛能」而到「現實」，需要一個動力因。宇宙間的動力因環環相結，最後的動力因必是絕對之有。因爲絕對之有爲

「自有」，常爲「現實」，不需要另一動力因。

一個實體既然是「有」，便不能是無。有和無相對立，不能同時存在。這便是矛盾律。一個實體是實際的「有」，這個實際的「有」，包括這個整體，這個整體便是這個整體，不能不是這個整體，這便是同一律。莊子所說的齊物論，認爲大家對於一個客體所講的雖不相同，卻都能是對；因爲人的知識有限，不能認識整體的客體，只認識一部份，一個客體的各部份可以不相同。莊子所說的是關於認識論，不關於本體論。在本體論上一個實際的「有」，只有一個自己，便不能不是牠自己。在認識論上，對於矛盾律便加上一句，「在同一觀點上」，對立者不能成立。

一個「有」既然在，爲一實際之有，便應有自己該當有的，否則本體不完全，便不能存在。本體和具體的個體意義不相同，本體是具體個體的基本。例如這個人，人的本體是這個人的基本，他必定要有人之所以是人該有的一切。這就是「眞」。

有了本體所該有的一切，便是一個完全的本體，沒有缺憾，在本體方面便是善的。善是完全 Perfection。

不僅有完全的本體，而且本體各份子都各在應在的值，彼此相調協，有次序。這就是美。

眞美善的基礎，建在本體上，不隨時隨處漂蕩。而且在倫理方面，倫理的美惡也以本體之「有」作根基，因爲倫理的規律，以性律爲根本。

「有」，在具體上爲「存有」，乃一切哲學問題的據點。形上學研究「有」，便是研究宇宙萬物的最後理由。但是「有」是在，「有」是「有者」，「有者」所以有，是因爲「在」，「在」又是什麼呢？西方傳統哲學沒有解釋，海德格的存在論便是想解釋「在」。

2 中國形上學

中國形上學，儒家的易經，便答覆這個問題，易經研究宇宙的變易，由宇宙到萬物，從變易而認識萬有。宇宙爲一變易的宇宙，由變易而生萬物，萬物也常在變易，每一物體爲一種變易。「在」便是變易。

「變易」有什麼意義？易經說明宇宙的變易爲「生生」，「生生」爲創生生命。「變易」的因素爲陰陽，陰陽爲兩種動力，陰陽兩動力繼續變動不停，宇宙乃有各種物體。陰陽在每種物體內，仍變動不止。整個宇宙常在變易，每物也常在變易。變易爲生生，每一物爲一生命，易經說：

「一陰一陽之謂道，繼之者善也，成之者性也。」（繫辭上　第五章）

「生生之謂易。」（繫辭上　第五章）

「天地之大德曰生。」（繫辭下　第一章）

宇宙的每一物體，爲一具有內在活動的「在」，這個「在」稱爲「生」，即生命。生命即是說是具有內在的動，內在的動，因陰陽兩動力的動而成。每個「有」或「存有」爲生生。宇宙的變易固然爲創生萬物；每一物的變易爲發展自己的性體，以求自己的成全，便也可以稱爲生生。

生生的變易，由陰陽兩動力的動而成，陰陽兩動力的變易是以「互輔互成」爲原則，不是互相否定。陽不否定陰，陰不否定陽，陰陽互相輔助，互相調協。例如春夏秋冬，春是陽漸盛，陰漸衰；夏是陽盛陰衰；秋是陰漸盛，陽漸衰；冬是陰盛陽衰。每一季都具有陰陽，彼此互相調劑。

爲能互輔互成，生生的第二原則爲「中庸」。「中庸」的原則是每事恰得其當，陰陽各在所應有份上，爲有中庸，便有時和位的觀念。易經的卦講求時位，每一卦的爻代表位，也代表時，凡是變易都要適合時和地位的境遇，適合者則爲中庸。孟子以孔子爲「聖之時者」，常能「時中」，孔子自己則非常看重中庸。

生生變易的另一原則，爲宇宙萬物「互相連繫，天然和諧。」每一物和另一物，互相連繫，生命不能孤獨存在，整個宇宙連繫在一起，互相溝通。彼此間的連繫，天然具有次序，造成宇宙全體的和諧。

這幾項原則，爲本體方面的原則，爲形而上之道，宇宙變易循著這幾項原則而繼續不停。因此，宇宙萬物繼續生化，形成一道生命洪流，長流不息。

在西洋近代哲學裏，有討論動的哲學。黑格爾以宇宙乃絕對精神的非我，絕對精神循著正反合原則而變易。馬克思以宇宙爲物質，物質常動不停，物質的動以正反合爲原則，建立了唯物辯證論。達爾文的進化論也假定宇宙在變，由變而有進化，進化的出現也由於正反合的規律，乃有物競天擇的原則。至於柏格森認爲宇宙只有動，動是生命創新力的流行，超越時間空間。

易經生生變易的原則，稱爲天地人之道，卽宇宙萬物的原則。在這原則中含有人生之道。

人生之道，總括一句稱爲「仁」。「仁」是「生」，在宇宙變易中爲生生，在人生活中爲「仁」，易經的天地有好生之德，朱熹以天地之心爲好生，人得天地之心爲心，故仁，仁即好生。天地好生使萬物的生命能夠存在，能夠發揚，能夠繼續。人好生，使自己的生命發揚，也使萬物的生命能夠發揚。孔子說：「夫仁者，己欲立而立人，己欲達而達人。」（論語雍也）中庸以至誠之人，盡性而盡人性，而盡物性，然後贊天地之化育。儒家的聖人乃「肫肫其仁，淵淵其淵。」（中庸　第三十三章）

仁既化育萬物，便和萬物相連繫，張戴乃說「民吾同胞，物吾與也。」（西銘）王陽明講「一體之仁。」（大學問）孟子進一步說明聖人「仁民而愛物。」（盡心上）所以仁爲好生，實則廣愛宇宙的萬物。

人生之仁道，既爲「贊天地之化育」，使萬物的生命能夠發展，便是互相互成，而不自相鬪爭，達爾文所講進化由於「弱肉強食」不合理，馬克斯認爲社會進化由於階級鬪爭更不合理。

互助互成要適合時位，這便是孔子的中庸之道。不走極端，以求適宜。孝道在中國實行數千年，孝道的原則不變，孝道的實踐則適合人、地、時。所以孟子的後喪逾前喪，有適宜人、地、位之道。

有中庸，應有次序。儒家最重禮。禮由聖人按照天理而製成，使人的行動都有次序。所以禮爲分，分上下的等級。有了次序，乃能有和諧，和諧爲平安。儒家的家庭爲大家庭制，數十人或數百人同居，然而家中和睦，一片安寧。國家既由家族而結成，國家的幸福就在於國泰民安。

中國哲學的形上學原則，應用於人事，成爲倫理規律，而以形上本體論的生生爲根基。從中西形上學研究對象的趨勢，就造成中西哲學精神的不同。西洋哲學研究「有」，予以分析，建立原則。西洋哲學的精神便在於求知求眞，就事實的本體深加分析，事事淸楚。這種精神導致科學的發達。中國哲學研究「生生」，探討宇宙生生的意義和原則，乃造成儒家發展人性以達生活美滿的境界，而成聖人。這種精神爲人文精神，以求發展心靈生活，求美求善。因此，中國哲學偏重倫理道德。但兩者不相衝突，萬物都是「有」，萬物也都是「生生」。西洋形上學從靜的本體分析「有」，得有各種學術的基本原則，也可以用於中國的學術中國形上學從動的本體研究生生，釐定形上的原則，應用於人生。中國哲學可以說是「生生哲學」，也可以稱爲「生命哲學」。

二、中國生命哲學的發展

1 原始的生命哲學

原始的哲學思想，常發原於哲學人對具體生活和生活的環境所有的探討，就如易傳述說伏羲作八卦的來由：「古者包犧氏之王天下也，仰則觀變於天，俯則觀法於地，觀鳥獸之文，與地之宜，近取諸身，遠取諸物，於是始作八卦，以通神明之德，以類萬物之情。」（繫辭下第二章）原始哲學人探討人類生活之道，以爲君王治民的政則。中華民族的原始哲學思想，從書經裏可以見到。

堯典述說帝命羲和與羲仲、羲叔，掌管人民的生活，配合天象和四時；人民的生活是農耕的生活，四時四方對於農產物有密切的關係。天時、地質，對於人、畜、農作物都有影響。

在洪範篇有「四、五紀：一曰歲，二曰月，三曰日，四曰星辰，五曰曆數。」「八、庶徵，……曰；王省惟歲，卿士惟月，師尹惟日；歲月日時無易，百穀用成，乂用明，俊民用章，家用平康，……庶民惟星，星有好風，星有好雨。日月之行，則有冬有夏；月之從星，則以風雨。」這一篇所講，關於人民的生活，使「百穀用成，家用平康。」重要的因素，在於歲月日星能夠順時不亂。

這種思想在周禮中也表現明白，周禮所記的官制，是天官、地官、春官、夏官、秋官、冬官，每種官職的職位，不是按照名字去分，而是按照國家的事務去分，但是官制的名稱，就明顯地指示，國家的事務和天時互相連繫。禮記書中則有月令一長篇，記述每月所行的政事，莫不以天時爲準則。禮記月令和呂氏春秋的十二月紀相同，呂氏春秋爲呂不韋所編，屬秦始皇時代的作品，然秦朝並未能遵照月令行政，姑不論月令和月紀的作者是周公或呂不韋，月令的思想則是古代的思想。人君行政總按天時，天時由日月星辰而顯，天時的影響在於宇宙萬物的生命，宇宙萬物的生命，和人的生命相關。立春之月，天子迎春於東部，向上帝祈穀，親載耒耜以耕。因爲在這一月，天氣下降，地氣上騰，天地相合，草木萌動。月令和月紀的思想來自古代，細的節目和禮規，乃是後代秦漢人的作品。這種思想，以宇宙萬物的變化，由春夏秋冬四季而顯，在四季所顯的變化，是萬物的生化過程。

2 生命哲學的成熟

中國古代生命哲學的思想，到了易經，已經成熟，結成了一種系統。

宇宙一切都在變，稱爲「易」，變易的目標在於生生，「生生之謂易」（繫辭上 第五章），變易的成因，爲陰陽兩元素，陰陽繼續相交，交乃成物，「一陰一陽之謂道，繼之者善也，成之者性也。」（同上）陰陽兩元素各有特性，陽爲剛，陰爲柔；剛爲進，柔爲退；進則動，退則靜；動有進取，靜則迎合；兩種特性互相調協，以成萬物。陰陽的變易，繼續不停，循環運行，如日夜相繼續，如春夏秋多四季相替換，宇宙乃形同一道生命的洪流，浩浩蕩蕩，

生化不息，「剛柔相推，乃生變化……變化者，進退之象也。」（繫辭上　第二章）

易經以卦象代表物形，以爻代表變，以辭解釋變的意義。「聖人有以見天下之賾，而擬諸其形容，象其物宜，是故謂之象。聖人有以見天下之動，而觀其會通，以行其典禮，繫辭焉以斷其吉凶，是故謂之爻。」（繫辭上　第八章）「八卦成列，象在其中矣；因而重之，爻在其中矣；剛柔相推，變在其中矣；繫辭焉而命之，動在其中矣。吉凶悔吝者，生乎動者也；剛柔者，立本者也；變通者，趣時者也；吉凶者，貞勝者也；天地之道，貞觀者也；日月之道，貞明者也；天下之動，貞夫一者也。」（繫辭下　第一章）「是故易者，象也；象，像也。象者，材也；爻也者，效天下之動者也；是故吉凶生而悔吝著也。」（繫辭下　第三章）

易經的卦變，代表天地之變，天地之變爲化生萬物；易傳乃說：「天地之大德曰生。」（繫辭下　第一章）天地之變以乾坤爲元素，乾爲生化的開端，易經乾卦彖曰：「大哉乾元，萬物資始，乃統天，雲行雨施，易物流形。……乾道變化，各正性命，保合太和，乃利貞，首出庶物，萬國咸寧。」坤卦彖曰：「至哉坤元，萬物資生，乃順承天。坤厚載物，德合無疆，含弘光大，昌物咸亨。」「夫乾，其靜也專，其動也直，是以大生焉。夫坤，其靜也翕，其動也闢，是以廣生焉。」（繫辭上，第六章）乾坤象徵天地，宇宙萬物的化生，全仗天地的合作，乾動坤合。易經泰卦象徵春天，萬物發生，易經泰卦彖曰：「泰，小往大來，吉，亨，則是天地交而萬物通也。上下交而其志同也。」天地相合，風調雨順，農耕和時間空間關係非常大；易經的卦，乃講中正，陽爻陰爻各正其位，易經卦辭常說：「時之意義大矣」。農產物的化生和四季及地域必須配合了時間和空間的意義和生化相連；

易經的時間和空間所有的意義由生生去定，而不是由物質的變去定。易經的變易不是物質的變易，因爲變易是生生，即是生命，易經乃稱變易爲神，爲神秘莫測。「生生之謂易，成象之謂乾，效法之謂坤，極數知來之謂占，通變之謂事，陰陽不測之謂神。」(繫辭上 第五章)「範圍天地之化而不過，曲成萬物而不遺，通乎晝夜之道而知，故神無方而易無體。」(繫辭上 第四章)「易，無思也，無爲也，寂然不動，感而遂通天下之故，非天下之至神，其孰能與於此？」(繫辭上 第十章)

孔子研究易經，給弟子們講授易經。易經原來爲占卦以卜吉凶，吉凶按陰陽之道去推算，順者爲吉，逆者爲凶，卜吉凶爲知道事情的禍福，有禍則不作事，有福才作事。孔子以禍福不在於事情的吉凶，而在於事情的善惡，善事必得福，惡事必得禍，福禍乃事情的賞報。賞報由上天所定，由鬼神去執行。

孔子既把吉凶和善惡相連，便把易經天地變化之道，延伸爲行爲倫理之道。人乃天地萬物整體的一部份，人生之道乃天地變化之道的一部份。易傳乃說：「易之爲書也，廣大悉備，有天道焉，有人道焉，有地道焉，兼三才而兩之故六；六者非它，三才之道也。」（繫辭下 第十章）。人道和天地之道相連，成爲三才之道。天地之道爲生，人道爲仁。「天地之大德曰生，聖人之大寶曰位，何以守位？曰：仁。」（繫辭下 第一章）仁和生相連。易經乾卦文言曰：「夫大人者，與天地合其德。」大人卽是聖人，也卽是聖王，聖人之德，在於和天地同具生生之德。

聖人之德既和天地相同，聖人之德的原則也和天地之德的原則相合；天地生生之德由陰陽相調協而成，適合時地而居中正，聖人之德也是陰陽相合，常有中庸。聖人的行動，常以天地爲法。易經的彖辭、象辭和文言，把天地變化之道，常常配合人的行爲。所有的「象曰」，都講君子之道。易經將人的生命連接在宇宙萬物的生命以內，宇宙的生命，乃是一個生命，層次雖不同，但彼此相連；這種思想成爲中國哲學思想的特點，又是中國各家哲學的共同性。

3 中庸禮記的生命思想

孔子在論語裏，祇有一次講到了天的好生，他說：「予欲無言！子貢曰：子如不言，則小子何述焉？子曰：天何言哉？四時行焉，百物生焉，天何言哉？」（陽貨）孔子主張法天，天的好處，在於使四時按序而行，百物乃得生化。這種思想完全和易傳的思想相同。孟子也沒有明確地講生命哲學，但有兩處表明和易經的思想相類他說：「君子，親親而仁民，仁民而愛物。」（盡心上）「萬物皆備於我。」（同上）

中庸在這方面則較論語說得多。中庸第二十六章說：「天地之道，可一言而盡也：其爲物不貳，則其生物不測。」天地之道總括在一個生字，天地生生有次序，依照物性，而且功能神妙莫測，生生不息，聖人效法天道，易傳曾說聖人以仁配天地之生，聖人和天地合德。中庸乃說：「大哉聖人之道，洋洋乎發育萬物，峻極于天。」（第二十七章）中庸主張人應率性而行，率性爲誠，「唯天下至誠，……能盡物之性，則可以贊天地之化育：可以贊天地之化育，則可以與天地參矣。」（第二十二章）「唯天下至誠了……知天地之化育，夫焉有所倚？肫肫其仁，淵淵其淵，浩浩其天。」（第三十二章）與天地參，即是易傳的天地人三才；三才相連，化生萬物。

中庸稱讚孔子，效法天地，與天地合德，具有天地的偉大。「仲尼，祖述堯舜，憲章文武，上律天時，下襲水土；辟如天地之無不持載，無不覆幬；辟如四時之錯行，如日月之代明，萬物並育而不相害，道並行而不相悖，小德川流，大德敦化，此天地之所以爲大也。」（第三十章）這段話和易傳乾卦文言：「夫大人者與天地合其德，與日月合其明，與四時合其序。……」意義相同。孟子曾稱「孔子，聖之時者也。」（盡心下）中庸以孔子和易傳的大人，精神相同，都在於贊天地之化育，使萬物生生不息。

中庸的人生哲學，以率性爲基本原則，性爲人生的根基。人若能率性而行，則能盡性以發展，進而發展人性和物性，以達到贊天地的化育。萬物的性相連，因爲生命相連，發展了自己的生命，就該發展萬物的生命，「己欲達而達人」。

禮記爲戴聖收集的儒家關於禮的文字，月令一篇不足以代表孔孟時代的著作，樂記一篇也不是漢武帝時，河間獻王所收集；但兩篇中的思想則和周代的禮樂思想連繫。月令篇的思想，留在後面去講，在這裏只講樂記的思想。

「天高地卑，萬物散殊，而禮制行矣。流而不息，合同而化，而樂興焉。春作夏長，仁也；秋斂冬藏，義也；仁近於樂，義近於禮。」仁義樂禮相配，象徵天地萬物的生化，萬物有類，生命不同，禮制以別；萬物生命相連，合同而化，樂歌以和。「方以類聚，物以羣分，則性命不同矣。在天成象，在地成形；如此，則禮者，天地之別也。地氣上齊，天氣下降，陰陽相摩，天地相蕩，鼓之以雷霆，奮之以風雨，動之以四時，煖之以日月，而百化興焉；如此，則樂者，天地之合也。」天地相合則萬物化生，爲易傳的思想，樂記篇也表明這種思想。音樂，象徵萬物的生命，同化合流。

「是故先王本之情性，稽之度數，制之禮義，合生氣之和，道五常之行，使之陽而不散，陰而不密，剛氣不怒，柔氣不懾，四暢交於中而發作於外，皆安其位而不相奪也。」樂既是和，則須調協，音樂有節奏，有度數，一切合於中道。然後音樂對於人的情感，也能調協，「四暢交於中」。

「是故大人舉禮樂，則天地將爲昭焉。天地訢合，陰陽相得，煦嫗覆育萬物，然後草木茂，區萌達，羽翼奮，角觡生，蟄虫昭蘇，羽者嫗伏、毛者孕鬻，胎生者不殰，而卵生者不殈，則樂之道歸焉耳？」樂使天地昭明，屈生曰區的能夠萌達；有羽翼的能夠奮發，有角無觡的觡可以生，以及胎生或卵生者都能不夭傷。樂的意義和功能，便全在生命上。中國古代所以非常重樂，詩經中許多樂章，象徵古代樂曲的興盛，可惜古樂在後代都失了傳，祇留下了這些哲理的文章。

然而樂的直接影響在於人心，樂是因人的情動於中，乃發音於外。「夫樂者，樂也，人情之所不能免也。樂必發於聲音，形於動靜，人之道也。」因此，樂對於人心，非常重要。「君子曰：禮樂不可斯須去身，致樂以治心，則易直子諒之心油然生矣，易直子諒之心生，則樂，樂則安，安則久，久則天，天則神，天則不言而信神，不怒而威致，樂以治心者也」。注曰：「易謂和易，直謂正直，子謂子愛，諒謂誠信，言樂能感人使善心生也。」

4 老莊講生命的發揚

老子爲絕對的自然主義，他說：「天地不仁，以萬物爲芻狗。」（第五章）但是他的自然主義，不是一種呆木的唯物論，而是有情的生化。「致虛極，守靜篤，萬物並作，吾以觀其復；夫物芸芸，各歸其根。歸根曰靜，是謂復命；復命曰常，知常曰明，不知常，妄作凶。」（第十六章）「大道氾兮，其可左右，萬物恃之而生而不辭，功成不名有，衣養萬物而不爲主，常無欲可名於小，萬物歸焉而不爲主可名爲大，以其終不爲大，故能成其大。」（第三十四章）老子以道爲萬物的根源，道不是造物主也不是呆板元素，而是活動的主體，生化萬物，衣養萬物，自己不稱功道寡，自作主人，道的變化之原則，以退爲進，以弱爲強，以往爲復，無爲無欲，任憑自然；人生之道即在於遵守這種原則。「是以聖人欲上民，必以言下之；欲先民，必以身後之。是以聖人處上而民不重，處前而民不害；是以天下樂推而不厭。以其不爭，故天下莫能與之爭。」（第六十六章）「我有三寶，持而保之：一曰慈，二曰儉，三曰不敢爲天下先。慈故能勇，儉故能廣，不敢爲天下先，故能成器長。」（第六十七章）老子的哲學看來很消極，實際上則是很積極追求生命的發揚，例如他說有三寶、慈、儉、不敢爲天下先，看來都是消極的品德；但是他說慈則勇，儉則廣，不敢爲天下先則能成器長，則效果都屬於積極的功效；而且若不守執三法，「今舍慈且勇，舍儉且廣，舍後且先，死矣！」可見老子不是求生命的死亡而無爲無欲，乃是以無爲無欲以高度發揚生命，如同他不求小智而求若愚的大智，不求小德而求無仁義的大德，不求小的生命而求發揚生命到極度，如同道之大。

莊子爲一位追求生命的超越境界之哲學家，他的哲學思想是生命流通的哲學。他繼承老子的道之無限觀念，然它著實在氣的實體上。「雜乎芒芴之間，變而有氣，氣變而有形，形變而有生。」(至樂篇)萬物由氣而生，氣通流於萬物，「通天下一氣耳！故聖人貴一。」(知北遊篇)「凡物無成與毀，復通爲一；唯達者，知道爲一。」(齊物論篇)天地一氣，通於萬物；人的生命，由氣而成；人能摒除外面一切形色，生活於氣，人的生命便和萬物相通，在宇宙內可以流通無阻，逍遙自在。「若夫乘天地之正，御六氣之辯，以遊無窮者，彼且惡乎待哉。」(逍遙遊篇)生命的發展，在於一切任其自然，保全天眞。「何謂天？何謂人？北海若曰：牛馬四足，是謂天；落馬首，穿牛鼻，是謂人；故曰，無以人滅天，無以故滅命，無以得殉名，謹守而勿失，是謂天眞。」(秋水篇)天是自然，人是人爲，天眞則是保守自然，莫被人爲所害。

「老聃曰：意幾乎後言，夫兼愛不亦迂乎，無私焉乃私也，夫子若欲使天下無失其牧乎，則天地固有常矣，日月固有明矣，星辰固有列矣，禽獸固有羣矣，樹木固有立矣，又何偈偈乎揚仁義，若擊鼓而求亡子焉，意夫子亂人之性也。」(天道篇) 這是老子教訓孔子的話，爲莊子所編造，意思是人性本來仁義，若是有人偏偏以仁義敎人，則是自造的仁義，反而亂了人性。

宇宙的氣，運行不息，往返循環，「四時迭起，萬物循生，一盛一衰，文武倫經，一清一濁，陰陽調和。」(天運篇)「萬物一齊，孰短孰長？道無終始，物有死生。不恃其盛，一虛一滿，不位乎其形，年不可舉，時不可止，消息盈虛，終則有始，是所以語大義之方，論萬物之理也。物之生也若驟若馳，無動而不變，無時而不移，何爲乎何不爲乎，夫固將自化。」(秋水篇) 易經也說萬物的變易是神妙莫測，無爲而無不爲。莊子解釋宇宙萬物的變化，以爲不可解釋，動而不動，變而不變，爲又不爲，乃稱爲自化。「性不可易，命不可變，時不可止，道不可壅，苟得於道，無自而不可，失焉者，無自而不可。孔子不出，三月復見曰：丘得之矣！烏鵲孺，魚傳沫，細要者化，有弟而兄啼，久矣夫！丘不與化爲人，不與化爲人，安能化人。老子曰：可！丘得之矣。」(天運篇) 萬物化生，純乎自然，鳥類卵生，魚類溼生，細腰蜂化生，人類胎生。有了弟弟，兄長失愛乃哭，一切都純乎自然。因此，人應當知道生化之理，和「化」爲友，才能化人。

人和化爲友，及能大通，和天地爲一。莊子說：「又況萬物之所係而一化之所待乎。」（大宗師篇）和天地相合乃爲一，和人相和則不一。「性修反德，德至同於初。同乃虛，虛乃大，合喙鳴，喙鳴和，與天地爲合，其合緡緡，若愚若昏，是謂玄德，同乎大順。」（天地篇）同乎大順的人便是眞人或至人。「何謂眞人？古之眞人，不逆寡，不雄成，不謨士；若然者，過而弗悔，當而不自得者也。若然者，登高不慄，入水不濡，入火不焚，是知之能登假於道也者此。」（大宗師篇）眞人如同儒家的聖人，代表生命發揚到最高境界，人和天地萬物的生命相通。

5 秦朝的生命哲學

春秋戰國時期的思想，到了秦朝，已經呈現衰頹的現象；同時戰國時的迷信，也混進了哲學，開始漢朝的陰陽五行思想。法家的學說，因著秦始皇的一統政治，獲得了政客的信任。秦漢的哲學思想，學術的價值很低，但對中華民族的生活，卻影響很大很深。當時的生命哲學思想，可以從呂氏春秋和董仲舒班固以及漢易學者去看，而秦漢的哲學，頗受管子的影響。

管子說：「地者，萬物之本原，諸生之根苑也；美惡賢不肖愚俊之所生也。水者，地之血氣，如筋脈之通流者也；故曰：水具材者也。……夫齊之水道躁而復，故其民貪麤而好勇；楚之水淖弱而清，故其民輕果而賊；越之水濁重而洎，故其民愚疾而垢；秦之水泔最而稽，淤滯而襍，故其民貪戾罔而好事齊；晉之水枯旱而運，淤滯而襍，故其民諂諛葆詐巧佞而好利；燕之水萃下而弱，沈滯而襍，故其民愚戇而好貞，難疾而易死；宋之水輕勁而清，故其民閒易而好正；是以聖人之化世也，其解在水。故水一，則人心正；水清，則人心易，一則欲不汚；民心易，則行無邪。是以聖人之治於世也，不人告也，不戶說也，其樞在水。」（水地篇）這種思想可以說是中國哲學思想中獨特的思想，至於看重水，則和老子的思想相近，老子以上善若水，水弱而強。水性不同，所生人物也不同，這種思想在周禮地官篇裏也有，中國歷代也常說山清水秀出美人。

但是管子對秦漢哲學思想影響最大的，是他的陰陽五行思想。他在四時篇說：「是故陰陽者，天地之大理也；四時者，陰陽之大經也；刑德者，四時之合也。」君王在四時所行政令，要與時季相合，不合必招禍。「是以聖王治天下，窮則反，終則始，德始於春，長於夏，刑於秋，流於冬。」這和儒家所說春生夏長秋收冬藏相應，「刑德不失，四時如一，刑德離鄉，時乃逆行，作事不成，必有大殃。」這種思想和明堂月令相同。在五行篇，管子沒有講金木水火土，但說五行之官和五聲之律，然後說：「六月日生，是故人有六多，六多所以銜天地也。天道以九制，地理以八制，人道以六制，以天爲父，以地爲母，以開乎萬物，以總一統。」六爲六爻，六陽爻爲天，六陰爻爲地，天之數爲九，地之數爲八，人之數爲六，六爲「重三才而兩之」，都是易經的思想。管子分一年的農事爲五段，每段七十二日，則是按五行而分。「五聲既調，然後作立五行以正天時，五官以正人位，人與天調，然後天地之美生。」五時是：木、火、土、金、水，每時七十二日，共三百六十日，後來漢朝易學便以木火金水配四季，土配年的中旬。人和天相合，萬物乃暢茂。

呂氏春秋爲秦朝宰相呂不韋集合賓客的著作所成，書中思想很雜，大都傾向道家。對於宇宙，以氣爲萬物的元素，氣自然而化，化生萬物。氣分陰陽，週遊於天地間，週而復始。在有始覽說：「天地有始，天微以成，地塞以形；天地合和，生之大經也。以寒著日月晝夜知之，以殊形殊能異宜說之。夫物合而成，離而(麗)生，知合知成，知離知生，則天地平矣。」陽清故天微，陰濁故地塞，天地相合，陰陽相麗，萬物化生。

呂氏春秋有十二紀篇，和禮記的月令相同。一年分四季，一季分三月，孟仲季。月的分別，在於陰陽的盛衰，例如：「孟春之月……是月也，天氣下降，地氣上騰，天地和，草木繁動。」「仲夏之月……是月也，長日至，陰陽生，死生分。」「仲秋之月，……是月也……殺氣浸盛，陽氣日衰。」「孟冬之月……是月也，天子始裘，命有司曰：天氣上騰，地氣下降，天地不通，閉而成冬。」「季冬之月，……是月也，日窮于次，月窮于紀，星迴于天，數將幾終，歲將更始，專於農民，無有所使。天子乃與卿大夫，飭國典，論時令，以待來歲之宜。……凡在天下九州之民者，無不咸獻其力，以供皇天上帝社稷寢廟山林名川之祀。……季冬行秋令，則白露早降，介虫爲妖，四隣入保。行春令，則胎夭多傷，國多固疾，命之曰逆。行夏令，則水潦敗國，時雪不降，冰凍消釋。」在十二紀中，把自然界的現象，人事的作爲，政治的設施，組成一個大系統，根本則是十二個月陰陽的變遷，由陰陽的變遷，引發萬物生命的化生和盛衰，一切都要連繫。

呂氏春秋有名類篇，通常稱爲感應篇。感應是人事的善惡，和天地間的同類之氣，互相感應，產生怪異的自然現象，好的現象爲祥瑞，惡的現象爲災異，預告上天的賞罰。在感應中滲入了五行的思想；五行的思想在戰國時漸漸興盛，鄒衍結集當時流行的迷信，造出五行的次序。把五行的次序和五德五色相配合，以述說朝代的興替，乃有五德終始說，黃帝屬土，色尚黃；禹屬木，色尚青；湯屬金，色尚白；周屬火，色尚赤，繼承周朝的朝代屬水，色尚黑。

五行的次序，在董仲舒的春秋繁露和班固的白虎通義，成了一定的相生相尅次序。「天有五行：一曰木，二曰火，三曰土，四曰生，五曰水。木，五行之始也，水，五行之終也，土，五行之中央，此其天次之序也。木生火，火生土，土生金，金生水，水生木，此其父子也。木居左，金屬石，火居前，水居後，土居中央，此其父子之席，相受而布。」（春秋繁露 卷十一 五行之義 第四十二）這是五行相生的次序，又是五行配四方和中央的佈置。

「五行所以更王何？以其轉相生，故有終始也。木生火，火生土，土生水，金生水，水生木。……五行所以相害者，大地之性，衆勝寡，故水勝火也；精勝堅，故火勝金；剛勝柔，故金勝木；專勝散，故木勝土，實勝虛，故土勝水也。」（白虎通德論 卷三，五行）五行相生相尅的次序，原來就是自然界的現象，五行爲五種自然物體，五種物體彼此有相互的關係。但是漢朝儒者將五行作爲陰陽的五種變化，因而成爲萬論物的構成元素。宇宙間無自然界物體或是人世間的事件，都由陰陽五行而成。五行的次序便成爲一切物體和事件的關係原則，五行也就進入了中國哲學和一切學術思想裏。

漢朝的易學，便是用陰陽五行去解釋易卦。漢易爲氣數易；氣週遊宇宙，化生萬物。氣在宇宙間的變化，有時間的變化，爲一年四季；有空間的變化，爲東西南北。漢易乃以四正卦配四季，以十二消息卦配十二月，以四正卦的二十四爻配一年的二十節氣，以十二消息卦的七十二爻，配一年的七十二候，再以六十卦的三百六十爻配一年的日數，每一卦得六日七分。所謂四正卦，爲坎震離兌，這四卦又配四方，再配五行；春爲東爲木爲震，夏爲南爲火爲離，秋爲西爲金爲兌，冬爲北爲水爲坎，中央爲土。四季代表時間，四方代表空間，陰陽五行代表氣，氣在時空中運行，成爲六十四卦所代表變化，變化的目的，則爲春生夏長秋收冬藏的生生，這是漢易的卦氣說。至於漢易的象和數，則祇用爲占卜；卦象雖也牽涉到六十四卦相生的次序，但過於偏於機械式的解釋，沒有思想的意義。道教在漢末和六朝時，採納卦氣說，造成長生的外丹和內丹方法，按照月亮的盈虛時日，呼吸天地運行的生氣，或修鍊金丹，以求長生不死。

6　佛教的生命哲學

佛教以萬法爲因緣和合，實際都是空無，沒有眞正的生命；但是大家都以爲萬法是有，這倒若何解釋？佛教各派有各派的解釋，在各種解釋中，有幾個共同點。

宇宙萬物爲一整體，都是人所幻想的，幻想的來由，是人誤信自己爲實有。我在母胎受孕時，是我在前生所有信我自己爲有的堅強意識，即所謂我執，在前生臨終時不散，輪入母胎。這個信念具有我的生命，以及我以往生活中行爲所結集的果，這些果，成爲我現生生活中的行爲種子。因着這些種子我乃有感覺，乃有知識；但，感覺和知識的事物，全是這些種子所造的。因着這些事物，我乃起愛恨和貪欲，又造成種種惡行爲，留下來生的惡種子。

萬物既是我心的種子所造的，或說萬法唯識，或說萬法唯心，萬物連成一體。而且在人死復輪廻時，可以投胎再生爲人，也可以轉生爲禽獸蟲魚菓木石頭。因此，不僅萬物相連，而且都有生命。

爲免除輪廻再生，人要消除相信自我爲有的信念，這個我執消除了，同時相信萬物爲有的物執也就消除，人便進入涅槃，成佛而長生。消除的方法很多，佛敎各派的共同點，則在於坐禪消除心中的念慮，在沉默淸靜的心中，看到自己的眞我爲眞如。眞如卽是佛，卽是絕對的實有，也就是我的實體。通常我只看到我的身體，看到外面的事物，沒有見到隱在我和萬物的深處之實體眞如。我若見到心中底處的眞如，便也見到我和萬物都祇是眞如向外表現的形色，猶如大海中的波浪。波浪爲海水的活動，萬物也是眞如的活動，爲眞如生命的一種表現。人若能看淸了這一層大道理，人就成佛，歸到眞如本體，消除假我而獲得眞我，和眞如爲一，進入涅槃，「長樂我淨」，永恒生存。

7　理學家的生命哲學

儒家思想，在孟子荀子以後，消沉了下來，經過漢朝、元朝和隋唐的道家，道敎和佛敎的刺激，到了宋朝，乃興起了新的儒學——理學。理學爲研究萬物性理的學，上面溯到易經和中庸，旁面則採擷道、佛的觀念，結成儒家人文哲學的形上學。

第一位正式講理學的人，大家都承認是周敦頤。他的思想存在他所作的太極圖說和通書，太極圖說發揮易經的生生，通書則發揮中庸的誠和神。

「無極而太極，太極動而生陽，動極而靜，靜而生陰，靜極復動，一動一靜，互為其根。分陰分陽，兩儀立焉。陽變陰和，而生水火木金土。五氣順布，四時行焉。五行一陰陽也，陰陽一太極也，太極本無極也。五行之生也，各一其性，無極之真，二五之精，妙合而凝，乾道成男，坤道成女，二氣交感，化生萬物，萬物生生，而變化無窮焉。惟人也，得其秀而最靈。……大哉易也，斯其至矣。」（太極圖說　周濂溪集）

我們不談太極和無極的問題，祇看周敦頤的化生萬物的次序，是結集易經和漢易而成。太極而陰陽，陰陽而五行，五行而男女，男女而萬物。這種變化的過程，乃是一氣的變化過程，一氣而變化爲陰陽兩氣，陰陽兩氣變化而爲五氣，五氣再變化而爲男女二氣，男女二氣交感，乃化生萬物。這種變化次序後來爲理學家所接受，祇是對於太極和無極發生問題，大家不願接納。

通書講五行，「水陰根陽，火陽根陰。五行陰陽，陰陽太極，四時運行，萬物終始。」

(通書 第十六) 這種思想，和太極圖說相同。所以不能因爲通書不提太極圖，便懷疑太極圖不是周敦頤所作。通書所講，多爲人生之道，講中講誠：「聖人定之以中正仁義，而主靜，立人極焉。」這是太極圖說所說的，通書裏面說：「聖人之道，仁義中正而已矣。守之貴，行之利，廓之配天地。」(通書 第六) 兩者的思想完全相合，通書講誠，「誠者，聖人之本。大哉乾元，萬物資始，誠之源也。」(通書 誠上 第一) 這個誠，即是中庸的誠，誠爲盡性，也就是易傳所講的生生。

張載的哲學思想，以一氣爲根本，氣的本體爲太虛，「太虛無形，氣之本體。其聚其散，變化之客形耳。」(正蒙 太和) 太虛聚而爲陰陽，陰陽再聚而爲五行，五行聚而生萬物。一切都是一氣的聚散。「太虛不能無氣，氣不能不聚而爲萬物，萬物不能不散而爲太虛。循是出入，是皆不得已而然也。」(正蒙 太和) 氣自然變化，然氣並不是物質，「凡可狀，皆有也；凡有，皆象也；凡象，皆氣也。氣之性，本虛而神。」(正蒙 乾稱) 「氣有陰陽，推行有漸爲化，合一不測爲神。」(正蒙 神化) 易傳曾強調天地生生，神妙莫測，應稱爲神。張載以氣的變化，神妙莫測，和易傳所說相同。「感者，性之神；性者，感之體。惟屈伸動靜終始之能一也，故所以妙萬物而謂之神，通萬物而謂之道，體萬物而謂之性。」(正蒙 乾稱) 氣聚而成物性，物性具有感應之力，感應非常神妙，雖然有屈伸動靜終始的變化，然常是一氣的變化，故稱爲神，稱爲道。

萬物既由一氣所成，生命彼此相連，互有次序，「生有先後，所以爲天序。小大、高下相並而相形焉，是爲天秩。天之生物也有序，物之既非也有秩。」（正蒙　動物）然而天序天秩，不爲把物分開，而是爲把萬物的次序中合成一個整體，「乾稱父，坤稱母，予茲藐焉，乃渾然中處。故天地之塞，吾其體，天地之帥，吾其性；民吾同胞，物吾與也。」（正蒙　乾稱篇西銘）。這種萬物一體，由人心去體會，「大其心，則能體天下之物。……聖人盡性不以見聞梏其心，其視天下，無一物非我。孟子謂盡性則知性知天，以此。天人無外，故有外之心，不足以合天心。」（正蒙　大心）也就是孟子所說：「萬物皆備於我。」

程顥、程頤、朱熹，三人的生命哲學思想，可以連在一起，用朱熹的思想作代表；因爲朱熹繼承了二程的學說，加以擴充。

萬物由理氣二元而成；理，在天地間爲同一之理，氣則分清濁。同一之理，爲生命之理；氣之清濁程度不同，濁氣爲物質性，清氣爲精神性。理氣相合時，氣限制了理，故「理一而殊」。氣濁的物體，生命之理不能顯露，呆板不靈普通稱爲無生物，氣較清之物體，生命之理可以顯露一部份，成爲低級生物。按照氣的清濁程度，生命之理顯露爲各種生命。人的氣最清，人心最靈，生命之理可以完全顯露；所以說：「人得理之全，物得理之偏。」

生命之理，在人的心靈生命中完全顯出，朱熹說：「天地以生物爲心，天包着地，別無所作爲，只是生物而已。亘古亘今，生生不窮，人物得此生物之心以爲心。」（朱子語類 卷五十三）這個生物之心，在人稱爲仁。「仁者，天地生物之心。」（同上）朱熹以仁不是愛，而是愛之理；仁心，卽是生生不息之心。「發明心字，曰：一言以蔽之曰生而已矣，天地之大德曰生，人受天地之氣以生，故此心必仁，仁則生矣。」（朱子語類 卷五）「心卽仁也，不是心外別有仁。」（朱子語類 卷六十）

在本體論方面，整個宇宙祇有一個生命之理，有一個運行之氣。運行之氣有清濁，氣和理相結合而成物性，這種性爲氣質之性。氣質之性爲個體之性，個體之性既包含類性，又包含個性。按照中國哲學的傳統，氣的清濁不是對立的兩分法，清是清，濁是濁，而是程度的階梯法，由最濁以到最清。氣和理的結合，是物性的結合，合成本體的物性，不是合成本體的附體；附體則是本體的用，是本體存在後所變化的。因此，氣的清濁不是附加體的區分，乃是本體的區分。氣清氣濁的物體，不是在附加體上不同，而是在本體上不同。生命之理和氣相結合，因着氣的清濁，顯露的程度不同，不是附加體的程度不同，卻是生命本體不同，物體也就不相同。生物之同雖是一個，實際上的生命之理則因和不同清濁之氣相結合，也就彼此相異——「理一而殊」。

在人的生命方面，人得全部的生命之理，因爲人之氣最清，氣清則爲精神性，人的生命便是精神性的心靈生命。人心是仁，仁總攝一切善德，心靈的生命爲仁義禮智信的生命。仁義禮智信發於人心，現於人情，情乃心之動，動而中節卽爲善德。修德便在於管制情慾，以守敬爲方法，守敬有內外，敬以直內，義以方外。直內之敬在於守一，專心目前之事，使合於天理。合於天理則誠，誠爲聖人；聖人贊天地之化育，「贊天地之化育，人在天地中間，雖只是一理，然天人所爲各自有分，人做得底，卻有天做不得底。如天能生物，而耕種必用人；水能潤物，而灌溉必用人；火能熯物，而薪爨必用人；財成輔助，須是人做，非贊助而何？」（朱子語類　卷六十四）

朱熹哲學，形上學和人生哲學結成一系統，可以代表中國的儒家哲學思想。理氣連貫一切，理則生命之理，生命便是哲學思想的中心。

王陽明的哲學思想的中心，在於致良知，良知爲心；心不僅是天理，也是一切知識和生命的中心。王陽明以宇宙之物能夠存在，因爲有人心；若是人心不知，物就不存在。一個物體若從未爲人心所知，這個物體就不存在，不是它本體不存在，是在人的知識中不存在，它對於人就等於不存在。一切物體既因人心而存在，人心便連繫一切，成一整體。但這整體不僅是知識方面的整體，在本體生命方面，也是一整體。王陽明在大學問篇中說明「一體之仁」，即一體的生命，萬物的生命，互相連繫，互相依賴，互相靠助。人的生命，須靠動物植物和礦物相維持；人爲生活，須要飲食，須要藥物，就是須要動植礦各種物體。假使動植礦的物體，和人的生命不相連繫，則不但對人的生命沒有益處，更會生害。

清初王船山採取張載的「氣」；氣成萬物。然不以太虛之氣爲不分陰陽之氣，氣之本體就原已分爲陰陽，在太虛中，陰陽之氣處於太和狀態，不顯出陰陽。太和一起變化，陰陽乃顯；因此，王船山主張「乾坤並建」。陰陽變化有變化之理，變化之理爲物性或人性，來自天命。陰陽變化繼續不停，既成一物，在物體以內仍繼續變化，但物體的性由同一天命所降，性乃不變異，物體在體內繼續的變化，仍是同一物體。物性並不是一成就定，再不變化，「性日生而命日降」，說出「生命」的意義。

戴震講氣化，講生生。「凡有生即不隔於天地之氣化。陰陽五行之運而不已，天地之氣化也；人物之生本乎是。」(孟子字義疏證 卷中)漢朝學者以人之生，稟有天地之元氣，又有由父母而來之本身之氣。戴震主張人有「本受之氣」，又有「資養之氣」。「而其本受之氣，與所資以養者之氣則不同。所資以養者之氣雖由外而入，大致以本受之氣召之。五行有生克，遇其克者則傷，甚則死，此可知性之各殊矣。本受之氣，及所以資以養者之氣，必相遇而不相逆，斯外內爲一。其分於天地之氣化以生，本相遇而不相逆也。」(同上)在生化的氣運中，有條理次序，物乃有上下，下種物以養上種物，天地萬物都爲養人。「易曰：『一陰一陽之謂道，繼之者，善也；成之者，性也。』一陰一陽，蓋言天地之化不已，道也。一陰一陽，其生生乎？其生生而條理乎？以是見天地之順，故曰：『一陰一陽之謂道。』生生，仁也；未有生而不條理者也。」（原善上）

民國初年，熊十力以佛教的思想，滲入儒家的理學，他說是由佛而回到儒家，然而他的生生思想祇有易經內一點外形，實則內容仍是佛教的思想。他講本體有四種意義：「一、本體是萬理之原，萬德之端，萬化之始。二、本體卽對卽有對，卽有對卽無對。三、本體是無始之終。四、本體顯爲無窮無盡之大用，應說是變易的，然大用流行，畢竟不曾改易本體固有生生，健動，乃生種種德性，應該說是不變易的，……須知，實體是完完全全的變有萬有不齊的大用，卽大用流行之外，無有實體，譬如大海水全成爲衆漚，卽衆漚外無大海水。體用不二亦猶是。」（體用篇 頁九）這個本體，實際就是佛教的眞如。本體的變化，是一翕一闢，兩者都是一種動勢，不是易經所說陽動陰合。翕和闢，沒有先後，都是才起卽滅，時時都是故滅新生的。翕動以聚成物，然不是形相的物，而是一個動圈，動圈又是虛又是實，非虛非實。動圈因虛而爲一，因凝而爲多；但一和多，剎那生滅相續，其體卽是眞如妙性。熊十力認爲這是「大哉易也！斯其至矣。」（體用篇 頁二三八）

近年方東美教授盡力提倡中國哲學，他說：「中國哲學的中心是集中在生命，任何思想的系統，是生命精神的發洩。」（方東美演講集　頁七九）儒家哲學以易經爲基礎，易經講變易的生生，變易爲生命的創造力，整個宇宙爲一生命的洪流，長流不息，而又是中正和諧。人生之道繼承宇宙生生之道，趨向於超越宇宙的生活，使精神昇華。然而精神昇華乃是向人心內的昇華，爲內在的超越。人心乃能與賞宇宙之美，「原天地之美而達萬物之理，以藝術的情操發展哲學的智慧，成爲哲學思想體系。」（原始儒家道家哲學　頁一四）「蓋生命本身盡涵萬物一切存在，貫乎大道，一體相聯。於其化育成性之中，原其始，則根乎性體本初，……要其終，則達乎性體後得，經歷化育步驟，地地實現之。」（中國哲學之精神及其發展　上冊，頁一四九）人得生命之全，人的創造潛能力乃能配天。

8. 結論

簡單扼要地述說了中國生命哲學的發展，從尚書開始，易經予以成熟，整個中國儒家的哲學思想，以「仁者生也」，予以連貫，成一大系。

在目前講儒家思想，甚至中國哲學的現代化，由儒家生命哲學去發展，很能融會當代社會遽烈變化的時勢，又能適應新科學的意義。我現從這方面求儒家思想的現代化。但是中國生命哲學祇有思想的大綱，沒有深入的分析。生活本是活動的，不能加入分析，祇能予以體會。然而體會後，應加以解釋，西方哲學對於宇宙之變化所有的觀念和分析，很可以幫助我們解釋中國生命哲學的意義。

第二章　生命哲學

士林哲學繼續了亞里斯多德的思想，以萬物最後的本體爲有，這個「有」是「有者」，海德格更進而稱爲「此有者」。士林哲學認定「有」爲最後的又最始的觀念，不能加以分析，也不能予以解釋。然而我們總免不了要問「有」究竟是什麼？「有者」究竟怎麼能「有」呢？答說「有」是「在」。「在」又是什麼呢？

中國哲學就解釋了「在」，說「在」是生生，生生是變易，變易爲生生，生生爲生命。「在」就是生命。但是生命不可以說是「有者」，「生命」是「在」，「有者」乃是「生命者」。這個問題留在後面第三章去講。現在我要講的，則是生命。生命爲生生，生生爲變易，變易是「在」，變易又是什麼呢？

中國哲學說變易是陰陽的變動，陰陽的變動由於太極或太虛具有激蕩之力。然而陰陽究竟是什麼？若說陰陽是氣。氣又是什麼？我不能接納氣是宇宙間的氣，因爲這是物理學，不是哲學。因此，我由士林哲學的變易原理來解釋變易。

一、論變易

宇宙間沒有不變易的實體，整個宇宙在變易，每件實體都在變易。宇宙的變易是各種實體變易的總合，在時空內表現，變易的結果，使萬物化生，每個實體的變易，在於發展自己的本性本體，使自己能更成全。普通所稱生物，卽是具有內在活動以完成自己本體的物體，所稱無生物，則是沒有內在流動的物體，例如礦物。但是所有物體除絕對實體爲不變者外，一切相對實體都變。相對實體的變不僅在外面受外面動因而有變，體內也由自體動因而變。內有自動因在中國哲學稱爲陰陽兩氣。在物理學上物體的原子因兩種相反之力而常動。從本體論上看，相對實體既有變，變在體內，使本體或發展或銷毀，礦石也有成和壞。因此，宇宙內萬有都內在之動，內在之動和本體有關，便可以稱之爲「生命」，生命就是變易。

1 西方哲學

甲、變易的意義

爲正確地解釋生命哲學的意義，必須明瞭變易的意義，而整個宇宙卻都是變易，變易便不能完全是一種，對於研究變易的工作，形成了很多的困難。我現在就變易的基本理論方面，加以研究。

變易的普遍意義，是一個實體在存在上或存在的形態上有所不同，發生了變化。再進一步說，變易就是變化，是從一個形態到另一形態的過程。在普遍意義上，變易指著變易的結果；在進一步的意義上，變易指著一個動作。

我們研究變易，是研究變易的動作，就動作說，變易必須有三點不可缺的要件：一、起點；二、終點，三、動因。變易的起點，是「能」，或說「潛能」，普通一般人都知道沒有「能」，決不能行動。狗沒有說話的「能」，就不能說話。終點是「成」，或說「實現」，即是一項「能」，成了事蹟。動因，則是推動「能」以達到「成」，「能」自己不能發動，必定要有另外一種力去發動。這三個要件有一個共同點，即是都必須在已經存在的實體上，否則變易就不能有。

變易的種類很多，就基本理論說：可以分成「本體變易」和「附體變易」；本體變易又分爲「生」和「滅」；附體變易又分爲「量變」和「質變」。「生變」的起點，在另一實體上；「滅變」的終點，在另一或另多的物體上。

乙、能和成的關係

「能」是變易的起點，是變易的根本，沒有「能」，不會有變。「能」可以看爲一種缺點，又可以看爲一種優點；絕對之成，沒有絲毫的「能」，「能」是缺乏，絕對之成沒有變，因爲他是絕對完成，絲毫不缺。相對之成，具有或多或少，或高或低之「能」，「能」是才能，是能力，乃是優點，因爲有「能」，才可以有「成」。

「成」是完成，是實現，是「行」，常是善，常是美，因爲「能」而成爲現實，常是一件好事；在存在上說，「成」比「能」要高貴。

但是在性質上，「能」和「成」是相同的，「成」不能較比「能」更高。讀書的成績和讀書的能力，性質是相同的；至於成績的多少，則看讀書者費力多少，不會和讀書之「能」成正比。「人一能之，己百之，人十能之，己千之。果能此道矣，雖愚必明，雖柔必強。」（中庸 第二十章）又「或生而知之，或學而知之，或困而知之，及其知之，一也。或安而行之，或利而行之，或勉強而行之，及其成功，一也。」（同上）

因此，哲學上說「能」限制「行」（成）；因爲「行」（成），在本性上說，是無限制的，是完全的，完成了就不再變，實際上，「行」和「能」相合，「行」常是有限制的，常是相對的，常是這種完成那種完成，這種限制來自「能」；有怎樣的「能」，就有怎樣的「行」(成)。這個受限制的行，本身仍是完全的，按照這個「能」所有的成，完成了；好比朱熹的太極，每一物有一太極，每物之理，是完全的，若不完全，就沒有這物。「能」，本性上是有限的，因爲「能」不是消極的，而是積極的，才能若是消極的就沒有用了，不會有成。積極的「能」若是無限的，那便不是「潛能」，而是「全能」了；「全能」則是代表絕對的實體，摒除一切的「潛能」。至於說老子的「道」，完全不定，可以受任何的決定或限制，而成宇宙的萬物。同樣，張載的太虛之氣，在太和的狀態下，完全不定。按照哲理說，完全不定就不是一實體，更不能有自動之力，自動自化。必須從另一方面去解釋，好似亞里斯多德和聖多瑪斯的「純淨元質」(Materia Pura)，可以接受任何元型(Forma)；但動力因來自另一實體。

「能」和「行」相平行，本質變化的生或滅，有「本質能」，附體變化「附體能」，量變有「量能」，質變有「質能」。量變不能變爲質變，質變不能變量變，更不能有所謂「類變」，由一類變成他類。

但是唯物辯證論和生物進化論，則否定這種規律。唯物辯證論主張宇宙一切都是物質，量和質的分別，不是本性有不同，祇是型式不同。人的心靈爲一種輕微的物質，人的身體則爲重濁的物質，心靈的動作也是物質動作，雖常稱爲質性動作，然本性上和量性動作並不是完全不相同。因此，唯物辯證論認爲從量變而進入質變，沒有本性方面的阻礙，也就可以實現。一旦實現了，出現一種新的「特質」，若「特質」程度高，就可以成一新的種類，物種可以進化。生物進化論所走的路，和唯物辯證論所走的路有些類似，進化論並不一定要是唯物論，然而主張生物肢體的量變達到相當程度，就進爲質變，產生新的特質肢體，特質肢體的特性若是高或是廣，則造成一種新的生物。

就這一個難題，我說出士林哲學的意見。

量，是物質物體的各分子之延伸，一分子在一分子以外，造成物體的空間。量變，則是空間的變易。

質，是實體的特性，常是一項價值觀：實體的本體如何？實體對外的表型如何？實體的功效如何？物質實體有物質的特性，例如堅硬、鬆弛、光澤、粗糙、鋒利。非物質體有非物質性的特性，例如生活力強弱、視力強弱、聽力敏鈍。純淨精神體有純精神特性：如理智、意志。

宇宙間的萬物，通常分爲無生物和有生物。生命本身爲自動自成，係非物質性的。生物卻常有物質的形體，就是高生物—人，也是心物合一體。無生物當然純是物質，一切變動都是物質性的，而且沒有自動自化的「能」。

無生物既是純物質，所有變完全是物質性之變，都是空間之變，由外力所發而成；但不完全是量變，也有質變。物質體，可以變動位置，可以減少結構的分子，發生量變；也可以變成更光澤或更粗糙，也可以變成更美或更醜，發生質變。這種質變可不可以由量變而成？在本質上說，是可以的。例如減少或增加結構的份子，使物體更美或更醜，因爲兩種變都是純物質性的，應該說都是量。

有生物具有自己生命的中心，稱爲魂，又有自己的形體。一個生物之變，都是由魂和形體共同發作，不完全是物質性，也不完全是非物質性；例如一株小草的成長，由枝莖和葉，表現出來，枝莖和葉的長大，是物質性的，枝莖和葉中的生命，則是非物質性的。人的魂爲心靈，乃是精神；人的生命，則由心物相合而成；人的變化，也就是心物合成的。有生物的變化，便不能說是量的變化，因爲有生物的一切變化都是生命的變化，生命不是純物質性的。因此，有生物的變化便應該是質的變化；然而質中含有量。植物和動物的魂，稱爲非物質性的。因爲雖不是物質性的，然不能離開物質而存在，人的魂，則是精神體，離開身體，可以獨自存在。

純淨的精神體，例如天使，是純精神性，所有變化，不能是量的變化，應該都是質的變化，不含有量。

有生物的變，既都是質變，則沒有量變成爲質變的問題；但是不能有類變。類變，是本性的變，一種本性變爲另一本性。因爲在變易中，「能」限制「成」；「能」是性，「成」(行)由性而限制，不是「成」限制性。類變，須要性變，「成」不能使本性變。類，在生物學上和哲學上的區分不相同，生物學的分類，按生命表現的程度而分，區分生物爲高級低級；哲學的分類，按生命的本性而區分，分爲植物，動物，人三大類。因此，從哲學的觀點說：植物不能變爲動物，動物不能變爲人；人當然不能變爲天使。

進化論則主張，生命由無生物而來，生命由最低級到最高級，一直進化到人。爲適應進化論，可以說，造物主在無生物中置有「生命能」，「生命能」含有各級的生命力。人的靈魂則直接由造物主所造。

不過，照普通人的看法，生物進化論的類變並還沒有證明，不用說各種類變的化石，沒有發現，就是所謂人猿頭顱化石，也沒有確實證據。照常情說，既然猿猴變化成人，爲什麼現在還有這麼多的猿猴，怎麼一部份猿猴成了人，一部份卻仍舊千萬年是猿猴呢？

所謂弱滅強存的原則，也不見得有證據，現在所發現的動物化石，都是強而大的動物，較現有的動物更大更強。祇有另一項原則，所謂適者生存，則合於實情；然而這項原則並不證明進化論！

丙、動力因

變易由「能」而到「成」（行），須要有動力因去發動，「能」本身是不會動的。發動「能」的動力因，對於純物質性的量變，必定在「能」的主體以外。純物質物的變動由外力而發動。桌子不能自動，要由外力去推動。但是山崩，是外力發動，還是山自己崩呢？山，當然可以受外力打擊而崩，然而有時山突然崩下來，並沒有受外力打擊，這時的山崩不是山自動而崩，乃是山本身維持個體的維持力鬆散了，山的一部份就散開了，這不能說是自動。

有生物的變動，發動力在「能」的本身；因爲有生物的變動，即使是量變，也都不是純物質性的量變，都含有生命，例如身體的胖瘦變動的動力因必應在「能」的本體內，不能是外力，因爲外力只能達到物體的外型，不能達到物體的本體。別人一計巴掌可以使臉變紅浮腫，然巴掌的力，祇及到臉的外層，臉的量變祇是偶然的暫變，不久，卽恢復原型。

有生物的動和變都發自生命，是生命力使動，沒有生命，卽停止一切動作。無生物沒有生命，便不能有動作。這一點表示動乃是生命的表現。生命來自另一有生命能的實體，兒子的生命來自父母，父母又來自父母，追到根底必來自絕對自有生命的實體，即來自造物主天主。無生物被外力推動然後才動，發動的力可以來自生物，也可以來自另一無生物，例如機器，又如大風大雨地震。無生物不是自有的，它的動力也不能自有的，必來自另一物，推源也要到最後的絕對自有生命的實體，即來自造物主天主。這是亞里斯多德講論變動的原因，所提出的結論。所以宇宙間的一切動因，都要來自一個絕對的生命。

丁、個體

動力因所在的主體，必是一個實有的個體，動力因所發動的變易，也必終止於一個實有的個體。個體是主體，變易是附體，主體即是體，附體即是用，兩者是分開的，不是同一的。體用合一，祇能在存在方面說，即體和用同在一個體中：但在本性方面，則兩者不同。因此，變易必有自己的主體，是一個主體的變易，變易自己不能是主體。易經的易，中庸的中和誠，都不能是主體。

個體有數目，爲多數，例如多數的人。個體的成因是元質（Materia），不是元型（Forma）。元型是類型，每一個種類爲一元型：一種元型有多數同類的單體，是因著元質而成。凡是人，不僅有同一人性（元型），也有同一人性的各項特性，即身體的特性和心靈的特性，每個人都具有這些特性之能。人性成爲個體時，元型和元質相結合，元質便使這些特性有多有少，有高有低。每個人的本體都可以有高低，有美貌，元質使每個人的身體有一定的高度，有一定的美好，即是這麼高，這麼美：這都是數量的計算。就連心靈的特性，也是每個人有幾分聰明，有幾分記憶，有幾分意志力：這也都是數量的計算。沒有元質就沒有單體。元質的限制，並不是消極的排除特性的一些部份，而是積極地使人性可以表現多少，或是可以分享多少。每個人所有的特性，在性質上相同，在量上不相同。不相等的特性，就合成個體的個性。

變易以個性爲根據，根之於實體之「能」，能夠發動多少，能夠接受多少，都以個性爲標準。

變易的起點和終點，可以同在一個主體內：例如我讀書，讀書的動，由我的理智力出發，又終止在我的理智內，出發和終止都以我的理智力爲標準，我可以讀什麼書，我可以得什麼知識，都看我的理智力如何。變易的終點，也可以在另一個主體內，例如我敎書，敎書的動作，由我出發，終止於聽講的學生，敎書的出發以我的理智爲力爲根據，敎書的終點，則看聽講的學生每個人的理智力若何。個體所以是變易的主體，個性是變易的根據。

生滅的變易：生，由具有生育能的主體出發，終於新生的個體，生滅的過程常要依附在實體上，例如生子女，父母的精子和卵變而為胚胎。所以不是從無中生有，不是創造，祇是變易。滅，由主體出發，毀滅了主體，終止於主體毀滅後的實體：例如人死亡的變易，終止於屍體，火燒木材，終止於灰燼：所以不是從有到無，不是滅絕，祇是變易。因為宇宙內的力，不能達到「有」，祇能達到「在」；不能使無而有，也不能使有而無；祇能使「在」變易型式。

2 中國哲學

甲、氣・陰陽

中國哲學講變易，係由易經講宇宙變易，漢朝易學者進而講人事變易，與宇宙變易相合，最後宋朝理學家從形而上理論方面予以研究。

張載講變易，「一故神，兩故化，此天之所以參也。」（正蒙 參兩）宇宙為能變易，要有一個實體：這個實體，為變易的根基，本體神妙能化稱為氣，又稱為太極。「一物兩體，氣也。」（同上）「一物而兩體，其太極之謂歟。陰陽天道，象之成也。」（正蒙 大易）太極為起變化，有陰陽兩體，兩體表示陰陽為實有，為兩種力，剛與柔。易傳說：「剛柔相推而生變化。」（繫辭上 第二章）「剛柔相推，變在其中矣。繫辭焉而命之，動在其中矣。」（繫辭下

第一章）「剛柔者，立本者也；變通者，趣時者也。」（同上）陽爲剛，陰爲柔，有陰陽乃有變。張載說：「兩不立，則不可見；一不可見，則兩之用息。。兩體者，虛實也，動靜性，聚散也，清濁也，其實一也。」（正蒙 太和篇）張載以太極爲太虛之氣，具有中和的神化，一氣而分陰陽，所謂虛實，動靜，聚散，清濁都指著一氣的陰陽：陽爲虛，爲動，爲散，爲清：陰爲實，爲靜，爲聚，爲濁。這些特性，代表陰陽兩種力的特性。

氣之本體爲太極，具有生命力，能夠自化。張載說：「氣怏然太虛，升降飛揚，未嘗止息。易所謂『絪縕』，莊生所謂『生物以息相吹』，『野馬』者歟！此虛實動靜之機，陰陽剛柔之始。」（正蒙 太和）王船山則主張太虛中已經有陰陽，這陰陽之力升降飛揚，但陰陽尙未顯明。因此，太極爲未顯陰陽之氣，氣中已有陰陽兩種力，因著這種力的絪縕，乃有神化，顯出陰陽。氣便是一種實體，爲宇宙變易的起點，且爲變易的本體。「若謂虛能生氣，則虛無窮，氣有限，體用殊絕，入老氏『有生於無』自然之論，不識所謂有無混一之常。若謂萬象爲太虛中所見之物，則物與虛不相資，形自形，性自性，形性，天人不相待而有，陷於浮屠以山河大地爲見病之說。」（正蒙 太和）氣所以不是虛無，不是幻見，而爲實有。氣既能自化，則具有生命，因爲自化是生命的表現。

氣爲一具有生命之活體，活體以陰陽兩力而變易，變易而成物。易傳說：「一陰一陽之謂道，繼之者善也，成之者性也。」（繫辭上 第五章）周易本義注說：「陰陽迭運者，氣也，其理則所謂道。道具於陰而行乎陽。繼，言其發也。善，謂化育之功，陽之事也。成，言其具也。性，謂物之所受，言物生則有性，而各具是道也，陰之事也。周子程子之書，言之備矣。」陰陽兩力相交而成物，物必生物，因爲氣是具有生命自化之體，易傳乃說：「生生之謂易。」（繫辭上 第五章）

問題在於氣爲具有生命自化之實體，這實體是絕對自有之實體呢？或僅是宇宙萬有之成素呢？若是氣爲絕對實體，則爲至上之神，整個宇宙便是泛神論。儒家沒有這種思想，而且書經、詩經和易經都承認有上天之尊神，太虛或太極之氣不是上天尊神，那麼氣便是萬物的元素，儒家學者也常說萬物由氣而成。然而氣爲萬物的元素，這元素不能是祇是質料或材料，質料或材料爲純物質物，不能自化，更不能如張載所說：「感者，性之神；性者，感之體。惟屈伸動靜終始之能一也，故所以妙萬物而謂之神，通萬物而謂之道，體萬物而謂之性。」（正蒙 乾稱）又說：「凡可狀，皆有也；凡有，皆象也；凡象，皆氣也。氣之性，本性而神。」（同上）氣具有能相感而神化之性，「以其能合異，故謂之感。若非有異，則無合。」（同上）氣有陰陽，陰陽合異相感而成物。因此，氣不是普通所謂質料，只是萬物的成素，萬物由氣而成。氣既不是萬物之原，卽上天尊神，又不是萬物構成之質料，氣爲萬物之成素，該若何解釋呢？宇宙爲一整體，整體是一氣的變化，氣是變化也是變化的主體。

乙、理和氣

氣的變化，按著理而變化，理也稱爲道。漢儒和宋儒張載、周敦頤，以及清初王船山，都以理在氣中。張載說：「大地之氣，雖聚散，攻取百塗，然其不理也順而不妄」（正蒙，太和）氣按理而變，陰陽便有變化之理，易傳說：「一陰一陽之謂道」（繫辭上，第五章）。道卽陰陽變化之理。朱熹主張理在氣外，理是理，氣是氣，然實則不能分離，有理必有氣，有氣必有理；天下所以沒有無理之氣，也沒有無氣之理。二程和朱熹都以理成物性，氣成物形。宇宙整體祇有一氣，也就祇有一理。二程和朱熹乃主張「理一而殊」和「氣有清濁」。

在變化時，理爲「能」，氣爲變化，物爲「成」。「成」（行）受「理」的限制。但是理旣是「一」，「成」便也該是「一」，宇宙間的物體就祇有一種物體。然而「理一而殊」，殊是來自「氣」，氣有清濁，清濁爲氣的性質；氣按理而變化，變化的性質也照清濁而異，氣的清濁限制了理；因此「成」，卽所成之物，旣受理之限制，又受氣的限制；這個實質的性，稱爲「氣質之性」，卽個體物之個性。

氣，從變化的本體去看，不變，卽是「不易」；由變化去看，是變化的過程，卽是「變易」；從所成方面去看，是生物，即生生之易。因此說易有三易：不易，變易，生易。

丙、變易

氣的變化，爲氣內在的變化，由氣自力而化；自力而化，乃是生命的變化，變化即是生命。

氣的變化，繼續不停，整個宇宙繼續變化，每個物體也變化不停。整體宇宙爲一生命，每個物體又是一生命，每個物體的生命相連，連成宇宙的生命，每個物體卻都是自立的生命，然彼此相貫通，因著貫通而連成一整體生命。即是說整個宇宙是一個不停的變化。每個物體又是一個獨立的不停變化，

這些獨立的變化彼此相通，乃結成一整體變化。這個變化的「能」是理，變化是氣，「成」是生物。理限制氣的變化，氣限制理的性質，「成」受理又受氣的限制。一個人因著理而成人，因著氣而成這個人。

氣因陰陽變化而成了這個人，陽爲清，陰爲濁，濁限制清，濁重則淸少，濁輕則清多。清濁得平衡，則爲「中正」。清濁之氣的結合，因淸濁而不同，世上乃沒有兩件完全相同之物。氣的淸濁既構成物性，便不是附加體的同異，乃是物性的同異，即是氣質之性的同異。

成物性的陰陽，在物體內，仍繼續變化，如植物動物，成長衰弱，繼續不停，而物性也繼續發揚於外，成爲生活的活動。這種活動就是生命；生命的活動，常是由「能」到「成」在本體的存在上，是本體由「能」到「成」，在本體的發展上，是附體常由「能」到「成」

宇宙萬物的變易，都含有物質性，不能是純精神性的，所以便是在時間和空間內進行，漢易乃以易經的卦配四季和四方。但是四季和四方的意義，則是陰陽變易的性質，例如春季和東方，由木作象徵，意義是三陽開泰、五穀和草木初生。易經的卦爻，各有位置，位置代表時空，爻代表變，爻的位置代表變的意義。中國哲學的時空，由變化的意義而取得意義，也就是生命變易的過程。宇宙萬物的生命，含有物質性，在發展和表現上，即是在活動上，必定有過程，生活的過程，便是時間和空間的意義。

既然是生命的變易，便不能是純粹的量變，也不能是純粹的質變，是量變中含有質變，質變中含有量變。便不會有量變轉成質變的問題。

3　生　命

甲、生命的意義

在聖多瑪斯的哲學思想裏，生命是物體的一種特性，物體因此能夠自動自成。自動，是一物體已經存在了，他自己由內部發動自己的活動，自己是自己活動的動力因。自成，是物體的活動常為發育自己，發育自己在於按照物體的本性去發育，不一定常是加多或加強自己生命的活力，也可能減少或減弱生命的活力。按照這種思想，西洋哲學和自然科學區分宇宙萬物為有生物和無生物，無生物即是不能自動自成的物體，礦物是無生物，機械也是無生物，現在所有的電腦和機械人，也都是無生物。

中國哲學主張宇宙為一變易的整體，宇宙整體的變易為氣的變易，氣的變易為自動的變易，而且也是自成，因此中國哲學主張宇宙為一整體的生命。整體的生命由陰陽兩力的變化而成，陰陽變化乃產生新物體，陰陽在新物體中繼續變化，這種變化為物體內在的變化，以求物體的發育，這新物體便是一新生命，易傳乃說：「生生之謂易。」（繫辭上 第五章）

在中國的傳統哲學思想裏，便沒有有生物和無生物之分，一切物體都是生物；因為在一切物體裏，陰陽常繼續變化。但是在礦物上，生命的活動不能表現，因為所有的氣太濁，在實際上，礦物等於無物。

我在中華哲學會年刊第五期上有一篇，題為「生命哲學」，對於中國傳統哲學的生命加以解釋，構成我講生命給予生命的意義，我把我的解釋的重要點，寫在後面。

通常對於生命的意義，乃是自己發動，而使自己得以完成的行動。按照這種意義，通常分爲有生物和無生物。無生物爲礦物，本身沒有活動，爲靜止體，自己不能完成自己。有生物則分爲植物和動物，兩者都有自己發動的生命，使自身成長而完成。這種分法，是就「能」的發動力而分，有生物是自己發動自己的能，以完成自己；無生物是由外力發動自己的「能」，而且沒有完成自己的行動，自己一成不變。

中國哲學不用對立的兩分法，而用拾級升登的階梯制；不從發動力去區分，而由本體存在去區分，程頤和朱熹都主張宇宙祇有一個生命理，朱熹特別標出「理一而殊」。宇宙萬物同有一生命理。這生命理爲同一之理，然因和氣相結合，氣有清濁，生命理的表現便有不同。宇宙萬物的存在，即是生命；存在的實現因氣的清濁不同，實際存在便各不相同，實際的生命也就各不相同。這就是「理一而殊」。生命的理祇是一個，萬物所稟受者都是這一個生命理，理由氣而受限制，而有分別。

生命之理祇是一個，但和氣相結合的生命之理各自相殊，生命也就各不相同。朱熹曾說：人得理之全，物得理之偏。他認爲生命之理，在人是全的，在別的物則祇多少有一部份。人的生命代表整個生命之理，別的萬物則祇有部份的生命。這種種部份生命，由氣的清濁而分；氣的清濁按清濁的程度而作區別，不是清濁的對立，而是較濁較清拾級而登的階梯，因此，萬物的生命，也是高低的程度而列成一階梯。普通生物學以及哲學所講的有生物，也是由最低級生命漸次上升，到最高級的生命。不過祇把礦物除外，稱爲無生物。

中國哲學認爲礦物也有自己的生命，因爲陰陽兩氣在礦物和山陵內，也繼續變易，和在植物動物以內一樣。中國古人常以山陵有靈氣，巨石可以結成神靈的石精，如同千年樹的樹精和名花的花精一樣。中國古人又以山陵有脈，稱爲山脈，石頭內也有脈。山脈不僅是山峯構成的系統，且是山峯內部的關節，山峯和山石相連接，若是山脈被破壞或被斬斷，峯石便會崩頹。現在開路建屋，破壞了山脈，所以常有山崩的現象。自然科學說這是自然界的現象，和生物界的現象不一樣。中國古人則看著宇宙萬物在生命上互相關連，動一髮則牽全身。王陽明曾倡「一體之仁」，仁爲生命，宇宙萬物有一體的生命。

單體爲一個獨立的實體，單體的各份子結成爲一體，互相連繫，不相分離。單體自體所有的連繫力，卽是生命，生命有生命的中心，普通稱爲魂。魂爲生命力的中心，也是連繫力的中心。生命若停止了，個體的活動便停止，個體的連繫力也停止。人一死了，屍體便分化。一個單體，若是礦物，例如一塊石頭，或一座山，也有自己的連繫力，否則石頭不能成一塊石頭，一座山也不能成一座山。單體的連繫力不能來自物質體的量，量自己就是一個分子在另一個分子以外，量自己沒有連繫力使各分子結合成一個單體。通常說物質物是可以分的，生物不能分；然而物質物的分，是本性可以分。物質物單體則不可分，一分，就不是這個單體。西洋哲學說連繫力以實體爲根據，每個實體卽不可分，但是在實際上，實體所以不能分，實體是有連繫力，連繫力不是量，而是質，而且又該是內在的，不能是外在的，在中國哲學看來，連繫力卽是生命力，單體的結成一個實體，是生命力的功效。中國哲學所以看一切實體都有生命，祇是生命的表現不同；這種表現不同不是附加體的分別，而是本性的區別。

我所講的生命，首先是中國哲學的變易，生命卽是內在的變易；其次變易則是由「能到成」的行，生命所以是「行」。

乙、生命的成因

生命的成因，在於變易，變化的成因，有起點，有終點，有動的過程，起點爲「能」，終點爲「成」，動的過程爲「行」，「行」和「成」不可分。宇宙萬有的存在，是由「能」到「成」的繼續的「行」。每一物體的存在不是固定的存在，因爲並不是一次由「能」到「成」這個「成」就固定存在了，它的存在延續下去，是一次一次地由「能到成」，繼續的「行」。因此，這個「成」不是靜止的，而是健動的，所以稱爲「行」。

「行」是「能」到「成」，實際卽是「成」，爲實際的有（卽實有體），繼續不停的由能到成，是繼續的成，是不停的創造。凡是宇宙的實有，都包涵這種神秘。在這種神秘之中，有體，有能，有發動力，有自行，有成。體，是這個實際的有，即「有者」或「在者」；能，是體由原先使他成爲實際之有的體所得來的能。體原先不存在，由另一體發動「存在之能」而成爲實有，實有繼續自行由內有存在之能而到成，乃有繼續的實際存在。

這種變易，是「存在」的變易，即本體的變易，即「有者」或「在者」的繼續由能到成的「行」，另外則尚有附體的變易，爲「有者」或「在者」的量或質的變易。例如我存在，我出生只一次，我活著則須我的「存在能」要繼續自行由能到成。而我讀書，則須要我發動我讀書之能，而且要繼續發動，否則，我就不讀了，同時，我讀書之能不停地到成，否則我白費力，我沒有讀到書。

「成」，爲「能」的實現；「能」的實現，是「能」由發動力發動後自行到「成」。在我們的想像中，由「能」到「成」，中間有一段行動；但在形上本質方面說，「能」被發動就是「成」，「行」和「成」實際上是同一的。「能」被發動不是一種行動，不經過一段歷程，而是「能」的實現。例如我站在鏡中前面，鏡子就有我的像。鏡子有照出人像的本能，我站在鏡子前，是鏡子本能的實現須有的條件，也是發動鏡子本能的動刀。當我已站在鏡子面前，鏡子立刻映出我的像，鏡子映像的「能」就自行實現了，並不經過歷程。所以被發動稱爲「行」，「行」就是「成」，「成」就是「行」。

「成」就是「行」，兩者實際是同一的，但在意義上有些差別。「成」是成功，是完成，是「能」的實現，意義上有止點的成份，有靜的氣氛。「行」則含有前進的成份，有動的氣氛。「成」也本來就是存在，也是實有；然而實際上實體的存在，不是固定的靜體，而是由能到成的繼續自行；因此，實體的存在，更好，而且更恰當地稱爲「行」。

「成」和「能」的關係，有本質的關係，有存在的關係。在本質的關係上，「成」和「能」應該是同類的。在存在的關係上，「能」先於「成」，和「成」不相連；在「成」已實現後，「能」已成爲「成」，兩者就不能相離。「能」分爲本體的能，和附體的能。本體的能可以稱爲「存在能」，卽能存在，這是整個本體的，存在是整個本體的存在，附加體的能，雖也是本體的，但按照「能」的性質，或者屬於心靈，或者屬於肉體，可以變易或者是有在變易，或者是量或質的變。「成」不是一成就固定了，延續存在，如同普通所說小孩子生下來了，小孩子就存在了。實際上，小孩子一生下來，小孩子由本體存在之能成爲了現實，小孩子是存在了；但是小孩子的存在，卻是他的本體存在之能，繼續不停地有達到「成」之「行」；否則，他就不繼續存在了。因爲小孩子存在，是他活著，他爲活著，要有生活的「能」，又要生活之能或存在之能繼續由能到成否則立刻就死，便不存在。因此他的存在，是靠本體的存在能，即生活之「能」，繼續不停地行到現實的成。因此，「成」和「能」不可以分離，一次成了，並不能使「成」固定，常常存在，必須已成的本體具有存在的能，存在能且要繼續由能而行到「成」，「成」的存在才能保持。

中國易經哲學肯定「一陰一陽之謂道，繼之者善也，成之者性也。」（繫辭上 第五章）一陰一陽具有由能到成之力，因而互相結合，結合而成物，陰陽的結合，繼續不停，物的存在也繼續不停。王船山乃說：『性日生，命日降。』整個宇宙萬物的存在，是要亞里斯多德所說的最後或最高的「動力因」繼續不停地由無中造有。這最高的動因為不含著能而純淨是成的絕對實體，他用自己的力，從無中創造了宇宙。他的創造神力貫通宇宙萬物，不僅為使宇宙萬物彼此間具有發動力，互相連貫，且為使萬有存在，繼續存在。天主教的信仰說，創造力乃是天主聖神。『上主，一切萬物理當讚美祢，因為祢藉著我們的主—耶穌基督，以聖神的德能，養育聖化萬有。』（天主教行彌撒第三式感恩經）因為凡是「能」，都需要動因才會由能而到成。本體的「存在能」初以為由能到成，是由另一實體發動，例如小孩的存在，開始由父母而生，本體既存在了，繼續由能到成之行，則由本體自己發動，自己是動因，這就是這種變易稱為「生命」的理由，附加體的能，可以由本體發動，也可以由外力發動；例如位置的移動，我可以自己移動，別人也可以使我移動，這種變易是生命的表現，不是生命所以成爲生命的理由。

行是自行，即是「能」被發動而自到「成」，所謂自到，是「能」受到發動，「能」即實現。

生命的意義，和「在」的意義相合。「有」是什麼？「有」是「有者「爲「有者」的理由，「有」的意義就是「在」，「在」的意義則是繼續由能到成的變易，繼續由能到成的變易，稱爲生命，「在」便是生命。

普通說生命，都以生命爲動，宇宙萬物都不是「純淨之行」，一切的動都是由能到成，因此生命便是繼續由能到成之行。

丙、生命的特性

中國哲學主張生命由氣因陰陽之變化而成，然生命並不是純物質性的，易經和宋明理學都稱宇宙陰陽之化爲生生，生生則神妙莫測，稱爲神，或稱爲神化。

「易與天地準，故能彌綸天地之道，……範圍天地之化而不過，曲成萬物而不遺，通乎晝夜之道而知，故神無方而易無體。」(繫辭上 第四章)

「一陰一陽之謂道，……陰陽不測之謂神。」（繫辭上 第五章）

「夫易，聖人之所以極深而研幾也；唯深也，故能通天下之志；唯幾也，故能成天下之務；唯神也，故不疾而速，不行而至。」（繫辭上 第十章）

張載的正蒙書中，屢次講到氣化爲神。

「太虛為清，清則無礙，無礙故神；反清為濁，濁則礙，礙則形。」（正蒙 太和）

「凡氣清則通，昏則壅，清極則神。」（同上）

「一物兩體，氣也；一故神，兩故化。」（正蒙，參兩）

「天之不測謂之神，神而有常謂之天。」（正蒙，天道）

「神，天德；化，天道。德其體，道其用，一於氣而已。」（正蒙，神化）

「虛明照鑒，神之明也；無遠近幽遠，利用出入，神之充塞無間也。」（同上）

「氣有陰陽，推行有漸為化，合一不測為神。」（同上）

「神化者，天之良能，非人也。故大而位天德，然後能窮神知化。」（同上）

「易謂窮神知化，乃德盛仁熟之致。」（同上）

易傳曾說：「天地之大德曰生，聖人之大寶曰位；何以守位？曰仁。」（繫辭下　第一章）化生生命，乃是天的大德，聖人與天地合其德，乃充滿仁德，張載說是「德盛仁熟」。因此，生命不能是物質物，不能是純物質性的，應該是精神性，在物體中，不能和物體相離，故爲非物質性的。這一點和唯物辯證論講宇宙爲唯一物質之變，彼此不相同。

生命的另一項特性，爲「通」。氣在宇宙內流行不止，因陰陽而變化不停。萬物因氣而成，陰陽則在萬物中，陰陽在萬物中且變化不息，萬物乃有生命，生命在萬物中互相貫通。王陽明在「大學問」一篇中講「一體之仁」，仁是生命，卽一體的生命。

「易，無思也，無為也，寂然不動，感而遂通天下之故，非天下之致神，其孰能與於此？」（繫辭上　第十章）

「是故，闔戶謂之坤，闢戶謂之乾，一闔一闢謂之變，往來不窮謂之通。」（繫辭上　第十一章）

生命既爲非物質性，能相通。生命在實體內，通於實體的全部和各份子。宇宙爲一整體生命，生命便通於萬物。宇宙的生命，又是集萬物的生命而成，每一物的生命確爲一獨立的生命，但並不是孤立的生命。整個宇宙的萬物互相連繫，摧殘一物，將傷及全體。宇宙因物體大因物體多，小型的摧殘，效果不立刻表現；大而持久的摧殘，壞的效果就出現，目前，自然環境被破壞，自然物被摧殘，物的生命受傷，人的生命也受傷。

儒家所以講宇宙大同，孟子以「萬物皆備於我。」（盡心上）張載主張「乾稱父，坤稱母。……民吾同胞，然吾與也。」（正蒙 乾坤）這種思想和天主教的仁愛思想相近，天主教教義以萬物爲天主所造，人因愛天主而愛萬物；而且天主造萬物是爲維持人的生命。

生命的第三項特性，爲「理」的生命。生命爲陰陽的變化，陰陽變化有變化之道，理學家稱這種變化之道爲理，朱熹且稱爲生命之理。生命的活動按照理而行，人的生命爲生命理的全部。人生命之理，中庸稱爲性。「天命之謂性，率性之謂道，修道之謂教。」（第一章）人的生命，率性而行，中庸稱爲誠：「誠者，天之道也；誠之者，人之道也。」（第二十二章）大學說：「大學之道，在明明德。」（第一章）明德爲善性，人生之道在於顯明人之善性，也就是中庸所說的「率性」。

孟子以人性爲善，性善由心而顯，人的生活爲心靈的生活。心靈的生活則爲發揮性之善，性之善即是人所有的仁義禮智四端。人的生活便是培養這四種善端，使成爲仁義禮智四德，孟子乃說養性養氣，尤其說善養浩然之氣。

理學家以理、天、性、命、心，都指同一對象，按理而行，卽率性而行，卽正心，卽遵行天命。王陽明更以心外無理，心爲良心，致良心，乃人的倫理道德生活。

生命的全部，生命的頂點，爲心靈生活，心靈生活爲倫理道德生活。

倫理道德生活的意義，卽中庸所說至誠的人所有的盡性生活，盡性生活則是贊天地的化育。贊天地的化育，爲和天地合其德。易經乾卦文言說：「夫大人者，與天地合其德。」易傳又說：「天地之大德曰生，聖人之大寶曰位；何以守位？曰仁。」（繫辭下　第一章）聖人與天地合德，乃是仁。

與天地合德，人的精神超越萬物，和孟子所說浩然之氣，充塞天地。但，人的精神生活乃心靈的生活，精神超越萬物，便是人心超越萬物，方東美教授說儒家的精神生活爲超越的生活，然而精神的超越卻返回人心以內，又成爲內在的生活。宋朝張載已經說過：「大其心則能體天下之物，物有未體，則心爲有外。世人之心，止於見聞之狹。聖人盡心，不以見聞梏其心，其視天下無一物非我，孟子謂盡心則知性知天以此。天大無外，故有外之心不足以合天心。」（正蒙　大心）

朱熹曾說：「天地以生物爲心者也，而人物之生，又各得夫天地之心以爲心者也。故言心之德，雖其總攝貫通，無所不備，然一言以蔽之，則曰仁而已矣。」（朱文公文集　卷六十七，仁

說）

理卽性，性卽心，心卽仁。

生命的頂點和完全點是仁，仁卽生。宇宙的生命，爲生生，生生達到完全點，乃是仁。孔子以仁，貫通他的全部思想。仁，成爲德綱。

由我們天主教的眼光去看，天主從無中造了萬物，又保全萬物。在天主一面沒有時間空間，創造萬物和保全萬物是同一神力，乃聖神的神力，貫通宇宙萬物，使萬物生生不息。聖若望宗徒說：「天主是愛。」（若望一書，第四章第八節）人按天主的肖像而受造，人心也是愛：仁愛貫通天主和人，使人和天主相結合。

二、生命的本體

實際的存在爲變易，變易爲由能到成，陸續由能到成爲生命。生命究竟是體或是用呢？西方哲學講論「有」，「有」由「性」和「在」相結成，「在」的本體應該是「有」；然而這個「有」乃是「有者」，是主體，例如我是有，「在」是「我在」。中國哲學講生生，每一「在」都是生生，生生是變易，生生的本體，應該是由「能」到「成」的變體，就是

「生者」。這樣「有者」，「在者」，「生者」，都是指着同一實體，然而在實際上「有者」就是「有」，或「在者」就是「在」，「生者」就是生命。兩者有分別，在實際上則是同一；中國哲學所以常講「體用合一」。

1 本體（體）

普通我說：我「在」，我是本體，「在」屬於我。普通我說：我是「存有」，我是主詞，「存有」是賓詞；然而這種主詞和賓詞同是一個；我是「存有」，「存有」是我。但是在內涵上，「我」較比「存有」多；存有只是單純的實有，「我」則是一個具有特性的「存有」，不過，在實際上「我存有」，「我」和「存有」同是一個，這個「存有」就是「我」。

「我」是主體，凡一切屬於我的，都歸於我這個主體，我的身體，我的心靈，我的智慧，我的性格，我的動作，……等等，都以我爲主體，不是理則學上的主體，更不是語文上的主詞，而是在本體論上的主體。理則學和語文學的主體就是主詞，主詞不只是一個名詞，而且形容詞和動詞都可以用作主詞，例如名詞當主詞：狗是白的。例如形容詞當主詞：白代表純潔。動詞當主詞：演講是有趣的。從本體論去看，形容詞和動詞都是附加詞，要附加在一主體上，不能自立，例如白，要附在一物體上，白不能單獨存在；演講也要以一個人作主體，演講不能獨立存在。因此可見在本體論上，所謂主體，必定要是能夠自立的「存有」。這種主體便是本體（Substantia）。

「我」是主體，「我」便是本體，我是本體，是因爲我的「存有」是一個自立體。我是「自立的存有」。「存有」要是自立體才能夠是本體，因爲一切屬於本體的都附在本體上，這個本體若不是自立體，而是附在另一本體上，則一切屬於這個本體的去屬於另一本體了，這個本體便變成附加體而不是本體。

上面所說的是士林哲學的主張，我則必須有另一種解釋，因爲我主張「有者」就是「有」，或「在者」就是「在」，「生者」就是「生命」。「有者」「在者」「生者」，應該說是主體，「有」，「在」「生」應該說是「用」，即是附加體。「在者」就是「在」，就是生命；生命是由繼續由能到成，由能到成是變易，因此「在者」就是變易，不就是沒有靜定的本體，只有變易的動嗎？在本體論上這是講不通的，但是這種變易，是由能到成，成就是「在者」或「生者」，成又繼續由能到成，成便是「能」的主體，這個主體不是一成不變的靜止體，而是繼續變易的動體。

但是西洋近代和中國哲學，有許多學者會否認「本體」，這些學者所持的理論雖不相同，然而大概都以爲「本體」的觀念是個空洞的觀念，沒有實際的意義，一個人，若祇是繼續變易的生命，除生命以外，還有什麼？生命不是身體，不是心靈，他們不承認在身體和心靈以外再有人的本體，如同不承認除木頭或石頭以外，還有桌子的本體。但是，我們普通說「我」這個人，既不是指着身體，也不是指着心靈和身體。但是，我們普通說也不是指着心靈和身體。普通說一張桌子，不是指着桌子的木頭或石桌。因爲，普通說「我」，是指着我這個生活主體，我這個主體當然有身體和心靈；但是「我」，不是我的身體，也不是我的心靈。「我」和身體和心靈，意義不相同。「我」是身體和心靈所合成的主體，主體是活的，是生命這個主體雖常變易，是常一致的。然而主體是什麼呢？主體不是身體和心靈，是身體和心靈所合成的生命體或生者，這個「生者」常在變易，繼續由能到成，是一連串的「成」，這一連串的「成」就是主體，這個主體，是在我的理智裏，所認識的我。從感覺方面說，我的本體就是我的身體；不過，感覺是不認識本體的，感覺的對象乃是常常變換的形色本體；理智則認識一個常變而又常一致的我，是我，切變換的主體，這個主體就是本體，本體所以是理智所認識的對象。這個身體和心靈合成的「生者」或「在者」，在理智方面說，就是我的本體。這個本體不是理智所虛構的，而是實實在在有的，感覺認爲是身體和感情，理智卻認爲是本體。又如我看見一張桌子，我眼睛看到咖啡色的四方形木板，我理智則認爲是桌子，桌子是一個本體。假如你不承認本體，那就是你不承認理智的認識和感覺的認識有分別，你只肯定有感覺的認識，而否定有理智的知識。然而，哲學的主張應該和普通一般人的思想相符合。普通一般人都說有一張桌子，而不說有一張木頭或石頭；普通一般人也都說我有身體和靈魂，而不說我是身體或靈魂。在普通一般人的心目中，我是一個生活的本體。

或者可以說，普通人心目中有本體，乃是由人們講話的習慣所造成的。講話的文法，常有主詞，其餘的賓詞、動詞、狀詞、形容詞，都屬於主詞；因此，在思想上，也就想有一主體作本體，其餘都是附體。但，文法也就代表思想方式，思想方式是我們理智的行動的方式。我們人的理智就是要認識一個本體作爲「自立的存有」。「自立的存有」爲一獨立存有，不能和另一個「自立存有」合成一本體，當我認識一物體時，眼睛看見形相，理智認識本體。祇是本體不是一成的靜止體，而是繼續的一連串的「成」。

2　附　體（用）

我這個生命主體，非常複雜，包涵的成份非常多，我有身體，身體有各種器官，有顏色，有高度，有重量。我又有心靈，心靈有理智，有意志，有感情，有天生才質，有天生脾氣。同時，我又有許多關係。這一切都是我所有的都屬於我，身體和心靈爲我本體的兩部份，其他一切，都歸屬於身體或心靈，稱爲附體。在西洋哲學裏，附體區分爲九種：數量、關係、品質、地區、時間、狀態、動、被動、習慣。狀態、數量、地區、時間，屬於身體，關係、品質、動、被動、習慣屬於身體和心靈。都是屬於我的本體，附加在本體上，因爲都不能自立，都是我生命的成份。我生命變易時，在實際上常包括這些成份，而且由這些成份表現出來，例如我的生命，有生理、心理、理智、感情各方面的生活。這各方面的生活，都屬於我生命主體，都是我的生活，這些生活表現我的生命，我生命主體爲繼續由能到成的一連串的成，這一連串組成，又陸續發動我各方面的生活，這各方面的生活和我的生命結成一體，成爲我生命主體在各方面的表現。所以我是「有」，因爲我在；我在，因爲我生活，我生活，因爲我表現生理、心理、理智、感情各方面的活動。這些活動構成又表現我的生活，我的生活表現我的生命，我的生命則表現生命主體。

中國哲學的主體爲體，以附體爲用，體和用的意義則常不一定，如朱熹曾說：

「體是這個道理，用是他用處。如耳聽目視，自然如此？是理也。開眼看物，着耳聽聲，便是用。江西人説個虛空底體，涉事物便喚做用。」（朱子語類　卷六）

朱熹以理爲體，以活動爲用，但他的主張卻沒有一定，大都以主詞爲體，動詞爲用。

「前夜説體用無定所，是隨處説如此，若合萬事為一大體用，則如何？曰；體用也定，見在底便是體，後來生底便是用。此身是體，動作處便是用。天是體，萬始資始處便是用。地是體，萬物資生處便是用。就陽言，則陽是體，陰是用。就陰言，則陰是體，陽是用。」（朱子語類 卷六）

就體用言，體是基礎，用是從體上發出，所以沒有定所，沒有一種「有」專門是體。例如就目的動作說，目是體，看是用。就目所在說，身體是體，目是用。朱熹常這樣解釋體用。他說：

「人只是合當做底便是體，人做處便是用。譬是此扇子，有骨有柄用紙糊，此則體也。人搖之則用也。如尺與秤相似，上有分寸星銖，則體也。將去秤量物事，則用也。」（朱子語類 卷六）

王陽明以心的本體爲天理（陽明全書　卷一，傳習錄　頁二八）但又以心的本體，爲對天地萬物感應是非（陽明全書　卷三　頁一四）。

清朝李塨不贊成道分體用，認爲古來聖賢不分體用，宋儒才分，是一錯誤。他說：

「伏羲以至孔孟，言道已盡，後學宜世世守之，不可別立名目，一立輒誤，如宋人道分體用，其一也。以內為體，外為用。……老氏以無為體，以有為用。宋人分體用，蓋亦為其所熒也。然朱子太極圖說以中與仁與感為太極之用，正與義與寂為太極之體，則朱子註中庸：中，體也；和，用也。此又何以中仁配感而為用，正義配寂為體耶？朱陸皆染二氏之學，而陸子直走一誤，朱子則兩顧依違，不能自定其說，此二家之異也。」（李〇　論宋人分體用之訛　恕谷後集　卷十三）

體用的思想，老子雖開了端，佛教則廣爲發揮，宋明理學家乃採用。佛教以「萬法皆虛，唯有眞如。」宇宙萬物皆是用，唯有眞如是體。卽是以眞如爲實有，萬物爲眞如的現象，譬如波浪和海水，波浪乃海水的現象；波浪卽是海水；佛教因此倡體用爲一。朱熹曾批評這種思想，他主張體用一源，但體用相分。

「理用一源者，自理而觀，則理為體，象為用，而理中有象，是一源也。顯微無間者，自象而觀，則象為顯，理為微，而象中有理，是無間也。先生後答語意甚明，仔細消詳便見歸著。且既曰：有理而後有象，則理象便非一物，故伊川但言其一源而無間耳，其實體用顯微之分，則不能無也。今曰：理象一物，不必分別，恐陷於近日含胡之弊，不可不察。」（朱文公文集　卷四十　答何叔京三十二書之第三十書）

我們當代有熊十力先生極力主張體用不二㈠。熊十力以自己的主張來自易經，實則易經並沒有講體用，他自己加以解釋。熊十力的主張，來自他的宇宙論，他以宇宙由質力而成，質力結成輕微動躍的細分，細分結成小集體，小集體再結成全體。細分為輕微動躍之物，全體為流行，流行為翕闢，翕闢使全體變成大用，物質和精神乃大用之兩面。因此，精神和物質不是實體，而是用。他所講的體為質力，所講的用為流行；這樣，質力和流行為一，體和用也為一。

我從生命去看，生命是我的「在」，生命是變易，「在」或「生命」是本體的「在」或

「生命」。「生命」則是繼續由能到成，「生命」的主體是一連串的「成」，在實際上「生命」和「成」同一，不可分離；在理論上「生命」是變易，「成」是變易的終點，又是下一變易的起點，兩者的意義不完全相同，我認為生命是用，「成」或「生者」為體。兩者在理

(一) 熊十力 體用篇 學生書局 民六五年版。『平生遊乎佛家兩大之間（兩大者，大空大有也。）卒歸乎自由參究。遠取諸物，近取諸身，積測日久，忽然悟得體用不二。自於觸發大易之蘊，乃知先聖早發之於古代也。從之研易，以及春秋、禮、樂諸經，遺義偶存者，沛然有六通四闢，小大精粗，其運無乎不在之樂，余之學自此有主，而不可移矣。（於宇宙論中，悟得體用不二，而推之人生論，則天人合一。……推之治化論，則道器為一。（頁二一四、二一五）

易大傳曰：顯諸仁，藏諸用，一言而發體用不二之溫，深遠極矣。顯仁者何？生生不息，謂亡仁，此太極之功用也。藏用者何？用，即上文所言生生不息的仁。藏者，明太極非離其功用而獨在。此義直是難說，祇好舉喻以明之，在宇宙論中談體用，體，即實體之省詞。用者，功用，即心物萬象之目。體用二名，相待而立。假如說，有體而無用，則體便是空洞，無所有。若爾，體之名何從立？假如說，有用而無體，則用乃無源，而憑空突現，如本無根而生，如水無源而流。高空無可立基，而樓閣千萬重，居然建築，宇宙間那有此等怪事！應知，無體則用之名亦無由立。余嘗言，體用可分，而實不二。此近取諸身，遠取諸物，積測積驗，而後得之，非逞臆妄說也。余在本論與原儒中，談體用，常舉大海水與衆漚喻，實體變成生生不息的無量功用。譬如大海水變成騰躍不住的衆漚，無量功用，皆以實體為其自身。故體用不二義，惟大海與衆漚之喻，較為切近，可以引人悟入正理。』（頁二〇五、二二〇）

『本論上宗易，以體用不二為主指，以為實體變成功用。（譬如大海水、完完全全的變作起滅無常，騰躍不住的衆漚。此以大海水比喻實體；以衆漚比喻功用。功用亦稱力用，物質與精神，皆實體之功用也。』（頁二八〇）

論上有分別，在實際上是同一，生命是用，生命的表現，是生命的各方面生活，如生理、心理、理智、感情的生活。這些生活都是附體，都是用，所以附加體或「用」的意義，在於表現主體，主體由附加體而表現。

例如我是生命主體，我是「在」，我生命或「在」的表現，由各方面的生活而表現。又如一張桌子，由木頭或石頭或金屬的顏色和形式而表現。附體的「在」，是附在主體的「在」；附體的「在」也是變易，附體的變易便附在主體的變易，由主體而發動，而且表現主體的變易。

3 生命與在

「生命」，從本身的意義說，應是實有，實有卽是「在」。我說「有」，是和「沒有」相對。「沒有」是不存在，「有」則是存在，存在卽是生命，你問我有不有父母，我答說有，就是說我的父母都在，都活着，我若答應沒有了，就是說我的父母都去世了，都不在了，都不活了。我若答說有父親沒有母親，就是說父親尚在，尚活着，母親則不在了，不活着了。

我問你有沒有一套廿四史，你答說沒有。這是說廿四史在你所有的書裏不存在。然而在書局裏、在圖書館裏一定有。

我再問你今晚有沒有月亮，你答說有，這是說你看見了月亮。你若答說沒有，那就是說你沒有看見月亮。

我又問你關了門沒有，你答說有，就是說你做了關門這件事，關門這件事存在。你若說沒有，就是說關門這件事沒有做，所以不存在。

上面各種「有」和「在」的關係，普遍地說，就是實際存在的關係，一個「有」是「存有」。但是這種實際存有的關係又各不完全相同。我有不有父母，這個有和在的關係，是絕對的，我的父母，或者存在，或者不存在，因爲我只能有一個生我的父親，只有一個生我的母親。至於我有不有廿四史，有和在的關係則是相對的，只是對我來說，廿四史本身則在許多地方都有。若說今晚天上有不有月亮，有和在的關係也是相對的，是對眼睛的視覺而言，至於月亮本身則是在，人看見時是有，人不看見時也有。因此，「有」和「在」的關係，雖說常連在一起，一「有」就「在」。然而「有」和「在」的關係，還是要看「有」的本身怎樣，由「有」的本性去決定和「存在」的關係。因爲「在」是「有」的實現之行。「存在」是不是生命，問題便更複雜了。

存在或實際的「在」，和生命的關係，凡是主體的「在」，就是生命，每一主體的在，都是繼續由能到成，都是生命。附體的「在」，則不必定是繼續的能到成，便不是生命。主體的實際存在爲「在」，附體的存在，不是在，而是附在主體上。

「有」的意義更形廣泛，凡爲事物都可說是有，如上面所舉的例「。在」則是「實有」，卽實際的有，而屬於一個主體「在者」。「有」卻不一定屬於「有者」，祇是實體的「有」，才屬於個一主體「有者」，這個「有者」，更好說是海德格所說「此有者」。「此有者」必是「在者」，「在者」乃是「生者」，實際之有，卽是「在」，「在」卽是「生命」。「生命」和「在」的關係，是同一的關係，是「在」便是「生命」，「生命」和「有」的關係，祇和實際之有爲同一關係，實際之有是「在」，也是「生命」，單單「有」的觀念，和「生命」沒有關係，不是「有」和「生命」相同，祇是「實際之有」和「生命」相同。

「在」必有「性」。我是一個實有，是在，我的在由我的性而限定，兩者不能分離。我一在母胎受孕，我就在，在母胎未受孕以前，我不在，世界沒有我的「存有」，我的「在」，便是有限的在，是相對的在。我一在時，我是我的「實有」，「實有」便有我的「在」。我在，我是這個「實有」，我是我。我的「性」和我的「在」，同時俱有。按理說，我的「性」限定我的「在」，性應該先有。但是「在」也限定了「性」，「在」把一個公共的人性限定，成了我的個性，實際上我的「性」和我的「在」是沒有先後的。這有點像朱熹的理和氣，理限制氣，氣又限定理，理氣沒有先後。「在」限定「性」，因爲「在」常是具體的，常是單體的；因此公共的類性，在具體的個性以內。在認識上先有個性，然後有類性；然而在具體上，類性和個性同時俱有。只是在理論上，可以說先有類性，然後「在」限定類性而成個性。柏拉圖便是主張先有類性的觀念，存在觀念的世界，世界上同類的單體，分享類性的觀念而成個性，分享可多可少，個性乃不同。朱熹曾說「理一而殊」，在理想方面先有理，氣則限定每物所分有之理，人之理爲主，物之理爲偏。從天主教的哲學思想方面去看，聖奧斯定曾以柏拉圖所講的觀念，不構成一觀念世界，而是存在於天主的智慧中，宇宙的物體分享觀念的含義。天主造人，人的觀念在天主的智慧中，每個人就分有天主智慧，即創造觀念中所有的人觀念；但是每個人的個性也是來自天主。我的個性，不是一個單純的觀念，而是一個複雜的實體，即是我。然而我必定也有一個代表我的觀念，就是我的個性。在認識論上，先有我，然後有「我觀念」；在本體上，個性和我同時存在，我就是我的個性，個性就是我；個性和「在」乃相合。但我追求根源，則「我觀念先已在天主的智慧中，我一存在，天主就按祂智慧中「我觀念」而使我在。我的「在」，便是分享天主的觀念，然卻又不應說分享，因爲「我觀念」的實體祇是一個我，沒有多數的我。

「性」和「在」的關係，「性」不是「在」，「性」則限定「在」。例如我的「在」由我的「性」而定。但是「性」和「在」一相結合，就有一個「實有」，例如我的「性」和我的「在」一相結合，便有我，我是一個實有。「實有」的「在」又限定了「性」，使「性」成爲「個性」，個性則是「在」，「在」即是個性。例如我的人性和「在」相結合，「在」就限定人性以成我的個性，這個「在」，是一個觀念，和「有」一樣，不是「生命」。一個實有的「在」，是實際的在，實際的在，乃是「生命」。

「在」是什麼?「在」是「有」的「成」。「成」和「能」相對，「能」的實現或成功便是「成」。當我講「有」時，我以「有」爲一個觀念，不問它是「實際之有」，或「理想之有」，或「可能之有」。當然我不能以「有」爲「不可能之有」，否則，我自相矛盾，「有」就沒有意義。「有」的完滿意義，是「有」的意義完滿地實現，即是「有」已「在」，「有」爲實際之有。「有」從「能」成爲「在」。這個「在」和「性」的結合，有成爲實有，在成爲實在，實在則是變易，變易繼續由能到成，便是「生命」，「生命」和「性」的關係，也就是「在」和「性」的關係。「生命」由「性」限定，而且由個性限定。

「在」既是「成」，是「行」，是活動，不是呆板的靜；因爲「行」自己完成自己，自己完成自己就是「生命」。「在」可以說是「行」，又是「生命」。因此，實際的「有」，稱爲「存有」，「存有」便是「行」，也是生命。這種「行」，也就是中庸的「誠」，所以說：「誠者，自成者也。」「存有」的行，繼續不停，一停止，就沒有「在」。我有我自己，是我的「在」繼續自成，常有生命，一不「自成」，就停止生命，我就不在了，便沒有我了。

「在」爲「行」，爲「自成」；然而「自成」的動力並不完全在於自己。我的「存有」的開始，即是「在」的開始，也是「行」的開始，也是「生命」的開始。開始的動力不來自我自己，必來自一個大於我的生命的「存有」。父母生我，父母的生命在本質上並不大於我的生命，父母發動我的生命之動力，也不來自他們本人的生命。列子曾經說「有生不生，有化不化；不生者能生生，不化者能化化。生者不能不生，化者不能不化，故常生常化。……不生者疑獨，不化者往復。」（列子 天瑞）父母本人是從他們的父母所生，「生者不能生生」，他們不能由自己有生另一生命的動力，生命的來源，要來自不是由另一生命出生者，「不生者能生生」，即是由自者而來。「不生者疑獨」，自有者祇有一個。祂給予所創造的第一個生命一種生化的能力，代代往下傳，父母的生命乃能生子女的生命。所以「在」生化別的「在」，是由「絕對的在」而起源。

一個「存有」已經「在」了，爲能繼續「在」，即是說「在」的能繼續「在」，例如我的生命可能繼續存在，需要一種支持的力。一個不是自有的「在」，它的本性不是「在」，而是由「自有的在」所施與，這個被施予的「在」，爲能繼續存在，需要「自有的在」繼續施予，施予一停止，這個被施予的在就不在了。我的生命是絕對自有者「上主」的恩賜，不是一次恩賜了，我的生命就能獨立存在，而是繼續需要「上主」的恩賜。就像王船山所說「性日生而命日降」。

4 生命與性

「性」是「存有」之所以爲「存有」之理，也就是限定「在」的理。理是什麼呢？亞里斯多德和聖多瑪斯稱理爲「元形（Forma）」。在這一點上，士林哲學所用的名詞和宋明理學所用的名詞就互相衝突了。朱熹以理成性，氣成形。形爲可見的，理則爲無形無像；因此，理屬於形而上，氣屬於形而下。亞里斯多德和聖多瑪斯則以元形爲理，爲形而上。元質（Materia）爲形而下。但是，問題祇在「形」字。「形」爲模型，模型給每一物體應有的限定。朱熹說「氣成形」，祇是說「形由氣而成」，氣是形的質料。形是怎麼來的呢？爲什麼緣故氣成這個形呢？那是因爲「理」，即是「理」限定氣，如在上節所說「性限定在」。形的理由是性，形的質料是氣；因此，理便可以說是「元形」，即是「本體之形」（Forma substantialis）；物體的外面，當然還有可見的形，這種形乃是外形，係「附加體之形」。

「性」是理，理是每一「存有」的元形，使每一「存有」成爲「存有」。在柏拉圖的哲學裏，性是「觀念」，存在觀念世界裏。宇宙內同一類的物體，分享代表這類物體的「觀念」。聖奧斯定以各類的「元形觀念」，是在造物主天主的智慧中，宇宙間同類的物體，分享造物主所有的「元形觀念」。依據聖多瑪斯的學說，從認識論方面看，「性」是理智從具體的物體中所抽取的共同性，在理智中爲一觀念，在物體中則和物體不分；從本體論方面去看，先有物性，後有物體。在理論方面，「有」，「性」，「在」，是三個不同的觀念；講「有」時，不講「性」和「在」；講「性」時，不講「有」和「在」；講「在」時，不講「有」和「性」。但是在實際上，三者不能相分，「性」和「在」相合而成「有」，這種有，稱爲「存有」，「存有」或「實有」是「生命」。

我現在是一個「存有」，我的「存有」就是「我」。我之所以爲我，首先我是人，然後我是男人，我是研究哲學的人，我是天主教教士。「我是人」乃是「我」的基礎，「我」的中心，其餘的「我」，都和「我是人」相連繫，都因爲「我是人」才能夠有，我和別人相比較，我是人，別人也是人，在「人」上，我們沒有可比較的，我們都一樣。我和別人可以比較的，是在「人」以外的「我」，我是我，你是你，他是他，我們彼此就不相同了。「人」稱爲「性」，「人性」是我你他的「存有」基礎，又是我你他的「存有」共同基礎。

「我是人」，「我是我」，這兩句話的意義不相同，因爲「你是人」，但「你不是我」；「他是人」，但「他不是我」。因此，「人性」不是一個虛名，更不是一個假名；「人性」指着一個實際的基礎，使我你他都稱爲「人」。

對我的「存有」說，「人性」是「存有」，是「生命」，我在，因爲我是人，我生活，假使不是人，我就不在，我不生活，我也不在。但是我之稱爲人，是理智的作用，爲抽象的作用，我生活則是實際的在。因此，我是人，因着人性而定稱爲人，這共同點就是人性。但是我不僅是人，我並不存在，祇是一個觀念；我是我，我才是眞正存在的，我之所以爲我，乃是我生活，我生活，當然是人的生活，然更是我個性的生活，所以個性的生活，即我的生命，構成了「我」。凡是人，都有人性，人性是同一的，不足以構成實在的我。生命，在觀念方面說，是一個同一的觀念，但是生命不能僅是觀念，若僅是觀念，已經不是生命，生命乃是活的，是具體而實際的，所以生命是我。

我是人，什麼使我是人呢？首先是因我有心靈，次則我有身體，心靈和身體結合起來使我成爲人。凡是人，都有心靈和身體，沒有心靈或沒有身體就不是人。心靈和身體便結成我的「人性」。這個人性不是空洞的觀念，而是我之所以是我的實際成素；因爲實際的我，是生命，我的生命，由心靈和身體而組成。

我對我的人性，可以說是一種自我意識，但不是直接體驗，而是反省的意識。不是一切的人馬上可以答覆什麼是人性，祇有少數的學者才能正確地答覆。不過，一說出來以後，人人都可以懂，大家都覺得對。

我的「存在」是生命，我的生命是人的生命，人的生命是因人性而有的生命。我的「存在」和「人性」的關係，卽是我的「存在」因人性而定。我的生命是人的生命，這是我生命的第一種限定，也是我生命的基本限定。但是有了這個基本限定，我的「存在」還不實際在，還要加上我之所以爲我的限定，才有「我」，我才是「存在」，我才生活，但「我」的限定，是加在「人性」的限定上，實際上合成爲一，不能分開。「人性」的限定和「我」的限定對於我的「存在」或「生命」，是一個限定。因此，我的生命當然是人的生命。「我」的限定，稱爲個性，和朱熹所講的「氣質之性」可以相比。個性包括人性，人性爲個性的基礎。在實際上，則祇有個性，個性的基礎則是人性。實際存在的是「我」，不是僅僅的「人」，「人」實際上不存在。然而我是人，人便存在我以內。我之所以爲我，首先是因爲我是人。

三、生命的整體性

1 實體的整體性

甲、實體因着生命而成爲「一」

宇宙間形形色色，有各種各類的物體，有的今天有，明天就沒有了，有的則長久存在。長久存在的物體，也時時在變。哲學上便分別「本體」和「附加體」，或分爲「體」和「用」。常說本體或體不變，附加體或用則變。但是我們知道，無論本體或體，爲能繼續存在，必定繼續由能而到成，必定常有「行」，「成」才是存在，存在也就是「行」。而且這種「行」，應是內在的，所以稱爲「生命」。

「生命」常是「整體」，不能分割。物質則能分割，物質的本性，就是一份子在另一份子以外，因而構成空間。然而凡是實體，必是一個單體，單體的本體是「一」，因此單體的存在也是「一」；爲什麼是「一」的理由，則來自「生命」，在上面第一章裏，我說過『單體的各份子結成爲一體，互相連繫，不相分離。單體自力所有的連繫力，卽是生命。』所以

「一」的理由是生命，有「生命」才有「一」。

一和多，在哲學上久已成爲很難的問題。最簡單的解釋法，在西方士林哲學，以一爲「元形」(Forma)，以多來自「元質」(Materia)，在中國朱熹的理學，以一爲理，以多來自氣。這都是以一和多爲數目，數目來自量，量則是物質。但是在精神體中，也有一和多；例如我們相信有天使，天使爲沒有物質的精神體，由士林哲學說來天使每一位爲一類，沒有同類的多數天使。然而一類一類也是多，因爲不能說所有天使祇是一，那麼便只有一位天使了，可是耶穌在福音上說『你想我不能要求我父，即刻調動十二軍以上的天使嗎？』(馬竇福音　第二十六章　第五十三節)還有我們人去世以上，靈魂和肉身分離，我們相信靈魂永久生活，每個人的靈魂也是「一」，許多人的靈魂也是「多」，種這「一」和「多」，不能由元形和元質，或由理和氣，去解釋了，祇能由「存有」去解釋，卽是由「在」去解釋。

精神體的「一」，不能僅由元形或理去解釋，因爲元形和理，普通是抽象的觀念；再者人的靈魂，普通認爲人的元形，人死後，靈魂多了，則不能說因爲曾經受過元質——肉體的限制，成爲單一。

天使之精神體，雖說是元形(Forma)，然並不是自有的實體。天使之元形爲能成一實體，仍須和「在」相結合而成爲「存有」。精神體的「在」，不是元質(Materia)，究竟是什麼？又不是由父母或另一實體所生，如同人一樣；因此，應說是直接由造物主所造。

造物主創造天使，如同創造宇宙一樣，是用自己的神能。天使的元形來自造物主的「觀念」，造物主的觀念祇能是「一」，即是天主聖言（Verbum）——聖言包含一切可能有的觀念，天使爲聖言所含的可能觀念中之一個，天主創造天使，使用自己的神能，使聖言所含的一個觀念外出而成一實體，這個觀念的「在」，便是天主的創造神能所發，天使的元形因着造物主的神能而存在。

造物主的創造神能，爲活的神能，係天主自己的生命。創造神能使天使存在，天使也是活的實體，爲一精神生命的活體。天使的實體之一，由造物主創造神力所成，因爲天使完全因着創造神力而存在，不用任何質料，天使的存在，便是天主的創造神力。天使的存在是「一」，「一」是因着存在，存在是天主的創造神力，創造神力是生命，天使的「一」，便來自生命。

人類的靈魂，爲人爲元形，人的元形和人的元質，即肉體互相結合，乃成一個實體。通常以人的存在，來自元質。朱熹主張理成人性，氣成人形，人性要有人形才有依託而能存在，也是以人的「在」來自元質（Materia）。但是往深一層去研究，元質自身是不能自有的，而且自己單獨並不能存在。大家說肉體由父母所生，人的存在由父母而來。但是人的靈是精神體，精神體是不能分割的，父母的靈魂不能分給所生的兒女；父母也不能把自己的生命分給兒女，因爲生命不能分；兒女的靈魂又不能由物質卽父母血肉而生，因此士林哲學主張人的靈魂由天主所造。當男女的精卵相結合時，造物主以創造神力，使聖言所含的人觀念，卽人的元形和精卵所成的胚胎相結合，而成一生活的實體。胚胎逐漸發育，長成人形，由母胎出生 繼續成長發育。所以人的「在」，根本上不是來自肉體，肉體祇是質料，造物主的創造神力使人的元形和元質相合，而有實體的存在；人的實體存在，又是生命。因此人的「在」來自造物主的創造神力，人的「一」也是來自創造神力，祇不過創造神力使用了肉體質料。

人的靈魂爲人的元形（Forma），哲學家都稱靈魂爲人生命的中心。人既有靈魂和肉體，便是心物合一的生命，靈魂爲生命的中心，靈魂爲發展生命，要使用身體的各樣官能機體，肉體一旦不合於使用了，心物合一的生命便要停止，人就死亡。靈魂既是精神體，保全自己的活動，因着生命的活動乃繼續存在。所以靈魂的「在」和「一」，都來自生命。

沒有人類生命的實體，或是普通稱爲無生物的實體，它們既沒有精神性的生命，它們的存在由何而來？普通都認爲動物由同類的動物所生，植物由同類的種子所生，在動物的精子和卵中，在植物的種子裏，含有生命的能力，這種生命能力化生另一個生命，成一個實體，馬生一匹馬，桃種生一株桃樹。我們現在不問這種生命力由何而來，但祇就動物植物的存在，則也是由生命而來；若是一個動物，或是一株植物不活了，它就不存在了。動物和植物所以成爲一個實體，是由生命而成。它們的「一」，就是「在」，就是「生命」。至於普通所說的無生物，卽是礦物，例如一塊石頭，它的存在由何而來？亞里斯多德和聖多瑪斯說：每一個物體，礦物也是一樣，由元形和元質而成，石頭有石頭的元形，石頭有石頭的元質，兩者相結合而成一實體石頭，實體的石頭因着「在」而成實體，卽是元形和元質的結合，因着「在」而結合。「在」則由外在的動因而成。亞里斯多德和聖多瑪斯爲解釋物體的元形和元質能夠相結合，是由外面一個實體加以動力，卽是由於一外在的動因，一個外在動因又靠另一個外在動因，一直追到最後的最高自動因，這個最高自動因，便是造物主。造物主以自己的創造神力，發動物體，使物體有發動他物之力。被發動之物，由能而到成；由能而到成之「行」，包含元形元質，元形元質相結合卽是「成」，便是「在」。元形元質都來自被發動之物，所以稱爲動因，所生之「成」，則稱爲果。但是動因所以能有「果」。實際上，礦物的實體不由自的元形元質，則本於造物主創造神力所賦予，因此物體所以稱爲實體，是由造物主的創造神力使它成爲實體，礦物實體的「在」，也是來自創造神力，卽生命神力。

乙、實體因着生命而成爲眞、美、善

一個實體的「在」，不僅是「一」，而且也是「眞」。普通所說的眞，是人的觀念和它的對象相符合。這種「眞」是認識論方面的眞，認識論的眞，要先假定本體方面的「眞」，即是觀念的對象應該是「眞」。對像的「眞」，是對象眞在，不僅不是虛的，也不是假的。既實實地「在」，而且是這個「在」，即是這個「實體」。實體則是造物主以創造的神力使創造觀念，成爲實在。「眞」則是這個實在，這個實在常變易，創造的神力是常活的生命，物體的實在所以常是由「能」到「成」，就如王船山所說：「命日降而性日生」，「眞」也就該符合這個常在變易的「實在」。符合每一刻的生命。但，這並不是說「眞」是相對的，因爲實體雖常變易，但常是同一的「成」，卽同一實體，「眞」便常符合同一實體。

美，按聖多瑪斯的主張，爲有次序的結合；按孟子的主張，則是「充實之謂美。」（盡心上），但，若有次序結合而成的充實實體，死呆不變，則不足稱爲美。據說在義大利北方山上一小村的敎堂，當本區的主敎來視察時，第一天清晨，敎堂的主任司鐸陪着主敎在凉臺觀看山景，主教讚嘆說美極了，也恭喜那位主任能每天欣賞這樣好的美景。第二天早晨又同樣地讚賞。第三天早晨，主任司鐸邀請主教再到涼臺欣賞美景，主教答說已看過兩次，常是一樣，不必再看。那位本堂乃說自己已經看了十年，不再留戀那種美景，請調往城市裏去。普通一樣美物，呆板不變，看過幾次，就不覺是美了。因此，中國的畫，常要有生氣，生氣越濃，才可以稱爲神品。因爲每一實體都有內在的變易，都有生命的意氣，美則應表現這種生意。西洋現代畫家乃主張動態的畫，在形式上表現動，結果畫已不成爲畫；中國傳統的畫則是在精神上，在意態上表現生意。畫上所畫的是現在這一刻生命的狀態，然而這一刻的狀態，在意境上則隱隱含着和前後的生命相連，所以美，乃是生命的美。

善，是變易合理合情，恰到好處，就是儒家所講的「中正」。每個實體，從「能」到「成」，符合應守的理則，每個實體便是善。善，也就是生命的善，中庸所講的「動而皆中節」，則是講倫理的善；倫理的善以本體的善爲基本。

實體因着造物主的創造神力而得存在，因着「在」而成一實體，實體的「在」是眞，是美，是善。

造物主的創造神力，造生實體，實體的「在」領受了創造神力的力，本體乃有創生力，自體常由「能」而到「成」，常有「行」，又能作爲另一實體的動因。宇宙的物體便能繼續化生。實體爲「一」，不能分裂；所以能夠不分裂，是因爲實際的「在」，「在」是一種力，使實體結成「一」；「在」是生命。

2　自我的整體性

甲、我因着生命而有「自我」

人類的實體，爲一個一個的人，每一個人成一個「自我」；「自我」即是我自己，而不是別人。

士林哲學以「自我」的形成，來自元質（Materia）因爲按照元形（Forma），凡是人都是一樣。人人都有人的元形，人的元形是「一」，沒有分別。每個人的分別來自元質，因爲元質是量，量有多少的差別，人的元形和元質相結合，元形所有的「能」，按着每人的元質的量，有多有少，結成每個人的個性，彼此不同，個性就成爲「自我」。

朱熹的理學主張「自我」爲氣所成，凡是人，所有的理是同一的理，理成人性，人性祇有一個或一種。但每個人的氣，則有淸濁的不同，理和氣相結合，結成氣質之性。氣質之性則每個人所有的不相同，每個人的氣質之性就成爲每個人的「自我」。

從我上面所講實體構成實體的因素，是實體的「在」。人的「在」，是造物主以自己的創造神力，使自己對人的創造觀念而實際存在。造物主對人的創造觀念是人的元形，是人的理，是人的靈魂。造物主的創造神力使對人的創造觀念得以實際存在時，是用男女的精卵相結爲質料，精卵相結成的胚胎爲人的元質，即人的肉體或身體。靈魂和身體因創造神力而結成一個人。一個人是單獨的實體，是一個「自我」。靈魂由創造神力直接而成，肉體由父母血肉的創生力而形成。靈魂爲人的生命中心，生命進入肉體內，靈魂和肉體結成一個實體，人的實體因生命而存在，人的「在」，即是生命。

乙、整體的自我

人的實體爲一「自我」，「自我」的形成，因素在於元質，即是肉體。肉體是物質，物質的結構屬於量，量有大小，肉體的量大小不同，造成每個人的個性。然而個性祇是「自我」的因素，並不是「自我」。我們中誰也不會以自己的身體爲「自我」，祇能說身體是「自我」的身體；何況個性中不僅是肉體的量，也有靈魂的各種「能」，即是才質，我們稱自己爲「自我」，「自我」乃我的整體，整個的實體才是「自我」，整個的實體，不僅只是元形和元質，或理和氣的結成構，而是一個生活的實體，我的眞正「自我」，是我整個活着的實體，因此「自我」，是我這個實體的實際的「在」，是我的生命。我的生命，即是「自我」。這個我的實體若是不活，沒有生命，便沒有「自我」了。

人去世後，整體實體不存在了，「自我」也就消失了；但精神體的靈魂卻仍存在，而且生活，士林哲學稱爲不完整的實體，因爲缺少肉體，缺少肉體的靈魂既然生活，便也是一個「自我」。這個缺少肉體的「自我」，不能說是因着肉體的因素而成，祇能說是因着靈魂生命而成。

因此，「自我」爲整個的我，包涵靈魂和肉體，靈魂和肉體所以能結成一個整個的我，是因着實際的「在」，實際的「在」乃是生命，「自我」所以由生命而成。生命使靈魂和肉體成一不可分的整體，不可分的整體便是「自我」。每個整體的人，他們生命各不相同，生命不相同，是因爲元質肉體不相同，元質肉體限制了元形靈魂，使元形的「能」，成爲不同的才質，乃有「自我」。

人去世後，缺少肉體的靈魂，仍爲一實體，仍有「自我」。這個「自我」的因素，則是在世時所積的功德。功德多少決定靈魂認識天主，卽欣賞絕對眞美善的能力的高下，功德不同，欣賞的能力也不同，便造成不同的「自我」，聖保祿曾比喻這種能力，好比星辰的光，每個星辰各不相同，每個永生的靈魂所以不相同而有「自我」，便是各自的生命。

一個活着的自我，卽我這個實體的人，是個整體，包括靈魂和肉體，卽普通所說的心物，人是心物的合成體。這個合成體，所以合成的原由，在於生命，生命使靈魂和心體相合，又使身體的各肢體器官相結合，士林哲學說靈魂整個在身體內，又整個在每一肢體內，因爲靈魂是精神體不能分裂。靈魂在實際上是生命，生命在人的心靈和身體內，又在每一肢體內。若一肢體，就是小小的一根頭髮或小小的一塊皮膚，沒有生命，就不成爲整體的一部份了。理學家以仁爲生命，若手足痲木不仁，沒有生命，就不成爲身體的手足了。所以我的整體因着生命而有整體，又因着生命而保全整體。

我的生命，又是整體的生命，爲心物合一的生命。雖然普通分別人的生命，爲生理的生命，爲心理的生命，爲理智意識的生命。然而實際上這三類生命，每類生命都是我的整體生命，而且每類生命的每項活動，也是我的整體生命。在倫理方面，在法律方面，沒有意識的生命，可以認爲不是我的生命，但是在本體方面說，生命是整體不能分。人的生命既是整體的，則常是心物合一的生命，每一活動也常是心物合一的生命，沒有一項單獨心靈的活動，也沒有一項單獨物體的活動。沒有心靈卽沒有生命。沒有肉體，生命不能活動。

丙、一致的自我

我的一生，常是一個自我，「自我」在這一刻的生命中是一個整體，在流動的以往和將來的時間裏，也常是一個整體，哲學上所討論的「一致性」（Identity），哲學家的意見頗多。有的說是因爲身體常是同一的，其實身體從少到老，全部都變換了。有的說是因爲人常記憶自己的以往，然而記憶是不穩的，況且神經受傷的人，很可能失去記憶力。有的說是意識常認定我是同一的，但是記憶和意識同是心理方面的活動，意識同樣可以因神經受傷而被阻礙。所以「一致的」我，應該有本體方面的根基。在本體方面我的「一致性」，應以實體(Substantia)爲根基，實體在身體的附加體時時變換中，常是不變，常是同一的。實體在實際上就是實際的存在，我的實際存在，是我的生命，我生活所以我在。

生命使我的實體結成爲一，不能分。這種結合可以視爲平面的結合，也可以說在空間的結合，使在衆多的實體中，我是「我自己」，而不是別人。別人的「自我」，每個都也由於自己的生命，結成自我，每個人的「自我」，卽每個人的實體，因着各自的生命而顯露出來，我是我，你是你。這也顯示空間的意義，普通以空間爲物質物的特性，是一份子在另一份子外；我則認爲空間，「是每個實體的顯露」，就好比在一個水塘裏，滿塘的水面，浮出個個魚頭，魚頭靠着水面，能夠顯露出一個一個地不相混亂，若是沒有水，魚都堆在一起，就沒有辦法分辨一尾一尾的魚。空間就是好比水面，使每個實體都顯露出來。就是精神性的實體，也是每個實體互有分別；每個天使都有自我的實體，每個天使也都有自我，也都互不相混。精神體自我的顯露，也在空間平面顯露，這所謂空間就不能是通常所講的物質性空間，也不是物體間的距離，而是個體的顯露。個體所顯露的，是個體的生命。

丁、空間與時間

生命旣是一，在平面不能分，在縱面也不能分；因此，時間上所說的自我一致性，就是自我的生命，即是自我的實體存在。在平面上生命的整體性，在於不能分割，即使是物體性的實體，它的各分子也不能分割。在縱面上生命的整體性，在於實體雖常繼續在變易，仍舊不能分割，常是同一的實體。普通常說時間是變易的經歷，是變易的次序，我則認爲時間，「是變易的顯露」。凡是變易就有變易點，這個變易要在前後的次序中才顯露出來。這種次序在一個實體中，由實體的實際存在連結起來，變易雖有次序，變易的實體則常是一，因爲它的實際存在是一，實際存在乃是生命，生命使實體的自我常是一致，自我常是一。

生命是活的，必定有變易，變易的顯露要在時間內才可以顯出。這種時間便不是物質性的時間，不是物質性變動的前後，而祇是變易的次序，也就是生命的顯露。譬如心臟的跳動，顯露身體的生命，心臟跳動快或慢，就顯出身體生命的不同。整個實體的生命，在時間內顯露出來。普通說天使的生命超出時間以外，造物主天主的生命爲永恒的生命更超乎時間；然而天使的生命是活的，天主的生命更是活的，活的便有變易，但這種變易不是本體或附體的變易，而是精神生活的心靈活動。純精神體的心靈活動，我們沒有觀念可以說明，我們祇能說有變易的次序，次序又不能是前後，乃是沒有前後的時間。

縮結起來，簡單地說：生命使實體的自我成「一」，在平面常是整體性的一，在縱面上也常是整體性的一。這個自我的整體，要在空間內顯露出來，也要在時間內顯露出來；所謂一，是生命之一；所謂空間，是生命的空間；所謂時間，是生命的時間㈡。

3　宇宙的整體性

甲、萬物「存在的整體性」

上節談到了空間和時間，在普通一般人的觀念裏，空間和時間就代表宇宙；四面八方稱爲宇，往古今來稱爲宙。宇宙又稱爲世界，或更簡單具體地稱爲天地。

世界代表衆多物體，把衆多物體總合起來，稱爲世界或宇宙。在衆多物體中，普通分爲三類：礦物、植物、動物。三類再排列起來，又分爲有生物和無生物。無生物爲礦物，有生

㈡　哲學上普通對於空間和時間的學說，中西哲學裏很多，而且很複雜，本書的第一版，曾詳細予以解說，現在我將這些解釋，抄錄在後面，作為本書的附錄供大家參考。

物爲植物和動物。

中國傳統哲學以宇宙爲天地，天地有萬物，萬物以人爲代表，所以成爲天地人三才。天，代表天象，有日月星辰雨露風霜；地，代表地物，有山水草木鳥獸；人——則爲人。

中西哲學討論宇宙，則簡單稱爲萬物。就萬物來說，萬物的存在，萬物的變易，萬物的關係，是不是有整體性。亞里斯多德曾講過萬物的存在不是自有的，不是自有的便是從他物而有，他物又不是自有的，又須從他物自有。這樣推論上去，必定要推到最後一個自有實體，這個自有實體稱爲萬物的最後原因，或最高原因。聖多瑪斯也採納這項形上的理論，作爲造物主天主的存在證明。

中國哲學的易經，以萬物的來源爲太極，太極生兩儀，兩儀生四象，四象生八卦，（繫辭上 第十一章）宋朝理學家周敦頤作太極圖，認爲太極生陰陽，陰陽生五行，五行生男女，男女生萬物。（太極圖說）道家老子則說道生一，一生二，二生三，三生萬物。（道德經 第四十二章）莊子在「齊物論」和列子在「天瑞篇」又說：「有始也者，有未始有始也者，有未始有夫未始有始也者。」「天瑞篇」又說：「夫有形者生於無形者，則天地安生？故曰：有太易，有太初，有太始，有太素。太易者，未見氣也；太初者，氣之始也；太始者，形之始也；太素者，質之始也，氣形質具而未相離，故曰渾淪，渾淪者，言萬物相渾淪而未相離也。」

宇宙萬物從來源說，中西哲學都主張來自同一的原因，同來自最高的動因。我現在不討論這些哲學的主張對不對，我從宗教信仰方面，知道宇宙萬物爲造物主天主所造。就是從科學家的天文學，也說宇宙先是一個火氣星雲，漸漸凝聚分離。宇宙萬物從來源方面，同一原因。

但是，我所討論的是，萬物的存在是應有整體性。

首先，我要說宇宙不是一個實體，因爲宇宙內有無數的單獨實體，這些實體不是像佛教所說都是空，都是假，而是確實存在的實體。無數單獨存在的實體，不能結合成一個實體。

乙、變化的整體性

中國傳統儒學，以宇宙祇有一「理」，祇有一「元氣」，元氣運轉不停，乃分成陰陽，陰陽雖是兩，然仍爲一氣。陰陽繼續運轉不做，乃結成萬物，陰陽在宇宙內不做運轉，不萬物以內也繼續運轉不停，易經稱這種運轉爲生生，卽化生生命。宇宙便成爲一個生命，萬物爲一個宇宙生命的變易。因此，稱宇宙爲生命的一道洪流，滾滾不息，生化不停。宇宙萬物的存在卽是生命，宇宙萬物的生命爲同一生命，萬物的存在宇宙於是有整體性。

從靜的方面看宇宙萬物，每個物體是獨立存在的實體，不合成一個宇宙實體，每株樹，每個動物都各自獨立，每條河或每座湖也各自獨立，並不得結合成一個實體。但是，從動的方面去看，則可以有結合成一體的可能。例如一座大機器，就如一座核子發電廠，全廠的機器分成每部門的機器，各各獨立存在，然而爲發電則合成一架機器。這座龐大的機器向同一的動作，即是發電。這種動作通過各部門的機器，這種動作結合各部門機器的工作，各部門的機器在發電的工作上，成了一架機器，成了一個實體。整個宇宙的萬物，每件的存在都是變易的，變易是生生，即是生命。在生生的變易上，宇宙萬物結成一體，乃是一個宇宙。從生命說，宇宙便有整體性，是生命的整體性，猶如核能發電廠有發電工作的整體性。

宇宙的萬物，每物都不是自有自生，而是來自他物，由他物的動因創生力而有。有，是從「能」而到「成」。「成」以後，這種有，即是在，不能一成就常有常在，而是繼續由能而到成。發動這種繼續的「能」到「成」，是物體由另一物體發動而成爲物體時，得有「創生力」，「創生力」在物體自己以內繼續發動物體自己的「能」到「成」。這種變易稱爲「生命」，萬物的「在」，都是由「能」到「成」的變易，都是「行」，都是「生命」。

丙、關係的整體性

但宇宙萬物自己所有的「創生力」，爲能活動，必須互相連接。王陽明曾經解釋他自己所主張的「一體之仁」，卽一體的生命，或一體的生命，他舉例人爲生存，須要飯食和藥物，飮食藥物則是利用動物植物和礦物，人吃肉吃蔬菜菓子，人飮水吃藥，所以人的生命和動植礦的生命相連，而且相通，因爲若不相通，便不相適合，人若吃不適合的食物，尤其是適合的藥石，生命就受損害。我因此說萬物的「創生力」的活動，卽是由「能」到「成」，仍舊常需要別的物體的「創生力」，彼此相連，彼此互助。最後，宇宙萬物的「創生力」，來自造物主的創造神力，卽是聖神。同時，需要造物主的創造神力的支助，因爲萬物本來沒有，因着創造神力分給萬物一種「創生力」而能成「有」。這種創生力時刻都仗賴着創造神力而能「有」，好比手捧一個杯子，杯子懸在空中，無論在那一刻捧着杯子的手收回去，杯子便落下去，掉在地上被打破，杯子就不有了。宇宙萬物都由同一的創造神力而來，同一創造神力所支持，支持也就是創造。因此，在創造神力方面，宇宙萬物有整體性。

從存在方面說，萬物彼此相連，由同一「創造神力」而成爲「有」或「在」，又取得「創生力」；「創生力」發動萬物的變易。從變易方面說，萬物的變易彼此又相連，造成整體性的關係。整個宇宙萬物就像一座活的機器，這座活的機器的動作，不是機械性的呆定動作，而是富有神秘性的動作，易經曾說易是神妙莫測，因爲宇宙萬物的動作是生生的變易，是生命的活動。

4 生命的整體性

甲、生命的次序

宇宙萬物的變易爲生命，生命是有整體性。對於這個問題，有幾個重點應該研究：生命的次序；生命的一統；萬物的成素是力；力來自創造觀念（聖言）。

宇宙萬物都繼續變易，普通說礦物或無生物不變，但實際上礦物必定變易，例如考古學家所找到的化石，可以考出化石的年代，就是根據化石變易的痕跡。煤炭成份的優良，寶石成份的優良，金銀銅鐵成份的優良，都看在土中年代的長短，年代久則變易深遠，成份便更優良；那是因爲金銀銅鐵煤炭寶石玉石在土中常漸變易，越變質份越好，所以，礦物本身也有內部的變易，而且是本身成份的變易。

植物常變，乃是大家都承認的事實；動物常變，更是眼前的日常現象，動植物的變易，爲自身內部的變易，稱爲本身的變易，稱爲生命。然而，礦物的變易，也是內部自身的變易，因此，我採納了中國易經的主張，以萬物的變易，既都是內部的變易，便都稱爲生命。

既然，宇宙萬物的變易，都是內部的變易，都稱爲生命，便同是生命的變易；因此便有同一生命之理。宋朝理學家程頤和朱熹都主張宇宙間萬物同一理，然是「理一而殊」。所謂同一理，卽是同一生命之理；「理一而殊」，則是生命雖同一，生命的性質則有等級的分別；因爲生命的成份，有理有氣，理雖相同，氣則清濁不相同。

我認爲宇宙萬物都有內在的變易，都常由「能」「而到感」，常是「行」，常是「生命」。由「能」到「成」的動因，爲物體的「創生力」。「創生力」既不是自有自生，因爲萬物都不是「自有實體」，而是來自另一實體，最後來自造物主的「創造神力」。「創造神力」發動萬物的「創生力」，是按照造物主的「創造觀念」。「創造觀念」乃是造物主的最高理念，最高觀念的行爲一定符合最完全的理，最完全的理一定使「創造神力」發動萬物的「創生力」，依照一定的次序，不亂又不缺。從最底「創生力」，漸次升高，達到最高的「創生力」。因此，萬物的創生力有高低的次序，萬物的生命就有高低的次序。

朱熹曾講人得生命理之全，物得生命理之偏，因爲「物之生，必因氣之象而後有形，得其清者爲人，得其濁者爲物。」(朱子語類　卷十七)因着氣之淸濁，理的顯露便有偏和全的分別。氣清，則理全都顯露；氣濁，則理顯露的部份或多或少。朱熹以萬物都同有一理，只是與氣相結合時，理的成份可多可少。

我們應該說，生命之理是造物主的生命之理。造物主創造萬物時，將自己生命之理分享給萬物，分享有次序，按照次序，萬物對生命之理分享（Participatio）便有分別，因此「創生力」也就有分別。萬物的生命是分享造物主的生命，分享有次序，萬物的生命乃有高低的次序，因此，萬物生命之理有次序的分別，不是理本身是同一，理的顯露因着氣而有偏全的不同，而是萬物所分享的生命之理，本身高低之次序，因而性質不相同，生命便有高低。

乙、生命的一統

萬物生命之理，雖有分享的次序而不相同，然而成一系統，即是生命的系統。朱熹先曾說「理如一把線相似，有條理。」（朱子語類 卷六）清朝戴震也曾強調生生必定有條理，「是故生生者，化之原；生生而條理者，化之流。」（原善 上載震集 頁一五七）條理就是系統。

造物主的「創造神力」，既然由「創造觀念」而發動萬物的「創生力」，「創生力」即是造物主生命的分享，分享有次序，次序便成一系統，萬物的生命乃成一系統，整個系統結成一整體性。

萬物每一實體的元形，係來自造物主的「創造觀念」，按照「創造觀念」對一物的元形，「創造神力」使元形成爲實體。「創造神力」給予元形以「存在」，「存在」包含元質，也包含「創生力」。原始受造物的實體，由「創造神力」而得有實質，實質是按照「創造觀念」所定造物的元形，但實質的存在由「創造神力」而來。元形祇是一個理念，理念因着「創造神力」而成爲實有，實有的實在來自「創造神力」；因此實有所有的質素，在元形中祇是一些「能」，「能」而成爲實在的成素則因「創造神力」而成。實體的實在質素，便是由「創造神力」而成。假使造物主撤退「創造神力」，原始受造物的實力就變爲烏有，便不再存在。原始受造物既由「創造神力」成爲實有，具有實在的質素，也具有「創生力」，原始受造物的「創生力」再由「創造神力」的發動，按照造物主「創造觀念」所定另一物體的元形，使這元形由「能」而到「成」，成爲另一實體。這另一實體又再用自己的「創生力」使另一物的元形由「能」到「成」，便又有一實體。這種繼續發動，物體繼續化生。這種化生的變易，由「創生力」而成，「創生力」的變易稱爲生命，生命便由「創生力」而成，也就是實體的「實際存在」由「創生力」而成。「實際存在」爲一實體的「在」，由元形和元質相會而有，元形是造物主創造觀念的一個理念，元質則由於「創生力」而成；「創生力」所以能夠使元質成爲實際質素，原動力來自「創造神力」。因此，物體的實際質素乃由「力」而成，質素和質素的關係，實體和實體的關係，須是「力」的關係。力是來自「創生力」，是生命的活動；因此，萬物的一切關係，須是生命的關係。

丙、生命的成素是力

現代的物體學，以物質由「力」所成，物質的分別爲「能量」所成，「能量」乃「力」的代表。當然，我所講的實體的質素由力而成，不是從物理學的主張而講，而是從實體的本體方面主講。

我的這種主張，由啓示的信仰所引發。基督的信仰，啓示我們，宇宙萬物由造物主所造，造物主天主由三位一體的第二位聖言而造萬物，「聖言」便是造物主的「創造觀念」。「聖言」又由三位一體的第三位「聖神」，使「創造觀念」成爲實有，「聖神」乃是「創造神力」。若望福音的第一章，開首便說：「在起動已有聖言，聖言與天主同在，聖言就是天主，聖言在起初就與天主同在，萬物是藉着祂而造成的；凡是受造的，沒有一樣不是由祂而造成的。在祂內有生命，這生命是人的光，光在黑暗中照耀，黑暗決不能勝過他。」（第一章 第一節—第五節）

在彌撒祭典的第二式感恩項裏說：「上主，祢所創造的萬物，理當讚美祢，因爲祢藉着聖子（聖言），我們的主耶穌基督，以聖神的德能（創造神力）養育聖化萬有」。

舊約創世紀第一章開始說：「在起初天主創造了天地。大地還是混沌空虛，深淵上還是一團黑暗，天主的神（聖神）在水面上運行。天主說『有光』，就有了光。」（第一章　第一節—第三節）宇宙由聖神的運行而有光，在光中有生命，創世紀首章首節和若望福音章首節，互相應和。

宇宙間的萬物，連結成一系統。萬物的實在，是繼續由「能」而到「成」，為繼續的「行」，為生命。萬物的實在，由造物主「創造觀念」所定的理念，作為元形，由造物主的「創造神力」造成實有的元質。元形和元質相合，乃有實體。元質由「創造神力」而造，所以來自「力」。「創造神力」所造實有元質而有的實際實質，具有「創生力」，「創生力」繼續使另一物體的元形由「能」到「成」。「創生力」連續使另一物體成為實體，於是宇宙間萬物化生不停。

每一實體既成為實體，但為維持存在，因為不是「自有」，便應繼續在自身由自己的「創生力」繼續由「能」而到「成」。沒有一物是呆板的，沒有一物一成便常靜止地存在。中國哲學主張在宇宙內陰陽常變化不停，萬物生生不息，又主張在每一物內，陰陽繼續變化，發揚自己的本性。這就是宇宙的生命和每一物體的生命。

丁、生命是造物主生命的分享

萬物的實體，既是生命。生命祇爲「一」，不可分割。眞實完全的生命，爲一「純粹的行」(actus purus)，不由能而到成，而是絕對的並完全的「行」，即是造物主天主，爲宇宙萬物最高並最後的原因或動力。眞正完全的生命創造了宇宙萬物，以「創造神力」按照「創造觀念所定物體的理念(元形)」，把自己的生命，分享給萬物。所分享給萬物的生命，不是造物主的本體本質，而是一種生命力，即「創生力」。每一物體的存在，都是分享造物主的生命，在自己內具有「創生力」。萬物所分享的生命，都是造物主的生命，雖然在本質上不是造物主生命的本質，但也都是造物主生命的力。萬物所分享的生命，層次不同，結成一有次序的系統，由沒有生命表現(即生命顯露)的礦物，層層升到一級一級的植物，又層層升到一級一級的動物，最高層乃是人。中國哲學不用西洋哲學的對分法：例如物質和精神，無生物和有生物。尤其在宇宙萬物裏，不用對分法，劃成有生命的世界和無生命的世界，卻願世界合成一個，使萬物列成有次序的一個系統，互相連結。今天，在實際生活上，環境保護的政策，所有的學理根據，就在於宇宙萬物的生命是互相連繫，損害一方面，就害到其他方面。

按照生命的次序，人的生命爲最高物體的生命，由心物合成一體而生活，應該再向上而有唯獨的心靈生命，卽神生命。天使的生命，本是神生命；但天使不在宇宙的生命系統以內。宇宙的生命系統，最低的是物質的「能而到成」的變易，然後有最低的非物質性的「能而到成」的變易。這種非物質性的「能而到成」的變易，漸漸加強「非質性」的特性，最高乃到人的虛靈之心的非物質性變易。然而人的虛靈之心雖稱爲神妙莫測，但尚是和肉體相結爲一體，在變易上，卽是在生命活動上受肉體的限制，必定要再升高到使心靈不受肉體的限制。爲實現這種最高的生命，只有兩條路可走；或是心靈(靈魂)離開肉體，或是使肉體成爲非物質性。基督的信仰，就啓示我們，以人在去世時，靈魂離開了肉體，靈魂繼續生活，人的生命成爲純心靈的生命，卽是神生命，但是人的本性是心靈和肉體相合而成一體，單獨靈魂的生命，不是一個全人的生命。因此，造物主規定在世界終窮時，肉體都要復活，成爲非物質性，和原先的靈魂再相結合，那時人的生命乃是眞正的精神體生活。

至於基督信仰所啓示，基督在一個人領受洗禮時，因聖神而以自己的天主性生命分享與領洗的人，乃是使人原有分享造物主生命力的生命，進而分享天主生命的本質，使人的生命從天主的生命，在本質上有了分享；因此，這種生命稱的超性的生命，卽超乎人性的生命，也就不是在宇宙生命系統內的生命。

沒有受過洗禮，又沒有領取基督救贖恩惠的人，就沒有分享基督的天主性生命，這班人在去世時，靈魂也繼續生活，在世界終窮時他們的肉體也要復活，也變爲非物質性，也要和原先的靈魂再結成一體。那時的生命，則是宇宙生命系統內最高的生命，即精神體的生命。祇是達不到生命的最終目標，和生命的根源即造物主相聚。中國文化裏所謂「愼終追遠」，生命回到根源，和父母祖宗的生命相連繫，以祭祖的方式作象徵。實際上，最終，人的生命要和生命的最高及最後根源，即造物主的生命相連繫，以達到生命的最終目的，而取得生命的幸福。

附錄：

論空間與時間

1 空間

我有一個身體，身體常有它的位置。身體在自己的位置上和外面物體相接觸，用手足可以達到的物體，能夠接觸到；用手足達不到的物體，中間有個空缺。我知道這個空缺叫做空間。我抬起頭來看，上面的空間眞大。但當我乘坐飛機時，外面的空間渺渺茫茫，無邊無垠。又當我研究天文時，看著星辰棋佈，地球渺小不堪，太空中的距離用光的速度，也還不能計算。世界眞是多麼大！所謂世界就是空間。

面對這渺茫的世界，我們都要問：空間究竟是什麼？天文學所答的空間只是距離，地理學所答的空間只是面積，哲學上有什麼答覆呢？

假使哲學家以宇宙爲一個極大的實體，空間便是這個實體的本體，宇宙間的萬物只是這個大實體的份子。因此，常聽見有人說：宇宙是一個大宇宙，人是一個小宇宙。這樣說明，空間便是一個實體，而且就是宇宙本身。

假使哲就家以宇宙爲神靈，主張泛神論，空間就成爲神的本體。空間也是一個實體，但不是物質的實體，而是精神的實體。

假使哲學家是唯心論者，既不承認物質世界的存在，也就不承認空間的存在。空間照他們來說，只是一個空名詞。唯心論的康德雖不完全否認物質，然也只承認空間爲天生的一個範疇。

章太炎曾經說：「色塵妄法，對空故有。若無空者，則無色塵之相。假令空是絕無，則物質於何安置？假令時是絕無，則事業於何推行？故若言無空間者，亦必無物而後可。……然則破空而存物，破時而存事者，終不能使邊盡諸見，一時鉗口結舌明矣。果欲其鉗口結舌耶，則取物質事業二者與時間空間同日而撥遮之可也。」㈠但是章太炎自己卻是否定時空的：「破我執易，破法執難。如時間有無終始，空間有無方所，皆法執所見。此土陸子靜輩，思之終不了然，實未達唯識之旨，時間者起於心法生滅，相續無已；心不生滅，則時間無自建立矣。空間者，起於我慢，例如同時同地，不能並容二物，何以不容？則因我慢而有界閡，因界閡而有方法；滌除我慢，則空間亦無自建立矣。」㈡

但是，空間不能被排除，因爲我是活在空間裏；除非排除了我的身體，才可以排除空間，然而又不能肯定空間是實體，否則，我的身體就不能在空間以內；因爲「同時同地，不能兼容二物。」

空間是什麼呢？

空間是物質「量」的屬性。而且是一種基本的屬性。物質的量使一分子在另一分子以外，不能兩個分子同時在一地，物質便有延伸。有延伸便有面積，有面積便佔空間，這是所謂內在的空間。兩個物體既有面積，兩個物體之間便有距離。距離可大可小，這是所謂外在空間。所以空間乃是距離，有內在的距離，有外在的距離。

空間究竟是不是實在的？

西洋的哲學家，有許多人主張空間是實有的，跟物體不連繫在一起。他們主張有一絕對的空間，中間是眞空。就理論上說，眞空在萬物以前先已存在，在萬物消滅以後也可以存在。宇宙就是這個眞空，萬物就在這個眞空以內。普通的人也常是這麼想，眼睛所看見的也常是這樣。但是我認爲實際上不能是這樣，因爲眞空不能存在。空間由距離而成，距離由界

(一)　太炎文錄　初編　別錄　卷三　頁十三—十四。

(二)　同上，頁二。

限而成，界限是物體的延伸。沒有物體就沒有延伸，沒有延伸就沒有界限，沒有界限就沒有距離，沒有距離也就不能有空間。

可是有人說：我們可以想像宇宙間只有一個物體，這個物體可以運動，有運動就要變換位置；位置的變換乃是地方的變換，前一位置和後一位置便有距離；因此便有空間，但是照我看來，這個唯一的物體在運動時，只是它自身的空間在動，沒有造成距離。它移動自身的空間，並沒有所謂位置的變換。位置本身是相對的，即是自身的空間和週圍物體的空間所有的關係。若是宇宙間只有一個物體，便只有它自身的空間，而沒有它的位置。不過，人家還可以說，唯一的物體在運動時，自身的空間在變移，變移是要物體以外有空間，物體自身的內在空間才可以移動；那麼，外在的空間並不是兩物體間的距離，實際上可以是眞空；而且內在的空間也可以是眞空，例如一間空房子，可以用泥土塞滿，一點空隙都不留，這個房子在沒有塞土以前，應該是眞空。當然普通說房子裏有空氣，但在科學上現在可以把一個瓶子裏的空氣抽出來，把瓶子弄成眞空。因此，眞空的觀念和事實都可以成立。

我卻要說這是把眞空和空間的觀念弄亂了。所謂空間，並不說裏面有沒有東西，也不是說可不可以容納東西。「內空間」是一件物體的各方面界限彼此中間所有的距離，一件實體的東西所有「內空間」是它的面積，一所空房子的「內空間」是上下左右牆壁和天花板地板中間的距離。這「內空間」是眞空或不是眞空，它的意義不變，例如一個瓶子，在沒有抽出空氣以前和抽出空氣以後，它的「內空間」並不變。假使消除一個物體上下左右所有的界限，眞空的「內空間」也不能成立。「外空間」也應該有距離。整個宇宙按理說就是圓的，不是無限的延伸。在圓的宇宙內，空間無論多麼大，都是星球的距離。至於宇宙唯有一孤獨物體的假設，姑不論這個假設可不可以成立，對於眞空的觀念並沒有證明。因爲唯獨的一個物體，只有它自己的「內空間」，並沒有「外空間」。在它以外既然是絕對的「無」，便一切都沒有，有什麼空間可學呢？

我認爲空間所以然有，乃是多物體所造成。假使宇宙間只有我一個人，其他一切都沒有，那便沒有宇宙，沒有空間。既然有多數物體，自然而然地必定有空間的觀念和事實，不是我們人用想像加上去的。物體越多，空間的觀念越緊要。例如人口問題，常是和空間的問題相連。在澳洲和巴西人口稀少的地方，空間很寬，便不感覺到人口問題。在臺灣地方狹小的島嶼上，人口問題就非常緊張了。

空間可不可以是無限的？

哲學上有所謂絕對的空間，絕對的空間即是上面所說的眞空，不是物質的距離，而是自己單獨地存在。這種絕對的空間，我不承認。空間可以不可以是無限的，和空間可以不可以是絕對的，互相連貫，無限的空間應該是絕對的空間，否則不能存在。這個問題和宇宙是不是無限的，爲同一個問題。古來許多哲人講宇宙無限，現在還有許多人相信宇宙是無限的。但是按哲學的理論說，宇宙既爲萬物的總合，又不是絕對的空間，則宇宙爲一物質性的總合，物質不能是無限的。雖然在數學上，一根直線可以引伸到無限；然這只是數學上的假設。把直線和量的觀念相分離，以直線不是量，而是物質。直線既是物質性物體的平面線，在本體上不能不是物質性的。物質有量有分子，量和分子無論怎樣增多，也都是有限的。因此宇宙不能是無限的。同樣，空間既是物質體的距離，物質體不能是無限的，空間也便不能是無限的。整個宇宙應該是圓形的，而不是一個無限的平面。

空間和我的生命很有關係；我的生命既是心靈和身體相合爲一的生命，便是生活在空間裏的生命。空間爲物質間的距離，我生命的空間就是和周圍物體的關係。這些物體可以限制我的生活，因爲我的衣食住行都受這些物體的影響。這些影響造成我生活的環境，結成我生活的文化，給我生活一種造型。㈢

2 時 間

對於時間，問題就更難了。

聖奧斯定曾說：「時間是什麼？若沒有人問我，我知道；若有人要我解釋，我就不知道了。」㈣

聖多瑪斯也說：「凡有稀微本質的，很難被認識。因此我們不認識它們，不僅是從我們一方面有缺欠，從它們一方面也有缺欠。這一類的事物是……那一切不同時整體存在，卻繼續按著一不可分的標準而存在。在這種事件中「時間」一事。從此，便明白「時間」是很難知道的。」㈤

歷代的哲學家對於時間的意見，較比對空間的意見更多更複雜。但是以時間爲不實在的意見，常較爲引人注意。章太炎曾表示這種意見說：「時若實有，卽非唯識。……卽自位心證自位心，覺有現在；以自位心望前位心，覺有過去；以自位心望後位心，比知未來。是故心起卽有時分，心寂卽無時分。若睡眠無夢位，雖更五夜，不異剎那。然則時非實有，宛爾可知。」㈥

㈢ 對於空間的哲學問題，可以參考。
D. Nys. La notion a' Espace. Louvin. Emile Warny. editear. 1930. II ed.

㈣ S. Augustin us. Confesriones. Lib. XI c. 14.

㈤ S. Thomas TOp. De émpore, C. I.

㈥ 章太炎文錄初編 別錄 卷三 頁九。

有的哲人說，時間只有現在，沒有過去和將來；因爲過去的已經沒有了，將來的還沒有來。有的哲人說，時間只有過去，沒有現在和將來；因爲才說現在，現在就已經過去，好比腳踩河中的水，腳下的水常在流，不能說這一刻的水就是這刻的水，因爲這一刻的水早流走了。可是柏格森則說時間就是 Dure'e「存留」，「持續」，「常住」。「存在」是人的生命，是生命力的長流。長流不能分割，沒有過去現在和將來，結成一個活的「存有」。

士林哲學的學者，把時間分爲「內在時間」和「外在時間」。「內在時間」和實體的「存在」相同，「外在時間」爲變動的次序(七)。

在我看來，「內在時間」爲「存留」或「延續」實際上已超出時間，而是形上本體的時間。時間在通常的意義，是「存留」的計算，即是駐留多久，或存在多久，這種時間是世界物體的時間，稱爲外在的時間。聖多瑪斯曾說：「爲保存物體的存在，天主並不用和創造物體的行動不同的另一種行動，而是用創造行動的延續 (continuatio)，這種行動沒有變動，沒有時間。」(八)因爲天主也有存在，便也有「存留」；所以說天主有時間，天主的時間爲本體的時間，即是存在的延續，精神體的「存在」也是本體的時間，只有宇宙或世界才有外在的時間。

本體的存在，不包括「變」，也不包括久暫，存在就是存在，就是在，就是存留。所以本體的時間沒有久暫的意義，也沒有先後的意義。世界的物體，都是物質性的物體，物質性物體的存在則常變，物質體的變必定有先後，即一變在一變之外，就同物質的一份子在一份子以外同樣，因此物體的存在，在延續上，即是在時間上乃有先後，有久暫，這就是普通所說的時間。

時間的基礎和空間的基礎不相同；空間的基礎在於物質的量，時間的基礎則在於實體的存在。空間因量的延伸而成距離，沒有距離即沒有空間；時間因實體的存在，才有計算，時間的基礎便是存在。存在爲能夠計算，必定要「存留」，沒有「存留」，怎麼可以計算？「存留」從本身上說，是「存在」的延續，即是繼續存在。時間從本身上，也就是存在的繼續。一小時，一天，一年，一世紀，都是代表「存在」的繼續。「存在」的繼續即是「存在」的本身，並不是「繼續」給「存在」加上了一種特性。例如：我繼續生活，就是我生活，我繼續生活和我生活同是一事。這樣說來，「存在」就是「存留」或就是「持續」，「持續」就是時間；也就是說「存在」即是「時間」。然而這種「時間」稱爲「內在時間」，不是普通所說的時間。普通所說的時間，爲計算的次序，爲「外在時間」；「內在時間」只

(七) D Nys, La notion de Temps. Louvain. Imtitut de Thilorop ihe. 1925.

(八) S. Thomas. Summa Theologica. I. P. 9. 104. a. I. ad 4um.

是時間的基礎，也就是本體的時間。

凡是「存有」，本性上就「存留」(或持續存在)。既是「在」，就不是「不在」；所以「在」就應該是「存留」是延續不能分割的，是「在」的內在特性。若以時間爲「存留」「存在」(卽在)便是時間了。但是宇宙間的一切「存在」，所以能夠「存在」，都靠著造物者天主去保全，所以說保全「存在」就是繼續創造「存在」。聖多瑪斯說天主爲保全萬物的行動，和創造萬物的行動是同一行動，創造行動沒有「時間」，和受造物體的「存在」一齊「存留」；「存留」就沒有「時間」，這所謂時間，是有先後的「外在時間」。但是這種講法，不是從觀念去講，而是就實體去講。在實際上實體的「存在」就是「在」，「時間」本身就是「在」，所以在實際上「存在」和「時間」相同。

若是實體的「存在」和「時間」相同，精神實體的「時間」和物質實體的時間就不相同了。因爲宇宙內的實體都是物質的，不是同時而有，而且物體的存在是變，變有先後，物體的存在有先後。怎麼可以分先後呢？這只能從因果關係去說。然而這種先後只存於因果之間，和因果關係以外的「存在」，不能相分別。因此，便有一問題：是否有一個唯一的「時間」以作標準？換句話說是否有一個唯一的「存在」，以作其餘的「存在」的先後標準？相對的「存有」由絕對的「存有」而來，「絕對存有」的「存在」，便是一切「存在」的標準。這樣說來，天主乃是絕對的時間了。然而，天主卻又是「永久的」（永遠的），永久的意義，則是一切所能有的一同都有，沒有先後。

因此，時間的本身意義是久，是持續，是存留。爲能久，須要存在，「存在」是時間的基礎，「存在」的本身又是持續，因爲「在」，就是在，「在」的本來意義就是持續存留。時間的本身意義便不是先後的計算，而是「在」，即是持續存在。持續存在本來是「存在」的特性，「存在」的本體是自立的實體（substantia），實體的「存在」便都是持續存在，也就都是「時間」。「時間」便是和實體相同了。

從「存在」的動態去看，乃能得到時間的通常意義。「時間」是什麼呢？是「持續存在的動態」。「存在」的意義也就是在「時間」裏顯明出來。

「存在」的動，乃是「成」，「成」爲「行」，「行」沒有動態。「絕對存在」的「行」爲永久的「成」，所有的「成」一同實現，沒有先後。宇宙萬物則是物質的物體，人雖然有精神性的心靈，卻也有物質性的身體。物質爲量，量有空間，在空間的動有先後，而又有形態。物質體的存在既然常動，動又形成先後，物質體的時間乃有先後的意義。整個宇宙常在動，我們人生活在整個動的宇宙中，人的生命和宇宙萬物的關係，便是動的關係。動的關係在我的意識中，由先後而顯；因爲我爲知道動，是由先後而知道。宇宙萬物的「存在」，便是先後的動，「存在」的時間，也就是動的先後。「內在時間」便形成了「外在時間」，「外在時間」爲動的先後。宇宙萬物的「時間」和「空間」相連；因爲萬物的動，是在空間裏的動。「外在時間」既是空間的時間，時間先後的標準便不能以超於空間的「存在」作爲標準，而要以空間的一種普遍的動作爲標準。我們人類計時的標準，以地球的運動（以往認爲太陽的運動）作標準。「在外時間」爲物質物體的特性，然而又不是和別的特性一樣，附在物體的本體上，而是物體的動的一種形態。可是這種形態和物體的兩種基本特性不可分：一種是動，一種是空間。物體的空間又因動而顯，於是物體的「存在」，就由動的先後久暫而顯；因此「時間」便代表物體的存在了。例如我們人的生命，就由多少年來代表。

整個宇宙，因此是空間和時間，因爲宇宙卽是物體的總合，物體由空間和時間而顯；空間和時間就代表宇宙。莊子德充符篇曾說：「今子與我遊於形骸之內，而子索我於形骸之外，不亦過乎。」萬物都在空間以內，不能要求萬物超於時間以外。莊子的寓言則常以萬物超出空間和時間以外。莊子齊物論又說：「天地與我並生，而萬物與我爲一。」莊子是從「道」去說，但也可以從空間時間去說：天地爲萬物的總合；郭象的註釋，天地萬物和我同在一個空間以內，又同在一個時間之中，所以是同一又同一。莊子說：「既已爲一矣，且得有言乎？既已謂之一矣，且得無言乎？」既同在一個空間和時間裏，怎麼還能有分別呢？但若沒有分別，怎麼能是萬物呢？因此，空間和時間都要有「內在」和「外在」的分別。

我生命一開始就要有「空間」。身體無論怎麼小，必定佔住自己的空間，一開始走路，外面的空間就越大越好。生命和時間則連在一起，結束了時間，便結束了生命。可是我心靈的生命，變成了「連續永留」了。這是靠造物主的恩賜。受造的宇宙萬物按本性說是有始有終，沒有無限的空間，也沒有無始無終的時間。

方東美教授曾解釋易經的話「窮則變，變則通，通則久。」蓋時間之眞性寓諸變，時間之條理會於通，時間之效能存乎久。……凡此一切，「皆時間變易之理論條件。」(九)

從認識方面說，人的理性活動，天生就受空間和時間的限制，而且天生就有空間和時間的認識基礎，因爲人是心物合一體，物質的身體天生有量，既有量在活動時，便必定有空間性和時間性。人在認識物體時，天生就從空間和時間去認識。因此一切觀念都含有空間和時間性，人沒有一個純精神性的觀念，這樣空間和時間可以說是天生的認識範疇，也可以說是天生的認知條件。

(九) 方東美　中國哲學之精神及發展　卷二　頁一四八　孫智品譯　成均出版社　民七三年。

第三章　我的生命

一、自我

1　自我是我的生命

宇宙間的萬物常在變易，繼續由「能」而到「成」：萬物的存在，乃是繼續的變易，各有各自的生命。宇宙萬物的生命，有次序地結成一個系統，由最低級的礦物漸升到植物，然後到動物，最後到人，人的生命爲宇宙萬物中最高的生命，人的生命的實現成爲一個一個的人，每一個人成爲一個「我」。「我」對於每一個人，乃是「自我」，就是他自己。

「自我」在理論方面說，是一個「實體」，在實際上說，是一個「實際的存在」，就是「生命」。從理論方面說，這個「實際的存在」—自我，由人性加上個性，個性和「在」相合而成。個性，在士林哲學是由元質而定，在宋朝朱熹的理學是由氣而成。但是無論元質或氣，都不是在抽象理論的境界，而是在實際存在境界，才能構成個性。「實際存在」在實際上乃是繼續變易，乃是生命。所以，我是自我，自我是我的「實際存在」，是我的生命。反過來說，我的生命構成我的「自我」，我的生命就是「自我」。

我是人，人是個活人，死人已經不是人，祇是一個屍體。我是個活人，活人是因生命而活；我所以是由生命而成。我的生命是人的生命，而且是我自己的生命。每個人的生命同是人的生命，但同時又是不相同的「自我」生命。

在前面已經提到個性問題，士林哲學主張元形限定元質，宋代理學家朱熹主張氣限制理。士林哲學雖主張元形限制元質，然而元質則也限制元形，以成個性。朱熹也是主張氣限制理以成氣質之性。但是根本上尚有一個問題，爲什麼有這元質而限定人性而成這個個性？或是說爲什麼有這氣而限制理而成這個氣質之性？同是人，爲什麼我有這個個性？個性來自元質，或來自氣，但是我的元質或氣爲什麼是這樣？不是來自人性（元形）（理），也不來自元質或氣的本身。生物學家說來自遺傳，但遺傳不足以解釋整個的個性。朱熹的學生們曾問朱熹：老師說理限制定，氣成爲人的氣，氣又限制理，使成這個人的氣，但這個人的氣爲什麼是這樣而不同別人一樣？朱熹答說自己也不知道怎樣答，要學生們自己去想。士林哲學也是一樣，元形限定元質，元質又限定元形，究竟這個人的元質爲什麼是樣？哲學上沒有答覆。這就該上溯到造物主的「創造神力」。實體的實際存在，是由「創生力」使「能」到「成」。一物體開始由「能」到「成」，是由另一實體的「創生力」所發動，開始的「創生力」來自造物主的「創造神力」。然而實體的繼續存在，雖是以自身的「創生力」而發動，仍舊由造物主的「創造神力」來支持，來維持。聖多瑪斯稱這種「維持」，爲「繼續的創造」。因此，造物主的「創造神力」當運行在宇宙萬物之間，元質或氣被限定以成爲這個實體的「個性限定」，是由造物主的「創造神力」所定。中國人所常說「命也」。

我是我自己，我活着才是我自己，自我由我的生命而成，我的生命包含人性和個性。人性是元形是理，個性由生命而成，而發展。我的生命乃是分享造物主的生命，分享多少，當然由造物主決定。

萬物的實際存在，和自我的存在一樣，實際都由造物主決定。科學可以解釋萬物的個體，但不能說明爲什麼個體是這樣，這條狗和另一條狗不同，這塊石頭和另一塊石頭也有不同，科學不能解釋，哲學也不能解釋。

我的自我由我的生命而成。然而我所以說我是自我，必定要我知道有自我。若是我是一個白痴，我就不知道有自我了。雖然自我的存在，並不是由「知道」而造成，然而祇有靠「知道」自我才能表現，所以我的「在」，要靠「知道」來表現。同樣，萬物的存在，在本體方面說，是以自己的「在」而在，但是若不被人類所知，則等之於不在。宇宙內有多少星辰，到現在還不被人類所知，所以就等之於沒有。因此，萬物的在，也要靠人類的「知道」才能表現。我們所講的宇宙，是人類所知道的宇宙，是透過人類的「知道」。但我不是講唯心論，主張宇宙萬物是人的心靈所造的，而是說宇宙萬物的存在，是表現在人心靈的存在，這種表現有客觀的實體，客觀的實體表現在人心靈上，成爲人所知道的宇宙。

我的自我，是表現在我心靈的自我，宇宙萬物是表現在我心靈的萬物。在本體方面，萬物的存在，是萬物的生命：在表現方面，是表現在我的生命裏的萬物，卽是在我的理智生活中的萬物。

2 自我意識

甲、直見之知

從母胎受孕的一刻，我卽存在，開始了我的「存有」：但是我一點也沒有意識到。就是從母胎出生了，家中人都認識了我的「存有」，我自己仍舊對自己的「存有」沒有意識，後來我漸漸長大，漸漸分辨外面的物體，也漸漸知道有我自己。對我自己的「存有」，由生命的各種需要，經過我的心靈，提醒我自己，漸漸地形成了自我意識。

生命的發展，先有生理的生活。生理生活的進行和發展，不經過心靈的意識，醒時和睡時一樣地進行，若要經過心靈的意識，心靈將不勝煩擾；然人也就成爲自己生理生活的主人，免除一切的病症，還可以免除死亡。假使這樣，人不是人而是神明了。

出生幾個月以後，開始感覺的生活，小孩會看，會聽，臉上有反應，感覺生活需要經過心靈的意識，最初的感覺意識，祇是理會到感覺客體的「存有」，還不是心靈生活的表現。動物有感覺，還能分辨感覺的客體，例如狗認識自己的主人，也能分辨主人的愛撫或責罵。出生幾個月的小孩，就有這種感覺，這種感覺還不是心靈的意識。

小孩開始講話，開始發問題，心靈的生活便開始了。心靈的生活由自己出發，自己便成爲生活的中心。小孩事事以自己爲主，祇是追求自己所想要的，需要大人時刻提醒教導，纔能克制自己的需要而能忍讓。然而這種以自我爲中心，不是自我意識，而是一種天生的傾向，每一種物體，都有天生保護和發展自己「存有」的傾向。尤其是動物，更強烈地表現這種傾向。

這種傾向，隨著心靈生活的發展，塑成自我的意識。自己認識自己，自己懂得自己生命的要求，自己的生理生命和感覺生命通過理智的認識，和心靈生命，結成一體，這個一體就是「自我」。

人對於自我的意識，是理會到自己的一切活動，都是自己的生活。這些各方面生活的活動，都由「自我」而發，而又都歸於自我。更又理會到生命的變化歷程，雖然千變萬化，生命則同是一個，是「自我」的生命。「自我」是生命的主體，生命流動不息，「自我」主體則常不變。自己對於不變的主體，常有理會的意識，這就是自我意識。

自我意識所體會的，是我的「存有」。我體會自己存在，而是一個主體。我的生命是屬於我的，生命的活動是我的活動。孔子曾說：

「子曰：譬如為山，未成一簣，止，吾止也。譬如平地，雖覆一簣，進，吾往也。」(論語 子罕)

或進，或止，是我自己作主，由我自己負責。孔子所說，是指修身，要靠自己，不能靠旁人。但對一般的事來說，我的行動，由我自己作主，我自己是主人。

自我意識又體會到，我的生命是一個，不能分割。身體的生命，是我的生命；感情的生命，是我的生命；理智的生命，是我的生命。雖然，我有身體，有心靈，身體和心靈不能分割。我的生命是身體和心靈相合而爲一體的生命，即是我一個主體的生命。

這個自我主體常不變，我常是我。小時候的我，就是今天老年的我，但是同時卻又理會到我常在變，我的身體，我的感情，我的學識，我的才能，常在繼續變換，不進就退，自我意識則分辨得清楚不變和變換的我，作爲主體的我是不變，作爲屬體的我則變。自我意識理會到「我」是一個生活體，我之所以爲我，就是我的生命，這個自我生命由心靈和肉體的種種變易而顯，自我本體的繼續由能到成，不能直接理會到，所理會的乃是附體的變易。

自我意識對於自我「生命」的體會，是天生直接的意識，不經過理智的反省。笛卡爾說：「我思則我在」是一種不正確的命題，我的「存在」不必有證明，而且不能用證明。孟子曾說人有良知良能，對自己「實在」的知，乃是一種良知，即是天生不學的知，這種良知爲「直見」之知，不是反省之知，更且不是感覺，而是理性之知。這種直見之知，爲理性生活的基礎，即心靈生活的基礎，也是自我生命的基礎，在本體方面，自我生命的基礎，當然不是自我的直接意識，但是人的自我，是以自己認識，自我爲基礎，自我的生命也就以這種意識爲基礎，因爲人的生命，以心靈理性生命爲主，理性生命或是理智或是感情，都以自我意識作爲基礎。

乙、反省之知

自我意識又是一種反省之知。人的知識，先對自己以外的客體，小孩向父母詢問：這是什麼？那是什麼？常是指著外面的事物：因爲人的知識由感覺而起，感覺的對象乃是外面的客體。由感覺而成觀念，由具體觀念而有抽象觀念，有了抽象觀念，人總會反省。反省，乃理智生活的成熟階段。理智生活愈成熟，愈能做反省工作。小孩不知道反省，青少年少有反省，成年人則知道反省。由反省而認識自己，認識自己便是反省的自我意識。

反省的自我意識，第一認識自己是人，和禽獸有別。聽見別人罵自己不是人，是畜牲，馬上反抗這種極大的侮辱。普通人說不出人是什麼，不知道人之所以爲人之理，但是心目中有個人之所以爲人的形相。有時看到對於這種形相有缺的人，就說是他一個殘障不全的人。讀過書而有思想的人，可以知道人之所以爲人之理，可以說出人的特性，

反省的自我意識，第二認識自己的特性，即認識「自我」，人的特性人人都有，自我則在人的特性外還有我的特性，我有我身體的相貌，有我的才能，有我的情感，有我的性情。自我是一個主體，一個中心：這些特性爲構成「自我」的成素。「自我」的成素或是天生，或人爲。我藉著天生的才能和情感，加以修養，塑成我的性格。天生的「自我」是一塊出土的天然寶石，需要經過人工的琢磨，寶石纔純淨有光彩。孟子曾說存心養性，中庸講論至誠的人能夠盡性，都是教人琢磨性格，自己認識自己，乃是修養的基礎。認識自己現在的自

我，就是「知己」。孔子很看重「知己」的知識：

「子曰：已矣乎！吾未見能見其過，而內自訟者也。」（論語　公冶長）

自己有認識自我的意識，對於行事和人際關係，可以有正確的看法。行事和人際關係的看法，儒家稱為知人知天。中庸說：

「故君子不可以不脩身。思脩身，不可以不事親。思事親，不可以不知人。思知人，不可以不知天。」（中庸　第二十章）

「故君子之道，本諸身，徵諸庶民，考諸三王而不繆，建諸天下而不悖，質諸鬼神而無疑，百世以俟聖人而不惑。質諸鬼神而無疑，知天也：百世以俟聖人而不惑，知人也。」（中庸　第二十九章）

知己而後知人，知人而後知天，自我的意識，為人際關係的起點。

在人際關係中，自我意識建立自己的人格，知道自己應有的位置。人的位置有內在和外在的因素，內在的因素，因爲我是一個獨立的人稱，因爲我有道德方面的品格，人稱不可侮，品格受尊敬。外在的因素，因爲我有社會的名分，名分帶有權利和職責。孟子說：

「天下有達尊三：爵一、齒一、德一：朝廷莫如爵，鄉黨莫如齒，輔世長民莫如德，惡得有其一，以慢其二哉。」（孟子 公孫丑 下）

孟子很看重自己的人格，要求各國君主予以尊敬，因爲他有「自知之明」，而又能養育自己的人格。

「公孫丑問曰：夫子加齊之卿相，得行道焉，雖由此而霸王不異矣，如此則動心否乎？孟子曰：否！我四十不動心。……敢問夫子惡乎長？曰：我知言，我善養吾浩然之氣。」（孟子 公孫丑 上）

人格的自尊，不是驕傲的自尊，而是自己精神的表現。立定自己生活的高尚目標，穩定生活的正確價值，不爲物欲所動，不爲人和物所屈。孟子說：

「居天下之廣居，立天下之正位，行天下之大道。得志，與民由之；不得志，獨行其道。富貴不能淫，貧賤不能移，威武不能屈，此之謂大丈夫。」（孟子　滕文公下）

有自我人格的意識，必定有大丈夫的氣概。這種氣概由仁義而養成，即是以做人之道而養成。孔子說：「君子憂道不憂貧。」（論語　衛靈公）聖保祿宗徒則教訓人要認識是罪人，祇因基督而得罪赦，成爲天主子女的新人，一切善處來自天主。

「你有什麼不是（從天主）領受的呢？既然是領的，為什麼還誇耀，好像不是領受的呢？」（格林多前書　第四章　第七節）

認識基督是救主，認識天主是天父，基督信徒的生命，建設在這種基礎上。

丙、永恒之知

大丈夫的意識，不是自我滿足的意識，而是時刻求進的意識。世界上沒有尼采所講的「超人」，每個有自我意識的人，都認識自己的欠缺：生理方面的欠缺，心理方面的欠缺，道德方面的欠缺，知識方面的欠缺。

在中世紀時，聖多瑪斯早已說出向永恒開放的形上哲理。人的「存有」，是一個有限的存有，有限的存在，是由「能」而到「行」(成)。「自我」這個存有成了實際的具體存有，所有的「能」，不是一時都成了「行」。我有許多「能」，自少到老，漸漸發展。例如我求學的「能」，不是一下把所能知道的都知道了，而是要漸漸去學習，得了一種知識，就是一分的「求知能」成了行。在道德方面也是一樣。我的個性有人性帶著許多特性的能，一分能成了行，我的個性就多得一分的成就。因此，自我的意識既然認識自我特性的能，便常追求「特性的能」可以實現，而得完成自我。沒有自我意識的人，不會有這種追求：有了自我意識而不追求自我的完成，等於自暴自棄：唯獨有完成自我追求的人，纔算是有正確的自我意識。再者，有沒有自我意識，都體會「自我存有」的限制，衝破這些限制，以求開放自由，是每個人夢寐所求的。但是正確的自我意識則啓示衝破「存在」的限制，乃是追求自我的完成，自我的完成在於發展人性和個性。

整部的儒家生命哲學，都在於發展人性和個性，中庸以誠爲人生之道，誠是發展人性和個性。

「唯天下之至誠，為能盡其性。能盡其性，則能盡人之性：能盡人之性，則能盡物

性：能盡物之性，則能贊天地之化育。可以贊天地之化育，則可以與天地參矣。」（中庸　第二十二章）

「自我的生命」，不是一個孤獨的「存在」，而是和萬有相聯繫的「存在」。我發展自我特性所有的能，以完成我的自我，不是自私地去傷害或剝削別的「存在」。乃是在自然規律和社會規律內以求發展，因而我的自我發展，也可以有益於別的「存在」。自我的意識使得到合理的開放。孟子說：

「萬物皆備於我矣。反身而誠，樂莫大焉。」（孟子　盡心上）

我自已意識到「自我生命」是和萬有相連的生命。我的生命的活動，貫通到人的生命，也貫通到物的生命。「自我生命」的發展，和萬有的生命相連，我的生命的活動，不能夠是一樁祇關係到我的行動，而是和萬有相關的行動。儒家的聖人，就有種這種自我意識，即是「萬物皆備於我」的意識。

而且這種意識還不能封閉在宇宙以內，直接升到生命的根源，由自我的有限生命升到造物主的絕對生命。自我意識雖認識「自我生命」的限制，但也體會「自我生命」懷著無限的能。人生的痛苦就在於帶著無限的能卻不能實現以得到滿足。人的身體有限，心靈的追求卻無限，有限和無限合成一個自我，自我的生命不能不發生衝突。

衝突的平衡，在於發展「永恒的自我意識」。「站在上帝面前的人」，當然體會到自己的渺小；然而人的渺小不是絕望的不能前進的渺小，人的心靈懷著無限的希望，表現心靈生命傾向於無限，於是便有一種「永恒的自我意識」，在永恒的生命裏，人的自我繼續完成。人的「自我生命」爲有限的在，不能夠在一時具有無限的在，但可以在無限的繼續裏，無限地繼續完成自我。宇宙既是有限，人又不能使自己的「能」，無限地成爲「行」，便要有超於宇宙的無限實體，無限實體繼續使人的自我繼續完成。自我的有限生命便貫通到天主造物主的無限生命裏。

二、生命的創造

1 無止境

宇宙的年數，科學家尚沒有結論，大約總在一百億年以上。從開始的一團熾熱的星雲，變成了現在的奇妙光耀星際天空。一團小小的星雲凝成了地球，由水中冒出火山而成的陸地，產生綠苔，漸生草木，水中生魚鱉，林中生鳥獸，荒地變成了美麗的自然。最後出現了人類，地球逐漸改變了形態，所有隱藏的資源漸爲人所利用，生命的層面提高了，生命的形態表現了，地球上有了文明。

文明是人類生命的創造，也是宇宙生命力的共同成績。人類的生命要在宇宙的生命合成的環境裏求發展。這種環境稱爲自然界的環境，自然環境裏各種物體的創生力，具有各自的路線，各自的目標，這一切不常和人類生命的發展相合，例如氣候的寒暑，土壤的肥瘠，樹木禽獸的豐乏，對於人類生命發展具有資源的價值，人類便要追求運用的方法。適應自然環境，接受自然環境物體的創生力，乃是各種物體的天性，不僅是生物植物，就是礦物的土壤和石頭，都是遵循「適者生存」的定律。但是遵守這種定律，祇常是被動的接受，沒有主動的改進；被動的接受式生活，生命永不會發揚，常久滯留在同一形態裏。若是自然環境物體的創生力改變了，被動的接受就會隨着改變，有時便產生「不適者不生存」，或者產生自然進化的路系。這種生命形態，是自然物體的生命形態。自然生命形態因此不是永久不會變的，例如自然界的森林，丘陵河流，甚至植物的顏色和花菓，禽獸的形色和體態，都能漸漸有所變遷，這些變遷是自然物體的創生力，彼此長相接觸，自然發生的現象，自然界進化的現象乃一種必然的現象，然而就人類的價值觀點評估是不是進化或是不是退化，則不能單純地作一答覆，從動植物範圍內去看，古代許多動物較比現存的動物，在體態和動力上，都較現代的動物更大更強，所以說『弱肉強食，適者生存。』㈠不是自然界生命接觸關係的定律。祇能以『適者生存』的定律去解釋。至於物種進化的事實，在自然界物體創生力相觸時，爲一種可以發生的現象。創生力周流在物體內，即是物體的「存在」；創生力來自造物主天主，造物主天主的「創造神力」，常是創造力，宇宙物體所得於造物主的力也分享幾分創造力。這種創造力互相接觸，便會產生「創新」，使接受這種「創新」的物體，漸起改變，超向一種新的形態和生命，這種「創新」爲自然的，爲無聲的，爲緩慢的。這種「創新」不能夠是否定不否定的鬪爭，而是創生力的超越，「超越」爲相接觸的創生力互相溶結，互相奉獻。

人類的生命，卻不能僅在被動的接受方式生存，更不能發揚。人類的自然生理力，本然地薄弱，不能和自然界物體的創生力相比較。論體力，人的體力不如野獸；論耐風霜寒暑，人的體力不如樹木；而且人所需要的食物，都要從自然界物體中去取。人類的生命，必定要採取主動的方形，然後才能夠生存，能夠發揚。

人的生命也就是人的「存在」，我的存在有我的「性」；人性爲天主所造，而且天主仿照自己的天主性而造了人性，人性是相似天主性。相似天主性和「存在」相結合成爲宇宙間的最優秀「存有」，具有宇宙間最高的創生力。朱熹曾說物得有生命理的一部份，所以偏，人得了生命理的全部，所以全。全部的生命理便成爲生命的全部力，人類的創造力是宇宙全部生命力的創生力。人類生命的發揚便運用生命力去「創新」。宇宙間的創新和進化，由人類的生命而表現，而完成。這種現象就是人類的文明。

湯恩比曾說文明是一種民族爲求生存，乃反抗自然環境而有所建設，反抗力愈大，所造文明也愈高；若是這種反抗力衰弱了，或是消失了，這種民族的文化，也就是衰弱，甚至滅亡(二)。

但是，所謂反抗環境的力乃是人類生命力的自然傾向，決不會消滅，祇是表現時或強或弱。至於民族的文明，隨着民族的創生力或保守留滯，或前進發揚，自身決不會滅亡，民族文化的滅亡常因別的民族的侵害，或因他種高程度文化而同化。文化爲人類創生力的表現，決不自傾於滅亡的境地。

造物主創造了人類，仿傚祂的神性，由人類統治宇宙，作宇宙萬物的主人。造物主造了

(一) 參閱達爾文物種原始第四章自然選擇（存在）

(二) 參閱湯恩比　歷史的研究（文明是如何創造的）。

萬物，萬物返本歸原應歸於造物主，造物主由人類作代表，萬物便歸於人類。因此，在宇宙萬物的生命（存在）中，含有一項次序的系統，由下而上，人類的生命在這系統的頂點，人類可以運用萬物，而且應當運用宇宙的資源，以發揚生命。荀子曾主張「畜天而用之」㈢，話是說得對，「天」字則用得不好，他先說「敬天而奉」的天，指主宰者天，「畜天而用」的天，指自然世宇宙，使後人相信他以自然者天代主宰者天；或更說他以古代相信主宰者天為不對。主宰者天是天，自然界宇宙是天，乃中國古代的用詞，實際兩者所指不相同，互有從屬關係，荀子自己也相信主宰者天。

人類運用宇宙自然資源，為人類創生力創新的基礎。人類創新，所以能發動和成就，根本是人的心靈。心靈是仿傚造物主神性而成的，是精神性的本體，具有向前伸展的無限「能」。「能」產生追求的慾望，慾望追求生活的滿足，我的生命對於生活的滿足，所追求的乃傾向於無止境。我的身體生活的追求即物質生活的追求，本來應當是有限的，就和植物動物一樣，祇求能有適足的飲食，禽獸祇求飽求暖。我的物質慾望卻常不能滿足，愈多愈好，愈有愈想要，這是因為人的身體和心靈相連，構成一個整體，物質的追求也經過心靈，分有了心靈的慾望，因而成為無止境的慾望。老子所說「反樸歸眞」（道德經 第廿八章）「絕聖棄智」（道德經 第十九章）使人返歸原始人的原始飽溫生活，不能使一般人接受，就是因為反對人類生活求創新的天性。祇有極少數的人士，以精神方面的追求，超昇物質的追求，成爲避世的隱士，渡安貧清靜的生活。因爲心靈雖然能夠擴充物質慾望的範圍，然不能改變物質感官的性質，物質感官爲物質性的，「能」有限，繼漸消耗，常遭遇損傷，運用愈久，「能」和器官都要衰頹。避俗隱士便提倡而實踐愛惜物質器官的「能」，導引昇入心靈追求的生活裏，得到更適當的享受。

心靈方面的追求則眞是無有止境，因着心靈的「能」乃是無止境的。心靈的思想不能有止境，心靈的愛不能有止境。人類的造物主是無限的絕對眞善美，人類的心靈是仿傚造物主的神性，人類的生命「返本歸原」，要歸到絕對的無限眞善美。我心靈的追求，怎麼可以是有止境的呢？在現世的生活裏，我的生命是心靈和身體的整體生命，生命的表現必具有物質的外形。一樁一樁的社會建設，無論藝術的、科技的、思想的，都有物質的結構。每一件雖都可以是創新，可以是偉大的發明，然而都是有限的。只是他們互相連結，互相堆疊起來，便代表人類追求的無止境。

2 創新

(三) 荀子 天論 大天而思之孰與物畜而制之，從天而頌之孰與制天命而用之。

人類生命常向無止境的追求，這種追求不是一個圓周式的進行，也不是一個直線式的進行，更不是一個唯物辯證式的進行。創生力不是互相否定而創新，不是一直向前而不停滯，不是迂迴保守而不進展，而是在一個屈折不直，進而忽停，停而忽進的道上前進。因爲人類活在宇宙以內，生命的追求常和宇宙物體相接觸，物體不會一切都受人的運用；人類的理智思想，更不能常能看到物體的性質，認識自然資源的「能」。事事都要經過試探、經驗、改良，才能成就，小事要苦思去想，大事更須苦心去研究。

所謂創新，應當是成就一樁「新事」，新事是在以前沒有過的。在人類的生命歷程裏，件件事都是新事，就是日常所作的，也沒有兩件事完全相同的。研究歷史哲學的人都知道這項定律，但是這每天的新事在每個人的生命中來說常是新的，可是在社會羣衆的生活裏，則不能常是新的。我的每一樁行爲，在本體上說當然是新的，因爲以前沒有；在形式表現上也是新的，因爲行動的意向和所用的資料是新用的。所作成的事，在社會羣衆的生活裏，所表現的形式相同。例如社會羣衆每天的起居飲食，都是一樣；因爲大家都用相同的資料，相同的方法。因此「創新」的新不能是普通所說的新，而應當是「發明」。

現在普通所說的發明，常指科學上的一種原理的發現。然而實際上凡是對於宇宙萬物，就連人本身所有新的認識，都是「發明」，藝術家的創作，社會家的改革，政治家的建設，思想家的學理，科學家的定律，都是新的發明。

新的發明，所謂「發明」，乃是對於事物，得到一種新的認識；新的認識或是對於事物的本性，或是對於事物的「能」，或是對於「能」的運行規則。進而研究這物和宇宙物體的關係，再研究這物對於人的生命可有的協助。

新的發明並不是創造新的物體，建設新的物理。物體已經存在，物理也已經成立；這都創於造物主，人的能力辦不到。人類祇能就已經存在的事物和物理予以認識，加以說明，想出運用的方法。

發明是人心靈的「能」的表現，使人的生命向上發展。每項發明都和人的生命接上關係，造出新的生活方式，或創制新的生產工具。馬克思主張生產工具改變生產方法，生產方法加增生產，引起社會下階層的革命，然後發動社會上階層的坍塌，社會的改變完全以物質經濟為主。然而生產工具的發明，生產工具的運用，都由人的心靈去發動，去創造，假使人的社會祇是物質的社會，人類生活和禽獸不能有所分別，還有什麼改革和革命可講呢？

中庸講「盡性」（第二十二章），人的生命一成立了，人就有自己的人性。這個人性是一個完全的人性，涵有人所該有的一切，應該是眞的、美的、善的。然而這種完全人性，乃是一團無止境的「能」，因着「在」而「存在了」，這一團無止境的「能」，要繼續發揚。

孔子曾稱贊「成人」，成人便是人性發揚到普遍完善的階段的人，眞正發揚了人性的人，中庸稱爲「至誠」，易經稱爲「大人」，孔子稱爲「仁人」或「聖人」。

人的「存在」既然不是靜止固定地一成不動，而是積極的不息之動；這種人性之動不是人性的改變，人性常是一樣，祇是他的「能」，繼續發揚，人性便更成全，更美至善。

在繼續不停的變易中，人性不變，因爲我的「存在」，繼續由能到成，是以成爲基礎成所有的能，因着「天命」常是一樣，能既然同是一樣。新的成也常是一樣，王船山說「性日生而命日降」，性由命限制，命是天命，常是同一的天命。

在發揚人性上，西洋哲學家所注意的，在於理智，追求無限的知識；中國哲學則注意發揚「人生之道」，使人的生命和宇宙物體的生命相和諧。因此，西洋哲學求眞，中國哲學求善，兩者並不互相衝突，而且應相輔相成。

創新究竟是否使人的生命常得到發揚呢？從哲學理論上去看，應當是常得到發揚，然而從歷史的事實去看卻不能有這種樂觀的結論。

從哲學的理論上說，創新是使人生命的「能」得到新的一種發展，使人的生命多有一分的成就。因爲「能」成爲「行」而得實現，必是一種本體方面的「善」。

在實際的生活裏，因爲人的理智力在縱面上有無止境的能，在平面上則常有限。因此，當一項創新出現時，人不能面面都看到這種創新和其他事物的關係，創新在實行時便可能和其他事物發生衝突，不能使生命受益，反使生命受害。這種現象不僅是在科學與科技方面可以出現，例如目前自然環境的汚染、自生生態的傷害、核子武器的威迫，就是在社會組織、行政設施、倫理規律、價值觀念，都常發生這種事實。所以文化哲學要解釋文化常是進化或是退化；另外歷史哲學解釋人類歷史是進化或是退化，都不能簡單地予以答覆。但無論從理論或從歷史去看，人類生活都向前進，因爲人類心靈活動的成就，在歷史上是前後相累積的，哲學的思考，科學的發明，歷代累成學術遺產，前一代積累，後一代人在遺產上再加多，學術的成就當然是前進，生活的方式因着創新而革新，二十世紀的生活較比前兩世紀的生活已經進步多了。祇有在感情活動的成就不能積累的方面，則不能形成繼續的前進。這一方面，乃是感情方面的活動，感情流動不居，變化萬千，爲每一個人心靈深處的活動，爲每一個人本人的成就，不能遺留給後人。這方面的成就爲人的人格、社會的道德、藝術家天才的創作。這些創新所留給後代人的，爲模樣，爲思想，但不是後人創新的資料，沒有一個兒子能夠用父親的道德人格去建立自立的人格道德，他自己必定要從頭做起，自己親身一椿一椿去建造自己的人格或自己的道德。也沒有一個藝術作者能夠用米格安琪爾的作品做自己的藝術資料，去創造藝術品，米格安琪爾所能留給他的祇是藝術的思想和模樣。人類的歷史是進化或退化呢？藝術品沒有進化或退化的評價，藝術作品都是代表藝術家一時的感觸，祇要率眞地表達了這種感觸，就是至高的作品。一時代的道德不能累積給後代，一時代的藝術不能積蓄作後代人的資料。但是他們的創新一成就了，對於人生命的發展，具有極大的助力。藝術品的欣賞，道德人格的薰陶，使人生命得到所追求的美和善。

創新常是天才的創作，大的創新須要大的天才，小的創新須要小的天才。假使凡人都可以發覺的事理或能成就的工作，那還是什麼創新發明呢？要別人不能發覺，一旦發覺了，才可以是發明。

天才也是人性的一種「能」，不和一般人所有的「能」一樣，而是特出的「能」。這些特出的「能」，帶着人類在生命的路上，彎曲他向前進，奔向無止境的大道。人類的社會便起造了輝煌的文明，使荒凉的地球，成了各種建設的奇跡。

三、心靈生命

自我生命的表現，在於自我的生活；整個人類生活的表現，則是在於創新，創造新的文化。人類生活所以能創新，因爲由造物主得有「創生力」。人類「創生力」使自我常由「能」

到「成」，這種繼續由「能」到「成」的變易，卽是人的生活，在人的生活中，有生理生活，有感覺生活，有心靈生活。心靈生活爲精神生活，有理智生活，有感情生活，乃是人所特有的生活，但是人的本體爲心物合一體，人的心靈生活便和肉體不相分離。肉體方面的感覺生活，固然不能離開心，心若不在，眼睛也是看不見；心靈方面的理智和感情也離不了感覺神經。所以自我生命是一整體的生命。

但在人的整體生活中，心靈生活或理性生活是人的最重要的生活，我的自我表現，首先是在理性生活中，理性生活，構成自我的最重要也最大的部份。自我生命便首先在理智生活中顯露出來，而且也是在理性生活中，顯露人的生命所有特性。我的生命，以我的個性爲基礎，受個性的限定；但是個性的成素，是以理性的能爲重要成素，因此我的生命也如心靈生活或理性生活而顯露，雖然這方面的生活脫離不了感覺，然而心靈生活的本質則是精神性的。

1 心靈

孟子說人有小體，有大體，小體爲耳目之官，大體爲心思之官（告子）。耳目之官，卽具有耳目感官的身體；心思之官，卽具有思慮的心靈，小體大體合而成一人，卽身體和心靈合成一人。

身體，我們看得見，我們知道是物質體，常在變易，從少到老，變易不停，在人死後，消失成灰。當人活時，身體營生理生活，營感覺生活；然而身體在營這兩種生活時，必定是和心靈相連，以有生命。否則，身體就遭死亡，喪失生命，生理生活和感覺生活已不能進行。

人生命的根源和中心，乃是心靈，死亡則是心靈和身體的分離。中國古人稱生命中心為魂魄，魄為身體生命的根源，魂為心靈生命的根源。西洋哲學傳統地稱人生命的中心為靈魂(Anima)。

心靈究竟是什麼呢？中國哲學稱為「心」。心當然不是內臟的心，而是人精神生命的主體。理學家大都以為心是性的具體化，心能知，能主宰。朱熹以心統性情㈣。人的精神生命，即是心的生命。荀子曾以心為『虛壹而靜』(解蔽)，心為精神體。在中國哲學裏，常有體用的問題，學者多是體用不分，以用代體。所以講心，祇講心的作用，不講心的本體。

西洋哲學從柏拉圖已經討論心的本體。心的本體為靈魂。柏拉圖以靈魂存在於一觀念世界，先身體而有。當胎兒受孕時，靈魂和身體相結合，形同在牢獄裏，人死後，靈魂回到觀念世界。亞里斯多德則以靈魂為人本體的元形(Forma)，以身體為元質(Materia)，兩者合成一人。近代和當代的西洋哲學卻放棄了這種靈魂的觀念，以理智（Mind）代表心靈。理智爲思慮官能，爲精神工作，也就是以作用代替本體。

我接受西洋士林哲學的思想，也接受天主教的信仰。士林哲學對於心靈的思想，是以天主教信仰爲基礎。心靈是靈魂，靈魂爲精神體，與身體相合而成一個人。一個人活時，靈魂爲生命根源和中心，充滿身體各部，因此身體各部都有生命。生理生活和感覺生活由靈魂發動並支持，因此人的全部生活以靈魂爲中心，不是分別有生理魂和感覺魂，我的生命，使我心靈的生活。

我有心靈生命，生命常在發展，有思慮，有感情，常求眞求美，求發展自己的本能，使我的人性更爲成全，成爲一個「成人」。這些生命的活動，明明是超於物質的活動，既有活動，便應該有活動的本體，哲學家卻竟以本體不可知而忽略本體僅講作用，很不合哲理。我心靈生命爲精神的動作，心靈生命就該有精神的本體，精神本體就是靈魂。哲學人說思慮是腦神經思慮，腦死，思慮就消失了。可是問題就在於爲何腦活腦死呢？醫師們說腦活腦死是腦能否有血液的循環，以維持活動。然而，血液爲何能循環，又要看內臟其他部門能否正常作業，最終還是要到人是否有生命。有生命，則活，無生命，則死。因此，一定要有生命的

㈣ 朱熹 朱子語類 卷九十八。

根源或中心。這種根源或中心，就是靈魂。

但是，大家要說，靈魂在那裏？靈魂是什麼？作心理測驗時，誰也不會測驗到靈魂。感情的動作，可以測驗，但是我愛誰，我恨誰，心理測驗也不能測出，因爲我藏在心裏，不顯露出來。測驗不出，就說沒有，不大合理。天下有許多測驗不出來的事物，思慮活動，更不容易測出。我在冥想，心理測驗可以測出我在思慮什麼嗎？簡直不可能。

靈魂的活動既然不能測驗，靈魂的本體，更不能測驗了。靈魂乃精神體，精神體超出物質。

若問靈魂在那裏，靈魂在身體內。士林哲學說 Totum in tot, totum in partibus。「整體在整體，整體在每一部份」。整個靈魂在整個身體內，整個靈魂在身體每一部份內。就如整個生命在整個身體內，整個生命在身體每一部份內，生命的表現，則按身體各部份所具的功能。

我的心靈爲靈魂，爲生命的中心，一切生命的追求都是靈魂的追求。有了靈魂，人心有主。因着靈魂，我能思慮，我能定奪。我的自由，就是靈魂的自由。我的創新，就是靈魂的創新。

但是，哲學人要說，這祇是宗教的信仰。宗教信仰是這種思想的基礎，當然是事實；可是柏拉圖和亞里斯多德並不是天主教徒，他們也主張有靈魂。

中國哲學雖不主張有靈魂，然而主張心由陽氣所成，軀體由陰氣所成。軀體是生理和感官動作的本體，陽氣所成的心，爲什麼不能是精神的主體？

至於說本體祇是一個名詞，主體也祇是一個名詞，那就問題拉長了，拉到認識論，再拉到形上本體論。那些問題在前面我已經討論過。

最難的問題，可能還是死後靈魂存在的問題。

我相信心靈的生命，不會因着死亡而消滅。而且大家也都是這樣希望。

我的生命來自父母的「創生力」，父母的「創生力」經由精子和卵，結成一個胚胎，胚胎是活的是生命，便有生命中心，即是靈魂，精子和卵爲物質性，物質性的能不能產生精神體的「成」，所以能產力，是因造物主的「創造神力」的支持。

每一個「存有」，既已存在，便不願自己消滅自己。因爲存在是造物主所賜給的最大恩惠。中國易經以「天地之大德曰生」，既生，便保存。物質體因自己本體有分子，常遭遇外物的磨難，乃不能永存。然也必有外力的折磨，否則自己不會摧毀自己。一塊石頭因着風霜雨露的侵蝕，份子漸漸散開，所以稱爲「風化」。精神體不受物質物的侵犯，不受外物的折磨，本體更不會自化；因此靈魂應該是常存。哲學祇按理去推論，不能用實驗去測驗，便不容易使人信服。

靈魂是精神體，可以自立。在和身體合成一個人時，靈魂不單獨自立，以這個人的主體的存在（Existence）爲存在。可以說是不成全的自立體；但在人死時，靈魂和身體分立，這個人的「存在」已經沒有了，靈魂乃有自己的「存在」而單獨自立。

靈魂既然不能被外物所侵蝕，也不會自己消失，靈魂便可常在。因而，我相信我的心靈生命，永久不滅。在我去世以後，我的靈魂存在，我便有身後的生命。

孔子曾說：「未知生，焉知死。」（先進）儒家不講身後問題，卻自古祭祖。民間信仰都相信鬼神，人死後爲神爲鬼。漢朝王充大舉攻擊這種信仰，主張無神。無神，是不信人死後，尚生活，不是不信皇天上帝。王充以爲魂魄都由氣所成，人死，氣散，魂魄消滅，一切都完了㈤。朱熹主張人死，魄隨軀體埋在地裏而消失，魂則上升於天，久而散歸天地大氣㈥。這都不能破除中國人敬祖的信仰。

我心靈的生命，在今生繼續發展，常有創新。在脫離軀體以後，應更能自由發揚，追求成全，回到造物主面前，欣賞絕對的眞美善，我心靈才能眞正得到滿足。滿足的生命，卽是眞福的永生。

2　理智

甲、理智認識的對象

心靈的生活或者說心靈的變易，第一在於理智的認知，第二在於感情。大家要問理智究竟認識什麼。

感官所認識的對象，是外面的形相，形相是物質的特性，感官的認識便是物質性的認識。

外面的客體除了物質以外，還有什麼呢？例如木桌，除了木頭以外，還有什麼？有些哲學家便肯定物體除物質以外，沒有別的因素。理智認識的對象，也就是物質的意義，不是在物質以外。物質在感官的認識裏是形色，在理智的認識裏是意義。同是一個客體存在，感官所認識的，是他的形色，理智所認識的，是他的意義，即是他的理。

洛克的實徵主義承認物體有自己的本性，有自己的本體；可是人的理智不能認識本性和本體，所認識的祇是外面的形相。

(五)　王充　論衡　論死篇

(六)　朱熹　朱子語類　卷三。

西洋由希臘傳統的哲學，主張理智的認識對象，爲物體的本性。柏拉圖以物性爲先天獨立存在的觀念，亞里斯多德則以物性在物體以內，聖多瑪斯繼承亞氏的學說，主張理智以感覺認識爲基礎，認識物的本性和本體。

中國儒家哲學在宋明時，有格物致知的爭論。朱熹主張就外面的事物，研究事物的理。他在大學章句補格物格物致知一章說：「所謂致知在格物者，言欲致吾之知，在卽物而窮其理也。蓋人心之靈，莫不有知，而天下之物，莫不有理。惟於理有未窮，故其知有不盡也。」朱熹很明白地主張人心有認識事理的「能」，事理卽是物性。陸象山以「理」在人心，人返觀自己的心，就認識事物之理。他曾說：「蓋心一心也，理一理也，至當歸一，精義無二。此心此理，實不容有二。」（陸象山與曾宅之書，象山先生全集 卷一）

心能知理，理爲道，或爲性，乃是超乎感覺的形而上者。這種思想爲儒家的傳統思想，沒有人致疑。孔子曾說：「思修身，不可以不事親；思事親，不可以不知人；思知人，不可以不知天。」（中庸 第二十章）知人知天，不是形相的感覺認識；而是知形上之道。孟子很清楚地分別感覺之官和心思之官，「心之官則思，思則得之。」（告子 上）孔子也曾看重思，「子曰：學而不思則罔，思而不學則殆。」（論語 為政）荀子以心「虛壹而靜」（解蔽），乃能「徵知」（正名），「心知道。……人何以知道？曰：心。心何以知？曰：虛壹而靜。」（解蔽）他稱感官爲「天官」，稱心爲「天君」（天論）。

心思之官——理智，爲我所有天生的認識官能。心靈和感官不同，感官爲物質，心靈則是「虛壹而靜」的精神。精神超乎物質，心思之官的認識對象便是超乎物質的形而上之道。理智對於形而上的對象可以認識，乃是天生的官能，凡是天生的官能，對於官能的作用，具有天生的良能，生理官能都具有生理的功能；感覺的官能，對於形相對象有天生的認識功能；心思之官——理智，對於形而上的對象也具有天生的認識功能。

理智對於形而上的對象所有天生的認識功能，不能用理由去證明，因爲所用的證明，就是理智的知識。用理智的知識去證明理智的認識，自己證明自己，等之於沒有證明。究其實，不需要用證明，因爲是天然明白的事，用不着證明。例如眼睛看見了東西，不需要證明眼睛能夠看，因爲眼睛就在看，既然在看，當然能夠看。你不要說眼睛病了不能看，醫生要檢驗眼睛能否可以看見，醫生檢驗眼睛，是因爲眼睛有病，而且檢驗眼睛，仍舊要用眼睛去檢驗。理智能夠認識自己的對象，乃是對一切知識一項預先假定的眞理，假使這項眞理被人懷疑了，一切知識都失去了價值。

理智的認識對象，爲超乎形而上之道；理智對於自己的對象，具有天生的認識良能。

乙、理的世界

理智的認識對象爲形而上之道，形而上之道在認識方面，第一對象是客體的「存在」。我對於一個客體的認識，在感覺方面，是客體的外面形色；但是我的理智對於感覺所認識的形色客體，一開始思索，第一就知道這個客體存在；卽實際的客觀之「有」，也就是生命，我知道有一個客體在我眼前，這個客體是個「存在」。這個「存在」的認識是直接的，是不必思索的；這個「存在」，不是形相的綜合感覺，而是理智的超乎物質的認識。動物沒有心思之官，但是有一種內在的感覺，也直接感覺到所見到的客體是一個物體，我的心思之官，則直接認識客體的「存在」。

我一直接認識客體的「存在」，立刻就會想認識這個「存在」是什麼？卽是要知道這個「存在」所以爲這個存在之理，卽是物性，物性便是形而上之道在認識方面的第二對象。

理智直接認識「存在」時，「存在」是最簡純的對象，不包含任何的內容，就像在黑夜裏或是早晨在濃霧裏，只看到有一個東西，卻分不出東西是什麼。理智一認識有一個「存在」，就開始思索反省這「存在」的理卽這個存在是什麼。

「存在」，卽實際之有或生命，爲理智認識的基本，一切知識都建立在「存在」之上。

歷代許多哲學的認識論，或是把認識建立在形相上，形相是外在的，是常變的；他們的知識便也都是外在的，都是常變的。或是把認識建立在事物的關係上，關係祇是用，不是體；他們的知識便把體用合一，用變成了體。或是把認識建立在自心的想像上，想像是內在的，是沒有客觀客體的；他們的知識便成了自心的幻想。「存在」則是客觀的，是實有的。以「存在」作基本的知識，乃是客觀的知識，是實有的知識。孔子曾責罵子路說：「野哉由也！君子於其所不知，蓋闕如也。」（論語 子路）孔子所指的知識，一定不是人心所幻想的知識，而是實在的知識。

理智所造的世界是「理」的世界。人是講理的動物，對於事物都要追究所以然的理，一個實際存在，或實際之有或生命，爲什麼能是實際存在？實際存在爲生命，每一生命之理又何在？所以生命便是理智追求的對象，認識生命之理，爲理智認識的對象。

理的世界雖然爲形而上，超乎形相；然而要以形相爲根據。因爲理智的知識，是根據形相以抽象而構成。西洋哲學有句格言"nihil in intellectu nisi prius non fuerit in sensu" 理智沒有任何知識，不是事先已經在感覺內的。理智由感覺印象予以抽象作用，構成觀念，觀念代表理。理便在外面的客體裏有自己的根據，而不是隨便幻想。中外許多哲學家所講的理，沒有實際的根據，各人所講的不同，使大家懷疑所有的形上哲學，就是這些哲學家所講的不以感覺爲根據，祇是自心憑空的構想。因爲生命的顯露，無論低級或上級的生命都要用附加體的變動而顯露理智，爲認識生命，也要先認識附加體之變動，然後認識變動之理。這種認識也還只是認識，還不是思索，思索乃是進一步的工作。

理智的知識以感覺爲根據，便常帶有感覺的限制，理智所有的觀念，常是有限的觀念，常帶着時空的性質。佛教禪宗主張不立文字，就是因爲文字不能表達絕對的經驗。我的自我是身體和心靈相合而成的一個主體，主體不能分割，我的生命便是身體和心靈結合的生命，生命的活動也是身體和心靈相結合的活動。感覺在認識時，不能離開心靈，心不在，便沒有感覺；理智在認識時，也不能離開感覺，沒有感覺的根據，便成空想。

理的世界不是空想的世界，空想不是理；理的世界也不是感覺的世界，感覺祇是形相。易經有卦象，象徵天地的變化；然而易經的世界，乃是變化的理世界：「易，無思也，無爲也，寂然不動，感而遂通天下之故，非天下之至神，其孰能與於此！夫易，聖人之所以極深而研幾也；唯深也，故能通天下之志；唯幾也，故能成天下之務；唯神也，故不疾而速，不行而至。子曰：易有聖人之道四焉者，此之謂也。」（繫辭上　第十章）

理的世界卽是存在的世界，也卽是生命的世界，我們人所謂的世界萬物，就是理的世界，也就是心靈的世界或我生命的世界，這個世界萬物是由我的認識所造成，我們講世界萬物，就是講人的理智所認識的世界，若一物或一物理還沒有被人所認識，就等之於不存在，要等到有人的理智發現或發明時，才進入世界萬物內，所以我的生命包括世界萬物的生命，就因爲這種事實。

丙、主體客體相結合

儒家講致知格物，在於知理。儒家講知理，以理在人心，又在萬物。陸象山和王陽明主張心外無理，人的致知，是人知自心之理；然而心外之物，並不是沒有理，但所有之理卽是心內之理。人知心內之理，就是知外物之理；這樣，人在致知時，外物之理和人心之理，相合爲一；因爲內外之理，在本體上就是合而爲一。朱熹繼承二程的思想，主張「理一而殊」。天地間祇有一理，在人心又在萬物；然而各物又有各物之理。各物之理因所稟受之氣不同，乃各不相同；這種各物之理不在人心內。朱熹講致知格物，「在卽物而窮其理也。……必使學者卽凡天下之物，莫不因其已知之理而益窮之，以求至乎其極。至於用力之久，而一旦豁然貫通焉；則衆物之表裏精粗無不到，而吾心之全體大用無不明矣。此謂物格，此謂知之至也。」（大學　第五章　釋格物致知之義）人在致知時，人心要到物的「表裏精粗」，卽人心要進入物內，然後物的理要呈現在人心裏，使整個人心明明看到這個理，「而吾心之全體大用無不明矣。」朱熹說：

「格物二字最好。物謂事物也，須窮極事物之理到盡處，便有一個是，一個非。是底便行，非底便不行。凡自家心上，皆須體驗得一個是非。」（朱子語類 卷十五）

儒家的理乃是非之理，是非之理爲行爲的規律，理學家以理爲性，性卽是非之理，爲倫理的人生之道，所以中庸說「率性之謂道。」對於這種理的認識，一定要內外合一，外物之理，一定要進入人心，與人心合而爲一。

但是就普通一般的認識來說，儒家則沒有明明討論。我則認爲凡是理智的認識，客體一定要進入主體，與主體相合爲一。聖多瑪斯很堅決地肯定這一點。我認識物體時，是認識物的生命，生命之理雖是，但每物所得生命之理則多少不同，物的本性和個性就是每一物的生命之理，我爲認識應該是我的生命和物的生命相通，互相融洽。

理智在認識時，理智是被動，又是自動，對象藉着想像呈現於理智，理智是被動。理智被想像激動後，乃自動從想像抽取對象之理，使成爲理智的認識對象，認識對象卽是觀念，在觀念中客體主體相合爲一。

認識對象爲抽象的理，在主體的心中和外物內同時存在，在主體的心中不祇是客體的代表，乃就是客體，祇是在主體心中和在客體物中的存在，性質不同，在客體物內爲本體性的存在。即是他的生命，在主體心中爲認識的精神性存在，因爲人心的生命是精神性的生命。

「理智認識祇有在一個條件下，才能夠成立，能夠講論，就是被認識的對象，因着認識的活動，成爲認識的主體。這種同一，在實際上是存在於物質以內，在認識主體以內則是理想性和理智性的存在，如同理智的存在㈦。」

我贊成這種主張，客體對象要進入認識主體以內，和主體合而爲一。我所認識的對象是在我心以內，和我的心相合爲一；但是對象不是我心所造成的，而是客觀對象本來存在於我心以外，在認識時進入了我的心。

聖多瑪斯曾說：

「在認識中，認識者就是被認識者，被認識者也就是認識者。」

㈦ Luigi Boglioio Antropologia. Filosofica p.71 Roma. Universita Latetanese. 1977.

「在認識的動作中，認識者和被認識者，是同一物。」或「是唯一的同一物。」(八)

聖多瑪斯表示得很清楚；第一，不能把認識主體和被認識的客體，劃爲兩邊，中間有一道鴻溝，沒有辦法可以越過。第二，被認識者要進入認識者的心內。第三，認識者和被認識者合而爲一。

良心的知，人心和事物的是非之理合而爲一，乃是大家所明瞭和所承認的事。

在普通一般的認識上，人心知道事物的物理，或者知道獨立存在的精神體之理。這些理不可能天生在人心裏，而是在外面的事物理。我認識這些理時，理要進入我的心內，變成我的生命，我才眞眞認識這些理。這不是唯心論，因爲我所認識之理是外面事物之理，不僅僅是我心所造的觀念。義大利哲學家克洛車（Benedetto Croce）講歷史哲學時，認爲歷史不是過去的事跡，而是眼前的事，因爲人研究一樁歷史事跡時，這樁事要呈現在人心中，人所研究的是心中所呈現的事，不是已往的事。但是我認爲現在呈現在我心中的歷史事跡，就是已往所有的一樁實在事跡，已往的事跡和我的心相合而爲一時，我就認識這樁事跡。

爲構成觀念，一方面有感官的印象，一方面有理智的認識力。外面對象給感官一種形色的印象，這種形色的印象就包括形色的意義，理智的認識力從感官的印象中，抽取物之理。

理智的認識力，和人的本性相符。人的本性爲心靈和身體相合的本體，爲有限的相對「存有」，人的理智認識力便是心靈的精神體，和感官相連繫，而是相對的認識力。

我認識了對象之理，理和心靈相合爲一，成爲我生命的一部份。就像在生理方面，我所吸收的食物，消化了以後，和我身體結合爲一變成我生理生命的一部份。這所吸收的食物要和我所有的生理因素相符合，否則，不會被吸收，或者，會傷害我的生理生命。同樣，理智所認識的理，應和我理智的因素相符。我是人，人是萬物中最秀的，人的生命包含有天地萬物的因素，生理生命中包含有動物植物礦物的因素，理智生命包含有天地萬物之理的因素。並不是說人心包含有天地萬物之理，但是包含有天地萬物之理的因素。例如萬物有「存在」，我也有「存在」；萬物有本體，我也有本體；萬物有附加特性，我也有附加特性；這些都是每一存在之理的因素。這些因素在我以內和在物以內，是相類似的。我認識一理時，這「理」要尋得在我以內的類似之理，然後纔可和我心靈相合爲一，成爲我理智生命的一部份，否則

(八) S. Thomus. De Anima. II. lect. 12. n. 377.
Summa theologica. I. 9. 55. a.I. ed. 2.
I.9. 14. a. 2.
Summa contragentiles. II. 59. n. 1365.
De veritate. VIII. a.6· et9.

便不能相結合，便不爲我所認識。普通常說對象若超過人的認識力，就不能爲人所認識，就是這種道理。

我認爲我的「存在」，具有萬物的存在理由，礦物之理，植物之理，動物之理。萬物存在之理不是整個地存在我心內，而只是萬物存在的基本理由，而且存在我心內的理只是類似萬物存在之理。這類似之理是我認識力的範圍，若是一種理完全不存在我心內，我的理智便不能認識。例如絕對存在的天主，因着啓示而知是三位一體。但是三位一體的理在我的心中完全沒有相類似之理，我們便不能認識。我相信身後在天堂可以認識，那是靠天主給我靈魂另一種超於本性的認識力。

四、心靈生活

中國哲學講論實體時，指出實體的本體「有」或「在」或「生」，是眞，是善，是美。實體的「實際存在」，即生生的「生命」，也就向這三個途徑。人的生命爲萬物中的最高生命，最高的生命以心靈生活爲主，心靈生活又以理智生活爲要；因此自我生命的顯露，乃向求眞，求美，求善三方面發揚。

1　求　真

思慮求知，發展人心靈的生命，增進人的幸福。同時，也增高宇宙萬物的價值，宇宙萬物的「存在」，雖然是動的，是生活的；然而沒有心靈，不能自有意識。一切物體的存在，塊然無靈，存在等之於不存在。即是他們的生命，只是低級的活動，然而在各種物質的「存在」，都披戴著創造者的美善，萬物卻不能自知。王陽明曾說山中一株茶花，要被人看見才稱得起是存在㈨。這不是簡單的唯心論，而是深入萬物的生命關係，體驗到的眞理。聖保祿宗徒曾說萬物都在等待救拔，從物質界提昇到神性界。萬物受天主所造，具有造物主的美善，顯露出來這種美善以光榮造物主的美善。但是沒有心靈可以認識，可以接受，人的心靈有罪，已經傾於現世物質，不知舉心向天主。等到耶穌降生，使人心靈清潔，和天生的神性相接，人的心靈乃能在萬物身上看到造物主的美善，將自己本體和宇宙萬物的一切都歸向天主㈩。萬物被人所認識，受人所欣賞，而被提昇到天主的神性界。人心靈的思慮，給予宇宙萬物的「存在」意識，「存在」美麗，「存在」價值。

㈨ 王陽明　傳習錄下。
㈩ 聖保祿　羅馬人書　第八章。

人心靈求知，體驗「存在」的關係。「存在」的關係爲眞的關係，因爲「存在」的本性是眞的。人心靈求知，便在求眞。

眞是什麼？在哲學上爲往古來今的一個難題。但是簡單地說，所認識而得的知識，和事實相符。從名和實的一方面說，名和實相符。從事實一方面說，所說的事是實在的。從事理一方面說，所講的理，是當然的。生命的眞，是由能到成，成和能相符，本體的繼續由能到成，這個一連串的成卽生命，和出發點的能，常相符合，所以本體是眞，附加體變動時，和出發點之能，也相符合。例如，我讀書，讀書行動和讀書之能相符合，這種相符合是天生的。本體的成不能有假，附加體的成，和能的關係，可以受人的意志和外在的阻力所阻，可以有假。

假使在認識時，主體和客體對立，不能相溝通，不相融會，認識便不能成立。在認識一客體時，客體進入主體中，和主體合而爲一，認識才完成。因此，所謂名實，不是把名和實相分，名指主體，實指客體，實際上名實兩者都是指著主客相合而成的認識，主客相合爲一則爲眞。

莊子齊物論否認是非眞假，在認識論上他以名爲小智的成就，不能表達事物的全貌。但是莊子對於「道」還講是非眞假，不以「道」爲虛僞，不以「道」爲烏有，他和老子都堅決肯定「道」是無限的無，爲萬物的本源。莊子的眞，在於體認「道」。他講大智，講眞知，講氣知。人心靈的虛靈之氣，和宇宙元氣相接，直接體認元氣的本源之「道」。從本源之「道」的大智，回頭來看萬物，萬物失去了價值。於是有逃避世物，輕視紅塵，樸素無爲的人生觀。然而「道」的眞，引發生命回歸本源之「道」，以「道」的無止境境界擴充人的生命。

佛教小乘以萬法爲有，有則由緣而生，既由緣生便沒有性體。大乘般若不談有，不談空，卻談亦有亦空，亦空亦有，兩邊不著邊。著邊便不是智，智則卽有觀無，卽無觀有。這樣，名固然都是假名，實則非有非無，不能談眞假。華嚴宗和天臺宗講「觀法」，以萬法圓融觀萬物。實空不是相對，而是相融。眞如爲萬物的實性，萬物彼此平等相齊。這種圓融觀，和老莊的「道」在萬物，萬物平等，理論相同。

從這種思想中去分析眞假，那就等於緣木而求魚。佛教便不談眞假而談智慧和愚昧。現在歐美的哲學，對於眞假羣起爭論；然而爭的，都在於方法問題，所謂唯心、唯物、實徵各派思想，以及數理邏輯和語意邏輯，都在討論認識的方式和方法，不像中國佛道的學派，深入事物的「存在」。

眞，就本體上說常是眞，因爲乃是「存在」的關係。「存在」超越形色的時空，本體的關係當然不變。物的性體是怎樣就是怎樣。雖然常在發展，然並不改變。本體的表現，天然是「誠」，所以是眞。人的知識爲何不能常是眞，又不能常不變，那是因爲物體表露自性時不明顯，人心靈一時認不清楚。又因人的理智力常藉器官而行動，因此常不能達到物的本性。因此，所知道的常缺而不全，而且還能錯誤而有假認識。

假認識只是人的錯誤，不是心靈本然狀態。人的思慮追求知識，而且追求眞的知識，探索眞理。眞理的來源來自「存在」，「存在」來自造物主。每一「存在」的事理本性已在造物主神性中存在，萬物分享造物主的事理。事理在造物主內是眞，萬物「存在」的分享也不能是假，眞理就建在這種堅強的基礎上。

許多人常說，實際上眞理很少見，只是一些暫以爲眞的知識。就是這樣，人都勉力求眞，誰也不願意把認爲眞的事理拋開，而去接受自認爲假的事理。人人都願自己的知識是眞的，求眞所以是一種天性，乃是心靈生命發展的天然途徑。

因著求眞的天性，人心靈生命的範圍擴廣，和宇宙萬物生命的關係也很密切。學術爲「求眞」的遺產。人間一切須要建立在眞理上，凡是一種學術，一項發明，一椿政策，一件計劃，都要建在「眞」上，若是發現所有的基礎是假的，則從新再造，否則必失敗。「眞」

是「存在」，假不是「存在」，不能存在。建設不在「存在」上，乃是落空。

2 求美

人的心靈有理智，有感情，理智爲認識的官能，感情爲表達人心感受的官能，外面一件物體或一樁事理，對心靈發生刺激，心靈天然地產生一種感受，或是喜愛，或是憎惡，愛惡爲人的感情，感情的關係是生命受予的關係。

人心靈生命和宇宙萬物生命的關係，不僅是顯露自己，互相認識，求知求眞，而又互相授予。人心靈所有，給與別的生命，同時接受別的生命的給予。在肉體生命上，肉體需要養料，接受別的物體作爲自己生命發展的資料。在心靈生命上，心靈也接受別的生命的優點，以發展心靈生命。

每個「存在」或「生命」，在本體上常具有完滿的物性，物性的各份子互相融會，常有和諧之美。美，按照孟子的意思，是充實，充實而有光輝稱爲大（盡心下），按照聖多瑪斯的主張，是圓滿而有和諧的次序。

美爲「存在」的特性，「存在」愈完全，美愈高。絕對的「存在」，具有絕對的美；絕對的美；絕對的「存在」創造宇宙萬物時，使宇宙萬物分有祂本性的絕對美。每一種物體，都具有一分的美。山水花鳥，顯出顏色的美，也顯出結構的美。人爲萬物中最秀的，人本性所具的美很高。

心靈的生命，在發展的歷程中，常一面表達自己的美，一面接收其他物體的美。接收美爲欣賞美，欣賞美爲美和美相應，生命和生命相融洽，表達美爲心靈生命的發揚。愛美，因此是人的天性。人因愛美而有創新。

美在心靈生命中所引起的，不是思慮的知識，而是感情的滿足。思慮爲認識事物，常藉器官而須推論研究，理智不能直接見到事物的性體。美的欣賞不是知識，卻是接受，接受則是直接的。五官對著形色的美，相對無言，盡量收取，直接有所感受，大學說「如好好色，如惡惡臭。」(第六章)接受是直接的，是立時而發，不用思慮。好和惡爲感情，美的接受由感情經過理智去接受。精神界的美，由心靈感情而接納，例如一篇美妙的講詞，一首美妙的詩歌，人唸了以後，心中得到無限的喜悅。

感情，爲心靈生命予取的關係。我的生命能夠給予別一生命一項滿足時，我心靈自然有種感受；我的生命接受別的生命給予一項滿足時，又自然有種感受。這些感受都是生命的表達，也是生命的發展。

滿足的反面爲不滿足，在生命的予受關係中，不能常有滿足，缺少滿足乃引起痛苦，產生憤恨。這些感情都由予受關係所造成；得到生命所要的，便生滿足而喜悅，因喜悅而愛；沒有得到生命所要的，便生痛苦而恨。感情雖多，可以由愛和恨去總括。愛和恨所有的對象必是美。

生命的予受關係——在一切生命中都有。人的感覺生活有感情，人的心靈生活有感情。人的本體既是心物合一體，感官感情和心靈感情常互相融會，感官感情有心靈的感受，心靈感情有感官的感受。

易經常說天地萬物之情，詩人們常歌詠山水日月之情，兩者都用人格化的象徵表達式，以人的感情注入萬物。然而每一種生命，都有予受的關係，有關係便有反應，反應就是生命的感情。所以萬物都也有感情，只是沒有感情的意識。

對於美的欣賞，在感情中乃是最純淨的，不包含利益，不運用思慮，只是美的予受。當我接受一種美而欣賞時，我用感官和心靈去接受，然而不加思索，而是我的生命直接和美相遇，我的生命接受了對美的追求所得的滿足，自然而滿足喜悅，不是要用另一種非理智非感官的美覺感官。美感不是感官的活動，而是整個生命的接受。

美的表達要用形式，形色的美用顏色線紋，精神的美用觀念。表達的程度應該是顯明直接的，不能隱晦屈折，須用思慮去探索。例如，講笑話，應該一聽就令人笑，若是聽後再加思索才笑，已經不是笑話。傳統的藝術，都能直接表達美，只是當代的新藝術，抽象派或未來派，卻使人盲然對著一幅畫或一件彫刻，不知道表達的是什麼。若是眞理的表達，須要明顯，笛卡爾曾以明顯爲眞理的標準，藝術美的表達，更要明顯，使生命可以直接接觸。

藝術美雖用形式表達，所表達的美，屬於精神，不屬於物質。眞理超於物質，朱熹以『道爲形而上』，美更屬於形而上。因爲美是『絕對存在』的特性，是「絕對存在」的光輝與和諧。美由形式，如顏色線條而表達，表達的美超出顏色的線條。一朵花的顏色很美，美不是顏色，而是顏色的光輝與和諧，可以說光輝與和諧是顏色的，然而顏色本身並不含有光輝和諧。接受光輝和諧美感的生命，一定也不能是物質，必定是心靈的精神生命。

美的創作當然是精神生命的創新，精神生命將自己的美表達出來，給予人高深的美感。藝術作家的創作，表達自己美，美或是自己本體的，或是自己所想像的。造物主所表達的，爲自己本性的美，自然界的美非常明顯，有心人都能欣賞。藝術作家表達的美，大都是自己所想像的美，爲能夠用想像去創造美，須有創作的天才。天才爲天生的「能」，藝術的創作能，和人心靈的感情相關。感情強的人，更具有藝術創作能。愛情深的人，他表達愛情必定美；痛苦深沉的人，他表達痛苦也必定美。因爲他表達時會不加思索，不用掩飾，而是眞誠坦率，直接表達。藝術創作能的天才表現，特別是在表達形式的新穎。杜甫、李白的詩，眞情流露，譬喻象徵恰到好處。彌格安琪洛的彫刻，辣法凡爾的畫，活潑生動，顏色鮮明。他們的天才超人一等，作品千古絕倫。

天才的創作和學術的發明都是創新，也都是以原有資料予以新的意義。藝術的創新是美的形式。

美的形式爲生命的直接接觸，生命與生命的接觸爲生命發展的要求，欣賞美乃是人人所容易感到。許多的人不研究學術以求眞理，但每個人若沒有美的欣賞，生命便枯澀。心靈生命在發展的歷程中，需要美感的陶冶，使心靈不爲物質所拘。

每物都有自己的美，每人心靈常須接受美感。在自然界裏每人接受宇宙萬物所顯造物者的美。藝術天才作者以新的形式和意義創造藝術美。人生命的歷程常在美的予受中，繼續發揚。

3 求善

「存在」的特性，有眞、美、善，眞是自己的體性，美是體性的充實光輝，善則是體性的完成。

「存在」在一存在時，就有了自己的性，而且是完滿的性。但是這個完滿的性，包有一大東的「能」，「能」要逐漸實現，性便繼續發展。發展自性之「能」，以達到成全的境界，完成自己乃是善，凡是「存在」都追求這種善。唯有絕對存在，已是絕對的完成，祂的生命表現，則是施善於別的「存在」。

中國哲學特別注意這種發展，有「盡性」的學說（中庸 第二十二章），使人性繼續發揚。西洋哲學雖主張「性體」不能變，人性一成就是全；然而聖多瑪斯的哲學思想裏，「能」與「行」爲重要的觀念，人性具有許多的「能」，要求漸漸實現。當代歐洲的存在主義，也常以人的「存在」，爲向一個理想的我而努力。

普通一般人都說要有理想，不能安於現實，沒有理想，便沒有創新，就會退化，青年人尤其要有志向，追求高尚的理想，使自己的人格能夠完滿，也能創造事業。

凡是人都有人性之「能」，人性之「能」爲才。朱熹以才和情都由氣而定，才和情的基本，當然是人性，然而有具體上每一個人所具的情和才，要由氣之清濁而定(十)。按照現代實驗心理學的主張，情才則和腦神經相關。

每個人的才不相同，然所有基本的才則相同，人都有人的才，思慮、記憶、想像、感情，每個人都有，只是所有的多少不同。還有許多的特長，爲種種天才，例如音樂天才、繪畫天才、數學天才、辨事管理天才。這些天才，屬於天生，爲造物者所予。

才是能，能夠成事業，須要人去發揮，發揮便是生活，也是生命的表現，我的心靈生命帶著這些才，天然就有發展的傾向。我應當去培養，去發揮。在肉體生命上，我的肉體從嬰孩期開始逐漸發育，身體各方面的器官，漸漸強壯健全。老年來到了，身體逐漸衰弱，衰弱也是變動，爲物質本然的現象。我的心靈生命，也從幼年時期就開始發育，雖不能像肉體生命的發育顯而易見，然而發育是繼續不斷的。因爲每種生命，都追求發展，就連石頭的生命，也在漫長的歲月裏變化不止。生命的才愈多，發育愈高，生命就越圓滿，越有價值。

才的發展，常帶着價值。在本體方面說，凡是才的發展，都是生命的發展，也就都是好，都有善的價值。才爲「能」，發展爲「行」，「行」較比「能」必常是善，常更有價值。例如桃樹能結菓，結了菓較比能夠結菓當然更好。

但是我的生命不是單獨的生命，和宇宙萬物的生命都有連繫。一有連繫，便有彼此生命的要求，彼此須要和諧，互相協助。假使我的才在發展時，傷害了另一生命的要求，使他受害，則我的才的發育便成爲一樁惡。

再者，我發育我的才，必定要注意我的生命的要求，而且要使我的生命能夠得到更好的

(十)　朱熹　朱子語類　卷五。

發育，否則若傷害我的生命，才的發展也成爲惡。

發展，在本體上說，是由「能」而到「行」，爲一種善；但因生命間的關係，這種本體方面的善卻成了倫理方面的惡，使生命受到傷害。例如搶刼的人，發揮他的本領，奪人的物件和生命，他的搶刼技巧，在本體上是種好，但是整個事件是壞；而且搶刼的技巧越高，壞處越大。

因爲，才的發展，第一是要成全自己的人格。才既是人性的特點，發展才要是發展人性。中國古人的盡性和修養都注意在這一點上。孔子曾經把人的人格列爲小人、士、君子、聖人四級。小人絕對不能做，求學的人，按朱熹所說：「始而求爲士，終而求爲聖人。」(十一)我心靈生命追求成全，心靈生命的成全，表現於具體的生活，則是道德完備的人格。中國古人以人性的發展，完全集中在這一點上，其他方面的發展沒有重大的價值。

人格的發展，不僅是我對我的生命的關係達到成全的境地，還要對其他生命的關係也要達到成全的境地。孔子用一個「仁」字代表這種境地，要能「己立立人，己達達人。」(論語 雍也)朱熹以仁爲愛之理，人心得天地之心爲心，天地之心在於生生，人心便愛惜生命而予以贊助。人的生命和別的生命的關係在於協助一切的生命以得發展。儒家的聖人，便是贊助天地「化育萬物」的人。

因此，才的發展，應能成全自己的人格，發揚自己心靈的生命，也化育萬物的生命。聖若望宗徒以天主爲愛(圭)，天主造生萬物，表現對萬物之愛，即易經所謂「天地之大德曰生。」(繫辭下　第一章)仁愛爲發展「才」的原則。

仁愛爲一種感情，感情有它的理由，仁爲愛之理，合起來就是愛的感情，聖若望說天主是愛，是從人一方面去看天主，人所看見天主的，只見到天主對人所施的恩惠，造生了人，爲人造了世界，還遣聖子降生救贖世人。天主的本性，人不能認識，天主自己內性的活動，人也不能認識。人所認識天主的，是天主對外的工作，對外的工作卽是對世界的工作，這些工作乃是愛。

朱熹以人得天心爲心，人心爲仁，人生命的發展應是仁。聖若望以天主爲愛，人得天主之愛以生，人生命的發展應是仁愛。仁愛便成爲才的發展所應循的途徑。遵循這途徑者爲善，不遵循者爲惡。

中國理學家講論惡的問題，意見多有分歧。朱熹以惡出於情，情又出於氣，惡歸根在於氣。可是情，本是生命相接觸的反應，不應該是惡，祇是在具體的表現上，卻或傷害自己心

(土)　朱熹　朱文公文集　卷七十四策問首條。
(圭)　聖若望　第一書　第四章　第八節。

靈生命，或傷害了其他生命，違背了仁愛。因此在才的發展歷程所有的價值評估，便常以感情的善惡爲中心。而在培養人格的歷程上，也常以克慾爲要件。

感情不是惡。仁愛是感情，仁愛怎能是惡。感情是惡，因發而不中節。感情和才怎麼連在一起呢？因爲才是「能」，「能」爲成「行」，要心靈去發動。心靈發動一行爲必然要有目的，即是亞里斯多德所講的目的因，目的應該是仁愛以利衆生，然而很可能因自己的好惡而違背仁愛，目的便受感情的牽制了。感情牽制目的，目的有善惡，才的發展行爲便有善惡。

目的有善惡，行爲的形式態度也有善惡，目的能夠傷害人，形式態度也能傷害人。生命的關係在於互助；若不互助而反傷害人。愛是互助，恨則是否定互助。人的生命在求發展的歷程中，目的是在於成全自己的人性，使人達到圓滿的境地。儒家是如此，道家也是如此，佛教也不例外。儒家主張內聖外王，以成聖人。道家憑昇太虛，以求氣化而入於道，以成眞人。佛教雖主張萬法皆虛空，然仍以智慧教人而得禪理，以進入涅槃。都是追求生命的發展，以創新自己的人格。西洋哲學雖不注意修養人格，但是西洋的宗教——天主教則專注修德成聖，以達與天主相結合的超凡境界。

4 自由

心靈的生命，無拘無束，常常追求超越時間和空間，心靈既是精神，應該超越物質，然而在實際的生命中，乃一整體的生命，心靈便受物質的限制，也理會這種限制的痛苦。中西哲學家和藝術家常表現自我的這種追求，道家的老莊，曾以人的生命，週遊太虛，「其精神，遺世獨立，飄然遠引，絕雲氣，負蒼天，翺翔太虛，獨與天地精神往來，御氣培風而行，與造物者遊。」(14)這種生命當然是種冥想，爲莊子的寓言，然也代表對人生命的自由願望。

我心靈的生命，既是精神生命，在發展的歷程中，常能向前創新，就是因爲具有自由，不成機械式的反覆進退。但也並不是沒有途徑，隨意亂行。造物主天主乃絕對精神體，具有絕對的自由？然而天主不會反對自己的本性，因自由而傷害自己；又不會因自由而入於惡，惡在天主內不存在；再又不能因自由而違背祂的性理，不合理的事，對於天主乃不可思議。天主以自己的性理爲途徑，自由無束。

我心靈生活的發展途徑，首在充實自己，成全自己。在這一點我不會不循這個途徑走，

(14) 方東美 中國哲學之精神及其發展 頁一八六 成均出版社 民七十三年。

我決不能自己傷害自己。無論什麼物體，都追求自身的利益，逃避自己的禍害。墨子曾主張以利爲行動目標，墨子的利應當解釋自己生命的發展㈤，而不是孔子所說違反正義的私利。生命的發展和充實，我也必定要追求，不能自由放棄。當我的生命和別的生命發生關係，我必要遵循關係的規律，否則我會傷害別的生命而作惡。對於善惡，我沒有自由，我必要選擇善。

因此，我心靈生命的自由，是在善事上，兩善或多善中間可選其一。至於孔子和孟子所說『殺身成仁，捨生取義。』㈥當然是自由的至高表現。但在那種環境中，我不能有所選擇，祇能選擇仁義。若說因選擇仁義而傷害了我的生命，實際上所傷害的爲肉體的生命，心靈的生命反因而得發揚。這就是耶穌所說：『愛惜自己生命的，喪失自己的生命；爲我喪失自己的生命的，取得自己的生命。』(馬竇福音 第廿章 第廿九節)選擇仁義雖是我必定要選的，然而仍是我的自由，因爲是我自己願意，而且要用非常堅強的意志。

自由的行爲，是我自己的行爲，由我自己負責。西洋哲學區分心靈的官能爲理智和意志，理智爲知，意志爲抉擇。中國哲學則把兩者都歸於心，以心能知能主宰。意志和意不大相符，朱熹以意爲心動時心之所之，即普通所說意向，意向當然屬於意志，然而意志大於意向，意志是人心靈爲選擇作決定，作了決定而去實踐。我心靈有自由，是因我自己能作主，能決定。自由代表人心靈的中心，象徵我之所以爲我。我是主體，我的行動由我作主，我既作主，對行爲我就負責。自由的選擇，表現自我的生命，選擇的決定，來自我自己，當然代表自我；所選擇的事，和所選擇作事的方式，代表自己的才，自己的傾向，自己的學識，所以就是代表自我的生命。自我的生命在自由選擇上，顯靈出來。

自由不僅代表我是主體，而且代表我的生命，就是在外力不能抵抗的時候，我被迫作成外面的行動，我的心靈仍舊不願意，卽使不能表現這種不願意，我自己心靈的生命可以作證。

我生命所以有這種內外的衝突，是因爲我的現世生命爲心物合一的生命，我是一個心物合一的主體。在通常的情形下，肉體的行爲由心靈作主；但當外面有一種強而不能抵抗的力量，強迫我作一種行爲時，我已不能選擇，祇能發動所強迫的行爲。

心物合一的主體，增加自由的運用，也減少自由的運用。在知識上，我因肉體而受到限制，對於外面事物，不能明白認出何種有利於我的生命或別人的生命，便按意志去決定。若是事件看得非常明白，自然選擇善。自由運用的範圍，在於因知識所造成的不定，意志而加

(十五) 墨子、兼愛下　經上。

(十六) 論語　衞靈公「殺身成仁」，孟子　告子上「舍身而取義者也」。

以決定。沒有知識，就不能有選擇；知識不足，要意志作主。意志作主有時選錯了，自由便運用錯了，原因在於看事看錯了，知識錯在先。但有時知識沒有錯，意志自己錯了，即所謂「明知故犯」，那是因爲慾情牽制了意志。

知識高的人，情慾輕的人，心地潔白，他的自由必定很高。聖人的自由，像孔子自己說：『七十而從心所欲，不踰矩。』(為政) 才是眞正的自由。

自由乃是我心靈生命自然的發展，心靈爲精神，不受拘束。祇有精神纔有自由，物體是沒有自由的。從「存有」的本體上看，精神體的存在常動而不靜，精神的動爲自由的動。自由乃是精神「存有」的本質。精神「存有」的動，即生命的發展，由自己而動，自己有自己動的意識。精神的動當然有自己的原則，自由並不是在沒有原則。

普通一般人，認爲自由在於自己任意選擇，不受規律的拘束，不受外力的干涉。然而在善與惡之中，不能有任意的選擇，必要擇善而固執。在現世生活的社會裏不能沒有生活的規律，破廢一切規律以行自由，必成爲濫用自由。若說規律有不合理者，當然可以予以修改。然人不能自作超人，自作一切規律的主人，自己所願就是規律。古代的暴君這樣做，眞正自由的人，必不這樣做。

自由不傷害自己，也不傷害人；人心生來有行善避惡的原則。破壞這些原則，已經不是自由。

有自由，心靈的生命才能成全，才能有創新。宇宙萬物的生生，雖然神妙莫測，然常有迹可尋。物體的生命發展，一切都順乎自然，自然則是必然，必然就沒有自由。一朵玫瑰花，結構和顏色神妙美麗；然而所有玫瑰花按着種類區分，每種都是一樣。玫瑰花的成長，有一定的歷程，不會變遷。一頭獅子可以說是活潑極了，誰不怕牠。可是獅子的生活，千篇一律，常是一樣的事在循環。這種順乎自然的生命，不能有自由，便也不能有創新。

我的心靈生命，因着自由乃能自己決定，決定的能爲發展生命必是新事。我心靈生命因着自由，乃追求脫離物質，趨向絕對的眞美善。

儒家所講的心靈生活，要達到孔子所形容「隨心所欲不踰矩」。經過長期的修養，運用自由時自加限制，使自己隨遇而安，不求物質的滿足，肉體乃能不牽制心靈，心靈便得更大的自由。同時也更顯出心靈生命的特性，精神的價値和追求，成爲自由的運用範圍。王陽明曾以良知爲明鏡臺，若意和情不加以汚染，自然流露於行爲。他的弟子竟以隨心所欲爲良知的顯露，不守一切禮規，造成一片疏狂的風氣(七)。不知道孔子的隨心所欲乃是經過七十年的

(七)參看羅光 中國哲學思想史 元明篇 臺灣學生書局。

修養而有成。所以說要知道不自由，然後才有自由；自己克制自己，緊縮自由的範圍，才能擴充自由的範圍。自由的範圍越大，心靈生命的發展就愈高。

道家最講求自由，以無爲無欲來克制日常生活的不自由，然後一心超出物外，與「道」冥合，翺翔太虛中。

佛敎力求空虛一切，絕慾以絕世，邁入一超越的絕對境界，在涅槃中合於「眞如」，以得眞我。

天主敎以宇宙萬物爲造物主的妙工，可欣賞，可使用。然而人的心靈生命和基督神性生命相結合，提昇入精神的最高境，對於世物，有若無，無若有，心已在天主前，分享天主的愛，生命得以飛騰發揚。

自由爲精神的特性，由心靈而顯。在世物中作選擇，以發展生命。有自由，乃有創新；有創新，生命逐漸成全。思慮本來自由，一秒鐘繞地球無數週。思慮自由想，意志作決定，創新乃成。

五、我生命的境界

我生活在世界裏，我生活的世界爲人的世界。自然的世界只供人世界的使用，這是造物者的意旨。『天主說：讓我們照我們的肖像，按我們的模樣造人，叫他管理海中的魚，天空的飛鳥，牲畜，各種野獸，在地上爬行的各種爬蟲。天主於是照自己的肖像造了人，就是照自己的肖像造了人，造了一男一女。天主祝福他們說：你們要生育繁殖，充滿大地，治理大地，管理海的魚，天空的飛鳥，各種在地上爬行的生物。』（創世紀 第一章 第廿六～第二八節）人管理自然界，使用自己的理智，外界的世界經過人的理智而造成，人的世界則都是人，每人都有心靈，有理智有感情。人和人的關係，不能任憑我的理智去造，我便要把我心靈的思考，傳達給別人的心靈，別人的心靈便可以按照我心靈的思考去思考，彼此在心靈上乃能溝通，彼此的生命乃能發生關係。

我的生命，從母胎出生以後，時刻在發育。在生理方面的發育，需要滋養的資料，爲找資料，我得運用理智。在心靈方面的發育，需要各種知識，爲得知識，我更要運用理智。因此，我的生命的發育，最需要的因素，乃是理智的運用。所以，孟子說心思之官代表人的大體。

我一出生，我的生命不是一個孤獨的生命，而是和別人的生命同在，互相連繫的生命。我一出生，我生命的發育，就要依賴別人，卽是依賴父母，便馬上發生關係。這種關係隨著生命的發育，逐漸加多，逐漸擴大。關係的建立，常由兩個據點而發，由兩個據點互通訊息。人既是以心思之官爲主，人彼此間互通的訊息必是心思的訊息，我將我心思所想的，傳達給別人；別人把心思所想的，傳達給我。心思訊息的傳達，便是人文世界建立的要素。在聖經舊約裏有一段事就證明這一點。

舊約述說最初人類發展到相當多的時候，他們便要分居到各地。在分居以前，他們想建造一座高聳天際的塔，以作紀念。『上主說：看，他們都是一個民族，都說一樣的語言。他們如今就開始做這事，以後，他們所想做的，就沒有不成功的了。來，我們下去，混亂他們的語言，使他們彼此語言不通。』（創世紀 第十一章 第六～第七節）他們突然彼此聽不懂大家的話，塔便不能造了，彼此就分散了。

1 傳 達

聖多瑪斯曾說：『善是散播自己的。』(Bonum est diffusivum suiiprsius) ㈥生命爲最高的善，生命常散播自己，使生命延續不絕。儒家的傳統思想，以宇宙爲生命的洪流，永久不息。易經說：「一陰一陽之謂道，繼之者善也，成之者性也。」（繫辭上 第五章）陰陽運行，結合成物，物生生不息，爲宇宙之善。生命中最高貴的爲心靈生命，心靈生命必常散播。我散播心靈生命，別人一接受這種散播；別人散播心靈生命，我予以接受。一散一接，乃成心靈的傳達。

西洋哲學家中，有人贊成印度哲學的神秘主義，以生命的傳統，不經過理智而由生命直接相連。柏格森就是主張生命的內在動力，有如強健的洪流，決不能由理智的溝渠而傳達，生命的傳達，要靠超乎理智的直見。有些講美術和詩歌的學人，也認爲人的生命，以感情爲最眞切，感情在詩歌和美術品的傳達，以直接體驗爲途徑。但是我們知道人是身體和心靈合一的主體，心靈的傳達是要經過身體的。身體的傳達途徑，則由符號、語言、文字，以傳達到心靈。人和人之間，生命不能直接接觸，生命的接觸必要藉著身體。只有絕對的存有實體——天主，爲一切生命的根源，能夠和人的生命直接接觸，可以使人有超乎理智的直見。直見所以只能是絕對實體和人的傳達途徑，但也是非常而不常有的經驗。人和人的心思傳達，必要經過傳達的溝渠，而要使用理智。

人對自己生命的認識，只有對生命的存在是一種直見的體驗；對於生命的內容，則需經過反省，反省所得又要形成爲觀念，才能夠認識。

詩歌和美術品所傳達的爲作者的感情，感情的傳達是藉著文字和符號，讀者和欣賞者透

(六) S. Thomas Summa theologica. 1. 9. 5. 4ad 2.

過文字和符號以接受感情，則必須經過理智。

我們人都有許多次的經驗，經驗到心內所感受的或所想的，沒有辦法可以表現出來。禪宗乃主張不立文字，因爲得道的禪觀者所有對眞如的體驗，不能用文字去表達。聖保祿宗徒則親身直見絕對實有者天主，事後沒有言語可以傳述。『我知道有一個在基督內的人，十四年前，被提到三層天上去——或在身內，我不知道，或在身外，我也不知道，天主知道——他被提到，惟天主知道——我知道這個人——或在身內，我不知道，只有天堂去，聽到了不可言傳的話，是人不能說出的。』（致格林多後書 第十二章 第二～第四節）對於超乎理智的經驗，不能傳達，因爲傳達須經過理智。對於人生命的感受，也常不能傳達；因爲生命的感受是活的，是整體的，符號和言語文字則是靜止的，又是局部相對的。但是生命自性要求傳達，不能傳達時，我們心內感到非常痛苦。同時，當我們面對著一個不能表達自心經驗的人時，對著他的痛苦，我們也感到非常的同情。這已經是在不能傳達時，得到了一點傳達。

人的世界是人類的社會，社會的成立，靠各份子的互相溝通。彼此的互相溝通，就是心思的傳達。人類的生活若沒有理智的研究，便不能產生新方式的進步。新方式的形成，不僅靠理智的研究，還要靠理智的傳達。沒有傳達，便不能有人文世界。

學術的研究，以往是一個學者的工作，所有發明，也是一個學者的發明。現在卻進行到少數人共同的研究，共同的發明。將來，很可能會出現集體的研究和集體的發明。這種研究工作，乃是彼此傳達的成果。

現在的人類生活，已經進入傳達的生活裏。大衆傳播工具，將人類的生活混合成一個，一切的人類遭遇，成了全體人類的遭遇。連一個人的私生活和一個家庭的私生活，都因著傳播工具而失去了「私」性，變成了「公」性。

傳達是人類心靈生命的良能，心靈生命自然流傳到自體以外，又自然接受自體以外所來的生命流傳，因而能構成生命間的傳達。

心靈生命的傳達，和生命的本性相符合。人的生命本性是心物合一的生命，心靈生命的傳達便須經過感覺和理智，感覺和理智的傳達，都要藉著觀念，觀念常是靜態的和局部的，常不能傳達整體的活生命。但是人類的日常生活則都是局部的，由一種一種的動作結合的，靜態和局部的觀念結合起來，便能傳達日常的生活。因此，人文的世界，因著觀念的傳達而成立。觀念的傳達，最重要的是理智的傳達，感情的傳達卻也不能例外，因爲感情的傳達須要在適當的觀念裏，才能爲人所懂，才能成爲傳達，否則，自作自懂，別人不懂，不能成爲傳達以使人心溝通。

2 符號

嬰孩一生下來就會哭，哭是一種生理動作，也是一種傳達的符號。生理的符號，在禽獸身上也有，禽獸的鳴叫，就是他們的生理符號。生理的符號，是最簡單最基本的傳達，是生命的良能。生理的符號，表現生命在生理上的一種感受，不要經過學習，也不要經過反省，自然流露，爲生命的良能。

符號，普通說來是一種動作或一種圖象，傳達生命的一種感受。感受可以是簡單的感受而成一個觀念，例如痛苦、愛、恨；可以是複雜而成一種思想，例如國旗代表國家。因此，符號有簡單的符號，有複雜的符號。簡單的符號，可以是天然的，可以是人造的；複雜的符號，則常是人造的。

天然的符號，爲生理的良能。人的心靈生命有生理方面的感受，例如痛苦喜樂；人心靈生命的天性是向外傳達，一遇生理方面的感受，便有生理方面的傳達良能，例如哭、笑、怒。生理的傳達良能，就是天然的傳達符號。嬰兒哭叫，母親就懂得嬰兒的感受。

生理的感受，是生理方面的遭遇，嬰孩和小孩連禽獸都可以有，有了生理感受，生理上就有表現。待小孩長大，運用理智懂得事，心理方面的感受引起生理方面的感受，同時發動生理方面的傳達符號，例如，因受委屈而哭，因受讚美而笑。這些遭遇已經不是生理方面的簡單遭遇，而是心理方面的複雜遭遇。

心理方面的遭遇，爲心理生命的感受。詩人們心有所感，咏句爲詩；詩便是詩人們傳達心理生命所有感受的符號。但是詩的傳達，已經屬於語言的結構，不是純粹的符號。

純粹的符號，只是一種動作或一種圖樣。動作或圖樣有的天然就代表心靈方面的感受，但是大多數的動作和圖樣，則是由人給牠一種代表對象，具有所指的意義。

符號和對象的關係，具有象徵的意義。符號都是有感覺性的，可以象徵一件感覺性的對象，可以象徵一種思想，而且可以象徵超乎理智的事體。在原始的民族裏，符號用得很廣，另外在宗教方面，圖騰的崇拜，巫術的執行，件件都用著符號。在文明進化的社會裏，國旗、會旗、會徽、暗號，也都是用著符號。

中華傳統文化的古老符號，是易經的卦象，卦象象徵一種事物，也象徵宇宙的一種變化。

「聖人有以見天下之賾，而擬諸其形容，象其物言，是故謂之象，聖人有以見天下之動，而觀其會通以行其典禮，繫辭焉以斷其吉凶，是故謂之爻。」（繫辭上　第八章）

「聖人設卦，觀象繫辭焉而明吉凶。剛柔相推而生變化。是故吉凶者，失得之象也；悔吝者，憂慮之象也；變化者，進退之象也；剛柔者，晝夜之象也。六爻之動，三極之道也。」（繫辭上 第二章）

易經卦象的符號，由感覺的事物而到宇宙變化之理，又由人事的吉凶遭遇而進到鬼神之道，且有系統地實行推論，從已知到未知，有哲學的領域，又有宗教的領域，再擴充到日常人事的領域。在各民族的符號中，易經卦象可以算是最完滿的符號系統。王弼曾說：

「夫象者，出意者也；言者，明象者也。盡意莫若象，盡象莫若言。言生於象，故可尋言以觀象；象生於意，故可尋象以觀意。意以象盡，象以言盡。故言者所以名象，得象而忘言。象者，所以存意，得意而忘象。……是故存言者，非得象者也；存象者，非得意者也。象生於意而存象焉，則所存者，乃非其象也。言生於象而存言焉，則所存者，乃非其言也。然則忘象者，乃得意者也。忘言者，乃得象者也。得意在忘象，得象在忘言。故立象以盡意，而象可忘也。重畫以盡情，而畫可忘也。」（王弼 周易略例 明象篇）

王弼以卦圖爲象，象是象徵一種意義，乾卦象徵「大哉乾元，萬物資始，乃統天。」（乾卦 象曰）坤卦象徵「至哉坤元，萬物資生，乃順承天。」（坤卦 象曰）卦象的意義，由象辭加以說明。每一卦，有意、有象、有言，象以象徵意，言以說明象。象生於意，言生於象。卦象爲符號，符號和象徵的對象，和說明的文言，三者所有的關係，說的很淸楚。但是他說：「得意而忘象，得象而忘言。」，則是爲推翻漢朝象數之易。象數之易，專門在象和言去發揮，卻把卦象的意義忘了。普通來說，符號和所象徵的意義相連；沒有意義，符號不能成立；沒有符號，意義不能傳達，兩者同時存在。言和符號也互相連繫，沒有符號，便不要言去說明，沒有言去說明，符號不能爲人所明瞭。在研究易經方面，當然可以，而且應該研究易經的思想，不要拘泥於卦象和卦辭；但若完全捨棄卦象和卦辭而講易經思想，則將失去根據。

在宗教方面，現代西洋學者，主張以符號象徵宗教事理；因爲宗教事理超越理智，語言和文字不能講述，只有使用符號，或是手勢，或是單獨聲音，或是圖案，一切籠罩在神秘的氣氛中。符號較比語言，更能造成神秘氣氛，乃是心理方面的現象，因爲符號直接引起感情以趨向神靈。但是以符號象徵超越理智的事理，並不能較語言爲更好，符號的象徵性豈不也是有限的嗎？而且還是籠統模糊，容易被人誤解。

人文世界的建立，靠心靈的傳達，傳達的途徑是經由符號。簡單的符號有些自身天然有意義，有些由人賦予意義，有人稱前者爲「徵候」，後者爲符號。複雜的符號，則是語言和文字。(九)

3 語言文字

心靈生命的通常傳達的途徑，是用語言，正式傳達的途徑，則是文字。

語言是人類超越禽獸的特徵，又是人類的特徵。人由身體和心靈而結成一主體，誰言卽是由身體和心靈結成的傳達工具。沒有聲帶和口腔，不能有語言，沒有心靈的思想，也不能有語言。語言是帶意義的聲音。聲音若沒有意義，則不能傳達心靈，就不成爲語言。

語言有聲音，聲音有所指，所指爲意義。意義爲語言對象，對象是說話者心靈生命的活動，心靈生命的活動可以是內心的體驗，可以是外面的事理。由體驗和事理達到語言以求表達，要經過理智，因爲語言是理智的產物。

聲音本身可以是符號，表達心靈的感受，沒有意義。只是生理方面的遭遇，例如悲嘆聲、歡笑聲。語言則由人的理智加給聲音一種意義，這種意義就是心靈生命的一種活動。說話的人用和自己心靈感受同意義的聲音說出，聽的人從聲音懂得所指的意義，兩者間乃有傳達的功用。荀子曾說：

「名無固宜，約之以命，約定俗成謂之宜，異於約則謂之不宜。名無固實，約之以命實，約定俗成謂之實名。」（荀子 正名篇）

一個聲音若不是生理感受的單純符號，本來沒有意義。例如牛，這個聲音本身並不指著任何一物。在開始造成一種語言時，人把這種聲音指著牛這種動物。大家習慣都用，這個聲音就成一個名字，就是一句話。既然成了話以後。就不能變更，一變更，便是錯說了話。

從哲學方面去看，造成語言是人的良能。原始的民族爲表達心靈的感受，天生地有使用自己聲音去表達的能力。每個原始的民族乃是一個家庭，在家庭內使用聲音傳達心裏的感受，在最初聲音很簡單，後來漸變複雜。家族的人增多，長成了一個部落，原先所使用傳達的聲音便成了部落的語言。

原始的語言，只有簡單的名，名和名的連繫也很簡單。說起來，加以手勢的幫助，聽的人可以懂。後來理智漸開，便有傑出的人，創造語言的文法。文法的製造，不能完全由人任

(九) 何秀煌 記號學導論 頁三—四 文星書局 一九六八年。

意製造，因爲語言具有天然的基本文法。例如我打你，我是主動，你是被動，我打的動作要達到你，這是基本的文法。至於怎樣表示主動，怎樣表示被動，怎樣表示動作，每種語言都不相同。中國話最簡單地用這三個詞的位置來表達。

有了語言，然後有文字；文字是由傑出的人所造的。中國古代傳說蒼頡造字，造字的原則有六書。中國的文字以字形爲主，字聲爲輔。西洋的文字則只有字聲，沒有字形。文字所表達的爲語言，由語言而有意義。在實用上，文字可以脫離語言，例如中國的古文，和日用語言有相當距離。但是，從哲學的觀察去看，古文的每個字還是言，文字仍舊不能脫離語言。

我的生命在人文世界裏，和別人的生命相接觸發生關係，這種關係由符號語言和文字去表達，我的生命乃能在正常的狀態下生活。若沒有這種傳達的方法，我的生命就得不到正常的發展，自己覺到孤獨；這種孤獨，使自己失去自己是人的意識，例如一個人走到另一語言的社會裏，自己不過那種語言，頓然覺到自己是一個怪物，同時，沒有語言，我對自我的意識也不能解釋。

第四章　我生命的世界（生命的旋律）

我的生命活在人文世界，不能孤立，在人文世界中，我的生命和別人的生命互相連繫，組成家庭、社會和國家，在人文世界裏，我的生命發揚，如同中庸所說的盡性。生命的發揚，必有發揚之道，彼此不相衝突，不互傷害，便應有生命的規律和生命的修養。

一、規　律

1 天　道

我的生活在別人看來非常規律化，每天從早晨起牀到晚間就寢，一切工作都有一定的時間，祈禱、辦公、餐飯、寫作、休息，每天的時間都不大變動。我自己覺得很舒服，並不以有一定時間而覺得不自由，反而感到更順意。別人也以爲這種有規律的生活方式，能够保持身心的平衡，精力的調協，壽命的延長。

有一部份的生活，不受我的管制，即是生理生活，血脈系統、消化系統、排泄系統的工作，我不知道，我也不能管。然而生活天然有很嚴密的規律，一切活動都照規律而行。若有一系統忽然走出規律以外，馬上造成病症，須由醫師加以矯正。

生命爲繼續由能而到成，由能而到成的變易，天然有自己的規律，這種變易受能的限定，是什麼樣的能，就有什麼樣的變易，這是天然的規律。有些由能到成的行，在身體外面或在語言文字上表達出來，必定影響別人的生命，爲維持生命間的良好關係，人們自己定出規律，這是人爲的規律。

生活所以必定要有規律，生活爲生命的表現，生活有規律，生命便有規律。易經講述宇宙的變易，變易有原則，稱爲天地之道。宇宙變易由陰陽兩動力而成，陰陽兩動力常繼續變易，宇宙的變易便是常久的變易，不會停止。兩動力相接觸不是互相排擠，互相否認，而是互相結合，互相調劑。陰陽兩動力互相結合，常隨時地而不同，但常是適合時與位，所以易經的卦爻求居中正，以得時中。因得時中，宇宙變易顯得非常和諧，整個宇宙的現象都互相調協。中國農夫常說風調雨順，寒暑得宜，五穀纔能豐登。宇宙變易的和諧，目的在於「生生」，使萬物化生。

宇宙變易有規律，有變，變而相融洽，相調協，各得其宜，生命乃得發揚。這些原則稱爲天地之道，實卽天理，卽是自然規律或自然法。中國古人專事農業，常從五穀生育觀察宇宙的變化，分一年爲四季，分四季爲十二月，分十二月爲二十四節氣，一切都和農事有關。易經所列的變易原則，也都和萬物化生有關。這些原則，我們現在還可以在自然界發覺。四季寒暑互相調劑。我們也體驗到宇宙自然界的一切，互相關連，不容破壞次序，目前環境汚染，便是觸犯這項原則。我們研究生物學和物理學，就知道植物、動物以及礦物，都愛惜自己的生命。在一種生命和自然環境不適宜而被淘汰時，便有新生命出現，生命常繼續不斷。

中國古人常有人法天的思想，以天所定的規律爲規律。易經所擬宇宙變易的原則，爲天地之道，在天地之道中，含有人生之道，所以稱爲天道地道人道，宇宙變易的原則就應該是人生命的原則㈠。

在尚書裏有「天命」的觀念「天命」乃上天之命，尚書的天命，常對皇帝而言。皇帝因上天之命而登位，應常按上天的意旨去治理人民㈡。

易經以宇宙變易的原則稱爲天地之道，宋明理學家以天地之道和人性之道稱爲天理。儒家傳統地承認人生命的原則，以自然界天所定的原則爲基礎。人在宇宙萬物中最靈最優秀，代表一切物體，和天地稱爲三才，人的優點在於心靈，心靈生活乃人的特有生活，宇宙萬物變易的原則——天理，天然地在物的本性中，萬物常順性而動，人的心靈生來也有生命的天

㈠ 易經 說卦 第二章
㈡ 書經 湯誓 牧誓

理，天理卽是孟子所說的仁義禮智四端，人的心靈生命，便在發揚仁義禮智的四端，人乃是一個「倫理人」。

2 我發展自己精神生命

我的生理生活有自然的規律，我的精神生命不能不有自己的原則。這些原則導引我的生命得有正常的發展，使我的生命和其他的生命的關係常能合理地進行。通常稱這些我精神生命的原則爲倫理規律。

我精神生命的規律，首先在於發展我的精神生命，可以說是求利，利是生命的成全，所以第一項倫理原則是「求生命的成全。」

求精神生命的成全，以精神生命的利爲目標。求生命便不能自害生命，自殺乃是直接違反這項原則。求精神生命之利，不能以物質生命而害精神生命，所以乃有殺身成仁，捨生取義的豪舉。天主敎歷代爲信仰殉道的人，被尊爲聖人。

在倫理律規而有求利的規律，利的意義是生命的合理發展。藝術家爲美而求美，倫理家爲善而爲善，按照亞立斯多德所說有理智的人，沒有目標決不行動，目標常爲自己之利，藝術家爲美求美，倫理家爲善求善，也是爲求自心的滿足，假如他們心中是無所謂的心境，他們也不會求美求善了。人必定求自己生命的成全，成全乃生命的利；祇是須要認識並分別清楚在生命中有物質和精神的層次，精神生命爲上爲重，物質生命爲下爲輕。我不能求物質生命之利，追求飲食和眼目的娛樂，而使精神生命受害。勿以下害上，勿以輕失重。

精神生命的利，使精神生命得有成全。精神生命所追求的成全，「在於追求眞善美」，因爲精神所求的，是精神生命的本性發展，精神生命本性的發展，是理智和意志卽心靈的追求；心靈追求和別的生命的接觸時所產生的予受關係：認識、欣賞、受益。認識爲知，欣賞爲美，受益爲善。在現世生活中這些追求要藉感覺器官而進行，乃不免常有錯誤。但是就在錯誤中，也常是在眞美善的名稱下去追求。精神生命的發展追求眞美善，宇宙間一切都是相對的，則應向絕對眞美善而進。故意斷絕傾向絕對眞美善的途徑，則自己違背生命的規律，也相反人的本性。這項原則是「追求眞美善」。

我的精神生命，天性趨向眞美善，又天性趨向絕對的眞美善，因此倫理規律乃有普遍的原則：「行善避惡」。善是生命的成全，惡是破壞生命的成全。人的天性既求生命的成全，故天性趨於「行善避惡」。這種天性，在人的心靈自然顯露，稱爲良知或良心。不僅在行事時，良知告訴人：這件事是善是惡，同時也使人體認到惡不能做。若是做，良知必加譴責，心靈因此不安。王陽明曾說良知不會走失，做賊做了幾十年，似乎失去了惡的感覺，但若聽見人叫他是賊，他仍是忸怩不安㈢。這項原則普遍地存在人心，也普遍地顯露出來，成爲倫

㈢　王陽明　王文成公全書　卷三　語錄三

理上的基本規律。

生命的發展，爲我自己生命的發展。我的精神生命，爲我自己的精神生命。爲我的精神生命，我當然要避惡，然而避惡並不足以使生命發展，而是要行善才可以發展我的精神生命。因此倫理上的一項原則是「自強不息」。易經乾卦說：「君子自強不息」（乾卦象曰）理由在於宇宙的變易常繼續不停，乾陽健行，坤陰順動，陰陽乃「繼之者善也。」我追求精神生命的發展，生命常動，發展便應常繼續進行。我就要常求前進，常求成全。進德修業，人格日益成全，乃每個人分內的事。若懶惰成習，萎靡不振，便是相反自強的原則，終歸於失去人生的目的。

前面的這項倫理原則，是我對我自己應守的原則，以求我精神生命的發揚。

3 我贊造物者的化育

整個宇宙顯露造物者天主對宇宙萬物的愛，中國古人說這是天地好生之德，也是天地愛物之心，古人所謂的天地，在這裏象徵上天，即造物主天主。造物主愛萬物，使萬物化生。人爲萬物中最優秀的，懷有整個生生之理，且承造物生命爲萬物之主宰，治理宇宙。人和宇宙萬物的關係，仿效造物主和萬物的關係，造物主和萬物的關係是「好生之德」，使萬物化生，人代表造物主主宰萬物，也要使萬物化生，而不能使萬物毀滅。第一項人和萬物關係的原則，是「贊造物主的化育」，也就是孟子所說「仁民而愛物」。「贊造物主的化育」的原則，用一個名詞來代，就是「仁」。

孔子以仁貫通自己的思想，仁代表全德，我現在以仁爲發展我精神生命的原則，是以仁指示一種規律，對於自然界的生態，力加保護，人爲衣食住行，需要取用自然界的物體，自然界的物體供人使用，因爲自然界的生命，具有上下的次序，互相從服，互相協助。但這種使用，祇限於正當的需要，不可流於濫用。除了正當的使用外，對自然界物體須加以愛護。尤其對於因着環境的不順適，形將絕種的動植物，更要加以保護。我的生命不僅和別人的生命相連繫，和自然生態的環境也相連繫。自然生態環境的破壞，就會影響我的生命，自然生態環境中的萬物，也互相連繫。一種小而不爲人所知的小蟲，和土壤草木相關；一種低級的綠苔，和樹木鳥獸的生命也可以相關。草木和土壤相連，鳥獸又和樹林相連，破壞這種自然環境的力量，可以是天災，大部份則是人的愚昧，人祇圖眼前的享受，不計後果，造成自然生態影響的損害。例如，臺灣本來產許多種的美麗蝴蝶，三十年來都被人的愚昧使蝴蝶在臺灣已成瀕臨絕種的動物之一。

人生命發展的歷程中，有「贊造物主化育」的規律，人要愛護自然生態環境，不加以毀壞。在因生活需要對自然生態環境的一部份予以破壞時，必要力求補救之道。這是仁道的第一項規律。

仁道的第二項規律，在於「愛人」。我生命所接觸的以人的生命爲最多，而且人的生命又最高，我生命所有的關係，以人類關係爲第一。自然生態環境和我生命的關係最廣，也很重要，否則，我的生命就不能維持。然而我的生命和別人的生命，關係非常密切；而且「四海之內皆兄弟也。」（論語 顏淵）皆是造物主天主的子女。「愛人」的規律，便成爲「愛人如己」的規律，「己所不欲，勿施於人」（論語 顏淵）。

人和人雖都是兄弟，然而其中還有親疏關係。關係最親的，當然是和我的生命緊相連接的，即是我生命所從出的父母，對父母的愛稱爲孝，孝爲「德之本，敎之所由生」（開宗明義章）孝親出自人的天性，孟子以爲小孩天生就知道愛父母，「孩提之童，無不知愛其親也。」（孟子 盡心上）「孝親」爲仁道的另一項規律。

仁道的愛，推近及遠，「老吾老以及人之老，幼吾幼以及人之幼」（孟子 梁惠王上），推到整個的人類，再推到宇宙的萬物，實現宇宙萬物全體相關連的關係，表現天地之道即自然法中宇宙萬物互相關照的原則。我要在宇宙萬物中看到造物主工作的痕跡，造物主的工作是愛，祂在萬物中所留的痕跡便是愛。造物主的愛所留痕跡，便是萬物的奇妙美麗，可驚可愛。人的生命爲造物主之愛的造化，萬物也是造物主之愛的造化，在同一造物主的愛中，我愛宇宙萬物。宇宙萬物和人的生命，息息相通，由人的生命通到造物主。人便不可以妨礙這種關係，不可以障斷這種相通，宇宙萬物合成一個整體，整體是生命，生命好似一大海的水，東西南北盪漾不息，在海水中的物體，因水而互相通貫。仁是生命，仁道是生命的相通，是生命的愛。仁道的一項規律是「仁民而愛物。」（孟子　盡心上）

仁道使宇宙萬物，互相連繫，互相協助，以求生命的發展。這種互助的愛，應該適合每個人，每件物，而且還要適合時地。在宇宙變易中有中正的原則，陰陽兩動力的結合，常適合時空，人生之道便有中庸。中正的原則，卽是孔子所講的中庸。中庸不是一種善德，而是一項生命的原則。生命的動，應不偏也不要不及，居於中道。然而所謂中，不是機械式的中，乃是當前的動，洽得其當，所以稱謂庸，庸是庸常，是日常的事。每天所有的事，各有各的中道。中字在中國古代哲學裏，乃一大問題，理學家解釋中庸書裏的中，有說是心的本體，有說是心的境況，有的更說爲宇宙的本體，中庸以喜怒哀樂之未發爲之中，中乃是靜。中若是心的本體或宇宙本體，人心爲求根本，便該常是靜。中庸的中道變成了靜坐，靜坐變成了禪靜。然而易經主張宇宙變易不停，生生不息，「天行健，君子以自強不息。」（乾卦象曰）萬物的本體爲「生生的存有」，怎麼能夠是靜？中道的解釋，應該是「適當」的原則，事事得其當。孔子說：「不在其位，不謀其政；」（論語 泰伯）孟子說孔子爲聖之時者（孟子萬章下）常得時中。位和時，乃是「中庸」原則的標準，事事要適合時與位。這也就是易經的「中正」原則。

中庸是一項原則，適用於一切善德，也適用於一切的修養。在尚書洪範篇有大中的思想：

『無偏無陂，遵王之義；
無有作好，遵王之道；
無有作惡，遵王之路。
無偏無黨，王道蕩蕩；
無黨無偏，王道平平。
無反無側，王道正直。
會有其極，歸有其極。』

洪範建立皇極，皇極爲大中，方東美教授說：『肯定當建大中爲存在及價值之無上極則，且爲人人之所當共尊——自天子以至庶民，一是皆以「大中」爲本。蓋「大中」者，乃是「本初」，代表近代比較宗教史家所謂之「天上原型」(四)。

有中庸，和平乃生。在宇宙變易中，宇宙整體有一種和諧，萬物各得其所。「狂風暴雨不終朝」，在和諧中的不和諧的現象，不能持久。人的生命和萬物的生命，爲求發展，不在鬪爭的暴力中得進步，而是在和平相處者求進取。仁道的另一規律爲「和平」。宇宙萬物既是造物主愛的表現，都帶着造物主愛的痕跡。愛，則同樂相處。達爾文的「物競天擇，弱肉強食」原則，不僅不能適用於人的生命，也不適用於自然界的生命。鳥獸互相攫食，那是生命的次序，人也殺猪殺牛，以充食物。然而在自然界裏，無所謂鬪爭，一片平靜。人的社會也應當是一片平靜，享有和平。和平爲人生存的要素，鬪戰帶來死亡的陰影。禮記禮運篇講大同世界，描述一種理想的社會，大同乃成爲儒家的理想。理想如不可能達到，希望可以達到小康。「和平」所以是仁道的另一項規律。

和平，爲實踐仁道的結果，給人類社會帶來幸福的快樂。在實踐仁道時，便常以和平爲目標，常懸在心目中。我的精神生命在發展的歷程中，和宇宙萬物的生命相接觸，另外常和

(四) 方東美 中國哲學之精神及其發展 上冊 頁六一 成均出版社 民七三年

別人的生命相接觸，接觸的關係，爲互助互濟，互助互濟卽是和平。和平的根基建立在生命的本體上，和平的實現在生命的發展歷程中完成。有和平，生命有發展；沒有和平，生命沒有發展。

以上仁道的各項規律，天然由生命的本性而發，不是人造的規律，因爲是生命本性的要求，否則生命不能發展，這些規律便是人類倫理的基本規律。

4 人造規律

人生命本性的要求，形成規律，這種規律爲人的「性律」，出自人的天性，凡是人都天生地帶有這種規律，天然地傾向這種規律，不受時間和空間的影響。性律爲易經所講的「人道」，「人道」來自「天道、地道」，「天道、地道」爲自然法。性律以自然法爲根基。近代許多學者，否認性律，以性律爲原始人類的共同規範，人類生活變易，性律也隨著變易。然而我們看上面所列舉的規範，是否隨時代而變呢？是不是一變，人的生命便受害呢？

倫理的規律當然也有變易的部份。性律的本質不變，性律的解釋則可以加多加新。性律以外，還有人造的規律，這部份規律，隨時地而異，人的生命不是孤單的，是結羣而居，建立社會。社會既爲羣衆的團體，應有次序，乃創立人造的生活規律；中國古代有禮法，禮係倫理親律，法係政府法律。禮的創造者必是聖王，中庸曾說明沒有德沒有位，即不能造禮。（中庸 第二十八章）因爲禮要以天理爲根本，唯有聖人可以洞悉天理，也唯有皇上才能使人服從禮規，除禮規以外，社會傳統結成一些生活習慣，習慣成爲規範，作爲社會的倫理規律。例如中國孝道的實踐，有許多禮規，又有許多習慣規範，在古代人人都要遵守。但是到了現今的時代，社會生活的環境和方式都變了，傳統的禮規和習慣都不適合現在的中國人生活，這些禮規和習慣就要改變了：或者取消，或者改革，或者創造新的禮規和習慣。可是，孝道並沒有改，誰也不能說現在的子女不要孝敬父母！祇是孝敬的方式改了。目前，我們體驗到臺灣社會生活的混亂，生活品質的降低，就是新的人造倫理規律還沒有建立起來。

二、善德

精神生命發展，在發展的歷程中，所得到的成就，便是善德，中國古代哲學常以「德爲得」，修身有所得。西洋哲學又以「德爲力」，由善習慣而養成的精神力。這兩種意義可以結合起來。我精神生命發展，在精神上有所得，所得爲給我精神生活加增一種力，可以更向前發展精神生命。

善德爲精神生命發展所得，精神生命發展按照生命規律而發展，發展所得必是精神生命所得。善德便應在精神生命性理上有根據，而且既是精神生命發展的成就或成果，對於精神生命有所助益，使精神生命更成全。孟子曾經說仁義禮智「人之有是四端者，猶其有四體也」（孟子 公孫丑上）爲人性所故有。人生來便有惻隱之心、辭讓之心、羞惡之心、是非之心，沒有這四種心就不是人，這四種心卽是仁義禮智。

易經說：「乾，元亨利貞」（乾卦 卦辭）乾爲生命創造力，生命力的運行有元亨利貞四種成效。元配春，亨配夏，利配秋，貞配冬，春夏秋冬在生命的發展歷程中，春生，夏長，秋收，冬藏。元便是生，亨便是長，利便是收，貞便是藏。易經又以元亨利貞配仁義禮智，漢儒和宋明理學家都接受這種思想。元亨利貞既是宇宙生生的成效，仁義禮智也就是人精神生命發展歷程中的成就，是精神生命本體的發展，不是人加上的善習慣。

1 仁

仁義禮智常以仁爲首，爲總攝，猶如元亨利貞，元爲首。仁本爲愛之理，在善德中，仁是愛。

愛是授與不是佔有，造物主愛萬物，授予萬物存在的生命。萬物的「存有」，爲造物主的愛之賜予。父母愛兒子，授予兒子生命而予以生育。父母之愛爲宇宙萬物的愛中最大的愛，所授予兒女的，也是最大。父母所以配天，爲兒子生命的根本，男女夫婦之愛，彼此以身體互相授受，結成一體，不分彼此。這種夫妻之愛，在人世中祇低於父母之愛，超出其他的愛。夫妻互相授受，甘願犧牲一己，不願佔有他方，愛情才算眞誠，有如父母愛兒女，爲兒女而犧牲，不計代價，父母之愛所以是最純摯之愛。

在我精神生命發展的歷程中，我生命接觸另一生命時，常有授予的意願。士林哲學有一句諺語：「Bonum est diffusuvum sui 善是播散自己的。」聖保祿宗徒說：「Melius est dare quam accipece 給人家東西比拿人家東西更好，即施予比接受更好」(五)。我的生命乃一大善，生命便常願播散生命，播散生命所有。我和人和物相接觸時，我願以我所有播散給別的人和別的物，同時我也接受別的人和別的物給予我的善，我願還報以善，這種善的往反，就是愛的旋律。我的精神生命，在愛的旋律中進行。首先造物主天主的愛，我對造物主感恩的愛，織成一種超宇宙的愛之旋律，使我的精神生命充滿永恒的意義，表現超越的形態，給予事事物物正確的價值。我生命的來源爲父母，父母的慈愛，我對父母的孝愛，織成家庭天

(五) 宗徒大事錄　第二十章　第十節

倫之愛的旋律，擴張到和我生命同源的兄弟姊妹；天倫之愛，乃精神生命安祥發展的樂園。男女兩性青年，相識相述，進而以自己的心相授受，以期能結婚而成一體，再以身體相授受，男女相愛的旋律，織成一個新家庭；夫妻之愛久而彌堅，濃而如酒醴。由家庭走到社會，我精神生命所接觸的，有各種各類的人物，遇到一顆另外的心，思想和感情可以互相交流，建立可貴的友誼；朋友之愛的旋律互相織成工作的助力。社會有種種的團體，我因工作參加一種或多種，我精神生命和團體中的人之精神生命相接觸，必然發生授受的關係；團體中感情的旋律，織成工作網，增加工作的愉快。在社會的生活中，我的精神生命還要接觸各種各樣的人，有老年人，我要給他們以安慰；有小孩，我要給他們以笑容；有青年人，我要給他們以鼓勵；有貧而無可告的人，我要給他們希望；有病痛而殘廢的人，我要給他們以生活情趣。聖方濟曾作「和平歌」：

『在有仇恨的地方，讓我播種仁愛；
在有殘害的地方，讓我播種寬恕；
在有猜疑的地方，讓我播種信任；
在有絕望的地方，讓我播種希望；

在有黑暗的地方，讓我播種光明；
在有憂苦的地方，讓我播種喜樂。
我不企求他人的安慰，只求安慰他人；
我不企求他人的諒解，只求諒解他人；
我不企求他人的撫愛，只求撫愛他人；
因為在施捨他人時，我們接受施予；
因為在寬恕他人時，我們獲得寬恕；
因為在喪失生命時，我們生於永恒。』

愛的播散，由遠而近，精神生活在愛的旋律中，表現惻隱、同情、關懷、寬恕，生命互相授受，人格愈趨完滿。

中國古人講博愛，講大同，以人得天地之心爲心，天心好生，人心好仁。中庸和孟子都說『仁，人也。』㈥天主教聖若望宗徒說：『天主是愛』㈦愛爲天主的特性，人相似天主，

㈥ 中庸 第二十章，孟子 告子上
㈦ 聖若望 第一書 第四章 第八節

人也當是愛。聖保祿宗徒描述愛的特點：

『愛是含忍的，愛是慈祥的，愛不嫉妒，不誇張，不自大，不作無禮之事，不求己益，不動怒，不圖謀惡事，不以不義為樂，卻與真理同樂，凡事包容，凡事相信，凡事盼望，凡事忍耐，愛永存不朽。』（致格林多前書 第十三章 第四節，第八節）

2 義

義，爲養我，爲生命之長，如五穀在夏天成長，即我精神生命的發揚。義的意義爲正義，一切按規律，可以做才做，不可以做就不做。孔子最重義利之分，以重利者爲小人，重義者爲君子。孟子更勸人「捨生取義」，以義高於生命。所謂生命乃身體的生命，義則屬於精神生命，捨身體生命以求精神生命。利爲私利，不合正義。

規律爲生命的規範，指導生命發展的途徑，守規律以求生命的發揚。生命的規律既是規範便劃出範圍，範圍是加限制，守規律便接受限制。義，第一，指示生命的規律，詳加認識，有天生的規律，例如『行善避惡』；有人造的規律，大學講格物致知。第二，接受限制，爲勇氣的表現，在『捨生取義』時，勇氣爲超凡的勇氣；在平凡的事上，就義捨利，也要勇氣。例如別人來賄賂，送錢上門，「神不知，鬼不曉」地秘密進行，爲不接受，須要勇氣。

義常包含著勇，柔弱的人，很難守著正義。勇，不是匹夫之勇，而要是大丈夫之勇。孟子說：『居天下之廣居，立天下之正位，行天下之大道，得志，與民由之；不得志，獨行其道。富貴不能淫，貧賤不能移，威武不能屈，此之謂大丈夫。』（滕文公 下）孟子又說：『人有不爲也，而後可以有爲。』（萬章下）

義，指導人在一切事上要有原則，事情的形態可以變，原則不可以變。我的精神生命在發展的歷程中，必要有原則，精神生命在各方面的表現，都根據原則。孔子和孟子都是有原則的人，他們以原則爲「道」。孔子曾說：『朝聞道，夕死可矣。』（論語 里仁）又說『君子憂道不憂貧。』（論語 衛靈公）大丈夫得志，『行天下之大道』；不得志，『獨行其道』。孔子曾爲自己立下原則：『飯疏食，飲水，曲肱而枕之，樂亦在其中矣。不義而富且貴，於我如浮雲。』（論語 述而）有原則的人，必有志氣，有志氣，乃有人格。古代有氣節的人，都是有原則的義士。

孔子曾主張正名，正名就是義，君君，臣臣，父父，子子，各有各的名，各人因名有應盡的職責。善盡自己的職責便是義。西洋哲學以義由權利而生；我有各種權利，別人不能侵犯，有尊重我的權利的義務；若加侵犯，便有義務予以補償。補償不能折中，而要盡數償報。西洋哲學講中道不適用於義，我們古傳的中道，爲適宜，「義者，宜也。」償還債務，補償權利應盡數償還才能適宜；或因負債者力有不及，則適力所能便是適宜。中道當然也用於義。

守義的人，必是有責任感而盡職的人。守義的人，必是廉節的人，『臨財勿苟取』，非分之才必不貪。守義的人，必是有志氣的人，保持原則，不屈於環境。守義的人，必是有廉恥的人，對得起自己的良心，也對得起旁人。守義的人，必是知恩報德的人，知道所得的屬於別人的施恩。守義的人，必是有正確價值觀的人，知道精神重於物質。守義的人，必是有勇氣的人，堅持自己的志向。孔子曾說：『三軍可奪帥也，匹夫不可奪志也。』（論語 子罕）

守義，所以能長進精神生命，使精神生命在自己的規律上前進。規律不是爲桎梏精神生命，不是爲殘害精神生命，而是使精神生命得到正當的發揚。

3 禮

在發展精神生活的歷程中，有應遵守的規律，規律予人生命活動一些限制，人接受限制，實行生命的節制，便是禮。

禮配秋，秋爲收，爲生命的歛收；因著規律的限制，我在精神生命的發展途中，給生命以歛縮。我精神生命的發展，常和身體生命結合一起；身體生命在感覺的活動中，常能使生命趨向物質，物質既得偏重，精神便受傷害。感覺生活的活動，常藉情慾而動，情慾和外物相接，常容易受外物的吸引，忘記生活的規律，動而不中節，乃趨於惡。

凡是生命的活動，不論是精神生活或是物質生活，都應有所節制。例如吃飯、飲酒、睡眠，都該合於中道；若是吃多了，喝多了，睡多了，對於身體都有害，都不能發展精神生活。男女的情慾，出自人的天性，若不愼加節制而流於濫，於身體有損傷，於精神更有傷害。飲食男女之慾，都屬於感情，而且屬於物質的感情，應常加節制以守禮。

不僅飲食男女之情，應加節制，凡是喜怒哀樂愛恨等等感情，莫不需要節制，以得合於中道；否則常有出軌的行動。儒家所以主張節慾，佛教則主張絕慾，天主教主張節慾使趨於善，予以積極意義。

情慾本身不是壞，更不是惡；而都是生命的種種「能」，應該是積極的善。情慾的「能」藉得感覺而動，表現於外。可以因著心不正，整個情慾的動，不論內外，都趨於惡。心不正就是意向或目的不正，情慾向不正的方向走，當然走出倫理的規律。許多次，心正，有好目的，但是在表現於外時，或是方法不合於中道，或是形態不合於中道，便也就流於惡。例如搶竊金錢以孝敬父母，孝是對，搶竊的方法不對。又例如貧家子葬親，大講舖張，破費家產，葬親是孝，貧而舖張則不合中道。

禮，便是節制，和西洋倫理哲學善德中之節制相合。中國通常以禮爲生活規律，包括生活的各種禮儀，孔子曾說：『非禮勿視，非禮勿聽，非禮勿言，非禮勿動。』(論語　顏淵)既然說：『勿』，便是節制自己。節制乃是禮的精神和意義。

『曾子言曰：君子所貴乎道者三：動容貌，斯遠暴慢矣；正顏色，斯近信矣；出辭氣，斯遠鄙信矣。』(論語　泰伯)

『子曰：躬自厚而薄責於人，則遠怨矣。』(論語　衛靈公)

『子絕四：毋意，毋必，毋固，毋我。』(論語　子罕)

張載曾說：『無我而後大，大成性而後聖。』(八)

節制自己，不以自己爲作事的直接目的，直接目的在於爲人爲國，間接目的仍是爲自

(八) 張載　正蒙　神化

己，使自己的人格更完全，更高尚，因而成聖。

禮，又是禮儀，行動在外面的次序。民國以來，大家都反對禮，把傳統禮儀廢除了，新的禮儀沒有制定，社會成了沒有禮儀的社會。廢除傳統禮儀乃社會變遷的自然結論，沒有禮儀則喪失社會生活的意義；因爲社會生活沒有節制，沒有適合的儀式，社會由文明而返回野蠻。

耶穌曾經說：『我是道路、眞理、生命。』（聖若望福音　第十四章　第六節）我的精神生命應該有途徑，途徑要是眞理之道，然後我的精神生命纔正確地發展。耶穌是我精神生命的道路，道路是祂爲愛世人而犧牲自己的性命，犧牲乃是我精神生命的途徑。耶穌也曾經向門徒說：『誰若願意跟隨我該棄自己，背著自己的十字架來跟隨我。』（瑪竇福音　第十六章　第二十四節）十字架爲耶穌的犧牲之象徵。只有在犧牲中有眞理，生命才可發揚。犧牲，乃是自我節制。

有節制的人，是有規矩的人，是有禮貌的人，是謙讓的人，是能合作的人。論語講述孔子說：

『子溫而厲，威而不猛，恭而安。』（論語　述而）

禮的精神和意義爲節制，『齊明盛服，非禮不動，所以修身也。』（中庸 第二十章）

4 智

智爲明智，配多，多爲水、爲冷、爲藏。秋收多藏，生命的發展的第四階段，把所接受的收藏起來，以供需求，就如五穀在秋天收穫以後，藏在倉庫裏，供日常需要。明智有如多水，冷靜明淨，不受情慾利害的紛擾。

智的第一步，便是收藏知識。大學講致知在格物，歷代解釋紛紛，陸王且分成學派。朱熹的主張乃爲正確，人心固然有天生的良知，知道臨事辨別善惡。但良知所指示的根據爲天生的性律，性律爲基本的倫理規律，對於人事複雜的境遇，對於後天人造的規律，都須加以研究。但不像朱熹所說久則貫通，而是知識多，良知判斷可以不錯。

求學，在中國古代在於求知天理，天理爲人生活之道，因求知天理進而實踐，中國古人求學爲修身，爲成君子，爲成聖人。孔子所以非常看重求學。但是現代的求學爲得知識，現代的知識包括各項學術的學理，也包含人事的歷史和制度，現代的求學和歐洲的求學，意義相同，求知識而不求做人之道，有學問的人不一定是君子。在中國古代，不是君子，不是賢人，不足稱爲學者。因此，在現代的求知識中，爲能有明智，則須研究人生之道。

在求明智的知識裏，中國古人特別舉出知己知人知天。現代人常以自己爲重，以己爲中心，認識自己成了一門學問。心理輔導中列有自我認識一門，認識自己的嗜好，認識自己的專才，認識自己的性格，都包括在這門學問裏。這乃是學術進步的現象，人類的知識，先認識外在事物，然後才進入內心。現在學術進步了，乃有自我認識的學問。然而這些知識，可作爲求學就業的根據，但爲修身進德還不够。我爲求精神生命的發展，我須認識我的性格、脾氣、感情、傾向，以及修養上的得失，然後才可以「對症下藥」，有惡則改，有善則加強。

我所接觸的都是人，普通都說對於人『知面不知心。』心藏在裏面，我不能透視直接，然而心在外面的表現，則可以知道；由外面的表現，推知裏面心所有的，不能說常是準確，但可以有把握。孔子曾說：

『始吾於人也，聽其言而信其人；今吾於人也，聽其言而觀其人，於予與改矣。』

（論語 公冶長）

怎樣『觀其人』呢？

『子曰：視其所以，觀其所由，察其所安，人焉廋哉！人焉廋哉！』（論語 爲政）

孔子很懂心理學，觀察人，從人做事的目的、做人的方法和形態，和心安自足的事；便使人無法逃避，可以認識他。好心人以爲大家都是好人，不足以應變，常受欺騙。明智的人，必要知人。『樊遲問知。子曰：知人。』（論語 顏淵）孔子又說：『不患人之不己知，患不知人也。』（論語 學而）在目前工商業發達的時候，人和人接觸的機會多，而且工作常由許多人合作；知人的智，更形重要。在這種社會裏，我發展精神生命，必須認識共事和發生接觸關係的人，使我對人的關係，不陷於錯誤。

中庸說：『思知人，不可以不知天。』（中庸 第二十章）中國古人以天爲上天，上天亭毒人的生命，給人定有規律，賦以使命。人對於上天，應該認識。人所以應該認識的是天命。

『子曰：不知命，無以爲君子；不知禮，無以立；不知言，無以知人也。』（論語 堯曰）

『子曰：五十而知天命。』（論語 學而）

知天命而畏天命，爲孔子作人修身的原則。我的精神生命來自造物主天主，宇宙萬物也都爲造物主天主所造，這一切表現天主的愛。我的精神生命，是在天主的愛中生活，認識天主的愛，我的精神生命便有了根。我的精神生命追求眞美善，天主爲絕對的眞美善，爲我精神生命的目的，知道天主的眞美善，我精神生命有了歸宿。

知己、知人、知天，乃明智的內涵。

有的人天生明智，然而就是天生明智的人也須要勤加修養，不是天生明智的人，更須修養了。中庸講修養明智的方法：

『博學之，審問之，愼思之，明辨之，篤行之。人一能之，己百之；人十能之，己千之，果能行道矣，雖愚必明，雖柔必强。』（中庸 第二十章）

爲求知人生之道，博覽羣書，固然有益，然必應有根據，以二三書爲中心，一是聖經，一是四書。這兩册書日存手頭，重覆閱讀，作爲生活的途徑。再旁通中外名著，培養自己的學識。讀書須下工夫、審問、愼思、明辨，都是讀書的好步驟。最後，要實踐篤行，心中才能貫通。

雖然道家以求學所得的知識爲小知，大知則在於以氣和天地之氣相接，直接體認「道」的偉大。但是人的精神生命乃心物合一的生活，知識由感官而入，氣知和直觀不是通常求知的途徑。

佛教最講智慧，有智慧的人以空觀萬物，進而有萬法圓融觀，一切都通於眞如。但是這種智慧不能爲凡人所有，實則一切人都是凡人，講智慧等於無智慧。

儒家則以「道不遠人」，人人都可以有智慧。有智慧的人，有正確的人生觀，知道人生的目的，知道給予事件適當的評價。不以物質而害精神，不以假冒爲眞，在疑難中，知道求解決。心中平靜，看事明瞭，乃能「明明德。」

三、修 養

生命的發展都靠著培養，一株花須要加肥加水，一隻狗須要吃須要喝，人的生命何獨不然。身體的生命，常要用心照顧，不但不缺衣缺食，還要豐衣足食。現代科學發達，給予人生命的高度享受，造成二十世紀的新文明。人的精神生命，在這高度的享受裏，反而受到連累，不能上進，反而萎縮。目前，社會有識人士都在惋惜生活的品質低落，道德淪喪，大呼加強倫理教育。

倫理教育不僅是教授倫理的原則，而且是教育倫理的實踐，使人知道修身。中國古代的教育以修身爲目標，大學一書裏第一章標明了修身之道：正心、誠意、致知、格物、愼獨。宋明理學家雖高談性理，然卻致力實踐，以實踐的方法敎人。古代的敎育，尊師重道，老師以實踐人生之道敎學生，學生看重人生之道，尊敬老師。目前，學校所敎的知識，沒有修身之道，家庭父母也不如前管敎子女，精神生命的修養將成爲絕學，必須予以提倡。天主敎傳統地注重修養，積成一種學術，敎會的男女修院，都鄭重實踐，不以現時代的風氣而停止。

我主張宜繼續中國傳統的修養，加以現代的心理方法，使自己的精神生命，漸得培養，穩健地發揚。

1　正心立志

人是有理智的，做事常有目的，沒有目的，人不會動。目的由心主宰，爲修養先由心定下目標，稱爲定志，志向的好壞，在於心。大學爲修身，第一主張正心。大學的正心，在於心的意向正，所想的都合理。然而意向應當是正心的結果，心正然後意向正。這種正心乃是心地純淨，如同耶穌在福音所說：『心地潔淨的人是有福的，因爲他將享見天主。』（瑪竇福音 第五章 第八節）心地潔淨，沒有情慾的汚染，特別沒有淫慾的汚染，可以享見天主。天主爲純淨的精神體，和純潔的心相接近，而且和純潔的心相結合，純潔的心可以體認天主的美善。

王陽明曾說人心自然光明，有如明鏡。大學稱人心爲明德，自然顯露人性天理。正心就在於保持心的明淨，不被物慾所蔽。爲能正心，第一要省察，反觀自心。清晨舉行省察，作默禱，以聖經的言詞，對越天主，心神開朗，明淨有如青天。先總統　蔣公，每晨默禱，從不間斷。晚間省察一天的思言行，有惡則改。曾子曾說：『吾日三省吾身，爲人謀而不忠乎？與朋友交而不信乎？傳不習乎？』（論語　學而）這種功夫，日常履行，養成習慣。

第二、收心，心不亂則淨。孟子主張求放心，心不宜放在外物上：

『孟子曰：仁，人心也，義，人路也。舍其路而弗由，放其心而不知求，哀哉！人有鷄犬放，則知求之；有放心而不知求，學問之道無他，求其放心而已矣。』（孟子　告子上）

心散在事物上，不能反觀自心，修身不能腳踏實地，中國理學家乃講靜坐以求心之不動。中庸曾以情慾不動稱爲中，呂大臨、楊時、羅從彥、李侗以中爲心的本體，靜坐求見心之本體，引禪入儒。朱熹反對這種主張，以靜時心靜，動時心也要靜。程明道告誡人：『心不得有所繫』(九)，每天以默禱省察，觀察自己的心，不使外馳。每年宜有幾天，閉門靜思，稱為『退省』，不是禪坐，無思無慮；而是思慮自己精神生命發育的狀況。如生命雜亂無章，不進則退，自加修改。

正心立志，心淨則能立定前進的志向，使精神生命一步一步繼續發展。立志，在於成聖，以達到精神生命的高峯。

『長樂惟君子，為善百祥集。
不偕無道行，恥與羣小立。
避彼輕慢輩，不屑與同席。
優遊聖道中，涵泳微朝夕。
譬如溪畔樹，及時結果實。
歲寒葉不枯，條鬯永無極。』(十)

(九) 二程全書，二程遺書十一，明道語錄一
(十) 吳經熊　聖詠譯義　第一章，臺灣商務印書館，民六十四年

2 守敬主一

爲收心，以默禱省察退省作日常功課，同時應「主敬守一」的方法。

「主敬」的方法，從孔子開始，朱熹大爲提倡。孔子的「主敬」，以外貌端重爲要，說話行動常端正不苟。孔子曾說：

『君子不重則不威，學則不固。』（論語　學而）

平居『席不正不坐，寢不尸，居不容，升車必正立，執綏，車中不內顧，不疾言，不親指。』（論語　鄉黨）

在現在的社會裏，青年人將罵這類自敬的人爲迂闊，爲學究，爲腐敗。向學生講授這種自敬的方式，他們不會接受。但是自敬就是自重，自重在現代的青年非常受注意，人人都以自己爲重，誰不願意自重，而招人輕視呢？自重要處處愼重，事事愼重，不可輕忽，也不可輕佻。說話要愼重，言語謹愼。

『子曰：巧言令色鮮矣仁。』（論語 學而）

『子貢曰：君子亦有惡乎？子曰：有惡：惡稱人之惡者，惡居下流而訕上者，惡勇而無禮者，惡果敢而窒者。』（論語 陽貨）

行動也有愼重，現在年青人喜歡活潑，行動敏捷；可是在快動作中也要愼重，外面的形態穩重，動作的次序不亂。男女往來時，行動更須愼重，一不愼，將成終生憾。揚雄曾言：『或問：何如斯謂之人？曰：取四重，去四輕，則可謂之人。曰：何謂四重？曰：重言、重行、重貌、重好。言重則有法，行重則有德，貌重則有威，好重則有觀。敢問何謂四輕？曰：言輕則招憂，行輕則招棄，貌輕則招辱，好輕則招淫。』(十)

謹愼自重，爲外面的主敬，不在靜坐，而在動時愼重。然而守敬還要內面的敬，使自心不亂。中庸大學都主張愼獨，自心常謹愼，獨居如處人中。

『是故君子戒愼其所不睹。戒懼其所不聞，莫見乎隱，莫顯乎微。故君子愼其獨也。』

（中庸 第一章）

(十) 揚雄，法言。修身

內心常有所警慄，愼對自心，愼對天主。這種警慄爲一心理狀態，不是求知，不是良心自照，而是自心常惺惺。曾國藩曾說：『自世儒以格致爲外求，而專力於知善知惡，則愼獨之旨晦。自世儒以獨體爲內照，而反昧乎卽事卽理，則愼獨之旨愈晦。要明宜先乎誠，非格致則愼亦失當；心必麗於事，非事物則獨將失守，此入德之方，不可不辨者也。』㈢

內心的謹愼，不是冥空獨坐，而是就事上謹愼，專心做好。朱熹乃主張「主一」，心專於當前所做的一事，不旁騖別想。朱熹說：『敬，莫把做一件事情看，只是收拾自家精神，專一在此。』（朱子語類 卷十二）

『心須常令有所主。做一事未了，不要做別事。心廣大如天地，虛明如日月。要閒心都不閒，隨物走了。不要閒，心卻閒，有所主。』（朱子語類 卷十二）

有所主，主於當前的事，然不能是邪僻的事。做賊的人，偸竊時，心專於一；深交時，心專於一；這都不是修養的主一，主一要主於天理，合於良知。程伊川說：『閑邪固有一

㈢ 曾國藩 曾國藩全集 文集，君子愼獨篇

矣，然主一則不消言閑邪。有以一爲難見，不可下功夫，如何？一者無他，只是整齊嚴肅，則心便一。一則自是無非僻之奸。此意但涵養久，則天理自然明。』（二程全書　二程遺書　伊川語錄（一））

心專於當前的事，良知自然顯明，邪僻的事便須立刻停止，或有不正則改。守敬主一，事事謹愼，必可免於惡。

『樂只君子，心地純潔，
遵行聖道，兢兢業業，
優哉游哉，順主之則。
惟精惟一，無貳無忒。
聖誠彰彰，寧敢荒逸。
祈主導我，虔守大法。
庶幾無愧，金科玉律。
俾得暢詠，主之靈騭。
正心誠意，惟主是式。

但求吾主，莫我棄絕。』(十三)

專心於一，遵行天主的大道，兢兢業業，向著成聖的志向走，精神生命必能走在發展的路上。

3 淨心寡慾

中國儒家傳統的修養，在於淨心寡慾；道家和佛教更主張絕慾。慾在中國古人的思想裏爲萬惡的根源，爲行善避惡，重點在注意慾情。孟子爲第一個標明寡慾的儒者，實行寡慾以培養人心天生的善端。孟子說：

『養心莫善於寡慾。其為人也寡慾，雖有不存焉者寡矣；其為人多慾，雖有存焉者寡矣。』(孟子 盡心下)

(十三) 吳經熊 聖詠譯義 第百十九首 商務印書館。

孟子以人心生來具有仁義禮智的四端，好好培養，則生長發育以成善德，若荒廢不治，情慾有如雜草，把善端窒息。宋明理學家，因受佛教的影響，對於情慾主張嚴加克制。主靜的人，力求情慾不動。元朝和淸朝的學者，重在實踐，對於克慾，天天下功夫，在日記上記述克慾功夫的進展。

朱熹曾解釋克慾爲治慾，不是克除。

『敵如治田而灌溉之功，克己則是去其惡草。』(朱子語類　卷十二)

『因說克己如剝百合，須去了一重方始去那第二重。』(朱子語類　卷四十一)

『克者，勝也，不如以克訓治較穩。曰：治學緩了，且如捱得一分也是治，捱得兩分也是治。勝便是打疊殺了他。』(朱子語類　卷四十一)

朱熹的方法，克制一項情慾，再克第二項。克是治，治是治理，治理在於有次序，使各得其宜。克慾，乃使情慾動時合於倫理規律，不亂人心，更不使人離開成聖的志向，就是中庸所說：『發而皆中節謂之和。』

儒家反對佛教的絕慾，認爲把人弄成枯木槁灰，失去生活的意義。佛教絕慾，因爲主張萬法皆空，無我無物，情慾之動屬於愚昧。既於無我，當然絕慾。

道家主張無爲，爲能無爲，必須無慾。道家無慾不是絕慾，而是以情慾趨向清靜，享受自然美景和心神清閒之福。對於物質的慾望則予以克除。

目前的時代是一種生活享受的時代，講克慾，少有人願意聽。可是目前因物質享受而帶來的病痛也不少，醫學雖發達，人壽增高，病症卻越加多，生活享受遭病痛抵消。

物質物爲天主創造以供給人使用的，人的情慾來自人性，兩者本身不是惡，惡是人用時不合規律，沒有節制。第一個直接受害的就是人的身體，同時人的精神生活也受損害。情慾藉感官而發，感官和外物則是物引物，感官容易被激動。情慾引發人的興趣，興趣引起喜好，有了喜好，感情則加強。還有社會的風氣，朋輩的唆使，慾情便常趨於越軌而動。一個人若沒有克制情慾的習慣，祇在臨事時使情慾中節，幾乎不可能。因此，須要勤加操練，意志要作情慾的主宰。『人有不爲而後可以有爲』，對於情慾，不單趨於惡的不許動，連正當的情慾也克制不許動。久了，才能隨時給情慾發號施令，而不被情慾所牽制。佛教有戒律，天主教有誡律。天主教獻身修道的修士修女，更宜發誓願，許下絕色守貞，絕財守貧，絕意服從，在名利色三點，徹底克除，然後可以舉心向天，超越塵凡。

『我於天主前，立志為聖賢，
吟咏惟仁義，歌誦惟所天。
孳孳遵大道，兢兢莫踰閑。
主肯惠然臨，我心固以貞。
修身以齊家，蕩滌邪與淫。
痛絕虛偽習，根拔悖逆意。
傲者莫我親，讒者我所棄。
惟願求賢良，與我共國事。』(十四)

『孔子曰：君子有三戒：少之時，血氣未定，戒之在色。及其壯也，血氣方剛，戒之在鬪。及其老也，血氣既衰，戒之在得。』(論語　季氏)

在日常生活中，謹慎不苟，日以省察，自觀生活的情況，對情慾加以管束。處在享樂主義和消費主義的時代中，提高警覺，自作情慾的主人，心地清明，精神生命得發揚。

(十四) 同上，第百有一首

4　誠心對主

大學講正心在誠意，以心所定，誠意實行，內外相合，知行合一。中庸對於誠，非常重視，如『誠者，天之道也，誠之者，人之道也。』（中庸　第二十章）誠者，爲天然或自然。宇宙萬物在變易發展上，天然按照性理而行。物體沒有自由，自然『率性』。理學家以聖人，心無情慾，動輒「率性」，稱爲「誠者」。普通一般人，努力爲聖賢，則須勉力自作主宰，使意能誠於心，稱爲『誠之者』。

『自誠明，謂之性；自明誠，謂之教。』（中庸　第二十一章）

『誠者，自成也，而道自道也。誠者，物之終始，不誠無物。』（中庸　第二十五章）

宋朝理學家周敦頤繼承中庸的思想，發揮「誠」的思想，以「誠」爲「易」，「易」爲萬物本源。

『聖，誠而已矣。誠，五常之本，百行之源也。』(十五)

『乾道變化，各正性命，誠斯立焉。……元亨，誠之通，利貞，誠之復。』(十六)

誠，就是「率性」，所以中庸以至誠之人能夠盡性。「率性」也就是大學的「明明德」，將人性之理顯明出來，行在事實上。王陽明的「致良知」和「知行合一」，便是「誠」。所以不必將「誠」神秘化，作爲宇宙萬物的本源，和太極同一意義。誠，本來就是「信」，信是五常之一，仁義禮智信，理學家都以信不是一種善德，而是各種善德的條件，每種善德都包含信，都要是誠，都要「率性」。

在修養上，誠爲一重要的層次。我的心，明淨沒有情慾的擾亂，心靈所有可以顯露。心靈清淨，沒有物質的牽連，心眼可對神明。基督曾說：心地潔淨的人，可以看見天主。在這種修養的層次上，我的心對越天主。天主本在我心內，我心沒有情慾，不染罪污，天主便顯露在我心中，我的心可以面對天主。

(十五) 周敦頤 通書 第二篇

(十六) 同上，第一篇

面對天主，我的心對越絕對眞美善，將爲所吸引。我的心便能定，定而後能安，我的精神生命將飛騰雀躍。

孔子曾說：『不怨天，不尤人，知我者其天乎。』（論語 憲問）

孟子曾說：『我知言，我善養吾浩然之氣。』（孟子 公孫丑上）

孟子的浩然之氣，以義去培養，使自己的胸懷廣擴，可以包容天地，天地之間沒有一物可以牽累他。我以天主作我心的趨向，遇事以天意爲準則，對於人物不怨，也無所求。時時誠心對越天主，心有所歸。聖保祿曾說世間沒有一事，可以使他和基督的愛相分離(七)。我的心時刻融會在基督的精神愛內，我的心便有浩然之氣。

『稱謝洪恩，歌頌至尊。此事洵美，怡悅心魂。
朝誦爾仁，暮詠爾信，撫我十絃，寄我幽韻。
諦觀大猷，令我心醉，心醉如何，歡歌不已。
功德浩浩，不可思議。聖衷淵淵，經天緯地。……

(七) 聖保祿宗徒 致羅馬人書 第八章 第三十五節

心感我心，崢嶸我角。澡身浴德，芳澤是沐。……
雍雍君子，何以比擬。鳳尾之棕，鬱鬱葱葱。
麗盆之柏，暢茂條達。植根聖圃，霑溉化雨。
經霜獨青，歷久彌固；嘉實纍纍，綠陰交布。
以表正直，以宣永祚。』(六)

5 自強不息

現世精神生活的美景，沒有一項長久不變，精神生命不進則退，修養的功夫須要自強不息。

中庸求學的方法，最後為『篤行之』，知而不行在修養的路上，等之於不知，儒家的修養重在『篤行』，孔子說：

(六) 吳經熊，聖詠譯義，第九十二首

『文，莫吾猶人也，躬行君子，則吾未之有得。』（論語 述而）

『子曰：君子欲訥於言而敏於行。』（論語 里仁）

『子曰：君子恥其言而過其行。』（論語 憲問）

行，當然重要；有恆，繼續去行，立志，克慾，每天從頭做起。在修養上，跌倒失敗的現象，常會出現。須要有勇氣，跌倒就爬起來，從失敗中求勝利。易經以乾道的運行，化生萬物，時時不停，所以說「天行健，君子自強不息。」（乾道 象曰）

我在培養精神生活上，若「自強不息」，乃能涵養有素，有涵養才能培植品德。

『子曰：君子食無求飽，居無求安，敏於事而慎於言，就有道而正焉，可謂好學也已。』（論語 學而）

『居上不驕，為下不倍。』（中庸 第二十七章）

中國古人對於人的品德，常重涵養。『明，夏原吉有雅量。或問吉曰：量可學乎？曰：

吾幼時，人有犯者，未嘗不怒；始忍於色，中忍於心，久則無可忍矣。』(十九)『劉寬嘗坐牛車而行，人有失牛車，乃就寬牛車認之，寬無所言，下車步歸。有頃，認者得牛而送還，叩頭謝曰：慚負長者。寬曰：物有相類，事容脫誤，幸勞見歸，何謝爲？州里服其不較。寬雖倉卒，未嘗疾言遽色，夫人欲試令忿，伺當期會，嚴裝已訖，侍女奉肉羹，翻汚朝衣；寬神色不異，仍徐言曰：羹爛汝手乎？其性度如此，海內皆稱寬長者。』(二十)

有品德則建立人格，有風度，有氣節，艱難痛苦不能改變節操。

『士見危授命。』(論語　子張)

『子曰：歲寒然後知松柏之後凋也。』(論語　子罕)

高尚的氣節，不能一蹴即到，而是點滴的功夫，一分一分地修養，久而後能成。在消極方面，有過卽改。

(十九) 蔡孝儀　進德錄，頁一〇，中央日報社

(二十) 同上，頁七四

『子曰：過而不改，是謂過矣。』（論語 衛靈公）

在積極方面，有善，則勉力去行。

『子曰：三人行，必有我師焉。擇其善者而從之，其不善者而改之。』（論語 述而）

改過遷善的目標，成爲聖人。目標放高，努力上進。

『子曰：若聖與仁，則吾豈敢！抑為之不厭，誨人不倦。』（論語 述而）

儒家學者敎誨弟子，常以聖賢自期。朱熹曾說：『凡人須以聖賢爲己任。世人多以聖賢爲高而自視爲卑，故不肯進……然聖賢稟性與人一同。既與常人一同，又安得不以聖賢爲己任。』（朱子語類 卷六十四）『古之學者，始乎爲士，終乎爲聖人。』㈢

㈢ 朱熹 朱文公文集 卷七十四 策問，首條

四、生命的旋律

我的精神生命，自立在宇宙中，和萬物互相連繫。創生力從宇宙萬物中流出，在萬物中週流。我精神生命既放出創生力，又接受萬物對我的生命所放出的創生力，我的生命和萬物的生命建立了一種旋律，互相週流，互相銜接。

生命不能孤立，天然地存在這種旋律中。我心物合一的生命，身體和周圍的物體相接觸，彼此互相授受，感官接受外物的聲色，內臟接納外物的營養，心理情感和外來情感相呼應，理智思慮使物我成一體。

生生創造力乃是「仁」。仁的愛，由我放射到「非我」，貫通宇宙的人物，帶回來宇宙人物的愛。互相授受的愛，織成旋律，我的生命更形活躍。

造物主天主創造了在愛的旋律中的生命，也佈置了生命旋律的自然旋律圈。人生在家庭中，家庭爲生命旋律的第一圈。由家庭走到社會，社會爲生命旋律的第二圈。由社會到國家，國家爲生命旋律的第三圈。家庭，社會，國家，都在自然宇宙中，自然界爲生命旋律的第四圈。這四個生命旋律圈，天然而成，合於人的天性。我的生命便在這四個生命旋律圈內，生長發育。中國古人稱五倫爲人生關係的範圍，實則就是生命旋律的範圍，也就是我生命的世界家庭社會國家都包括在五倫以內。道家卻願超越一切旋律範圍，祇求在自然界的旋律中生活；佛教更願超越一切旋律圈，以空觀一切。然而人性所要求的，人不能都拋棄。而在現代的生活裏，更不能否認生命旋律。

1 家庭

男女兩人，互相授受身體，結成一體，以創造新生命。兒子既生，父母的生命流行到子女，子女以生命相報，建立孝道。儒家的孝道，以生命回報爲基礎，父子生命相連，父母配天。在縱橫的兩方面，儒家孝道都以子女的生命爲範圍。子女孝敬父母，一生不變，不論成年不成年，父母去世，仍舊『事死如事生。』（禮記 祭義）子女一生的行動都歸之於孝道，凡是善行都是孝，凡是惡事，都是不孝。兒子生活的目的，在於「揚名顯親」。兒子生命的繼續，在於繼續父母的祭祀。家庭的意義，完全集中在生命。宇宙的生命在萬物中生生不息，人的生命在家族中綿綿不絕。人一出生，生在父母的家庭中，父母隨著生命賦予子女以愛，「父慈子孝」，乃生命的第一個旋律。家庭的愛，養育子女的小生命，漸漸成長；子女的愛充實父母的生命，堅強壯實。天倫之樂乃生命旋律的花果，在家庭中自然長成。

工商發達的社會，工作搶奪了生命的時間，家庭生命的旋律流動漸慢，甚而至於枯萎。父母早出晚歸，子女少有看見父母的機會。子女漸大，獨立的觀念促他們脫離父母的關懷，兩方面愛的表現，稀薄散漫，父母既不教，子女乃不孝。目前中華民國的社會，孝道竟發生危機。在這種環境裏，別的旋律圈加多加深，然而生命旋律以愛爲動力，愛推動創生力週遊不輟。愛須由母胎發始培養，在家庭的旋律中生根。若是缺少家庭愛的旋律，在社會國家的旋律中，將爲工作關係的連繫，人心將養成虛僞欺詐。家庭的愛在工商業的社會中理應加強。家庭教育宜和學校教育平行，相輔相成。週末假日，春節年關，端午中秋，家人團聚。兒女奉養老年父母，膝前抱孫。安老院祇爲孤單無依的老人，娛樂中心可供同鄉同里的老者散心。今天的孝道，愛心勝於禮儀，養心勝於養身。若將家庭的生命旋律化爲社會生命旋律，胎兒生後卽送托兒所，牛奶代替母奶。父母老後卽送養老院，每月一兩次拜訪；似乎嬰兒和老父母都變成了贅疣，天倫之樂祇在青年父母和幼稚子女的家庭。子女一入工廠或大學，生命的旋律就流入了社會，白天，家庭將空寂無人。這種轉變帶給精神生命的傷害，雖然無形，卻相當深。大家提倡以廠爲家，以校爲家，圖謀以工廠學校塡補離別的家庭，若不能仍保持且加強在工廠和學校的子女和父母連繫，青年的心靈仍將有缺憾。「父慈子孝」的旋律今天還是精神生命的發祥地。

生命由父母所生，父母子女在生命上連繫；兄弟姊妹間有一生命來源，血脈相通。五倫中有兄弟一倫：『兄友弟恭』。目前的社會，兄弟平行，祇有在家庭企業裏，或兄或弟擔任總管，發號施令。古代姊妹爲女性，女性在家庭沒有地位，祇預備出嫁，成爲他家的人。現在姊妹在家和兄弟一樣。家庭生命旋律，周流在兄弟姊妹中，愛的成份既多，情緒將更濃。父母日間出外工作，兄弟姊妹同校，形影相隨，將可增進家庭愛的旋律。父母老而去世，兄弟姊妹尚能保持血親的愛，家庭生命旋律便將周流在兄弟姊妹家庭中。詩經常棣章歌詠兄弟相好的天倫樂：

『常棣之華，鄂不韡韡。凡今之人，莫如兄弟。
死喪之威，兄弟孔懷；原隰裒矣，兄弟求矣。
脊令在原，兄弟急難，每有良朋，況也永歎。
兄弟鬩於牆，外禦其侮。每有良朋，烝也無
喪亂既平，既安且寧，雖有兄弟，不如友生。
儐爾籩豆，飲酒之飫。兄弟既具，和樂且孺。
妻子如合，如鼓瑟琴。兄弟既翕，和樂且湛。
宜爾室家，樂爾妻帑。是究是圖，亶其然矣。』

2 社會

家庭爲生命的根基，生命成長後卽走入社會。我的生命不能孤獨，必和其他的生命相接觸。人和人相處，自然結成社會。擴大生命接觸的範圍。唐君毅先生說：『吾人首須知：日常生活中人與人同情共感而互助之事，雖極庸常。然此中之每一事，對己而言，皆足以開出一自己之生活境界之擴大超升之機，對人而言，皆足啓示一心靈世界之存在，而成就人之心靈的世界之實超升而擴大，對世界而言，則使人肯定一眞實之客觀存在之世界。』（生命存在與心靈境界 上册 頁六二九 學生書局 民六十六年）社會在農業時代，範圍衹在村中，稱爲農村社會。今天的社會，則鄉村和城市相連，一國和別國相交，今天社會的範圍，擴充到天下。但平日我所接觸的社會，常是同城同域的人。同城同域的人今日少則數十萬，多則數百萬，我生命的旋律爲能正常地周流在這些人中，須要有周流的管道。在中國古代，社會的管道爲師爲友，再有同族同鄉同業。這些管道，在今天的社會裏，仍舊爲社會生命旋律的適當管道。

師，在古代爲生命旋律的重要一環，家中所供牌位，上書「天地君親師」，五者都信爲生命的根源。師爲生命根源，因爲老師敎誨弟子人生之道。爲生命的導師，古代乃『尊師重道』。今天的師，則成爲知識的傳授者；若祇傳授知識，則和報紙的編者，電臺的廣播者沒有什麼分別，不値得特別的重視。

但是，生命的導師在今天的需要，較比以往更需要，因爲生活日趨複雜，工作的情況更艱難，須要向明智人和有德的人請教。

『子曰：三人行，必有我師焉。』（論語 述而）

『子入太廟，每事問。』（論語 八佾）

『舜其大知也歟！舜好問而察邇言。』（中庸 第六章）

『曾子曰：以能問於不能，以多問於寡，有若無，實若虛，犯而不校，昔者吾友，常從事斯矣。』（論語 泰伯）

好問是向人請教，能虛心問人，得益必多。自以爲明智，事事有把握，失漏和失足的地方必多。人生最有益和最幸福的事，在能得一位有德有學之士，時時可以向他請教，待以師禮。雖沒有進過他的教室，仍可以尊他爲師。社會上常有人拜人爲義父母，但很少有人除業師以外拜人爲義師的！

儒家的傳統除師以外，很看重朋友。朋友爲平輩，感情相通，互有愛的旋律的人。師不容易求，友則可以容易遇到。有友則不孤，同心合力則力強。

友情既爲精神生命的旋律，便應協助生命的發展，不可反加摧殘，儒家乃特別提倡愼重擇友。

『孔子曰：益者三友，損者三友；友直，友諒，友多聞，益矣。友便僻，友善柔，友便佞，損矣。』（論語　季氏）

『無友不如己者。』（論語　學而）

『責善，朋友之道也。』（孟子　離婁下）

朋友相交，在互相協助，不僅在工作和事業上，尤其在進德上，朋友須互相規勸。可以協助進德的朋友，自己要是有德，或至少努力進德，然後才可以「責善」。孔子所以說擇友的標準，在於選擇肯直言的人，選擇見聞很廣的人，選擇氣量廣大。知道原諒的人，朋友間不免有缺乏，有衝突。直言又可以引起憤憾，事後聽話的人必會自反，所以應予諒解。

『子曰：可與言而不與之言，失人；不可與言而與之言，失言。知者不失人亦不失言。』（論語 衞靈公）

朋友交情，淸淡如水，不濃如醴，可以持久。責善，不聽；再言，不聽，放棄這種朋友，免得因數度責善而受辱。人一生能得善友，乃一大樂事。孔子說：

『有朋自遠方來，不亦樂乎。』（論語 學而）

『君子以文會友，以友輔仁。』（論語 顏淵）

人生有伴，攜手同行，在生命的路上，互相關注，互相勸勉，互相援助，在生命的路上必多樂趣。

中國社會傳統，有同族，同鄉，同業，組成一個團體，作爲社會生命的旋律。同族爲家庭的擴充，血脈相連。在古代成爲一種組織，有共同的法規和習慣，對同族的人，負有管束扶助的義務。當時的社會福利，由同族的組織負責實行。目前，家族組織已失去地位；然而同宗同姓的連繫，今天又重新加強，還可以成爲社會生活互相協助的因素。

同鄉爲鄉誼的連繫，若離鄉背里，同鄉人互相援手。在外國遇到中國人就覺得親熱。在外縣遇到同鄉人感到是鄉親。

同業，在古代時意義不重，在今天的社會裏，意義不僅超過了同族同鄉，而且已成爲社會組織的重要一環。目前各種行業，和各種學術研究，都組成同業會或聯誼會或學會，共同保障同業的權利，互相攜手以謀發展，且共同提倡職業道德，實行同業自律，以得社會的重視。

人爲社會動物，人的生命在社會裏生存，人的眞正「存有」是在社會內的「存有」。所以我的精神生命，生來帶有社會性。而且我信仰天主教，按照天主教的教義，我看凡信奉天主教的人，都是基督妙身的肢體。大家同基督合成一身，基督爲無形的頭，有形的頭則是教宗。基督妙身形成一個教會。在基督妙身教會內，基督的生命周流在肢體中。我的精神生命因基督的生命，併合基督的生命，在教會生命中旋律。

3 國家

社會進而爲國家，生命的發展，得到保障。國家爲人民而成立，出自人的天性，不是來自民約。由酋長而諸侯，由諸侯而帝王，由帝王而進入民主，國家的形式隨時代而變，國家的意義常是爲謀國民的幸福。

書經的天命觀，以皇帝爲上天所選，代天行道。桀紂不遵天命，禍國殃民，上天命湯王武王起兵討伐，繼承皇位。皇帝代表社稷，社稷代表國家，國家由皇帝而造福人民，人民對於皇帝盡忠。忠和孝乃爲儒家的兩種最重要的實踐道德。秦始皇、漢武帝建立了君主專制，國家歸於皇帝所有，人民任憑皇帝管轄，沒有權利，祇有盡忠。但是儒家的天命思想繼續傳遞，臣下盡忠爲『盡忠報國』。

「仁道」的觀念，由易經生生思想孕育發揚，儒家學者都願贊天地之化育。易經說聖人以仁守位（繫辭下 第一章）造福百姓。中庸描述聖人的仁德：

『大哉聖人之道，洋洋乎發育萬物，峻極於天，優優大哉！』（中庸 第二十七章）

孔子和孟子一生追求一官半爵，爲能推行堯舜之仁道，以行仁政，養民敎民，後因不遇明君，乃退而敎授徒弟。孟子曾說：

『得志，與民由之；不得志，獨行其道。』（孟子 滕文公下）

孔子的生活原則，是『窮則獨善其身，達則兼善天下。』這種原則爲儒家愛國的原則。在朝廷居官，得志而顯達，便『先天下之憂而憂，後天下之樂而樂。』㈢

『孟子曰：說大人，則藐之，勿視巍巍然。高堂數仞，榱題數尺，我得志弗為也。食前方丈，侍妾數百人，我得志弗為也。般樂飲酒，馳騁田獵，後車千乘，我得志弗為也。在彼者，皆我所不為也；在我者，皆古之制也，吾何畏彼哉。』（孟子　盡心下）

孔子常以政爲正，先正身然後才從政，身不正，怎麼能正別人。在孔孟的思想裏，皇帝和大臣應該是聖人，聖人從政乃是以身敎，卽使不從政，德敎仍能普及全國。

『唯天下至聖，為能聰明睿知，足以有臨也；寬裕溫柔，足以有容也；發強剛毅，足以有執也；齊莊中正，足以有敬也；文理密察，足以有別也。溥博淵泉，而時出

㈢ 范仲淹　岳陽樓記

之。溥博如天，淵泉如淵；見而民莫不敬，言而民莫不信，行而民莫不說。是以聲名洋溢乎中國，施及蠻貊，舟車所至，人力所通，天之所覆，地之所載，日月所照，霜露所墜，凡有血氣者，莫不尊親，故曰配天。』(中庸 第三十一章)

聖人在國家裏，德表照耀人民，人都信服。朱熹注說：『言其德之所及，廣大如天也。』故曰『配天』。中庸以孔子達到了這種境界。

『仲尼，祖述堯舜，憲章文武，上律天時，下襲水土，譬如天地之無不持載，無不覆幬，譬如四時之錯行，如日月之代明，萬物竝育而不相害，道竝行而不相悖，小德川流，大德敦化，此天地之所以為大也。』(中庸 第三十章)

儒家仁道的政治爲仁政，仁政以敎化爲原則，故重德敎。儒家求學目的在行道，以仁道敎化國民，『大德敦化』，今日民主政治，治國者由民選，民選的人大都『大言不慚』，少有正身以從政，『如日月之代明。』

不從政的國民，每人對於國家都有『忠』的義務。國家有土地，有政府，有人民。國民有義務保衛國家的疆土，服兵役以備戰。國民有義務保障政府的法統，不使政權分裂；有義務供給政府各項建設的經費，按法納稅。國民有義務保護民族的文化，繼續發揚。民族的存在，以民族文化爲代表，爲象徵。當社會生活環境，急劇改變的時代，民族的傳統文化，不能適合當前的環境，民族中的智者，應該整頓傳統文化，依照時代的環境，予以改革。爲保衛國家，國民應發揮責任感和正義感。先總統 蔣公留有遺訓：

『以國家興亡為己任，
置個人死生於度外。』

我精神生命的旋律，在家庭中孕育而生，在社會中發揚而長，在國家中堅強而立，在教會中垂久而存。

4 宇宙

家庭、社會、國家，存在宇宙之中。宇宙似乎空空洞洞，祇有古人所說天覆地載；實際上宇宙充滿萬物，萬物的「存在」爲動的生命，和我的精神生命時刻都在接觸，成爲我精神生命的最大旋律。

自然界萬物的美好，結成自然的美景，蘇軾曾說：『惟江上之清風，與山間之明月；耳得之而爲聲，目遇之而成色。取之無禁，用之不竭。是造物者之無盡藏也，而吾與子之所共適。』(三)

我對著自然界的美景：一朵花，美麗照眼；一片葉，結構神奇；百丈瀑布，懸崖直下，鼓舞精神；千丈山峯，蜿蜒相接，屏障天邊；一碧清流，透明見底；浩浩大海，驚濤絕浪，水天相接。我的心神歡欣地和紅花綠葉，高山湖水，冥冥相接。古代騷客詩人，留下來多少對景感懷的詩：

『寒山轉蒼翠，秋水日潺湲。倚杖柴門外，臨風聽暮蟬，渡頭餘落日，墟里上孤煙。
復值接輿醉，狂歌五柳前。』(四)

『清晨入古寺，初日照高林，曲徑通幽處，禪房花木深。山光悅鳥性，潭影空人心。

(三) 蘇軾 前赤壁賦
(四) 王維 輞川閑居贈裴秀才迪

萬籟此俱寂，惟聞鐘磬聲。』（二五）

『山暝聽猿愁，滄江急夜流。風鳴兩岸葉，月照一孤舟。建德非吾土，維揚憶舊遊。還將兩行淚，遙寄海西頭。』（二六）

『國破山河在，城春草木深。感時花濺淚，恨別鳥驚心。烽火連三月，家書抵萬金。白頭搔更短，渾欲不勝簪。』（二七）

『春花秋月何時了，往事知多少？小樓昨夜又東風，故國不堪回首月明中。雕闌玉砌應猶在，只是朱顏改。問君能有幾多愁？恰似一江春水向東流。』（二八）

『林斷，山明，竹隱牆；亂蟬，衰草，小池塘；翻空白鳥時時見，照水紅蕖細細香。村舍外，古城傍，杖藜徐步轉斜陽；殷勤昨夜三更雨，又得浮生一日涼。』（二九）

（二五）常建　題破山寺後禪院

（二六）孟浩然　宿桐廬江寄廣陵舊遊

（二七）杜甫　春望

（二八）南唐後主李煜　虞美人（詞）

（二九）蘇軾　鷓鴣天（詞）

藝術哲學以這種詩詞爲詩人，將自己的感情灌注在自然界的物體中，使物而人格化。實則，是物和人的合一，物的顏色聲音進入人的感官，感官印象一入人的心靈，引起人的情感。詩人的情感敏而深，想像活潑，使人心感情和外物印象相合而爲一，眞正成爲生命的旋律。人心在宇宙美景中，拓廣到天之高、地之深，生命旋律的範圍，拓充到無限。

我的心靈則再因萬物的美好，上升到造物主天主，在造物的美好中，欣享咏讚天主的美善。

『讚主於天中，讚主於蒼穹。讚主爾衆神，讚主爾萬車。讚主爾日月，讚主爾明星。讚主爾九天，讚主爾靈淵。讚主為何因？莫非主所成。讚主為何故？恃主很安固。各各有定分，祇守莫逾矩。讚主於大地，讚主於海底。漁海與源泉，冰雹與氛氣。雷霆與白雪。飄風布聖旨，小丘與高嶽。果樹與喬木，爬蟲與飛禽。野獸與家畜。王侯與衆庶，權位與尊爵。壯男與閨女，白髮與總角。皆應誦主名，主名獨卓卓。峻德超天地，子民承優渥。衆聖所瞻仰，義塞所依托。天下諸虔信，莫非主之族。』㈢

㈢ 吳經熊 聖詠譯義，第百四十八首

我由父母出生，天然和父母有愛的旋律，父母愛我，我愛父母。生命漸長，弟妹出生，我愛的旋律伸到弟妹，而又愛及祖母，伯叔父母，堂兄弟姐妹，天倫之樂，家人共享。由家庭後來到社會，到羅瑪，生命的旋律展伸越廣。回到臺灣，生命的旋律，拓到教會和國家。且常由自然美景，懷念大陸鄉親，追念中華文化。再由自然美景升到造物主天主。我生命的旋律，充滿宇宙，超越天地，而又下到人間，深入自己心靈。精神生命時刻充實，時刻進前，我覺自己生命的獨立，又覺我生命的廣大。體認到自己生命的根源，直見生命的目標。心地安定，無驚無懼；一步一趨，無憂無慮。自作計畫，卻靠天主；在現世盤桓，卻在永生駐足。我覺到生命的充滿，我感到生命的樂趣。心飛越宇宙，卻在自己內面深處，體認『萬物皆備於我。』（孟子　盡心下）

『子曰：吾十五而志於學，三十而立，四十而不惑，五十而知天命，六十而耳順，七十而從心所欲，不踰矩。』（論語　爲政）

孔子的生命歷程，乃精神生命向心靈深處步步深入的歷程。進入自己心靈一步，精神生命在外面也拓伸一步。由學而到人，由人而到天，事事處處，看到天命，乃能『隨心所欲，不踰矩。」

5 旋律的破壞

宇宙間萬物的生命發育，誠於本性，天然繁殖，在萬萬年的宇宙變化歷程中，生命翕鬱地繼續生生，互相週流。及至人的生命出現了，宇宙的生命改變了途徑，受人生命的引導，一方面增加了生命的意義，參加人類文化的建設；一方面遭受摧殘，被人的貪慾所濫用。

在自然界中，雖迭次發生天災，宇宙改變了面貌，一些物體被毀滅了，新的物體繼續生生。自然界的天災所造成的災害，宇宙與生命創造力常能予以調整。但是人類加於宇宙萬物的摧殘，則須人去調整，予以補償。

在人類的生命中，乃出現罪惡的現象。罪惡，是人破壞生命的旋律，違背了生命的規律和次序。

罪惡，可分為兩個名詞，惡和罪，惡為缺欠，為不適當；罪為違背規律次序。

在本體方面，只能有善，「存有」都是本性成全的，生命天然合於規律次序。在具體的「存有」，一些屬性可以因著外在原因而發生缺欠，例如盲人，聾者，缺欠了應有的眼目和耳官，這是本體方面的惡，然而不是罪。在具體生命上，生命的發育可以因著外在的事故而有摧殘，例如天旱，例如大水，摧殘千千萬萬的物體；這是物理界的惡，但也不是罪。罪，則是人類所作的，這種惡是精神生命的惡，由人的心靈所造成，打擊生命的旋律，摧殘生命的發育。

我的精神生命，在發育的歷程中，常和其他生命接觸，接觸的意義和實效，在於彼此生命互相授受以增加生命的內涵，加強生命的發育。但是我的精神生命由我心靈作主，我有自由支配生命的活動，我的自由由理智去指導，由意志去決定。我的理智和意志都可以因內外的原因，而溢出生命的規律以外，使我生命的活動，傷害我所接觸的生命，也傷害我自已的生命，因此造成罪惡。

罪惡常阻礙生命的旋律，使我精神生命的旋律達不到家庭社會國家和宇宙，而且在達到時，不帶予協助而帶予傷害。

當我精神生命活動時，我追求我精神生命的成全，追求眞美善。眞美善的追求，有一定的次序和規律，否則，我的追求，破壞了次序和規律，直接間接傷害其他生命，則已經不是眞美善，而是過或不及，乃是罪惡。

我當然不是追求罪惡，罪惡本身不能存在，不是實體，而是實體或活動的缺點。我的自由傾向罪惡，是因爲我的理智和意志受到了阻礙，將缺點當成了善，將有害看成了有益。理智是我生命活動的指導者，理智天然認識自己的對象，然而在產生罪行時，理智卻看錯了，那或者因爲我的理智力短弱，對於高深或複雜的事理，不能看清；或者因爲受了私慾的蒙蔽，沒有把事情看清。若因理智力薄弱而未能認識對象以造成錯誤，錯誤不能歸罪於我，因爲錯誤是無心的。若因慾情而看事不清以造成錯誤，則是有心的錯誤，而有罪責了。但許多時候，理智看清楚了，意志卻不隨從理智的指導，選擇了惡，則是明知故犯，罪惡加深。

我的本性本來是善，理智意志也天然傾向於眞美善，情慾係天生而有，本來不是惡，然則我的情慾爲什麼蔽塞理智或意志，使自願選擇惡呢？雖說在我使用自由時，我不是選擇惡，而是選擇善；然而這種主觀的善並不能掩蓋客觀的惡；而且我明明知道所選的事能有害於其他生命，而我卻因爲我一人的益而自願去做，這究竟是什麼緣故？中國哲學講性善性惡，講惡習所染；西洋哲學也講惡的起源，但都不能答覆這個疑問。從哲學方面，沒有答覆可以解釋這個問題。朱熹說是因爲氣濁則氣質之性乃惡；然而爲什麼我的氣濁，他的氣清呢？西洋哲學明明說人性是善，則爲什麼人又天然傾於惡呢？

祇有從宗教信仰去解釋。佛教唯識論以人的無明愚昧，來自阿賴耶識的種子，種子有先天的和後天的，先天爲一個人第一次生時，天生有種子，種子有有漏和無漏，有漏種子薰起惡的現行，惡行生有漏種子，人乃輪廻。天主教相信人類初生的原祖，在造物主的考驗時，違背了造物主的命令而犯了罪，罪留了餘毒遺傳後代。罪的餘毒是人的情慾傾向感覺的享受，因而可以蔽塞理智和意志。因此中外的哲學都肯定罪惡來自情慾的衝動。

祇顧眼前的利益，不想來日的災害。這是原罪的餘毒。常想食色的感官快樂，忘記精神的快樂，這是原罪的餘毒。人人都有這種餘毒，然可多可少。中國古人常以聖人爲天生不受情慾牽累的人，然而天生的聖人可以說從未見過。所以人人都受情慾之累。

罪惡歸之人，不因原罪餘毒而卸去責任，原罪餘毒不損害人性。中國學者常譏笑天主教人信原罪而以人性爲惡，這一點是大錯。人性是善的，理智和意志和情慾也是善的，祇是情慾傾向於惡，然人自己能作主，惡便歸之於人㈢。西洋哲學以惡自身不能存在祇是善的缺欠，藉善而存在。中國哲學講動，惡是動而不中節，不中節之動也是動，按中國哲學說惡可以存在，而歸之於人之動。

罪惡的效力，常阻礙生命的旋律。就使一個人在自己的內心想要行惡而在外面不做，這內心之惡也阻礙生命的旋律。中國古人常講「愼獨」，雖以爲是修養的方法，然也有形上的理由。西洋天主教神學家常講善和惡不能是孤獨的，一人之善必使衆人受益，一人之惡必使

㈢ 關於論罪惡，參考 S. Thomas Summa Contra Gentiles IV 52。S. Thomas Summa Theologica I-II, 21, I.

衆人受害。我的生命和宇宙萬物的生命相連，我的精神生命的活動必定和其他的生命相接觸，接觸是給予好或給予傷害，直接和間接地傳達到一切的生命；這也是生命的旋律。

人世的超人或英雄，常提昇自己到宇宙主宰的位置，一切由自己主宰，一切歸屬自己。生命的意義祇在他的生命，生命的利益祇是自己生命的利益。他蔑視一切的人，更輕看一切的物，例中國古代的專制暴君，現代中外的獨裁魔王，殺人盈城，死屍遍野。這種人絕對不是超人，絕對不是英雄，而是千古的罪人。他們把生命的旋律都斷了，拆散家庭，分化社會，滅亡國家，污染宇宙；他們已沒有人的生命，已經禽獸之不如！

現在社會對於罪惡的觀念，被生活享受主義或消費主義沖淡了，許多人已經想不起還有罪惡。彼等祇想以自己的人格爲主，在一切活動上可以表現自己，可以滿足自己的慾望，便都是善，惡祇是傳統的老觀念。可是就在目前經濟飛騰的時期，大家體驗到社會生活和每人的自我存在已經受到罪惡的嚴重威迫。就在大家不願想罪惡時，罪惡的凶暴威迫各自的生命。這一點很顯明地表示生命的旋律在仁道的愛被破壞，不能週流時，罪惡就傷害大家的生命。罪惡不是傳統製造的觀念，而是人們傷害生命的事實。罪惡傷害生命不祇是殺人害人，而是傷害人的精神生命，使精神生命不能因著仁道之愛而旋律於宇宙之間，處處被阻礙，雖然科技和經濟的發達，可以助長身體的生命，然而因人是心靈和身體相合而爲一的人，精神生命受摧殘，身體的生命也同樣受害。

在人類陷於罪惡的淵藪，日久不能自拔的時候，我舉目向天，想起中國傳統文化的儒釋道都主張生命的超越，人不僅遠離罪惡，而且超越宇宙以上，生命飛翔在精神的最高領域，與天地合爲一，我的心雀躍而起。

我可以勝過罪惡，力量不是我的，而是提攝我和我結合一體的基督。因著基督的善，整個宇宙受祂的善；因著基督的力，整個人類有力以拔於罪惡。聖保祿宗徒說：

『如果你們眞聽從基督，就該脫去你們照從前生活的舊人，就是因順從享樂的慾念而敗壞的舊人，應在心思念慮上改換一新，穿上新人，就是按照天主肖像所造，具有眞實的正義和聖善的新人。』（致厄弗所書　第四章　第二十一節）

『除了彼此相愛以外，你們不可再欠人什麼。因為誰愛別人，就滿全了誡律。其實「不可奸淫，不可殺人，不可偷盜，不可貪戀」，以及其他任何誡命，都包括在這句話裏！就是「愛人如己」。愛不加害於人，所以愛就是誡律的滿全。』（致羅馬人書　第十三章　第八—十節）

第五章　生命的超越

我的精神生命，趨向無限的絕對眞美善，又與基督的神性生命相合爲一，我的精神生命乃在本體上超越宇宙萬物的自然界物體，攝昇到神性的本體。我精神生命的活動也日漸超越宇宙萬物，雖同萬物活在宇宙中，我精神生命的活動在目的和本質上，都屬於超宇宙的神性生活，且與絕對眞美善的造物主天主相接。

在中國的生命哲學中，儒佛道都趨求生命的超越，儒家以「天人合一」，道家以「與道冥合」，佛敎以「進涅槃」爲目的，都追求人的生命超越宇宙，達到與絕對體相合的境界。唐君毅先生在所著的生命存在與心靈境界（學生書局　民六十六年）書以長達六百頁的篇幅，講論中外哲學的生命超越。

一、中國生命哲學的生命超越

1 儒家—聖人

儒家以心靈爲人的大體，人以心靈生命爲主，心靈虛靜而靈，可稱爲神。儒家的學者全心培養心靈生命。

儒家稱培養心靈生命爲修身，修身以大學所列的綱目爲途徑。

『大學之道，在明明德，在親民，在止於至善。古之欲明明德於天下者，先治其國；欲治其國者，先齊其家，欲齊其家者，先修其身，欲修其身者，先正其心，欲正其心者，先誠其意，欲誠其意者，先致其知，致知在格物。』(第一章)

大學列舉明明德爲心靈生命的基本，明明德的目標，在於親民和止於至善。明明德的步驟爲治國、齊家、修身，修身的方法爲正心、誠意、致知、格物。修身的方法爲培養心靈生命的方法。明明德的目標，爲心靈生命的目標。心靈生命的超越不在於方法，而在於目標。但是宋明理學家都沒有把心靈生命的目標安置在超越境界，朱熹註大學說：『大學者，大人之學也。明，明之也；明德者，人之所得乎天，而虛靈不昧，以具衆理而應萬事者也。但爲氣稟所拘，人欲所蔽，則有時而昏，然其本體之明，則有未嘗息者。故學者當因其所發而遂明之，以復其初也。新者，革其舊之謂也。言既自明其明德，又當推以及人，使其亦有以去其舊染之污也。止者，必至於是而不遷之意。至善，則事理當然之極也。言明明德親民，皆當止於至善之地而不遷，蓋必其有以盡夫天理之極，而無一毫人欲之私也。此三者，大學之綱領也。』朱熹解釋三綱領，都不出於倫理之外，克制私慾，以顯明人心之天理，對人對事止於事理之當然。大學第四章說：『為人君，止於仁；為人臣，止於敬；為人子，止於孝；為人父，止於慈；與國人交，止於信。』朱熹註說：『引此而言聖人之止，無非至善。五者，乃其目之大者也，學者於此，究其精微之蘊，而又類推以盡其餘，則於天下之事，皆有以知其所止而無疑矣。』對於「止」的解釋，是得當，『必至於是而不遷者』；然對於「至善」的解釋，則止於世事的『理當然之極』，則將「至善」包涵在人事的範圍以內，沒有能夠超越。然而大學既為大人之學，「至善」則不是每一事的至理，而是「大人」所以為大人之「至善」。「大人」在易經有所說明：『夫大人者，與天地合其德。』(乾卦 文言)「大人」的心靈生命明明為一種超越世物的生命。朱熹沒有看到「全體之至善」，只注意各項善行的至善。

中庸的講聖人之道和君子之道：

『大哉聖人之道，洋洋手發育萬物，峻極於天。……故君子尊德性而道問學，致廣大而盡精微，極高明而道中庸。』（中庸 第二十七章）

儒家的傳統卻只注意到君子之道，常常討論「尊德性而道問學」，以陸王的尊德性，以朱熹爲道問學。姑不論說的對不對，實際上是失去了儒家心靈生活的目標。在這一章明明說：『大哉聖人之道，洋洋乎發育萬物，峻極於天。』這種境界是何等高！儒家修養的目標在於成聖人，雖然大家都知道成聖人之難，中庸在同一章也說：『待其人而後行。苟不至德，至道不凝焉。』「至道」乃聖人之道，「至德」則是「發育萬物」，沒有這種「至德」，不能具體表現聖人之至德。中庸的「至德」，即是易經所說：『與天地合其德』。天地之德，易經明明說：

『天地之大德曰生，聖人之大寶曰位；何以守位，曰仁。』（繫辭下 第一章）

儒家的精神生命所有的目標，在於『與天地合其德』，也就是普通常說的「天人合一」。天，代表天地，天地代表上天。天地所表現的爲生生不息，天地相合使萬物化生。天地具有生生創造力，萬物都各具有生生之理。天地的生生創造力週流在萬物之中，使萬物化生。宇宙乃一活的宇宙，宇宙爲一道生命洪流，長流不停。

人得天地之心爲心，人心爲仁。人生有私慾，唯有聖人，生來不具私慾，光明瑩潔，深悟天理，乃能貫徹天地之心，以自心所具的生生創造力，和天地的生生創造力相結合，於是聖人贊天地的化育，「可以與天地參矣。」（中庸　第二十二章）

易經乃說：

『夫大人者，與天地合其德，與日月合其明，與四時合其序，與鬼神合其吉凶。先天而天弗違，後天而奉天時。天且弗違，而況於人乎！況於鬼神乎！』（易經　乾卦文言）

在易經裏，天地爲乾坤的具體象徵，乾坤爲陽陰的特性。乾坤在易經爲兩基本卦，乾卦：『彖曰：大哉乾元，萬物資始，乃統天。』坤卦：『彖曰：至哉坤元，萬物資生，乃順承天。』乾坤會爲萬物化生之元。

『乾道變化，各正性命，保合太和，乃利貞。首出庶物，萬國咸寧。』（乾卦 彖曰）

『坤厚載物，德合無疆。含弘光大，品物咸亨。』（坤卦 彖曰）

天地的大德爲生生不息，生生創造力周流不停。聖人的至德，在於與天地生生創造力結合，使萬物化育。

『故至誠無息，不息則久，久則徵，徵則悠遠，悠遠則博厚，博厚則高明。博厚所以載物也，高明所以覆物也，悠久所以成物也。博厚配天，高明配天，悠久無疆。如此者，不見而章，不動而變，號為自成。

天地之道，可一言而盡也，其為物不貳，其生物不測。』（中庸 第二十六章）

方東美教授曾說：『「天地之大德曰生」，然並非生只一度而已，如尋常所謂靜態一屬之生者，而是動態往復歷程，易經「生生」一辭，中文直解原作「生之又生，或創造再創造」，故業向採懷德海之術語 Cneatibe Cheativity 譯之，庶幾格義相當。』(一)

(一) 方東美 中國哲學之精神及其發展 上冊 頁一五五。孫智燊譯 成均出版社 民七三年。

大人或聖人的心靈生命，和天地的生生相結合。他的生生創造力，參與天地生生創造力，一同化育萬物。日月，四時，鬼神，原來都是天地創生力的工具，發展生命的創造，大人或聖人所以能和日月，四時，鬼神相合。他的心靈生命擴充到天地，包括萬物。這種生命的表現，第一就像孟子的「浩然之氣」。『其爲氣也，至大至剛，以直養而無害，則塞於天地之間。其爲氣也，配義與道，無是餒也。』（孟子 公孫丑上）孟子的心靈乃有『萬物皆備於我。』（孟子 盡心下）而後則『仁民而愛物。』（孟子 盡心下）

第二，有孔子對自己心靈生命的描述，『五十而知天命，六十而耳順，七十而從心所欲，不逾矩。』（論語 為政）孔子自己描述精神生命的歷程，輕描淡寫；但知命、耳順和「從心所欲，不逾矩。」不屬尋常的階段，乃精神已能止於至善，才能有這種境界。

第三，中庸描述孔子精神生命的偉大：

『仲尼祖述堯舜，憲章文武。上律天時，下襲水土。辟如天地之無不持載，無不覆幬；辟如四時之錯行，如日月之代明。萬物並育而不相害，道並行而不相悖。小德川流，大德敦化，此天地之所以為大也。』（中庸 第三十章）

這章所說的，和易經乾卦「文言」所說『夫大人者，與天地合其德，與日日合其明，與四時合其序。』意義相同。儒家的大人或聖人，所有的精神生命，和天地生生的大德相合，使「萬物並育而不相悖」。這種精神生命超越宇宙萬物，參與天地生生之德。天地生生之德，實際是上天造物的創造工程，聖人參與這種工程，和上天相結合。這種天人合一，不見於人的本體和造物主的本體，而是見於造化的工程，在生生工程上相合。這種境界已經是一種超越的境界，聖人的精神生命不受任何物的牽制，也不以任何物為目標，而是以上天的創生工程為目標。聖人精神生命的發展，高達於天，深入於地，『溥博如天，淵泉如淵，』（中庸第三十一章）不可測量其高深。

方東美教授以儒家的生命超越，為超越形態（transcendental）和內在型態（immanent），和西洋的超自然（超絕）型態（Praeternatural）不相同㈡。對於西洋的生命超越以及道佛的生命超越，在下面我將予以研究，至於儒家的超越，為心靈活動，即精神生命的一種超越。這種超越不在於生命的本體，而在於生命的活動。生命為一物體的「存有」，為本身最切實的「自我」，生命的活動即為自我的活動，儒家的超越既為心靈活動的超越，當然是自

㈡ 同上，頁二八—三〇。

我活動的超越，超越仍以「自我」爲根本。孔子講自己「從心所欲，不逾矩」；中庸講孔子實踐堯舜文武之道，使「萬物並育而不相害」，易經講大人「與天地合其德」，都是自我人格的提昇，超越塵世的欲望，參贊天地的化育。

然而這種超越，不使人性超越，而是自我的發展，方東美教授以儒家精神，爲「典型之時際人」，㊂既是時際人，則在時空以內，即在宇宙以內。儒家沒有超越宇宙只是和宇宙相合，參贊宇宙生生的創造，使「萬物皆備於我」（孟子 盡心下）。儒家的超越爲倫理性的超越，以仁道配生生。

2 道家——至人

道家精神生命發展的歷程，分有層次。就如儒家分有士、君子、聖人的層次；道家分有田園人、虛靜自然人、至人。道家人生哲學的基本，在於本體論之「道」。

「道」爲一無限之本體，「先天地生」（道德經 第廿五章）『自本自根。未有天地，自古以固存。神鬼神帝，生天生地。』（莊子 大宗師篇）爲萬物的根源。

㊂ 同上，頁四四——四八。

「道」的本身，渺茫不定，『道之爲物，惟恍惟惚。恍兮惚兮，其中有物。窈兮冥兮，其中有精。其精甚眞，其中有信。』（道德經 第二十一章）

「道」本身渺茫不定，具有自變之力，稱爲德。「道」因德而化，化而不息。

『道生一，一生二，二生三，三生萬物。萬物負陰而抱陽，盅氣以爲和。』（道德經第四十二章）

「道」生萬物，「道」也在萬物。萬物的本體是「道」，萬物爲物的外形。

『東郭子問莊子曰：所謂道，惡乎在？莊子曰：無所不在。東郭子曰：期而後可。莊子曰：在螻蟻。曰：何其下耶？曰：在稊稗。曰：何其愈下耶？曰：在瓦甓。曰：何其愈甚耶！曰：在屎溺。東郭子不應。莊子曰：夫子之問也，固不及質。正獲之問於監市履狶也，每下愈況。汝唯莫必無乎逃物。至道若是，大言亦然，周徧咸三者，異名同實，其指也。』（莊子 知北遊篇）

萬物因此在本體上相等，莊子乃倡齊物論。

『天地與我同生，而萬物與我為一。旣已為一矣，且得有言乎！旣已謂之一矣，且得無言乎！』（莊子　齊物論）

「道」之變，絕對順乎自然。「道」乃無欲，『道常無欲，可名於小。』（道德經　第三十四章）旣是無欲，也就無爲。『道常無爲而無不爲。王侯若能守之，萬物將自化。化而欲作，吾將鎭之以無名之樸。無名之樸，夫亦將曰無欲。不欲以靜，天下將自定。』（道德經　第三十七章）

老子的人生哲學，建立在他的本體論上。人的本體爲精神，爲道；人的身體爲形相。形相不足重，所重者在精神。形相的需要減到最少，精神的發揚極大。爲減少形相的需要，老子主張「歸眞反樸」，純乎自然。

『見素抱樸，少私寡欲。』（道德經　第十九章）

依照這種人生觀，第一階層的人，爲「田園人」。「田園人」愛田園的自然生活，捨棄名利，不求聞達，不做官，不貪富貴。「田園人」是避世人，明哲保身，耕田自娛。古代乃有田園詩人。

『結廬在人境，而無車馬喧。問君何能爾，心遠地自偏。採菊東籬下，悠然見南山。山氣日夕佳，飛鳥相與還。此中有眞意，欲辯已忘言。』（陶潛 飲酒詩）

『中歲頗好道，晚家南山陲。興來每獨往，勝事空自知。行到水窮處，坐看雲起時。偶然值林叟，談笑無還期。』（王維 終南別業）

『晚年惟好靜，萬事不關心。自顧無長策，空知返舊林。松風吹解帶，山月照彈琴。君問窮通理，漁歌入浦深。』（王維 酬張少府）

鄙棄社會事務爲俗務，以官場爲髒汚，逃避社會間的日常接觸，置身在山野間，日與自然界景物爲伴。不求身體感官的滿足，只想心靈的自娛。「田園人」超越世事，退隱避世，以自然美景和心靈淸淨爲樂。

道家人生觀的第二階層的人，爲「虛靜自然人」，莊子提倡這種人生境地。

「虛靜自然人」，首先使自己虛空，把自己忘了。

『墮肢體，黜聰明，離形去知，同於大通，此謂坐忘。』（莊子 大宗師篇）

忘記自己的形骸，不求形骸的享受，無欲無爲，乃得心虛。

『虛者，心齋也。』（莊子 人間世篇）

心齋沒有事物的欲望，常自足，『知足不辱，知止不殆，可以長久。』（道德經 第四十四章）心既得虛，便可以靜。

『廣成子蹶然而起，曰：善哉問乎！來！吾語汝至道。至道之精，窈窈冥冥，昏昏默默，無視無聽，抱神以靜，形將自正，必靜必清。無勞汝形，無搖汝精，乃可長生。』（莊子 在宥篇）

『聖人之靜也，善故靜也。萬物無足以撓心者，故靜也。水靜則明燭鬚眉，平中準，大匠取法焉。水靜猶明，而況精神。聖人之心靜乎，天地之鑑也，萬物之鏡也。夫虛靜恬淡，寂寞無為者，天地之平，而道德之至也。……虛則靜，靜則動，動則得矣。』（莊子 天道篇）

心既虛乃靜，靜則精神活動，精神活動順乎自然，乃能和天地相通，『同於大通』。虛靜自然人超越萬物，心不爲任何世物所牽，遨遊於天地之間，可以說是方東美教授所稱的「太空人」㈣。

道家最高的精神生命的階層爲「至人」。莊子以喻言，描述至人或神人，登天入地，遨遊六合之外。

「至人」捨棄形相，忘懷自我，和「道」相合。尋得了自己的本體——「道」，捨棄形相的個體。「道」生萬物，以氣成形，氣爲一爲有。「至人」以氣和天地的氣相合，由天地之氣和「道」相合，忘掉自己的小我，和眞我——「道」相合。「至人」的知，不以心知，而以氣知。「至人」的氣知爲上知，「至人」的德爲上德。

㈣ 同上，頁六九。

『不離於宗，謂之天人；不離於精，謂之神人；不離於眞，謂之至人。以天爲宗，以德爲本，以道爲門，兆於變化，謂之聖人。』（莊子　天下篇）

『夫至人有世不亦大乎？而不足以爲累，天下奮棅而不與之偕，審乎無假而不與以利遷。極物之眞，能守其本。故外天地，遺萬物，而神未嘗有所困也。通乎道，合乎德，退仁義，至人之心有所定矣。』（莊子　天道篇）

『入無窮之門，以遊無極之野。吾與日月參光，與天地爲常。』（莊子　在宥篇）

『古之眞人，不逆寡，不雄成，不謨士，若然者，過而弗悔，當而不自得也。若然者，登高不慄，入水不濡，入火不熱，是知之能登假於道也若此。古之眞人，其寢不夢，其覺無憂，其食不甘，其息深深。……古之眞人，不知說生，不知惡死。其出不訢，其入不距，翛然而往，翛然而來而已矣。不忘其所始，不求其所終。……

吾猶守而告之，參日而後能外天下，已外天下矣，吾又守之，七日而後能外物。已外物矣，吾又守之，九日而後能外生。已外生矣而後能朝徹，朝徹而後能見獨，見獨而後能無古今，無古今而後能入於不死不生。』（莊子　大宗師篇）

至人或眞人，在能守其眞。老子曾說「道」本體雖彷彿不定，然「其中有精，其精甚眞」，「眞」爲「道」之本體的「眞」，眞代表「道」的本體。這種本體是眞，是存有，是氣。「至人」或「眞人」以自己的氣和「道」之氣相合。莊子「達生」篇說：

『子列子問關尹曰：至人潛行不窒，蹈火不熱，行乎萬物之上而不慄，請問何以至此？關尹曰：是純氣之守也。非知巧果敢之列。』（莊子 達生篇）

莊子「大宗師」篇也說：「彼方且與造物者爲人，而遊乎天地之一氣。」「至人」以氣與「道」相合，乃得大智，認知自己的本體是「道」，「道」超乎宇宙，無限無垠。「至人」乃超越宇宙一切。「至人」的超越在於本體的超越。通常人是小智，以自己心靈爲本體，由心靈以生活。「至人」則超越自己的心靈，以「道」爲自己的生命。道家的超越和儒家不同，儒家的生命超越，只是「與天地合其德」，不是本體的超越；道家的超越則是本體的超越。「至人」的本體，已不是一個人的本體；有限，有時空，爲相對的本體，「至人」的本體是無限之「道」的本體。

道家的超越和天主敎的超越也有不同，在後面我將說明。然而道家的超越精神生命和佛敎的超越精神生命，和天主敎的超越精神生命，有相類似。這種超越，玄之又玄，有和無相合，相對和絕對相合，有限和無限相合。人的精神生命，直飛到生命的頂點。一切不可言，不可思議。莊子以大鵬鳥爲喻，直飛天際，兩翅若垂天之雲；然仍不足以表達㈤。

3 佛教—佛

佛敎素以提倡精神生命而自豪，以「苦、集、滅、道」，爲四諦，解脫人生的痛苦，登於涅槃的「常、樂、我、淨」的極樂世界。可是儒家學者則常詆毀佛敎剝削人性，使人成爲枯木槁灰。兩者的人生觀完全不同，兩者的形上學更是相異。因此兩者對於精神生命的發育，觀念和理想雖不是南轅北轍，實則相差很遠。

佛敎體認現世的生命爲痛苦，常在生老病死四種痛苦境遇中。釋迦牟尼尋求生命痛苦的緣因，力求予以解脫。他指定人生痛苦的緣因，在於無明，或說愚昧，宇宙萬法（物）本不存在，人卻認爲存在，乃起貪戀，由貪而起各種慾望，產生各種罪惡，罪惡在來生引起業敎，生命遂輪迴不斷。解脫痛苦之道，在除去人的愚昧，使成智者而成「覺」。因此有和空

㈤ 參考方東美 中國哲學之精神及其發展 第四章、第三章及羅光 中國哲學大綱 下冊 第四章、第五章。

兩詞，成為佛教中心觀念。

小乘佛教肯定萬法為有，以宇宙萬物由四大——地、水、火、風結成，中間森羅萬象。然卻否定「我」的存在，有的主張三世實有，有的主張現世和未來二世實有，有的主張只有現世實有。以阿毗達摩大毗婆沙論為基本，由這本經論產生世親的俱舍論。俱舍論主張「三世實有，法體恒有」。由「法體恒有」的主張引伸「體用」的學說，以法體絕對不生滅，只是作用有生滅等變化㈥。

印度佛教的小乘，也並不純淨接受萬法為有，俱舍論歸結到「業緣論」。一切萬法的有，都由因緣而有，雖為有，實則不有。俱舍論講十二因緣，作為「我」輪廻的因緣。輪廻分三世：前生、現生、來生。現生由前生之業而成，現生之業又造來生。業，為行為的效果；行為的效果由倫理善惡而評估，惡業為有漏的，善業為無漏的。有漏業在來生有惡報，乃生無明愚昧。由無明生行，由行生識，由識生名色，由名色生六入，由六入生觸，由觸生受，由受生愛，由愛生取，由取生有，由有乃有生，由生有死。無明、行、識、名色、六入、觸、受、愛、取、有、生、死，為十二因緣，不斷地循環，成為生命輪廻的一個圓圈。

㈥ 參考羅光 中國哲學思想史 魏晉隋唐佛學篇 上冊 頁四三九 學生書局 民六十九年。

但是若萬法不有，唯因緣爲有。因緣究竟怎麼有呢？世親同兄長無著開起大乘，由小乘到大乘的橋樑爲唯識論。唯識論主張萬法唯識，萬法所以有，是因爲「識」所造。無著作攝大乘論，爲唯識論舖路。世親的成唯識論則是唯識宗的基本經典。唯識論倡言有八識：眼鼻耳舌身意前六識，後兩識末那識、阿賴耶識。阿賴耶識稱爲藏識，藏有種子，種子有天生種子，有業種子，業種子爲前生行爲所造。種子因現生感官行爲受薰乃造「境」，「境」爲感官的對象，因前生種子受現行所薰能現前生行爲之境，感官對「境」生感，乃有感覺，意識爲心識，心使人有感覺的意識，而由末那識判定爲有，乃生「我執」和「物執」。「我執」是心肯定而把持自我爲有，「物執」是心肯定萬法爲有而予以執著。萬法的有，來自人心的「我執」和「物執」。這兩種執又來自識。因此，萬法皆空，所有唯識。唯識緣起論建立在業緣起論上，解釋業緣不僅在生命的輪廻，而是在造境，產生萬法的識(七)。

大乘佛教繼續向前追求，識的產生在於心，假使說萬法唯心識，更應該說萬法唯心。大乘佛教便特別注意「心」。

大乘講「心」的經典，屬於般若。解釋般若經的重要著作爲大智度論，共百卷，由鳩摩

(七) 同上，上册 第四章 緣起宗論。

羅什譯成漢文。般若爲智慧，以般若光明觀照現實界，『藉辯證上躋，而點化之，提昇之，超化爲重重無盡之法界勝境，復不斷淨化之，滌除清染，更宏以高尚之理想。同時，此種超脫解放精神，惟其內具般若聖智，澈通不隔，故能洞見一切現象本自清淨無染，是以神遇萬物而不滯，玄照至極以睹眞，圓滿無漏，而得證大自在，大解脫，大歡喜。』(八)

大乘對般若的講解，常從「心」出發。楞伽經在卷首御製序文中，譽爲『斯乃諸佛心量之玄樞，羣經理窟之妙鍵。』楞伽經主張『一切事物都由因緣和合而生，因緣並非實有，都由心所現，而心亦是妄心。因此事物不是實在的事物，因緣不是實在的因緣，則所謂生滅也就不能是實有的現象。』(九)

心既是妄心，怎樣能尋得眞心？大乘乃有如來藏緣起論。如來藏爲根本清淨心，爲眞心，藏在妄心內，人須破除妄心，達到如來藏境界。這種境界『爲佛境界。佛有慧智正見，不以外物性相爲有，也不以破除性相爲空，而是見如實處，卽見眞如。』(十)大乘起信論提出眞如緣起論，以心卽眞如。眞如爲絕對實有，然有二法門，一爲心眞如門，一爲心生滅門。

(八) 方東美　中國哲學之精神及其發展　上册　頁二六九－二七。
(九) 羅光　中國哲學思想史　魏晉隋唐佛學篇　上册　頁四八一。
(十) 同上，頁四八七。

眞如本體不可言，不可講，絕對超越人的知識。然眞如對外有非我的表現，這種表現卽是心生滅門。妄心看到宇宙形形色色，誤以爲有，但若以智慧達到覺，則是有亦空，空亦有，一切絕對平等。

大乘般若便講這種能使人生命超越的智慧，講三論宗的中論。中論講「八不」—「不生亦不滅，不常亦不斷，不一亦不異，不來亦不去。」八不的根基，在於否定因緣。這種中論，不是儒家的中論。但是宋明理學家裏有人以中爲人性本體，便是仿傚佛敎的中論了，中論以本體爲眞如，眞如爲中，一切萬法也以中爲本體，因而不有也不空，有和空不相對抗，也不相完成，而是本體的兩面。如大乘起信論所說二法門。對於有無不用破除，而是用「觀」。中論的第一品爲「觀有無品」，把有無和果報看成不有不無，則一切法都是不有不無，到底畢竟空。畢竟空的實相爲如來，如來爲相對者的否定，但也不積極肯定爲絕對的實相。中論在「觀如來品」裏，說如來亦有亦非有。邪說以爲如來爲沒有的，偏見以如來爲有，實則如來亦有亦無。畢竟空爲最高妙理，爲妙空，不講有，也不講空，又不講不有不空，而只是否定。這種思想由「觀如來品」，進到「講涅槃品」，更爲顯明(十一)。

(十一) 同上，下册　頁五八七—六〇〇。

『若一切法空，無生無滅者，何斷何所滅？
而稱為涅槃。無得亦無至，不斷亦不常，
不生亦不滅，是說名涅槃。』（中論 卷四 觀涅槃品 第二十五）

這種否定的觀法，到了佛教的圓教，乃改爲肯定的積極觀。佛教圓教有華嚴宗、天臺宗和禪宗。圓教肯定有絕對實體的眞如，宇宙萬法爲眞如的非我現身。禪宗教人以直觀透視心靈深處的眞如，眞如爲眞我，爲眞心，爲實相。修禪觀的智者，空虛一切的知識和思慮，直觀本心眞如。眞如絕對又無限，無可言宣，不可傳達。人所有觀念和語文都有相對的觀念和名詞，絕對無法表達眞如。禪宗主張體認，不立文字。

天臺宗和華嚴宗主張以觀法，洞徹看到眞如實相，又圓滿透視宇宙萬法。事爲萬法，理爲眞如，事理通融，萬法和眞如互相通達。一爲眞如，一切爲萬法；一卽一切，一切卽一；一入一切，一切入一。天臺宗講「摩訶止觀」，以一法攝一切法，眞俗中三諦自相融會，其他一切也互相攝，互相融會，而到「一念三千世界」。華嚴宗講「三重觀」：眞空觀、理事無礙觀、周徧含容觀，又發揮爲「十玄門」。

『人要修行，勉力入法界，能够以「一心眞如」爲心，能够觀看萬法和眞如一心的融

會，也觀看一切法的融會，於是有諸相圓融的世界，這個世界就是華嚴世界，也就是眞如。』(十二)

圓教精神生命的超越，也是和道家的精神生命的超越一樣，爲本體的超越。人放棄了自己的妄心，識破了自己的假我，直觀自己的本體眞如。圓教的智者或覺者，將自己的本體和眞如相融會，直接觀看自己本體的絕對性、安定性、清淨性，體認了自己的眞我，眞我爲常，爲樂，爲淨。這是涅槃的境界。禪宗的得道者，達到了涅槃境界，直觀絕對眞如，由眞如再觀萬法，萬法互相通融，又和眞如通融，一切絕對平等。

慧能曾有一偈說：

『無上大涅槃，圓明常寂照，凡愚謂之死，外道執為斷……
惟有過量人，通達無取捨。以知五蘊法，及以蘊中我。
外現衆色相，一一音聲相，平等如夢幻。
不起凡聖見，不作涅槃解，二邊三際斷，常應諸根用，而不起用想。

(十二) 同上，頁六九七。

分別一切法，不起分別想。
刼火燒海底，風鼓山相擊，
真常寂滅樂，涅槃相如是。』（六祖壇經 機緣品 第七）

人在塵世，心入涅槃，世事見著如有，心卻不黏著一物，菩提達摩同時代的傅大士曾有一首詩：

『空手把鋤頭，
步行騎水牛。
人在橋上過，
橋流水不流。』

『一切的矛盾都廢棄了，一切平等。但是五燈會元的雲門之部述說一段話：「雲門文偃有一次與起柱杖道：看到柱杖就是柱杖，看到柱子就是柱子，這有什麼錯？」要緊的，是心

中不加肯定，也不加否定，說是也好，說不是也好，心中無牽連。』(十三)

佛教圓教的生命超越，直入絕對現實眞如中，以絕對本體爲本體，以絕對本體爲自我，爲眞心。宇宙的萬法都空寂了，然而又現爲絕對本體之表相，是有是無，不有不無，心空靈無滯。生命修成了絕對生命，不滯留於世物，乃享受涅槃境界的『常樂我淨』。

佛教圓教的生命超越，和道家的生命超越，同是本體的超越，合於道，合於眞如和儒家的德能超越更高，類似於天主教的生命超越。然而佛道以萬物的本體，本來就只是眞如或是道，世人不知而誤以萬物各有本體，因而佛道的超越，是一種破妄除錯的修爲工作；破除了錯誤，得到大智大慧。結果，眞的生命顯現，絕對常樂。這種超越的歷程，由外而入內，洞見自己的眞我；不是將自己固有的本體，提昇到絕對的本體；所以既不是 Praeternatural 性外的超越，更不是 Supernatural 超性的超越，而是內在本體的發現。在本體論方面，佛教大乘肯定萬法無本體，只是種種現象。道家雖講「道」在萬物，又講「齊物論」，然並沒有顯明地否定萬物的實體。道家講虛，是虛自己的心，不是以萬物爲虛；而且老子明明以萬物爲有，由氣所成，莊子以氣結合而有人，氣散則人死亡，氣歸於天地大氣中。因此，道家的超

(十三) 同上，頁八〇七。

越，超越氣的聚散，直接與氣相結合而歸於「道」，佛教的超越則是超越萬法的現象，直接歸於本體眞如。精神生命合於道的生命，或合於眞如的生命，絕對永存，成至人或成佛。

二、天主教精神生命的超越

1 形上的學理

中國當代學者談精神生活的超越時，常常談到西洋精神生活的超越。所謂西洋精神生活，指的是天主教精神生活。對於天主教精神生活的超越，免不了常有誤解，最普遍的和最學術化的誤解，在於指責西洋精神生活的超越，輕視個人精神生活的內在性，肯定一超越的神，個人精神生活超越宇宙而和神相結合，乃一外在的結合。由一外在的結合，再回到宇宙萬物，如同由地上升到天上，由天上再回到地上。方東美教授稱呼這種超越爲「超絕」或「超自然型態（Praeternatunal）」以中國精神生活的超越爲超越型態和內在型態(十四)。西洋

(十四) 方東美 同上，頁二八。

精神生活的發展歷程常遵循惡善對立的二元論，以肉體和靈魂對立，而又以人受原罪的破壞，人性已是壞而有缺。方東美教授說：『惟此種型態之形上學絕少爲中國思想家所取。揆其緣故，非由於超絕形上學之注重崇高價值理想，實則吾人對崇高價值之嚮往與注重，有過之而無不及；而係有鑒於其所謂「超絕」云云，對自然界與超自然界之和合無間性與賡續連貫性，顯然有損。同時兼對個人生命之完整性，亦有所斲傷。人乃身心健全之結合體，集健全之靈魂與健全之肉體於一身，使兩者圓合爲一，於以成統一人格之整體，或健全之品德。」(十五)

方教授對於個人的完整，非常樂觀。但是儒家歷代的性善性惡問題，顯示儒家並不相信凡是人都有健全的統一人格，因爲朱熹的氣質性可惡可善，已進入形上學本體論，不以個人的本體常爲健全的善。至於「健全的品德」，儒家一致主張由修養以建立，不是每個人天然而有。

天主教對於人的精神生命，有健全的形上理論。人爲心靈(靈魂)和肉體相結合的整體，人一切的自主活動常由靈魂(心靈)和肉體統一的主體而行。人性是善的，人的肉體也是善

(十五) 同上，頁三〇。

的，只是人心常傾向肉體的享受，卽使所追求的精神享受，如名、位、學術，也常以在社會中能取得的感覺性尊崇而追求。這種傾向，中國古人無論儒釋道都認爲發於情慾。爲什麼人的情慾傾於惡呢？只有朱熹答說是因爲氣濁而理不顯。然而氣爲什麼濁呢？爲什麼我的氣是這樣的淸濁，你的氣又是那樣淸濁呢？關於這種問題朱熹只能說是因爲「理」限制氣，氣又限制理，根本沒有答覆。天主敎答覆說情慾向惡乃是原罪的流毒。人類原祖在造物主所設的一種考驗中，失敗了，違背規誡，違背規誡的傾向世代遺傳，造成原罪的流毒，人類傾向感官的享受而造成惡，都是溢出規律以外，中庸說情慾動而中節爲和，不中節便是不和，不和乃是惡。天主敎並沒有說人性因原罪而遭破壞，成爲惡性。

人的來源來自造物主天主，造物主造人，是按天主的肖像，人肖似天主。人價值的高，高於儒家所說得天地的秀氣而爲萬物之靈。人的心靈爲精神性，肖似造物主，稱爲靈魂。人的肉體有肉體的美；天主敎沒有摒棄希臘人體美的思想，在敎宗宮裏西斯篤小殿的天花板繪滿彌格安琪洛的裸體畫。正中祭壇上的最後審判圖，乃是彌格安琪洛的蓋世裸體名畫。但因爲人心傾於感官享受而常不中節，天主敎因而不主張以裸體畫供大家的興享。

人心傾於感官享受常不中節而作惡，爲人類普遍的事實，人雖能以自己的心靈主宰情慾，導引中節，卻常感力不從心。從另一方面人類原祖經不起考驗，違背造物主天主的命令，與天主相隔離，迷惑在許多五色的神的信仰中。造物主天主爲引人走上正途，爲給人宰制情慾的力，乃遣派聖子耶穌降生成人，參入了宇宙的生命系統，進入了人類的歷史。

基督耶穌捨了自己的生命，作爲贖人類罪惡的祭祀犧牲，制定了神聖事宜，以洗禮洗人的罪，提昇人的精神生命和祂的神性生命相合爲一體，使受洗者成爲天主的子女，這種提昇爲本體的提昇；我的人性生命，變成了天主的神性生命，不只是動作的提昇，而是生命本體的提昇。因此稱爲超性生命（Supernatural life），不只是越性生命（Praeternatural life）。

造物主天主爲絕對精神實體，自有自全，超越宇宙一切。宇宙萬物爲天主所造，而不是天主所生，也不是從天主本體所流出。創造是動作，是能力；萬物和天主的本體關係，爲能力動作關係，即創造關係，萬物和天主的本體完全不同，萬物爲相對的，天主爲絕對的。萬物受造，得了存在，成爲「存有」。萬物的「存有」不是自有的，而是由天主的創造而有，從無而有。萬物由創造而得的「存有」，爲能繼續存在，仍須要創造力繼續支持「存在」。造物主的創造行動超越時間空間，在有時空的宇宙中看創造行動和支持行動，有時間的先後，但是在造物主的行動，則沒有先後，又是創造又是支持。因此，天主敎說造物主在萬物內，即是說造物主的創造行動常在萬物以內。這是力的在，有如易經所說：『天地之大德曰生。』

整個的自然界，連人類在內，和天主的本性不相同，本體也不相同。創造行動在萬物內，支持萬物的存在，卻不改變萬物的本性。

基督受難，復活了。復活了的基督是純淨精神性的本體，祂的肉體也失去了肉體的物質特性。一個人領受洗禮，例如我領受了洗禮，我的精神生命被提昇和基督的生命相結合，基督復活後的生命完全是神性的精神生命，祂生命的本體爲神性和己神性化的人性的本體。我精神生命的本體爲靈魂，在和基督神性生命相結合時，我的靈魂和基督的本體相融會，我的靈魂接受神化，我同樣成爲天主的義子。父子的本性本體是相同的，我因此不僅是因人按天主的肖像受造而肖似天主，而且已因與基督的結合而與天主同性同體。這個超越乃是本體的超越，超越自然界的本性。不是我的本體被舉到天上，而是天主降臨我心靈內，使我的靈魂和祂相結合，天主住在我心內。

我的靈魂和基督的生命結成一體，我並沒有走出宇宙以外，我仍是我自己。不是如同道家以「道」爲萬物本體，也是我的本體。也不如同佛教以眞如爲萬法的本體，也是我的眞我，和道或和眞如相結合，普通我所認爲的我消失了，而只有「道」和「眞如」。我和天主相結合我的靈魂雖然神化了，仍舊是我的靈魂。這個靈魂仍舊和肉體結合爲一整體，連帶使我整體的活動都成爲神性的活動，我整體的生活成爲神性的生活；因爲我的本體已神化了。

神化生活的表現，在現世透過我的心靈，我有神化的意識，有和天主共同生活的意願。在現世生活裏，我的感覺和理智都不能直接透視天主，而是靠我的信仰。因此現世的神化生活乃是信仰的生活。信仰的生活雖不是理智的生活，因爲理智不能明瞭，而是一種神秘，然而並不是幻覺，也不是盲目迷信，理智懂得信仰生活是一種不相反理智的生活，而是超越理智的生活。

然而精神生活的超越，在現世也能超越信仰，而取得「直見」天主的生活。靈魂直接明見天主，不是眼見，不是理智見；而是神見，玄而又玄，神秘更神秘，精神生命達到極高峯。不能言，不能說，不能表達。神見的天主乃絕對眞美善的實體，不是空洞或無位稱的空洞體。天主是位稱的天主，是仁愛明智慈祥的天主。神見所得超乎人的想望，滿足人的一切追求，是極樂的境界。但是這種境界雖在我心內，又超出我的心靈，所以不能常留，乃是靈光的一眨。可望而不可求，不求而又可得，可得而不常住，神秘莫測，無可言宣。人死而脫離肉軀，靈魂獨存，沒有因罪而和基督分離，精神體對精神體，則「直見」天主而入這神化的超越生命中，永遠無間。

2 空虛自己

甲 觀過

神秘生命可望而不可必得，然而俗語：『上天不負苦心人』，人若誠心預備，自己可以接受神秘生命，天主會恩賜給他。

預備的工作，最基層的爲信仰生活和倫理生活，我希望我的精神生命能够神化，直見天主的本體，我便要使我的精神生命歸向天主，誠心信仰天主的慈祥和美善。在我現世生活裏，我的價值觀決定以天主高於一切，作爲我生活的目標。我又堅信我的生命本體已經超性化，和基督的生命本體成爲一體，可以用聖保祿宗徒所說：

『我生活已不是我生活，而是基督在我內生活；我現今在肉身內的生活，是生活在對天主子的信仰內；祂愛了我，且為我捨棄了自己。』（致迦拉達書 第二章 第十九節第二十節）

這種信仰生活是活潑潑的生活，信仰支配我整體的生活，而且引導我的心靈常用祈禱的默靜，歸向天主。

若我希望得到神秘生命，與享天主的美善，我應該是正直的君子。我不能說我沒有罪過，也不能說我已達到道德的成全境界。聖若望宗徒曾經說：

『可愛的諸位，現在我們是天主的子女，但我們將來如何，還沒有顯明；可是我們知道，一顯明了，我們必要相似祂，因為我們要看見祂實在怎樣。所以，凡對祂懷著這希望的，必聖潔自己，就如那一位（基督）是聖潔的一樣。』（若望第一書　第三章　第二節）

但若望又說：

『如果我們說我們沒有罪過，就是欺騙自己，真理就不在我們內。但若我們認明我們的罪過，天主既是忠信正義的，必赦免我們的罪過，並洗淨我們的各種不義。如果我們說我們沒有犯過罪，我們就是拿祂當說謊者，祂的聖言就不在我們內。』（若望第一書　第一章　第八節）

我認識自己的弱點，別人也認識自己的弱點；我們人沒有一個是成全沒有缺點的，每天都犯許多缺失，或大或小。孔子曾說：

『觀過，斯知仁矣。』（論語 里仁）

『已矣乎！吾未見能見其過而內自訟者也。』（論語 公冶長）

基督瞭解人的弱點，制定了懺悔聖事。人在領洗後不免又犯罪過，違背倫理規律，基督著人知過，內省而自訟，便寬赦他的罪過。

我所講的正直君子，不是完全沒有缺欠的人，而是有過而知過，知過而改過，常常「自強不息」，往理想的人路走。若是一個人以目前的我爲滿足，再不求前進，他已經走在墮性的路上，已經沒有志向，已經沒有理想，不能使精神生命發展。「自強不息」的人，永遠向上，向無限的將來，向絕對的眞美善。他預備自己的精神生命接受神秘的生命。

信仰生活和倫理生活，常常「自強不息」，我只是奠下向上升的基礎。天主是絕對的眞美善，當我的相對眞美善遇到絕對的眞美善，和祂相融會，我的相對眞美善就消失了，不是本體消失，而是意識的消失。一盞燈，一支燭，對著強烈的陽光，燈火和燭光就形爲不是光了。我希望我的精神生命神化而融會在天主的生命中，我必定要「空虛自我的意識」。

乙、空虛自我意識

目前我心靈充滿自我意識，我知道自己的地位和職責，我事事有自己的計劃，遇事我表現自己的意見和喜好。自我意識使我知道我是自己的主人，也是我職務的主人。誰擋著我的喜好答話或行動，我天然地臉上表示不愉快。普通說這是男子的氣概，這是有作爲的人的天性。但是我既然肯定我自己，事事是我自己，怎樣能使我的精神生命神化而融會於天主的生命呢？雖然我的靈魂已經和基督的生命本體合成一體，但是我生命的活動卻常是由我作主，而不是由基督作主。因此，我必須經驗一個階段，空虛自我意識。

空虛自我意識的階段分成兩個層次：第一個層次是主動的層次，第二個層次是被動的層次。

A　主動空虛自我意識

主動的空虛自我意識，由我自己克制自己，在思念行爲上以天主的聖意作我的意向，一切作天主願意我作的。我活動行爲的目標常是爲愛天主。基督在世的三十多年生命，完全以天主聖父的意旨爲自己的意向。基督說：

『我的食物就是承行派遣我來者（聖父）的旨意，完成他的工程。』（若望福音 第四章 第三十四節）

『我的教訓不是我的，而是派遣我來者的。』（同上 第七章 第十六節）

『我由我自己不做什麼；我所講論的，都是依照父所教訓我的。派遣我來者與我在一起，祂沒有留下我獨自一個，因為我常作祂所喜悅的事。』（同上 第八章 第二十八節 第二十九節）

『我沒有憑我自己說話，而是派遣我來的父，祂給我出了命令，叫我該說什麼，該講什麼。我知道祂的命令就是永生。所以，我所講論的，全是依照父對我所說的而講論的。』（同上 第十二章 第四十九節 第五十節）

『我對你們所說的話，不是憑我自己講的；而是住在我內的父，作祂自己的事業。』（同上 第十四章 第十節）

『你們所聽到的話，並不是我的，而是派遣我來的父的話。』（同上 第二十四節）

『父啊，……祢所授給我的話，我都傳給了他們，他們也接受了，也確實知道我是出於祢，並且相信是祢派遣了我。』（同上 第十七章 第八節）

基督一生的言行，完全承奉天主聖父的旨意，祂不以自我爲主，而以聖父爲主。在即將被捕而被殺時，祂向聖父祈禱說：

『父啊！一切為你都可能：請給我免去這杯罷（受死）！但是不要照我所願意的，而要照你所願意的！』（馬爾谷福音　第十四章　第三十六節）

基督的生命本體，由天主神性和人性結合而成，祂有整體的人性，有理智，有意志，當殘酷死亡臨近時也有懼意，祂卻完全承奉天主聖父的意旨。

我和一切的人，都不能達到基督的生活境界，一切行動都以天主的意旨爲意向；然而，我們要勉力向著這種境界上攀。我精神生命的動向，常向天主。孔子曾說：『五十而知天命』（論語　為政），知天命而畏天命，『君子有三畏：畏天命，畏大人，畏聖人之言。』（論語　季氏）畏則接納而順從。孔子所講天命，係上天的使命和上天所定的命運，不是生活各方面都完全以上天的意旨爲歸向，更不是愛慕天主而心向天主。舊約的聖詠說：

『予心之戀主兮，如麋鹿之戀清泉。渴望永生之源兮，何日得重覩天顏。人問主安

在兮，朝暮涕淚漣漣。以涕淚為飲食兮，吾主晝亦垂憐。』(十六)

『為盼天上主，向天頻仰首。猶如彼僮僕，常看東翁手。猶如婢女目，恒在主婦肘。吾目亦視主，望主頒恩祐。』(十七)

古來的僮僕，事事仰承主人和主母的吩咐，不敢自作主張。我要空虛自我意識，就須事事順從天主的意旨。對於每一樁我所該做的事，我精神生命的表現，天主的意旨必定爲我有好，祂看事看到事的究竟，看人看到人的心底，而且全能無限；我事事承行祂的意旨，我用祂至高的智慧，作我的智慧，用祂無限的全能，作我的能力。我的心常安定。

怎樣可以知道天主對事事的旨意呢？在祈禱中，在靜默中，在反省中，天主的無聲的言語，沒有文字的光明，會在我心靈中響亮。聽不見聲音，看不到閃電，但是心安心靜而嚮慕天主的人，在內心可以聽到天主的無聲的言語。

B 被動空虛自我意識

(十六) 吳經熊 聖詠譯義 第四十二首。

(十七) 同上，第一二三首。

被動的空虛自我意識，較主動的空虛更上一層。主動的空虛，雖是我勉力以天主的旨意爲意向，仍然還是我作主控制自己，在心底處還存著自我意識，被動的空虛則是接受天主使我空虛自己，使我自己被空虛得茫然無主，不知所爲。聖十字若望稱這種境界爲「黑夜」。

『我們有三層理由，可以把靈魂（精神生命）走向與天主結合的歷程稱為「黑夜」。第一，靈魂向前走時，應捨棄對世物的一切慾望；這種捨棄對於感官就有如黑夜。第二，靈魂走向天主的路是信仰，信仰對於理智的認知有如黑夜。第三，靈魂走向的目標是天主，天主不能為人所認知，所以也如同黑夜。』(六)

這上面所講的「黑夜」，還是通常的「黑夜」，眞正的「黑夜」則是被動空虛自我意識的歷程。被動空虛的歷程，第一歷程對世事的欲望。每天所有遭遇，恰對我的願望相反，所遇的人不是和我相投的，我希望得的物沒有得到，得到的物是不希望的。希望健康而竟生了

(六) The complete works of S. John of The Cross. V. I. B. I. C. I. ed, Westinistec Mdzyeand, 1946, V. Z. p.21。

病，想安息一會卻有人來談事。這種現象不是偶然一次，而竟成爲常態。我的心靈便要安定不亂，且不動心。這種不動心較比孟子的不動心更難。孟子的不動心是發展自我的抱負，表現自己的人格。我所須要的不動心在於空虛自己的意識，忘記自己。也不僅是莊子的『隳棄形骸』，而是忘懷自我。我要縮小又縮小，以至於不見了我自己。佛教的禪道所講的空虛自己，有些相似，禪道是不思慮，心完全空；我所須要的空虛自己，則在於遭遇相反情緒的事，絲毫不動心。不是沒有感觸，沒有感觸將是痲木，我的感觸非常靈敏，只是找不著一件順心的事物，心要平靜不動，像如沒有感觸；這點要緊好的修養。

『第一，一個靈魂感覺不出對於天主的事有任何的安慰和愉快，同時，對世上的事物也是一樣；因天主使這靈魂進入這「黑夜」，祂可以搖盪他，淨化他的一切對世物的欲望。祂讓這靈魂在任何事物上找到慰藉或慰密。……』㈨

『如我上面所說，心靈的枯燥由空虛事物慾望而發，不覺到任何安慰。可是心靈底處感到有一種力量，從本體方面去工作。這種力量的養料乃是神秘的妙觀。妙觀藏

㈨ 同上，B. I. C. TX V. I. p. 373。

在心靈深處，和枯燥同時存在，人不能體會，然使靈魂傾向並追求安靜獨處，但不能思慮任何的事。』(二十)

這種境界乃是「黑夜」，心靈沉在枯燥的深淵裏，對世上事物，對天上事物，都失去了興趣。可以說是打不起精神了。若遭遇了這種境遇，心靈驚惶，恐怕遭遇天主的摒棄，焦急尋求逃出的路，則錯而會再錯，失去「黑夜」的價值。這種空虛世物慾望的「黑夜」雖然可怕，然尚不及空虛精神慾望黑夜的艱苦。

『最好的事，遭遇空虛事物黑夜的人，要鎮定，要忍耐，不要自悲。堅心相信天主不會拋棄誠心追求祂的人，也不會不給予他所需要的，最後會引他走入愛的光明路上。……』

『他們在這種境遇中該走的路，是安靜不動，不要去想，不要去推理，因為現在不是時候。他自己看來什麼都不能做，白白消磨了時間。實際上只要靜靜祈禱，不加

(二十) 同上，V. I. p. 375。

思慮，一顆愛心向主。』㈢

對世物的空虛自己，帶來心靈的枯燥和驚慌，人要鎮定，加強信仰的信心。天主不會使我灰心失望，會支持他追求神秘生活的「自強不息」，再進入一更深的「黑夜」，以空虛自己對於精神事體的欲望。

我精神生命為追求神秘生命的要件，是信仰。信仰對於理智雖是一種黑暗，因為所信的事不能理解，然而心靈常體驗到信仰有一道內在的光明，引導精神生命的一切活動。天主為摧殘靈魂的自信，使信仰的光明熄滅了。信仰對於靈魂完全成了黑暗，一切都看不見了，另外是對於未來身後的生命，一層厚厚的黑霧，蔽塞了未來身後生命的存在。聖嬰仿德蘭曾身歷這種境遇，曾描寫心所受的痛苦：

『同時好耶穌又准有一種黑暗，密密層層，衝進我心，把我從小，其甘如蜜的天堂(身後永生)思想，變作戰爭的焦點，苦痛的原因。……其中被困情形，我極願詳細

㈢ 同上，V. I. p. 379。

說明，無奈苦於不能。大抵非身親其境，走過這黑地洞者，不知其烏漆黑黑是何等。』（三）

然而聖德蘭心雖極端痛苦，仍舊安靜不亂，『但我仍願向主號求說：「主所為，無不教我滿心歡喜。」……由此愈感念天主，溫厚仁慈，給我這重大十字架，正當我能背負之時。早一些，怕就心灰意懶，背不動了。現在不過把我情性中，所有的心滿意足，一筆勾銷。嚮慕天鄉的誠心誠意仍在也。』（卅）

這種黑夜的功效，就是在把「我情性中，所有的心滿意足，一筆勾銷。」對於自己，絕對沒有自信心，自知無能且自知多過。同時，對於心靈的愉快和滿足，也另有體認。為發展精神生命，心靈的愉快和滿足不是必需的，而且還是障礙。追求心靈的愉快和滿足，表現嬰兒求乳的心態，需用甜蜜的感覺來支持。捨棄心靈的愉快和滿足，在心靈枯燥黑暗時，「自強不息」，才是站起身來走路的成年，經得起考驗。

（三）聖嬰仿德蘭　靈心小史　第九章　頁二〇五，馬良譯　上海　土山彎印書館　一九三三年版。

（卅）同上，頁二一〇。

切。

聖文篤在他所著的『天路歷程』說明，開始的步驟，在於熱火一般地愛十字架，犧牲一

『但是，引導進入平安祥和的路，只是熱火般愛十字架的愛。這種熱情的愛，使聖保祿上升三層高天，使他非常地和基督同化，高呼說：「我已同基督被釘在十字架上了；所以，我生活已不是我生活，而是基督在我內生活。」（致迦拉達書 第二章 第十九節）同樣的熱愛也深入了聖方濟的內心，在他去世兩年以前，基督受難的五個傷口，印在他的身上。』

每人精神生命的發展，有自己的途徑或方法，合於自己的喜好，在空虛精神欲望的黑暗裏，這種喜好也要被摧毀。我所喜好的途徑和方法，偏偏不生效，使我自己不知適從。整個的自我被消滅了，對任何事物沒有自己的偏好，自己也不再選擇，任憑天主作主。但絕對不是消極的灰心懶意，也絕對不是一顆枯樹沒有生意，而是生意達到最高點，靈魂的愛融會在

㈣ S. Bonaventura.—Textes et studes par Valentin reton, Aubier p. 426。

天主的愛裏，以天主的意旨，作自己的意旨。禪宗常主張空虛一切思慮，空虛自我，以便直見自己本體的眞如。禪宗的空虛爲冷靜的空虛，是冰天雪地的空虛，追求天主的空虛自己乃是愛情的空虛。在人間兩個相愛的男女，戀情純淨而熾烈時，每一方自求空虛自己以接納對方。追求天主的愛在「黑夜」裏空虛自我的一切，以自我的整體獻於天主的愛，以接納整體的天主。

在「黑夜」裏不能直見天主，天主的觀念反而造成空虛精神欲望的第二層痛苦。第一層痛苦來自信仰，第二層痛苦來自天主。

『可以問：天主的光明為什麼會給靈魂變成黑夜呢？天主的光明不是光照靈魂，消除他的愚昧無知嗎？這個問題的答案有兩點：天主的智慧不僅對於靈魂是黑夜，同時還是傷痛和焦慮；因為天主的智慧過高過深，超越理智能力，靈魂對著如對太陽，什麼不見，乃形同黑夜；又因為靈魂自知不潔，自慚形穢，對著天主乃有傷痛和焦慮，也又形同黑夜。』(三五)

(三五) The Compiete works of S. John of ph Cenoss. V. I. p. 406。

天主爲絕對眞美善，無限地超越人的理智力，又無限地超越人的純潔；追求神秘生命的靈魂已經和世物斷絕了欲望一心仰望天主。他卻瞭解天主的絕對超越性，在任何方面，都不能上攀。對著絕對的眞美善自覺絲毫無力，自覺形穢不堪，心靈既是黑暗不見光明，又是痛苦焦慮。這種痛苦猶如一個久在異鄉飄零的人，經過千辛萬苦，已回到家門；然而看到家門緊閉，自知無顏見父母，心中痛苦萬分。這種痛苦，使靈魂自認卑微。基督曾說：

『父啊！天地的主宰，我稱謝祢，因為祢將這些事瞞住了智慧和明達的人，而啓示了給小孩子。父啊！祢原來喜歡這樣做！』（路加福音 第十章 第二十一節）

粉碎人的自傲，不讓人自以爲有智慧有善德可以攀上天主的堂奧，天主讓自卑自謙如同小孩的人得達神秘生命。在這種精神的「黑夜」裏，靈魂雖感得徹心的痛苦，然而心神非常安定，無任何想望，只是想攀上天主的堂奧。聖十字若望說：

『現在我該當說：雖然這種好的「黑夜」帶給了心靈黑暗，實則對於每樁事實都給予光明；因為「黑夜」雖然抑制靈魂，使他痛苦不堪，但卻是為舉揚他，提攜他。

雖然使他空虛對世事的一切欲望，乃是為使他可以神化而向前進，可以對天上地下的一切事物都可以享受，可以有精神的自由。」(二六)

心靈空虛了一切，空虛了自我意識，不因自己的理智而作計劃，不因自己的喜好而有所傾向。心靈一片空白，無所點染。好比一塊乾淨的黑板，沒有半筆隻字，一切只等待老師去寫去畫。老師是天主，祂用自己本體的光和美，貫徹靈魂的整體，靈魂則整體地在等待。

3　愛的圓融

甲、與主圓融

靈魂經過「黑夜」已經淨化了，已經空虛了，絕對的實體——天主，直接顯示給靈魂。這種顯示是一種最親密的結合，好似陽光照到玻璃杯，透入玻璃杯的各部份，陽光在玻璃杯各部份以內，和玻璃杯完全結成一體。

(二六) 同上 V. I. p. 422。

靈魂——相對的「存有」，遇到了自己「存有」的根，愉快地雀躍地衝入絕對的存有。玄之又玄，衆玄之玄，絕對的眞美善，顯露給相對的渺小靈魂。靈魂面對無限的眞、美、善，整個地滿足了，喜樂滿心。孔子曾說：

『知之者，不如好之者，好之者，不如樂之者。』（論語 雍也）

直接面對絕對的眞美善，心靈所有的是好是樂。俗語說「瞠目相向」，不用思索，不用研究，不用分析，理智失去推理作用，只有興享。

天主直接顯露給靈魂，自體是精神光明，光照靈魂，不用想像，不用觀念。靈魂直觀天主。完全不能用感覺，軀體好似僵屍，但有生命，也不是夢寐，想像和感官都停止作用。只有靈魂精神體直接對越天主。聖保祿曾有經驗。

『我知道有一個在基督內的人，十四年前，被提到三層天上去——或在身內，我不知道，或在身外，我也不知道，惟天主知道。我知道這個人，或在身內，或在身外，我不知道，天主知道。他提到樂園（天堂）裏去，聽到了不可言傳的話，是人不

能說出的。』（聖保祿 致格林多後書 第十二章 第二節）

神見，默觀，面對天主，與賞絕對美善，沒有觀念可以代表，沒有言語可以描述，更沒有文字可以紀錄。人世的觀念、言語和文言，都是相對的、局部的、暗昧的，不能表達絕對的眞美善。連記憶都不能相幫回憶，只能回憶有神見的一樁事，內容則不能回憶。

神見，或默觀，面對天主，乃精神生命超越到絕對頂峯，靈魂的精神生命融會在天主的生命中，靈魂本體沒有消失，自我意識仍然存在，靈魂知道自己面對天主。默觀，靜靜欣賞絕對眞美善，好似在人世面對非常美的畫，自然美景，或藝術品，祇有張著眼睛看，一句話也不說，一樁事也不想，祇有心中的滿足和愉快。默觀，欣賞天主本體，本體融在天主以內，快樂融融，快樂陶陶，心靈完全滿足。

絕對的眞美善，無限無垠，雖面對面地顯露給靈魂，靈魂總是有限的精神體，不能一下透視了整體的絕對眞美善。在身後的永常生命裏，默觀永久繼續，所欣賞的常是新的眞美善，乃稱爲「福觀」（Visio beatisica）

在現世的幸運者，達到神見，只是暫時的一閃。回到日常的生活，他的精神生命則融會在超性的境界中。神見的內涵，和默觀的快樂，已只有概括的回憶；但是神見或默觀時的愛，則存留不失，而且時常長進。

神見或默觀給予靈魂的神妙，是欣賞天主本體，欣賞而生愛慕。靈魂對天主的愛，是對生命根源的愛，是對一切恩惠的施主之愛，是對絕對眞美善之愛。天主對靈魂的愛，是對自己所造的生命之愛，是對自己所特選者之愛，是對純淨無染者的愛。

愛是生命的授受：造物主把自己本體授予靈魂，造物者本體乃生命的根由，又是一切美善的泉源；靈魂將自己整體獻於天主，以自己的生命投入造物主的生命。兩者都是生命的授予，所以是愛的圓融。

西洋天主教按照西洋的文化思想，以人世之最親密最透徹的愛爲男女的戀愛，男女以心身相受，結婚而結成一體一個生命，子女的愛則已是子從母出生而分離的愛，因此，爲象徵靈魂和造物主在愛的圓融中的愛，以男女的戀愛作爲象徵，稱靈魂和天主基督的結合爲「神婚」。「神婚」不是婚姻，絕沒有婚姻的意義，祇是借用成婚的男女彼此之愛，象徵圓融之愛。在舊約有雅歌（Cantici Canticorcim），歌詠男女戀歌，天主教會歷代常認爲是天人結合的象徵。

『（新娘）請將我有如印璽，放在你的心上；

有如印璽，放在你肩上。
因為愛情猛如死亡，
妒愛頑如陰府；
它的焰是火焰，
是上主的火焰。
(新郎)洪流不能熄滅愛情，
江河不能將它沖去，
如有人獻出全副家產想買愛情，
必受人輕慢。』(雅歌　第八章　第五節)

在我們中國人看來，這種象徵簡直是褻瀆神明。在古代希臘的神話裏，希臘的神明男女戀愛，悖情亂倫。天主教的雅歌則祇是象徵，象徵純潔而徹底的愛。

『而今而後，別無心願，惟願愛耶穌，愛到發狂而已矣。原來只有愛情，一塊吸鐵石，吸得動我。我而今而後，亦不專心求痛苦，亦不注意求死亡；雖則皆吾所愛，死亡我吁之為報喜之人，來報喜信於我者。……我而今而後，一面懷抱痛苦，一面手捫天鄉之高岸。我從十，便想我這顆山花，一到春天，就該被天主收去，而今而後，則一心委託主命，聽主安排。這委聽二字，便是我的領港人，便是我的羅盤針。世上一無可熱切懇求的事件，只有懇求天主聖旨，一一承行於我身，於我靈魂而已。敬唱十字若聖會祖之歌曰：

『入吾愛主之酒倉，既醉而出。』
鄉躅廣原，一無所識。
所牧羊羣，一一散失。
我將用全心，竭力孝之。
羊羣不再趕，職業非所知，
惟於愛主之愛，縈其懷以縈其鬼。』(二七)

道家的「道」，佛教的「眞如」，爲絕對的實體；但爲一渺茫的實體，無位稱的實體，

(二七) 聖嬰仿德蘭 靈心小史 頁一八八。

不是有心靈的神明，不能愛。天主乃一有位稱的神明，至高至上，至美至善，有熱誠的愛，有體貼人情的智慧。天主一切至完善，至成全，至高深。天主的愛便至高深而至完美。靈魂的生命結合於天主的生命，接納了天主無限的愛，溶化在愛以內。這種愛不適合象徵爲男女之愛，可稱爲『生命之愛』。天主乃生命的泉源，愛所授與的生命；靈魂接受了天主所施的生命，整體生命傾流於泉源。兩方生命相授受，兩方的愛等於生命一樣深。

神見或默觀，提昇靈魂面見天主的本體，使相對的生命回到自己的絕對根由，使分得的眞美善，傾注到眞美善的絕對泉源。靈魂充滿與賞的快樂，整體生命化成了愛，融會在天主的神性愛中，生命神化爲愛。靈魂的本體在受洗禮時已提升與基督本體合而爲一，成爲天主的子女。神見或默觀實現基督神性的生命，面見天主本體，在生命授受的愛裏，融會圓滿。

神見或默觀爲超性的超越，邁出本性以上，相對的生命融合在絕對生命裏。面見絕對眞美善，快樂盈盈，不可言宣。神見的境界乃偶然的境界，乃短暫境界；要等身後進入永生，「福觀」將永遠長留。

神見或默觀雖消失了，「生命之愛」的融會則不消失，靈魂在現世渡「愛的圓融」之生活。

乙、與物圓融

聖文篤在「天路歷程」裏，描寫靈魂由天主工程的跡象，卽自然界物體上升到天主；由天主的肖像，卽人的靈魂上升到天主；從物體的本體「存有」上升到天主。「愛的圓融」境界使靈魂常在「愛的圓融觀」中和天主的愛結合。道家的超越使人以氣知而有大智，觀一切物平等。佛教的超越使人有圓融觀，事法相融，萬法圓融，一入一切，一切入一，天主教的超越，使靈魂有「愛的圓融觀」，觀一切都是天主的愛，在天主的愛中觀一切。

A 宇宙圓融

「愛的圓融觀」觀自然界萬物，欣賞自然界每件物體的美好，愛這些美好爲造物主天主美好的印跡。詩人騷客歌詠自然界美景，以自己的情感注入萬物中，春花秋月，高山流水，隨著詩人騷客的感與而有悲歡。信仰天主的虔誠者，看著花草的美麗，對著海月的奇偉，瀑布的雄壯，崇仰造物主的美好。「愛的圓融觀」則不以自然物而人格感情化，也不由物的美而上溯到美的根由造物主，而是由天主的愛而觀自然物，自然物的美好乃是天主愛的表露，自然物愈美，天主的愛愈大造。對著自然物卽是對著造物主天主，欣賞每件物體的美好，愉快地體驗造物主的愛。自然物在「愛的圓融觀」裏是活潑的歌詠者，歌詠天主愛的奇妙。自然物已經神化了，也是天主的子女，就如同聖保祿宗徒所說：

『受造之物仍懷有希望，脫離敗壞的控制，得享天主子女的光榮自由。因為我們知道，直到如今，一切受造之物都一同歎息，……等待著義子期望的實現。』（致羅瑪人書　第八章　第二十節　第二十三節）

宇宙萬物同爲造物主所造，結成一體的生命，由人率領。人類墜落在罪海裏，遠離造物主，自然物也隨著遠離天主。人類因著基督的降生和基督成爲一體，作爲天主的子女，自然物也隨著而成爲天主的子女，歌詠天父的美好。「愛的圓融觀」實現自然界萬物對於義子的期望，在萬物中歌詠造物主的愛。義大利的聖方濟常以自然物爲兄弟姐妹，自然物也以這種心情相待，豹狼跟著他如同家犬，野鳥飛上他的手聽他歌唱。

『聖方濟對大自然洩露欣慕的泉源，並非自然物的本身，亦非聖方濟天生的性格，而是他強烈愛主之情。成德明鏡書上已恰當地描寫如下：「完全在天主聖愛內消逝自己的方濟，在一切受造物中看見上主的慈愛，所以他也以同樣親切誠懇的愛，撫育諸受造之物。」』

自己是天主之嬌子的思想，完全佔住他，支配他，當然要將一切受造物，視為天主的大家庭。任憑在何種造物身上，無有不驚歎天主的智慧、全能與恩愛。僅擧目觀看太陽、月亮和星辰，或任何大小受造之物，就會使他充滿難以形容的喜樂。並且因為它們完全起源於天主，所以也都與他有親屬的關係；一切都成為他的弟兄姊妹，……它曾作太陽歌：

『至高全能全善的上主，
讚美，光榮，聲譽，宏福，都歸於祢，
惟有祢，至高的上主堪當承受；
任何人都不配稱呼祢的聖名。』

讚美我主為祢的衆造物，
尤其是高貴的太陽弟兄；
它給我們帶來白晝與光明，
它是多麼美麗，發揮雄偉的絢光；

至高的天主啊，它多麼肖似祢！

讚美我主為月亮、星辰衆姊妹，
祢曾創造它們在穹蒼之上；
又明亮，又高貴，又美麗。

讚美我主為風弟，空氣，雲霧，
為天時，不分陰晴，用以維持衆生。

讚美我主為泉水姊妹，
又謙卑，又清潔，用途又廣。

讚美我主為我們的熱火弟兄，
祢藉它光照黝黝的黑夜；
它多麼燦爛，快活，剛強有力。

讚美我主為祂，我們的母親姊妹，
它培育我們，養活我們，
賜給各種佳果，五顏六色的花草！

讚美頌揚我主，
一切受造物請讚美祂，
謙虛自卑地服事祂，阿們。』㈥

「愛的圓融觀」，不是神話，也不是童話，而是精神生命的旋律，以圓融的愛連繫宇宙萬物，神化宇宙萬物，一切旋流著天主神性的愛。在圓融的愛裡萬物都是美。

B　人類圓融

宇宙萬物已經在圓融的愛裏，結成一體，生命的旋律灌注在每一自然物中，作爲天主的子女。

㈥　聖五倫方濟的理想　費爾德著　甘愼言評，澳門　一九五〇年　頁三三五、三四六—三四九）

自然物作爲天主的子女，藉著人類的生命而被提昇，自然物的本體仍舊是自然物，仍舊是不靈之物；但是因著人的心靈，使它們披上了一層精神的外衣，隨著人也幫助人將精神生命和造物主天主的生命相結合，分享人的圓融之愛。

人的靈魂因著洗禮結合在基督妙體內，和所有受洗的人結成一體，同是天主的子女。天主的愛在人的靈魂上特別表現出來。萬物和我結成一體是在自然的生命上，因自然界的各級生命互相連繫。我的精神生命和別人的精神生命則爲同一生命，『四海之內皆兄弟也。』我領了洗，我的精神生命和基督的精神生命結成了一個妙體，即是我的靈魂和基督的復活後精神化的人體結合，再經過基督的人體而和基督的天主性生命相結合，成爲基督妙體的一部份，其他領洗者也同樣成爲基督妙體的一部份；因此，受洗者彼此間的結合是神化的基督妙體的結合，同爲天主的超性子女。沒有領洗的人在本性界和我也是兄弟，而且也可能成爲超性的兄弟。「愛的圓融觀」既然深深體驗天主高深的愛，而也體驗基督深摯的愛，對於人類兄弟乃具有超性的愛。聖保祿說：

『因此，我在天父面前屈膝，——上天下地的一切家族都因祂而得名，求祂……使你們能夠同衆聖徒領悟基督之愛是怎樣的廣、寬、高、深，並知道基督的愛是遠超越

人所能知道的，為叫你們充滿天主的一切富裕恩賜。』（致厄弗所書 第三章 第十八節）

聖保祿勉勵信友要在基督的愛內，『根深柢固，奠定基礎。』（同上 第十七節）在基督天主的愛內，根深柢固的人，以圓融的愛觀看並接納一切的人，認為天主愛的特選者，每個人都受有天主高深之愛，為基督妙體的份子，為天父特愛的子女。每個人的長處短處都消失了，所見到的乃是天主對人的愛。心中的感受乃是以圓融的愛誠切地愛人。聖嬰仿德蘭述說兩樁愛人的事，顯明地表現圓融的愛。

『院中一位有德行的修女，她一向有種本領，教我看去，全不順眼。……修女一身，說不盡的討厭。我不肯順從本性所生惡感之情，我向我說，愛德之為用，不但在情分上，還該在行事上，發顯出來。於是對這位修女，我便下工夫，做上許多事，一如對於最友愛之人。每次遇見她，必為她求天主，把她的德行功勞，獻於天主。我覺如此做品，大大討耶穌歡喜。為的美術家無不愛人稱賞他的手工，吾主便是靈魂上的美術家，見人不流連別人的外表，知道看到別人的靈魂，欣賞別人靈魂為天主所揀選的聖宮，讚美吾主的美術，妙絕無倫，吾主那得不歡喜。……』

有一天，我正想逃避惡語回答她，修女笑容問我說：『我的小德蘭姐，我沒有一次遇到你，不是春風滿臉的，承你如此相傾相慕，是因我何點小善，彼此相投，可直言無隱否？』啊！我的磁石，我的琥珀，便是藏在我心頭的吾主耶穌，祂拏極苦的黃連，變作極甜的蜂蜜。』㈩

以「愛的圓融觀」，不看人的外表，深入人的靈魂，靈魂乃是天主的愛之滙會所，才能對討厭的人發出誠摯的愛。聖德蘭在院中有一位生病的修女，行動不便，需人摻扶；但性情怪僻，動則怨人。聖德蘭遂自薦每天摻她進入餐廳，小心翼翼，一不小心，修女便喊：『你走得太快，要跌煞我也。』或喊說：『你跟我嗎？拉住我嗎？我不要栽觔斗嗎？唉！我說你太年輕，摻不來，不是不錯嗎？』後來竟能大得有病修女的信任，尤其感激德蘭的眉開眼笑。德蘭記述說：

『這小小愛人之事，已相隔多年，一回想問，吾主仍給我留著，天上的一股清香清

㈩　聖嬰仿德蘭　靈心小史　頁二二八、二三〇。

氣。」(卅)

好一股天上的清香清氣，超性圓融的愛來自天主，聖德蘭心靈充滿天主的愛，隨處以天主的愛愛人，心靈所享受的便是天上的一股清香清氣，不沾塵埃。

C 存在圓融──生命圓融

道教和佛教的超越，都是在存有本體上的圓融，道家的至人，發覺自己本體是「道」，捨棄形骸，和「道」相合，乃得大智，平等觀宇宙萬物，自己本體既與「道」合而爲一，便遨遊宇宙，超登天地之上。宇宙一切「存在」本體均已消失，所有的祇有「道」。在生活裏乃忘我忘物。佛教的佛，發覺自己的本體眞我爲眞如，空虛一切萬法，自己沉入眞如之中，然後反觀宇宙，一切卽一，一切入一，祇有眞如。萬法本體都成空虛，祇在眞如上存立。佛便空虛一切，無所貪戀，心靜如水。

天主教精神生命的超越，精神生命的本體靈魂和基督神性生命本體相合，在神見或默觀的超越中，靈魂面對天主的本體，加上天主神性的生命，欣賞絕對的眞美善，融會在天主高

(卅) 同上，頁二六〇。

深的愛中，超越生命雖是本體的結合，天主和人的本體仍各自存在，不相混混，在生命中則合而爲一。天主的生命爲愛，聖若望曾說：

『天主是愛。』（若望第一書 第四章 第八節）

在愛中，圓融爲一。天主教的超越生命不是冷靜的氷淸生命，不是消失感情的平靜生命，也不是空渺虛浮的生命；而是最著實際，最有活力的超性愛的生命。不是高飛天際傾向不可攀登的天主，而是天主在我心內的生命。超越生命是生命本體的體認生命，生命根由和受造生命的結合，人乃以整個心靈喊叫天主爲「天父」。

由天父的愛而和宇宙萬物相接，乃有圓融的愛，體認宇宙的每一個「存有」，無論是事是物，實際存在，見證天父的愛。

每一樁事，順逆不分，都帶著天父的愛。處理每一件事，猶如接受天父愛的恩賜。痛苦更是天父愛的證據；因爲基督以痛苦十字架而得天父的寵愛，和基督相結便是和痛苦十字架相連。死亡爲喜訊，報告進入天鄉。

『讚美我主為愛祢而恕仇的人，
為忍受軟弱，飽嘗憂苦的人。
心地泰然受苦的人，真是有福，
將要從祢，至高者，獲得榮冠。

讚美我主為死亡，死亡乃我弟兄，
任何人都不能逃脫了它。
身負死罪而逝世的人真是有禍的，
然而敬遵主旨的却是有福的；
來日的重死不能陷害他。』㈢

不怕痛苦，不懼死亡，世上還有什麼可怕的呢？祇怕罪惡，罪惡消滅愛，拆散和天主的結合，毀滅超越的生命。除罪惡外，宇宙萬有都是實際「存有」，披有天主的愛，爲天主的

㈢ 聖方濟的理想 太陽歌 頁三四八。

愛作證。「愛的圓融」灌注精神生命以超性的天主愛，面對絕對眞美善本體，不可言宣，不可董述心靈充滿了愛生命根由之愛。日常生活，和事物相接，「圓融的愛」愛所接觸的每一個人，每一件事物。生命的旋律充溢著超性愛的情緒、意義、價値。現世的生命已是精神生命在來世「福觀」生命的起程。現世的一言一行，一舉一動，都留有天上的一股淸香清氣。

第一本原稿一九八四年　民七三年　七月廿四日脫稿

感謝天主

第二本修訂本，一九八八年　民七七年　四月廿四日修訂完畢

感謝天主